B. TRAVEN

Nachforschungen über einen „Unsichtbaren" von

Will Wyatt

papyrus

Titel der Originalausgabe *The Man who was B. Traven*
Aus dem Englischen übersetzt von Peter Hubschmid

CIP-Kurztitelaufnahme der Deutschen Bibliothek
Wyatt, Will: B. Traven: Nachforschungen über einen "Unsichtbaren" /
Will Wyatt. [Aus d. Engl. übers. von Peter Hubschmid].
- 1. Aufl. - Hamburg: Papyrus 1982
Einheitssacht.: The man who was B. Traven ⟨dt.⟩
ISBN 3-922731-05-8

Erste Auflage 1982

Umschlaggestaltung: Rolf Baars
ISBN 3-922731-05-8

Printed in Germany

Inhalt

Dank und Anerkennung

Dieses Buch beruht auf einem Dokumentarfilm, den ich für das Fernsehen gedreht habe. Ich bin der BBC zu großem Dank verpflichtet, weil sie mir die Mittel für meine Recherchen zur Verfügung stellte, die sowohl dem Film als auch dem Buch zugute kamen und es mir ermöglichten, die Geheimnisse des B. Traven zu lüften.

Fernseharbeit ist Gemeinschaftsarbeit. Ich stehe tief in der Schuld der vielen Kollegen, die am Film mitwirkten, und auch jener, die mir mit ihrem Rat beim Schreiben des Buches behilflich waren. Einige von ihnen sind in meinem Bericht namentlich erwähnt, doch bin ich nirgendwo auch nur annähernd dem Wert ihres Beitrages oder dem Ansporn und der Unterstützung gerecht geworden, die sie mir durch ihre Mitwirkung erwiesen haben. Ihnen allen möchte ich hiermit danken.

Unter denen, die auf den folgenden Seiten auftauchen, muß ich Robert Robinson herausstellen, der während der ganzen Filmarbeit mein gleichberechtigter Partner war; er war es, der mir zum erstenmal den Namen B. Traven ins Ohr flüsterte und mir bei der Abfassung des Manuskripts wertvollen Rat erteilte. Dann möchte ich Jennifer McCay danken, die die Recherchen begann, und David Turnbull, der ihre Arbeit fortsetzte. Elaine Thomas und Peter Foges leisteten mir in Deutschland Dolmetscherdienste; Chris Mohr, Mark Caldwell und Mike Roles übersetzten bei anderen Gelegenheiten wichtiges Material für mich. Im Sekretariat konnte ich glücklicherweise auf Kathy Yvanovitch, Jane Hunt, Helen Murry und, vor allem, auf Janet Crouch zählen, die einen großen Teil des Ur-Manuskripts tippte und für mich viele schwer zu arrangierende Termine machte. Auch Geoff Botterill, Jane Lush, Denise Smith, John Archer, Iain Johnstone steuerten Hilfe, Ermutigung und nützliches Material bei. Schließlich muß ich auch die stets hilfsbereite Mannschaft des BBC-Archivs erwähnen.

Außerhalb der BBC möchte ich all jenen Mitwirkenden danken, die ihre Zeit und ihr Wissen beigetragen und die Langeweile des Gefilmtwerdens erduldet haben. Insbesondere erhielt ich große Hilfe und viele Fotos von Rosa Elena Luján de Traven Torsvan. Sie bittet mich um den Vermerk, daß „die Erlaubnis, Fotos oder Zitate aus den Briefen B. Travens zu verwenden, in keiner Weise meine Billigung oder Bestätigung des Inhalts, der Wahrhaftigkeit, der Gedanken oder Ansichten dieses Buches bedeutet".

Wertvolle Hilfe wurde mir von Michael Baumann zuteil, der mir brieflich zahlreiche ergiebige Spuren aufzeigte und bedeutsame Fragen aufwarf, ebenso von Herbert und Mina Klein, die mir Material zeigten, das sie anderen vorenthalten hatten, und die mir mit ihrem dauerhaften Interesse und ihren Anregungen weiterhalfen. Gabriel Figueroa und Judy Stone spendeten mir besonders großzügig ihre Zeit und Hilfe. Malu Montes de Oca, Sanora Babb Howe, Lawrence Hill, Robert Goss, Bernard Smith, Paul Kohner, Luis Spota, John Huston, Gertrude Henze und Ernst Feige steuerten allesamt Ratschläge und Material bei, obendrein ließen sie sich interviewen. Gertraud Fromme, Erna Hamann, Marianne Brabant und die inzwischen verstorbene Gertrude Constabel gewährten mir längere Interviews. Ihnen allen bin ich ebenso zu Dank verpflichtet wie jenen, deren Namen im Text erwähnt werden. Mein Dank geht auch an Lidia Owczarzak-Biochowisowz und Agniska Dziedzka aus Polen und Heinz Behrends aus Deutschland für ihre Hinweise und ihre Begeisterung; an meine Traven-Forscherkollegen Jonah Raskin und Charles Humphrey für ihre großzügigen Hilfsangebote; an H. G. Pearson im britischen Innenministerium; an Joan Moir und Eric Nelson von der britischen Botschaft in Mexiko; an J. S. L. Pulford vom Thames Magistratsgericht, an verschiedene Abteilungen der Londoner Polizei, an B. M. Evans vom nationalen Wetterdienst, Milton Gustafson vom Nationalarchiv in Washington, Barbara Ennis im US-State Department, Dr. Paul Avrich von der New York University, D. J. Allerton von der Universität Manchester, Ron Martin vom Schiffahrts- und Seemannsregister in Cardiff, Terry Dinan bei Lloyds, Hazel Hunkins-Halliman, Otto Wendt, Stuart Christie, David Nash, William Fishman sowie den Freedom of Information Act.

Mein Dank geht schließlich an Edgar Pässler von der Büchergilde Gutenberg, der mir Einblick in Travens Briefe an Ernst Preczang gewährte, an William Koshland, der mir Travens Korrespondenz mit Alfred Knopf zeigte, an George McGrossen für die Erlaubnis, aus Charles Millers Artikel zu zitieren, an Rosa Elena Luján für die Genehmigung zum ausführlichen Zitieren aus *Das Totenschiff* (Rowohlt Taschenbuch Verlag, Reinbek 1954) sowie an die BBC für die Erlaubnis zur schriftlichen Wiedergabe aus gefilmten Interviews.

Weitere Zitate stammen aus *Der Schatz der Sierra Madre* (Büchergilde Gutenberg, Berlin 1930); *Die Baumwollpflücker* (Rowohlt Taschenbuch Verlag, Reinbek 1962); *Die Brücke im Dschungel* (Rowohlt

Taschenbuch Verlag, Reinbek 1965); *Die Rebellion der Gehenkten* (Europäische Verlagsanstalt, Hamburg 1950); *Ein General kommt aus dem Dschungel* (Verlag Albert de Lange, Amsterdam/Verlag Gustav Kiepenheuer, Köln/Berlin 1950); *Der Nachtbesuch im Busch* (Diogenes Taschenbuch Verlag, 1981).

Für die Abdruckrechte an Fotos danke ich Warner Brothers (Abbildung 1), BBC (Abbildungen 8 und 9), Stern (10 und 11), BBC Hulton Fotoarchiv (28), F. Stoppelmann (44).

Tom Maschler von Jonathan Cape war wagemutig genug, mich zum Schreiben dieses Buches anzuspornen; und er gab mir wertvollen Rat, als ich ihn am meisten benötigte; mein Agent Hilary Rubinstein ersparte mir durch seine starke Kritik und warmherzige Ermutigung manche Peinlichkeit. Topsy Levan erstellte aus meinen schlampigen Entwürfen ein schönes Maschinen-Script und brachte meine Orthographie in Ordnung. Da dies mein erstes Buch ist, habe ich mich in anderen Werken danach umgesehen, wie verschiedene Dinge gehandhabt werden. Aus irgendeinem Grund scheint es Brauch zu sein, daß männliche Autoren sich den Dank an die eigene Ehefrau bis zum Schluß aufheben. Ich bin diesem Brauch zwar sklavisch gefolgt, doch vermag ich dessen Berechtigung nicht einzusehen, denn ohne die niemals versagende Unterstützung meiner Frau gäbe es dieses Buch gar nicht.

London, im Jahre 1980 Will Wyatt

1 Das Geheimnis

„Willst du nicht belogen werden, dann darfst du auch nicht fragen."
‚Das Totenschiff' B. Traven

Der Schriftsteller, der sich B. Traven nannte, ist eine der geheimnisvollsten Gestalten des 20. Jahrhunderts: die *Marie Celeste* der Literatur. So wie jenes Unglücksschiff unerklärlicherweise ohne Mannschaft treibend gefunden wurde, so entdeckte man das Pseudonym B. Traven als bloßen Namen, dem keine Identität, ja nicht einmal eine Nationalität innewohnte, denn es hat keine Gewißheit über das Land seiner Geburt gegeben, und auch nicht über die Sprache, in der er schrieb. Das war kein Zufall. Wer immer Traven war, er suchte die Anonymität mit der gleichen Leidenschaft, die andere Menschen dem Streben nach Macht, Reichtum und Ruhm widmen. Seine Geschichten wurden weltweit millionenfach verkauft, doch sein Name wurde zum Synonym des Unbekannten und des Unerkennbaren; sein Leben wurde Gegenstand abenteuerlicher Gerüchte und romantischer Legenden; seine Bücher wurden zerpflückt auf der Suche nach dem Schlüssel zu den Fragen „Wer war er?" und „Warum hat er sich versteckt?"

Als ich meine Suche nach Traven begann, hegte ich keine ernsthafte Hoffnung, diese Fragen zu beantworten. Mir war bekannt, daß schon viele vorher diese Herausforderung angenommen hatten, die in seiner Geheimhaltung lag; jede Zeile von ihm und jedes Indiz seiner Existenz waren von Reportern und Gelehrten in Ostdeutschland und in Westdeutschland, in Mexiko und den Vereinigten Staaten untersucht worden. Dennoch kannte noch niemand die Ursprünge dieses Mannes, hatte noch niemand die Tiefen seines Geheimnisses ausgelotet. Als ich mich ans Werk machte, hatte ich nur das Ziel, einen Fernsehfilm über einen großen Schriftsteller zu machen, dessen Leben ein unlösbares Geheimnis bleiben sollte.

„Das Geheimnis der Identität B. Travens wird vielleicht niemals vollends gelöst werden, so erfolgreich versteckte sich dieser Mann hinter der Maske seiner Pseudonyme . . ." Mit diesen Worten beginnt Donald Chankins Buch *Anonymity and Death,* und, so fügt er später hinzu, „es ist unwahrscheinlich, daß zu diesem späten Zeitpunkt noch ein Beleg für Travens Geburt oder seine ursprüngliche Staatsangehörigkeit gefunden wird". Das war erst 1975, und ein Jahr darauf erklärte Michael L. Baumann in seinem Buch *B. Traven. An Introduction* mit Bestimmtheit: „Über die Identität B. Travens wissen wir nichts. Allen anderslautenden Erklärungen und Berichten zum Trotz bleibt die Frage danach unbeantwortet, wer B. Traven wirklich war."

Die Zeitungsausschnitte über Traven und die Artikel in Literaturlexika und anderen Nachschlagewerken waren verwirrend. Werbung, Propaganda, Vermutungen, Gerüchte, Indizien aus Büchern und die mageren Fakten der Veröffentlichung waren mehrfach im Kreise verbunden zu einem verwirrenden biographischen Reigen. Die Erklärungen begannen zuversichtlich: „Manche Fakten sind bekannt . . .", aber die Fakten waren bloße Wiederholungen alter Gerüchte oder bauten darauf auf.

Das Erfundene über ihn war so vielfältig und widersprüchlich, es gab nur so wenige und schwer nachprüfbare Fakten über ihn, daß fast jede neue Verwandlung der alten Zutaten überzeugend erschien. Die einzige Gewißheit waren Travens Bücher selbst: starke und ergreifende Geschichten, einige davon anscheinend autobiographisch. An diesen Werken hatte man die vermuteten Identitäten des Autors gemessen.

Also begann ich einen Film über ein unlösbares Rätsel, aber während ich mein Wissen vertiefte, veränderte sich die Geschichte, änderte sich der Film; neue Möglichkeiten tauchten auf, Fragen ergaben sich, die andere nicht gestellt hatten, Untersuchungen, die noch nicht gemacht worden waren. Was als interessante Filmaufgabe begonnen hatte, wurde für mich und meine Mitarbeiter zur Besessenheit; die Verfolgung falscher Spuren machte uns nicht niedergeschlagen, Entdeckungen erregten uns. Die Suche führte mich in Bibliotheken und an Hafenkais, in ein Gefängnis und auf einen Bauernhof, ins königliche Archiv in London und zum FBI in Washington, nach Hollywood und in die Slums von London. Nach und nach, als die Indizien abgehakt waren und die Spur über Länder und Kontinente hinweg führte, dämmerte es uns, daß eine Lösung des Rätsels möglich war. Schritt für Schritt fand ich den Weg zu den Ursprüngen des Mannes, der B. Traven war. Ich hatte das Glück und den richtigen Riecher, zum rechten Zeitpunkt einfache und naheliegende Fragen zu stellen, und ich hatte die Hilfe von Traven-Forschern und -Fans im Ausland und von Kollegen zu Hause. Aus dem Ausland erhielt ich wertvolle Schnipsel und Hinweise für meine Recherchen, und zu Hause hatte ich die Gesellschaft scharfsinniger und fantasievoller Geister, mit denen ich die Wahrscheinlichkeit diskutieren und die nächsten Schritte planen konnte. Viele Menschen, die mir geholfen haben, werden im Laufe meines Berichtes ihre Rolle spielen, doch gibt es noch viele andere vom Traven-Fieber Besessene, die mir zum rechten Zeitpunkt wertvolle Hilfe leisteten.

Es folgt also ein Krimi, in dem die Beute aus den Einzelheiten der Herkunft und des Lebens eines Mannes besteht. Man könnte einwenden, daß die biographischen Fakten im Leben eines Schriftstellers nur von geringem Interesse seien, bloße Fußnoten zu seinen Büchern. Man könnte sagen, daß diese Fußnoten nur antiquarisches Interesse auf sich ziehen und Aufmerksamkeit von Pedanten erregen. Es zähle das Werk, nicht bloßer Klatsch. Sicher hätte Traven so argumentiert. Aber man kann das Werk eines Menschen nicht von seinem Leben loslösen, und die Bücher eines Schriftstellers müssen stets aus seiner eigenen Erfahrung, aus seinen Erinnerungen und Beziehungen herausfließen, wie stark verwandelt diese auch wiedergegeben sein mögen. Die Welt der Vorstellung muß sich in einigen Punkten auf die materielle Welt stützen. In ihrem Streben, diese Stützen wegzuschlagen, haben viele wie Thomas Hardy versucht, ihr eigenes Leben für die Nachwelt zu redigieren. Hardy schrieb sorgfältig seine eigene Biographie in der dritten Person und gab sie als das Werk seiner zweiten Frau aus, um spätere Biographen davon abzuhalten, seinen Geheimnissen nachzugehen. Andere haben auch ihre eigenen Papiere und Aufzeichnungen vernichtet. Alle diese Bemühungen kann man als Sorge um Anstand und um die Intimsphäre deuten, als Spiel mit denen, die die Spur verfolgen, oder auch als Eingeständnis der Tatsache, daß Leben und Werk eines Autors eng zusammenhängen.

Traven jedoch versuchte nicht, sein Leben zu redigieren, er wollte es verschwinden lassen. Er hatte nicht bloß Geheimnisse, er war ein Geheimnis. An sein Werk sollte man sich innerhalb der bekannten Geschichte seiner Zeit erinnern, aber für seine Person wünschte er nur das Unrecht der Vergessenheit. Die Fakten seines Lebens verdeckte er Schicht um Schicht mit Täuschungen und Masken, dabei Lebensläufe, Namen und Familie erfindend. Er erklärte zwar, daß Tatsachen wie die Geburt und die Nationalität eines Menschen bloße Zufälle seien, die niemanden angingen oder interessierten, aber er selbst war geradezu besessen von dem Bedürfnis, sie zu verbergen.

Er war wie ein Märchenkönig. In seinem Schloß gab es einen Turm, zu dem nur er Zutritt hatte, und in jenem Turm eine Kammer, zu der er allein den Schlüssel besaß, und in dieser Kammer stand eine Truhe, deren geheimen Verschlußmechanismus nur er kannte. Der Inhalt der Truhe war mager: die schlichten Tatsachen seines Geburtsortes, des

Schoßes, der ihn geboren, der Lenden, die ihn gezeugt hatten — das Geheimnis dessen, der er wirklich war. Wir wissen nicht, ob er von Zeit zu Zeit diese Kammer besuchte, um den Inhalt der Truhe mit Stolz, Neugier oder Abscheu zu betrachten, oder ob er die Tür versiegelt hatte, den Schlüssel dazu vernichtet glaubte und die Erinnerung an jenes Wissen zu verdrängen suchte. Wie auch immer: Die feststehenden und unwiderruflichen Fakten seiner Geburt und seiner Familie verfolgten ihn. Er versteckte keinen Schatz, sondern eine Identität vor der Welt.

Der Turm ist schon seit geraumer Zeit aufgebrochen, und andere Forscher haben den Schlüssel gefunden und sind in die Kammer eingedrungen. Nun haben wir einen Weg gefunden, an die Beute selbst heranzukommen, die alte Seekiste geöffnet und ihren Inhalt gesehen. Zum erstenmal wissen wir, wer B. Traven wirklich war. Ein Rest von Geheimnis wird bleiben, einige Absätze des Rätsels Traven werden wir vielleicht noch analysieren müssen. Was immer ich aufgedeckt habe, was immer andere aufdecken mögen, sämtliche Gespenster werden wir nicht zur Ruhe betten können. Die seltsame, schwer faßbare und widersprüchliche Persönlichkeit dieses großen Schriftstellers ist kein Geheimnis, das man einfach mit biographischen Fakten wegzaubern kann. Kein simpler Kunstgriff kann mit einem Mal alles klarstellen. Aber ein Großteil der Spekulationen um Traven muß nun beiseitegeschoben werden. Die Gründe für sein Versteckspiel, die Quellen seiner Ängste und die Ursprünge seiner Besessenheit sind allesamt im Leben dieses Menschen zu finden. Und das ganze Leben dieses außergewöhnlichen Menschen steht nun enthüllt da.

Ein beunruhigender Gedanke muß eigentlich jedem kommen, der sich daran macht, das Geheimnis B. Traven zu entschlüsseln. Dieser Mensch verleugnete seine Eltern, verleugnete seine Heimat, verleugnete seine Muttersprache und bestritt auch noch, daß alle diese Dinge überhaupt wichtig seien. Um keinen Preis sollten seine Ursprünge aufgespürt werden. Sollten wir es dennoch versuchen? Stören wir seine Ruhe, wenn wir ihn jetzt entlarven? Ich glaube nicht. Es steht nicht in unserer Macht, ihn zu stören; wir rauben ihm nicht die Seele, auch wenn wir vieles aufdecken, das er zu verbergen suchte, und er kann uns nicht aus dem Grab heraus Anweisungen erteilen, wie er im Leben so vielen Anweisungen erteilt hat. Er hat die Wahrheit verschleiert, wir aber müssen sie verbreiten. Nach dem Tode gehört das Leben eines Menschen der Geschichte und dem neugierigen Fremden.

Travens Leben war lang und ereignisreich. Selbst wenn er keine Zeile geschrieben hätte, böten seine Abenteuer, die ihn von der Bühne in eine Revolution, in ein Gefängnis und schließlich in eine Hütte im Dschungel führten, genügend Stoff für eine spannende Geschichte.

Seine Bücher aber sind es, die seine Ehrung fordern und die Suche nach dem Mann hinter dem Namen ausgelöst haben. Sein bekanntestes Werk, *Der Schatz der Sierra Madre*, wurde zu einem Filmklassiker, und diese und andere starke, mitreißende Geschichten wie *Das Totenschiff* und *Die Brücke im Dschungel* haben Traven-Schüler auf allen fünf Kontinenten inspiriert. Die Bücher handeln vom Leben der Schwachen und Unterprivilegierten dieser Welt, deren Sache mit Einfühlsamkeit und Humor vertreten wird. Traven sehnt sich danach, daß alle Menschen Brüder werden, und er verzweifelt am Egoismus der Reichen wie der Armen gleichermaßen, aber er tut dies auf eine Weise, die eher den Anarchisten als den Sozialisten, eher den Individualisten als den Sozialfürsorger hervorkehrt, auf eine Weise, die eher lässig als feierlich ist. Kein Wunder, daß die Leser etwas über den Menschen wissen wollten, der mit einer so einzigartigen und unverwechselbaren Stimme sprach.

Auch wir haben unsere Neugier, und die Bücher, die unsere Suche rechtfertigen. Und Traven selbst kann sich kaum beschweren, daß ich ihn noch immer suche. Im *Totenschiff* schreibt er:

„Eine unbeantwortete Frage läßt einem keine Ruhe, läuft immer hinter einem her, drängt sich in die Träume und raubt einem die Ruhe zum Arbeiten und zum Denken. Das eine Wort ‚Warum?' mit einem Fragezeichen dahinter ist der Zentralpunkt aller Kultur, Zivilisation und Entwicklung."

Ja, und eine solche Frage lautet: „Wer war B. Traven?"

2 Der Anfang

Meine Suche nach B. Traven begann im Sommer 1974 in New York; um ehrlich zu sein: Es war ein Fehlstart. Aber damals hörte ich zum erstenmal jenen geheimnisvollen Namen mit dem Initial vorneweg. Ich produzierte zu jener Zeit für das 2. TV-Programm der BBC eine wöchentliche Sendung über Bücher und Schriftsteller mit dem Titel *The Book Programme.* Ich hatte im Jahr zuvor damit begonnen und meinen alten Freund, den leidenschaftlichen Bücherwurm Robert Robinson als Moderator gewonnen. Damals fand ich, daß in den ersten Sendungen, die im vorangegangenen Winter gelaufen waren, die Literatur der USA etwas zu kurz gekommen war. Darum flogen Robinson und ich im Juli 1974 für zwei Wochen nach Amerika, um ein paar Geschichten für die Herbstsendungen zu produzieren.

Eines Abends in New York bummelten wir durch die Trödelläden und landeten schließlich in einem Buchladen in der 8. Straße. Wir suchten uns beide einige Taschenbücher heraus und wollten schon gehen, als Robinson ausrief:

„Ah! B. Traven."

„Wer?"

„B. Traven", antwortete er. „Wollte ich immer schon mal lesen und kam nie dazu." Und er hielt einen Band mit Kurzgeschichten von Traven hoch.

„Ich weiß gar nichts über ihn", gestand ich.

„Du mußt ihn lesen", sagte Robinson. „Ein Mann voller Geheimnisse. Soll angeblich Präsident von Mexiko sein oder sowas. Jedenfalls lebt er in Südamerika, im Urwald oder irgendwo, und niemand hat je herausgefunden, wer er ist. *Das* ist eine Story, die wir mal drehen sollten!"

Es hörte sich in der Tat nach einer guten Story an: Urwälder, Südamerika, ungelöste Rätsel und all sowas. Robinson kaufte auch noch den Travenband, ich aber dachte erst 1977 im Frühjahr wieder daran, als ein anderes Projekt, an dem ich gearbeitet hatte, gescheitert war. Zur gleichen Zeit hatte ein Artikel über Traven im *Time Magazine* meine Aufmerksamkeit erregt.

Ich las den Artikel nochmals aufmerksam durch. Er war mit zwei Fotos illustriert. Das eine zeigte Humphrey Bogart, Walter Huston und Tim Holt in der John Huston-Verfilmung des Traven-Romans *Der Schatz der Sierra Madre*; auf dem anderen war das Gesicht eines Mannes zu sehen, der in einem mit Seide ausgeschlagenen Sarg lag. Eine gewaltige Nase, ein großes Ohr, ein kahler Kopf mit grauem Haar an den Seiten war zu erkennen, und die Bildunterschrift lautete: „Traven im Sarg, 1969." Mein erster Gedanke war, daß Robinson sich damals 1974 geirrt hatte, als er sagte, B. Traven sei ein geheimnisvoller Mann, der in Südamerika lebte; denn hier gab es ein Bild dieses Autors, welches bewies, daß man wußte, wer er war, und obendrein, daß er tot war.

Der Mann im Sarg war zu verschiedenen Zeiten unter den Namen Hal Croves und T. Torsvan bekannt, war einmal amerikanischer, später mexikanischer Staatsbürger gewesen und 1969 in Mexico City gestorben. Er hatte seine Identität getarnt, aber in späteren Jahren war er vielfach in den Verdacht geraten, der verschwundene und geheimnisvolle Autor B. Traven zu sein, ein Verdacht, den seine Witwe später als Tatsache bestätigt hatte. Aber das war nicht alles. Dieser Mann, der drei Namen zu haben schien, konnte gut noch einen vierten haben. Es hielt sich das Gerücht, daß er während des Ersten Weltkriegs als anarchistischer Journalist in München gelebt und den Namen Ret Marut benutzt hatte, und daß er unter diesem Namen 1919 in München zum Tode verurteilt worden war. Marut selbst war genauso ein Geheimnis. Niemand wußte, woher er gekommen war, und es kursierten sogar Gerüchte, er sei ein unehelicher Sohn Kaiser Wilhelm II.

In jenem *Time*-Artikel wurden zwei neue Bücher über Traven besprochen, eines davon, *The Mystery of B. Traven,* stammte von Judy Stone. Sie hatte Croves mehrfach interviewt, doch der alte Mann hatte nie zugegeben, daß er der Schriftsteller B. Traven war. Das zweite Buch *B. Traven. An Introduction,* stammte von Michael L. Baumann, einem Anglistik-Professor an der *California State University*; er hatte offensichtlich Ret Marut mit den Büchern von B. Traven in Verbindung gebracht, zugleich aber ein neues Gespenst heraufbeschworen: die Vermutung, daß beim Schreiben mehr als nur eine Hand im Spiel gewesen war.

Schon war mir schwindlig von den Möglichkeiten und Verwirrungen. Es gab vier Namen, aber wieviele Männer? Gab es einen Schreiber oder zwei, oder noch mehr? Wo war Traven zu suchen — in Deutschland, in Mexiko oder in den USA? War der Mann im Sarg wirklich Traven, und wenn ja, woher kam er? Welche Staatsangehörigkeit hatte er? Wie konnte dieses Geheimnis über fünfzig Jahre hindurch bestehen, und wie hatte es begonnen? Jeder, der sich jemals ein wenig mit Traven beschäftigt hat, muß sogleich die Mischung von Verwirrung und Faszination erkennen — ich war bereits gefangen.

Der Verfasser des *Time*-Artikels weckte auch meinen Appetit auf die Bücher von Traven: „So seltsam, so zweideutig und so provozierend wie das Leben des Autors. Seit dem Tode des Rätsels, das B. Traven war, ist — ob auf Deutsch oder auf Englisch — kaum besseres gedruckt worden." Er glaubte, daß Traven der Mann im Sarg war, aber auch, daß alle Versuche, sein Leben zu entschlüsseln, zum Scheitern verurteilt waren: „Ganz gleich, wie die literarischen Detektive des wahren B. Traven habhaft zu werden suchen, seine Spur endet dort, wo sie begann: als Rätsel hinter einem Orakel."

Da wußte ich, daß ich meinen neuen Film hatte: die Story eines unlösbaren Geheimnisses, die Suche nach B. Traven. Bevor ich mich ans Werk machte, wollte ich erst einmal eines von Travens Büchern lesen, und ich wählte *Das Totenschiff,* sein erstes verlegtes Buch. Ich weiß nicht mehr, was ich davon eigentlich erwartet hatte. Ich glaube, ein klein wenig befürchtete ich, vom Buch enttäuscht zu werden, obwohl mich des Rätsels Lösung um das Leben dieses Mannes faszinierte; ich fürchtete, *Das Totenschiff* sei eine etwas würdevolle Geschichte über Ausbeutung, mit politischem Ballast beladen und ein bißchen langweilig. In diesem Fall würde ich die Traven-Story dennoch weiterverfolgen können. Aber die Aufgabe wäre weit weniger befriedigend gewesen, wenn die Bücher nicht wirklich gehaltvoll wären. Die Sorgen hätte ich mir sparen können. *Das Totenschiff* ist eine Geschichte über Ausbeutung und hat, wie alle Geschichten von Traven, einen starken moralischen Unterton, aber es ist auch eine mitreißende legendenhafte Erzählung voller Kraft, Meinung und Humor.

Die Geschichte des *Totenschiffs* wird von der Hauptfigur erzählt, einem lässigen amerikanischen Seemann namens Gerard Gales, der in Antwerpen am Liegeplatz seines Schiffes ankommt und feststellt, daß es vorzeitig abgelegt und ihn selbst ohne seine Habseligkeiten, ohne Geld und ohne Papiere zurückgelassen hat.

Gales' Hauptproblem besteht darin, daß es ihm nicht möglich ist, seine Identität zu beweisen, und ohne irgendeine Art von Beweis seiner Identität oder Nationalität will niemand für ihn die Verantwortung übernehmen, will kein Beamter ihm glauben. Traven zeichnet das Insistieren der Welt auf Papieren und Dokumenten als bürokratische Besessenheit, als Absurdität. Ein Beamter erklärt Gales sogar: „Die Tatsache, daß Sie hier vor mir stehen, ist kein Beweis für mich, daß Sie geboren sind." Gales konfrontiert zwei amerikanische Konsulen und die Polizei mehrerer Länder mit seiner eigenen Kenntnis seiner Identität: „Ich brauche keine Papiere; ich weiß, wer ich bin." Die Antwort der Behörden aber besteht darin, ihn von Hand zu Hand und von Land zu Land weiterzureichen, und Gales ist machtlos und kann die unwürdige Behandlung nur mit Scherzen, Lügen und Übertreibungen erwidern. Er erzählt seine Geschichte mit sorgloser Übertreibung, während seine Odyssee ihn von Belgien nach Holland und Frankreich und schließlich nach Spanien führt, wo er an Bord eines heruntergekommenen Frachtdampfers springt, um als Heizer zu arbeiten. Die endlosen Fragen „Warum sind Sie hier?", „Woher kommen Sie?", „Wie heißen Sie?" haben ihn vom europäischen Kontinent vertrieben.

Das Schiff, auf dem er angeheuert hat, ist die *Yorikke*, das Totenschiff des Buchtitels, das auf hoher See versenkt werden soll, damit die Eigner die Versicherungssumme kassieren können. Das Leben im Kesselraum dieses Schiffes ist die Hölle im wahrsten Sinne des Wortes mit nicht endender Hitze, knochenbrechender Arbeit, verdorbenem Essen und der Gewißheit, daß die Menschen an Bord der *Yorikke* „aus den Lebenden ausgelöscht" sind.

Gales und sein polnischer Freund Stanislaw werden auf einen anderen Seelenverkäufer schanghait, die *Empress of Madagascar*; die *Empress* sinkt in einem Sturm, und die beiden Gefährten retten sich auf ein improvisiertes Floß. Der gewaltige und visionäre Schluß berichtet, wie Stanislaw entkräftet einer Halluzination seines alten Schiffes, der *Yorikke*, nachschwimmt, und Gales, der sich auf dem Floß festgebunden hat, zusehen muß, wie sein Freund ertrinkt.

Das Buch ist ein Lobeslied auf den Geist des Individuums, vor allem auf den Geist der Niedergetretenen und Entrechteten. Den gesichtslosen und namenlosen Mannschaften der Totenschiffe, Männern ohne Heimat und ohne Hoffnung, verleiht er Heldenmut und tragische Würde. Durch ihre Arbeit überwinden sie den Schrecken ihrer Existenz; indem sie ihre furchtbaren und erschöpfenden Aufgaben meistern, schaffen sie eine Art von Triumph. Aber als ich damals das Buch zum erstenmal las, interessierte mich vor allem der erste Teil von Gales' Geschichte. Ich wußte wenig genug über Traven und konnte nicht beurteilen, wieviele von Gales' Abenteuern auf den Erlebnissen des Autors beruhen könnten; das Wenige aber, das ich wußte: Travens Sichverstecken, sein Gebrauch falscher Namen, seine Leidenschaft für die Anonymität — das spiegelte sich hier in einem Werk wider, das durchflossen ist von der Sorge um die Identität. Traven läßt Gales als blinden Passagier an Bord eines Schiffes gehen; als Gales auf der *Yorikke* anheuert, unterschreibt er, ganz selbstverständlich, mit einem falschen Namen; er wird verfolgt von Forderungen nach Reisepaß, Einwanderungspapieren, Seemannsbuch. Für Traven suchen sogar Schiffe ihre wahre Identität zu verbergen: „Am Bug trug sie den Namen ‚Yorikke'. Aber der Name war so dünn und so verwaschen, als ob sie sich schämte, so zu heißen." (*Das Totenschiff*)

Ich konnte nicht abschätzen, ob das Buch ein Schlüssel zu Traven war oder nicht, wieviel er darin verbarg und wieviel er enthüllte. Immer wieder stieß ich auf die Themen Verschwinden und Nichtexistenz: „Haben Sie einen Paß? Nichts haben Sie. Und wer keinen Paß hat, ist niemand. Mit Ihnen können wir machen, was uns beliebt. Und das werden wir jetzt, und Sie werden nicht gefragt." War dies Traven wirklich widerfahren, oder war es ein Bild dessen, was Traven sich widerfahren zu lassen versucht hatte? Hatte er ohne Papiere, staatenlos, namenlos und hilflos vor der Welt gestanden wie seine Seeleute? Oder war es nur eine Art zu sagen, daß wir alle die sind, die wir sind, und nicht die, als die wir von anderen eingeordnet werden? Je mehr er auf diesem Punkt insistierte, um so mehr wünschte ich, sein Geheimnis zu kennen. Je weiter er sich versteckte, um so mehr wollte ich wissen, was er eigentlich zu verbergen wünschte. Schon versuchte ich mir auszumalen, mit was für einem Mann oder mit was für Männern ich es zu tun haben würde.

Das zweite Buch des *Totenschiffs* beginnt mit der Inschrift über dem Mannschaftsquartier auf jenem Schicksalsschiff. Wie Verse stehen die Zeilen auf dem Papier, ihre Bedeutung für Traven ist unverkennbar. Wie ein Glaubensbekenntnis steht die Inschrift hervor, ihre Botschaft schwarz, pessimistisch und bedeutungsschwer. Sie liest sich wie eine Grabinschrift nicht nur für die gesichtslose Mannschaft des Totenschiffs, sondern auch für einen Teil des Lebens des gleichermaßen gesichtslosen Mannes, der B. Traven war.

Inschrift
über dem Mannschaftsquartier
des Totenschiffes

Wer hier eingeht,
Dess' Nam' und Sein ist ausgelöscht.
Er ist verweht,
Von ihm ist nicht ein Hauch erhalten
In der weiten, weiten Welt.
Er kann zurück nicht gehn,
Nicht vorwärtsschreiten,
Da, wo er steht, ist er gebannt.
Ihn kennt nicht Tag, er ist nicht Nacht.
Er ist das Nichts, das Nie, das Nimmer.
Er ist zu groß für die Unendlichkeit
Und ist zu winzig für das Sandkörnlein,

Das seine Ziele hat im Weltenall.
Er ist das Niegewesen
Und das Niegedacht!

Als ich *Das Totenschiff* zu Ende gelesen hatte, schrieb ich an Aubrey Singer, den Chefredakteur von BBC 2, und schlug ihm vor, einen Film über Traven zu machen. Er war einverstanden und fügte noch an: ,,Können Sie es schaffen, irgendwo in die Nähe der Wahrheit zu gelangen?''

3 Die Legende

Traven ist in Großbritannien als Schriftsteller nicht sehr bekannt, und so waren seine Bücher nicht einfach aufzutreiben; in anderen Teilen der Welt jedoch herrschte keine solche Knappheit. Sein Werk ist in mehr als zwanzig Sprachen und mehr als 350 verschiedenen Ausgaben erschienen. Die Auflagenzahlen sind bei einer so breiten Streuung schwer zu ermitteln, aber 1967 errechnete ein Journalist, der sich mit Traven befaßt hatte, daß mehr als 25 Millionen Bände seiner Werke verkauft worden sein müssen; Deutschland und die Sowjetunion gehören dabei zu den größten Märkten. Man munkelte sogar von einer Kampagne, Traven für den Literatur-Nobelpreis vorzuschlagen.

Ein Problem, das ich von Anfang an hatte, war die Tatsache, daß ich Deutsch weder sprechen noch auch nur lesen kann, und so war mir der Zugang zu jenen Werken Travens verschlossen, die nicht ins Englische übersetzt sind, und es hinderte mich auch daran, das umfassendste Buch über Traven zu lesen, das Werk des DDR-Wissenschaftlers Rolf Recknagel: *B. Traven, Beiträge zur Biografie.* Ich ließ mir aber Auszüge aus diesem Buch übersetzen und konnte aus dem Anhang einige nützliche Informationen pflücken. Darüber hinaus entdeckte ich bald, daß die meisten anderen, die über Traven geschrieben hatten, sich umfassend auf Recknagels erschöpfende Arbeit stützten. Mit einer Reihe von Büchern in Englisch, mit einigen Übersetzungen aus Recknagels Werk und einer Mappe mit Zeitungs- und Zeitschriftenausschnitten las ich mich tiefer in die Geschichte Travens hinein.

Ganz klar hatte die Anonymität dieses Schriftstellers ein Vakuum erzeugt, in das eine erstaunliche Vielfalt an Gerüchten hineingeströmt war. Für die Welt der Literatur, des Journalismus und für die Welt im allgemeinen war es undenkbar, daß es Bücher ohne sichtbaren Autor oder einen Namen ohne einen Menschen dahinter geben sollte; so hatte man für die Besetzung der Rolle des rätselhaften Schriftstellers schon eine Reihe interessanter Kandidaten abgegrast. Einige dieser Theorien waren an den Haaren herbeigezogen und konnten durch einfache Nachprüfung abgetan werden. Andere waren so vage, daß sie mehr zur Komplizierung als zur Klärung des Rätsels beitrugen, aber es gab auch einige wenige Vermutungen, die den Kern der Wahrheit in sich zu tragen schienen. Ein oder zwei spekulative Thesen waren von der gleichen Qualität wie etwa die Behauptungen, James Dean sei gar nicht tot, sondern nur so entstellt, daß er nicht mehr in der Öffentlichkeit gezeigt werden könne, oder John F. Kennedy werde als Apalliker auf einer griechischen Insel am Leben erhalten. Zusammengenommen boten die Theorien und Spekulationen ein beredtes Bild der Frustration und Verwirrung, die das Rätsel Traven angerichtet hatte.

Eine Geschichte besagte, Traven sei kein anderer als der amerikanische Schriftsteller Jack London, der nicht, wie alle glaubten, 1916 gestorben war, sondern auf geheimnisvolle Weise weitergelebt hatte, um unter einem neuen Namen weitere Bücher zu schreiben. Beide Autoren waren Radikale, beide schrieben über die unteren Schichten der Gesellschaft, beide schrieben über Mexiko und über die See, und Kritiker haben ihre Werke oft verglichen. Eine andere Reinkarnationstheorie schrieb das Œuvre Travens dem amerikanischen Satiriker und Erzähler Ambrose Bierce zu, einem weiteren Autor, dessen Leben einen geheimnisvollen Anstrich hatte. Bierce, Verfasser von *The Devil's Dictionary*, verschwand Ende 1913 auf dramatische Weise ins revolutionäre Mexiko und ward nie mehr gesehen. Bierce und Traven hatten ein krankhaftes Mißtrauen gegen Behörden und Regierungen gemein.

Es gab auch weniger genaue Hinweise. Einem zufolge war Traven ein schurkischer amerikanischer Millionär, der so rührend über die Armen und Entrechteten geschrieben und die Reichen und Mächtigen so böse angegriffen hatte, um sein eigenes schlechtes Gewissen zu beruhigen, das davon herrührte, daß er durch die Mühsal seiner Arbeiter ein Vermögen angehäuft hatte. Einer anderen Geschichte nach war Traven in der Tat ein Amerikaner, aber kein reicher, der sein Gewissen zu reinigen versuchte, sondern ein armer schwarzer, der vor dem Unrecht in den Südstaaten geflohen, in Mexiko hängengeblieben war und zu schreiben angefangen hatte. Es gab auch noch viel abenteuerlichere Erklärungen: Traven sei ein flüchtiger österreichischer Erzherzog, der sich in Mexiko versteckte und sein Geld durch Schreiben verdiente; er sei ein Leprakranker, der versteckt im südamerikanischen Bundesstaat Chiapas lebe, weil er von der schrecklichen Krankheit derart entstellt sei, daß sein ganzer Körper ständig in Verbände gehüllt sei. Traven hat über Chiapas geschrieben, und vielfach vermutete man, er lebe dort. So kam es, daß man einmal den Wissenschaftler und Entdecker Frans Blom als Traven identifizierte, weil er in San Cristobal lebte und ebenfalls über die Region schrieb.

Mexiko durchzukämmen war eine beliebte Methode der Traven-Detektive, Wortspiele mit seinem Namen eine andere. Eine jugoslawische Zeitung präsentierte ihren eigenen Heimatkandidaten fürs Traventum: einen Illustrator namens Franz Traven, 1883 in Jugoslawien geboren und im Ersten Weltkrieg verschollen.

Der Anfangsbuchstabe ,B.' warf auch noch sein eigenes kleines Rätsel auf. Die Bücher erschienen allesamt unter dem Namen ,,B. Traven'' ohne irgendeinen Hinweis darauf, was dieses ,B.' bedeutete. Ich fand Hinweise auf ,,Ben'', ,,Benno'' und, häufiger, ,,Bruno'' Traven, und auch die Theorie, mit dem ,B.' habe es die gleiche Bewandtnis wie mit dem ,S.' in Harry S. Truman, nämlich die, daß es gar nichts bedeute, sondern lediglich den Namen optisch gut erscheinen lassen solle. Es gab aber auch einige ausgeklügelte Theorien über den Ursprung des ,B.'. Ein Berliner Gastwirt, der als ,,Käpt'n Bilbo'' bekannt war, wurde einmal als der wahre Traven hingestellt, und die Theorie besagte, das ,B.' stehe für Bilbo oder den richtigen Familiennamen des Mannes, Baruch. Bilbo hatte eine Kneipe in Westberlin, aber er war als Seemann in der Welt herumgekommen und hatte auch einmal den Namen B. Traven als seinen eigenen benutzt. Später gestand er, daß er nicht der Autor war, aber er behauptete, einmal auf einem alten Schiff gefahren zu sein, das zwecks Versicherungsbetrugs vor der Küste Mexikos versenkt worden sei. Überdies hätte er diese Geschichte des öfteren in den Bars von Mexiko City deutschsprachigen Journalisten und Schriftstellern erzählt, und er behauptete, sich an einen Mann zu erinnern, der ihn besonders eindringlich nach der Geschichte befragt und sich darüber Notizen gemacht habe. Vielleicht, so Bilbo, sei jener Mann Traven gewesen, und er habe, quasi als Verbeugung vor Bilbos Beitrag, das ,B.' vor seinen Namen gesetzt. Aber selbst Bilbo beharrte nicht allzusehr auf dieser Geschichte und räumte ein, das mit dem ,B.' könne auch reiner Zufall gewesen sein.

Ein anderer Untermieter des ,B.' war ein gewisser August Bibelje, ein Seemann und ehemaliger deutscher Zollbeamter, der Europa den Rücken gekehrt hatte, um auf einer Plantage in Brasilien zu leben. Bibelje reiste mehrfach zwischen Europa und Südamerika hin und her, schrieb auch einige Geschichten und soll einmal in Antwerpen ohne Papiere und Geld festgenommen worden sein. Er bekam Geld von seiner Familie zugeschickt und verschwand daraufhin. Die Ähnlichkeiten zwischen dem Schicksal Bibeljes und jenem des Gerard Gales aus dem *Totenschiff* erregten einige Aufregung, aber die Wahrhaftigkeit dieser Geschichte wurde durch ihre Ursprünge untergraben. Sie scheint nämlich mit dem Zweck erfunden worden zu sein, Travens europäischem Agenten Geld zu entlocken.

Die Besetzungsliste für den Traven-Part ist damit aber noch nicht abgeschlossen. Auch der Chefredakteur eines großen deutschen Verlagshauses wurde nominiert; dann ein weiterer zwielichtiger Literat,

Arthur Breisky, ein tschechischer Schriftsteller, dessen Anspruch anscheinend darauf beruhte, 1910 nach Amerika gegangen und dort untergetaucht zu sein — auch wenn der Anfangsbuchstabe seines Namens seine Anhänger ermutigt haben mag. Ein weitaus widersprüchlicherer Kandidat war Adolfo Lopez Mateos, von 1958 bis 1964 Präsident von Mexiko. Hier lag die erregende Möglichkeit eines Gelehrten und Staatsmannes, eines Disraeli Lateinamerikas mit der Energie und der Begabung, die Geschicke seines Landes zu leiten und gleichzeitig Romane zu schreiben. Dieses Gerücht ging auf eine familiäre und geschäftliche Verbindung zurück. Lopez Mateos' Schwester Esperanza war bis zu ihrem Tode im Jahre 1951 die mexikanische Agentin und Übersetzerin der Bücher Travens, eine Zeitlang in den vierziger Jahren war sie sogar Inhaberin des Copyrights von B. Traven. Konnte es sein, daß sie lediglich zur Tarnung ihres Bruders diente? Das Gerücht wurde so populär, daß schließlich ein offizielles Dementi erforderlich wurde. Als Präsident Lopez Mateos 1960 Argentinien einen Staatsbesuch abstattete und in Buenos Aires eine Pressekonferenz abhielt, wurde er unter anderem gefragt: ,,Herr Präsident, was ist mit B. Traven, seiner Existenz und seiner Person?'' Der Präsident antwortete:

,,Um B. Traven ist in Mexiko eine Legende entstanden. Es wurde behauptet, daß meine, leider schon verstorbene, Schwester B. Traven gewesen sei, und daß sie die Bücher schrieb, während sie offiziell seine Sekretärin und Übersetzerin war. Man hat auch behauptet, ich selbst sei B. Traven. Keines dieser Gerüchte ist wahr. Travens erstes Buch erschien, als ich fünf Jahre und meine Schwester vier Jahre alt waren. B. Traven existiert wirklich, er trägt diesen Namen und schreibt nach wie vor. Meine Schwester hat ihn nur mehrere Jahre lang in Mexiko vertreten, während sie zur gleichen Zeit seine Bücher ins Spanische übersetzte.''

Es gab aber auch zwei durchaus plausible Theorien. Eine davon besagte, daß es gar keinen B. Traven gegeben hatte, daß es also sinnlos war, nach Indizien seiner wahren Identität zu suchen — es gäbe keine alleinige Identität. Es ging nicht darum, die Lebensläufe und Werke verschwundener Schriftsteller in der Hoffnung abzuklopfen, daß einer von ihnen den entscheidenden Fehltritt gemacht und so das Geheimnis verraten habe — es gäbe kein alleiniges Geheimnis, B. Traven existiere gar nicht. Dieser Theorie zufolge war B. Traven ein Pseudonym, dessen sich mehrere Schriftsteller im Kollektiv bedienten. Fünf insgesamt sollten es sein, und alle lebten in Honduras: drei Deutsche, ein Deutsch-Kanadier und ein Amerikaner. Die Namen und einige biographische Daten wurden auch mitgeteilt: der Amerikaner hieße MacLean, der Kanadier Theel oder Thiel; und die Deutschen waren Brelling, der als Student in Göttingen in eine Duellaffäre verwickelt gewesen sei; Holthusen, ein Soldat aus Hamburg, und Wollank, ein linker Radikaler aus München. Da trat auch die Schattengestalt Ret Maruts wieder auf die Bühne, denn es hieß, Wollank sei in München ein Kollege Maruts gewesen, und Marut selbst habe auch der Gruppe angehört, sei jedoch 1934 in Honduras gestorben, wo er unter einem spanischen Namen gelebt habe. Es war eine ansprechende und erstaunlich attraktive Geschichte.

Der zweiten der einigermaßen glaubhaften Theorien zufolge, der viele Traven-Forscher anhängen, war er ein ärmlicher weißer Amerikaner, ein Wobbly. Wobblies hießen die Mitglieder der *Industrial Workers of the World,* einer Gruppe radikaler Gewerkschaften meist nichtseßhafter Arbeiter. Die Organisation wurde 1907 gegründet, und die Mitglieder bekamen den Namen Wobbly, weil sie angeblich in chinesische Restaurants zu gehen pflegten und die Kellner aufforderten, die Anfangsbuchstaben I.W.W. aufzusagen, was dann mit chinesischem Akzent wie ,,Ei Wobbeluh Wobbeluh'' klang. Travens frühe Bücher hatten einen amerikanischen Wanderarbeiter zum Helden, und ein Buch trug bei seinem ersten Erscheinen in Deutschland den Titel *Der Wobbly*; also war es ganz natürlich, sich den Autor geradewegs als solchen Mann vorzustellen, der in den Anfangsjahren dieses Jahrhunderts durch Mexiko trampt, hier und dort jobbt und dabei Geschichten sammelt. Diese Theorie stand nicht nur mit den Büchern in Einklang, sie hatte auch den Vorzug, sich mit den Hoffnungen vieler Traven-Fans zu decken, indem sie ihnen ein Bild des Autors ganz nach ihrem Wunsch lieferte; sie wollten einen praktisch begabten und unabhängigen Mann, der allein zurechtkommt, einen Arbeiter und Autodidakten, der zu den Empfindungen und Erfahrungen der Unterprivilegierten eine Beziehung hat, einen politisch gebildeten und aktiven Sozialisten. Der Wobbly würde sicher einen vielversprechenden Platz auf meiner kurzen Kandidatenliste einnehmen — auch wenn es für seinen wirklichen Namen nicht die leiseste Andeutung gab.

Da ich nun all diese Anwärter in Betracht gezogen und auch die Kandidaturen von Hal Croves, T. Torsvan und Ret Marut bereits registriert hatte, war es für mich nun an der Zeit, die Theorien liegenzulassen und mir das Faktenmaterial anzuschauen, das über B. Traven vorlag. Da kein Mann zu sehen war, mußte ich mir eben die Geschichte der Veröffentlichung seiner Bücher ansehen. Die Bücher und der Name waren zugleich auf die Welt gekommen, und die Geschichte der einen war zugleich die Geschichte des anderen.

Die Geschichte begann 1925 in Berlin, als der Literaturredakteur der SPD-Tageszeitung *Vorwärts* ein Paket mit dem Poststempel Columbus, Tamaulipas, Mexiko, erhielt. Es enthielt die deutschsprachigen Manuskripte einer Anzahl Kurzgeschichten. Der Autor hieß B.

Traven. Die *Vorwärts*-Redaktion entschied sehr schnell, die Geschichten zu veröffentlichen, und die Serie begann am 21. Juni 1925 unter dem Titel *Die Baumwollpflücker*. Es gab 22 Fortsetzungen bis zum 16. Juli, und der *Vorwärts* kündigte stolz das Debüt dieses Autors mit der Behauptung an, er sei ein Mann, der das proletarische Leben in verschiedenen Ländern kennengelernt habe, dessen Erzählungen direkt auf seinen eigenen Erlebnissen fußten. Das paßte gut zum Stil der *Baumwollpflücker*. Die Geschichten werden in der Ich-Form von einem jungen Amerikaner namens Gerard Gales erzählt, der später als Erzähler des *Totenschiffs*, der *Brücke im Dschungel* und der Kurzgeschichte mit dem Titel *Der Nachtbesuch im Busch* wiederkehrt. Er berichtet fröhlich von seinen Bemühungen, in Mexiko Jobs zu finden und schildert seine Abenteuer als Arbeiter auf den Baumwollfeldern und bei Ölbohrungen. Die Geschichten haben einen aufschneiderischen, ironischen Unterton und tragen doch den Stempel der Wahrhaftigkeit.

Die Baumwollpflücker.

1] **Roman von B. Traven.**

Copyright 1925 by B. Traven, Columbus, Tamaulipas, Mexico.

Die Fortsetzungen erregten die Aufmerksamkeit von Ernst Preczang, einem der Lektoren des damals neugegründeten gewerkschaftlichen Verlags und Buchklubs, der *Büchergilde Gutenberg*. Noch ehe die Serie im *Vorwärts* abgeschlossen war, nahm Preczang Kontakt mit Traven auf, und zwar über eine Postfachadresse. Preczang beglückwünschte den Autor zu seinem Humor und der Frische und Natürlichkeit seiner Schilderungen und bot an, *Die Baumwollpflücker* in Buchform herauszubringen; er fragte dabei an, ob Traven vielleicht der Buchausgabe noch etwas mehr Material hinzufügen wollte. Preczang bekundete sein Interesse an allen weiteren Werken, die Traven geschrieben hatte, und versicherte ihm, er würde bei der *Büchergilde* auch nicht schlechter fahren als bei einem privatkapitalistischen Verleger. Preczang sagte, man wolle eine Erstauflage von 15.000 Stück drucken, und er fügte dem Brief noch eine Auswahl der ersten Bücher der *Büchergilde* bei, um die Qualität und den Stil ihrer Veröffentlichung zu veranschaulichen.

Aus dem Archiv der *Büchergilde Gutenberg* in Frankfurt bekam ich eine Kopie dieses Briefes sowie fast der gesamten ausgedehnten Korrespondenz zwischen Traven und Preczang. Diese Briefe sind ein wichtiger Ausgangspunkt auf der Spur Travens, da sie den ersten Kontakt des Autors mit der Außenwelt darstellen. Als Antwort auf seinen ersten Brief erhielt Preczang einen außergewöhnlichen, dreiseitigen, eng mit der Maschine beschriebenen Brief unter dem Datum des 5. August 1925 — ganz auf Deutsch bis auf einen ungewöhnlichen Schlußgruß: „Yesser (Yes, Sir)." Er war mit einem handgeschriebenen ‚T.' über der getippten Unterschrift signiert. Fast die gesamte folgende Korrespondenz Travens war mit der Maschine geschrieben, nur die wenigsten Briefe waren von Hand unterschrieben, statt dessen gab es getippte Unterschriften oder getippte Initialen. Preczang war einer der wenigen, vielleicht der einzige, der Briefe mit einem handgeschriebenen ‚T.' als Unterschrift erhielt. In einem oder zwei Fällen gab es auch eine verkrampfte Unterschrift von Hand, aber diese war niemals klar und unzweideutig; wenn nur jemand behauptet hätte, die Unterschriften stammten von einem Mann namens, sagen wir, Torsvan, dann hätte der Schriftzug diesem Namen genausogut genügt. Die Unterschrift Travens war so selten, daß der europäische Agent Travens einen langwierigen Prozeß schließlich verlor, weil er nicht in der Lage war, eine authentische Unterschrift seines Klienten vorzuweisen.

Aber der Anfang jenes ersten Briefes an Preczang war auch eine Überraschung. Vom ersten Satz an war Traven in der Defensive. Inmitten aller Begrüßungen, allen Lobes und aller Ermutigungen im Brief des Lektors hatte sich Traven an einer kurzen Andeutung festgehakt, daß *Die Baumwollpflücker* vielleicht etwas kurz seien und er den Text möglicherweise erweitern möchte. Wie ein Schulbub, dem vorgeworfen wird, einen zu kurzen Aufsatz abgeliefert zu haben, lieferte Traven eine Erklärung dafür, warum *Die Baumwollpflücker* nicht länger geworden waren. Man sollte die Verhältnisse begreifen, in denen er lebte: „Den Roman schrieb ich in einer Indianerhütte im Dschungel, wo ich weder Tisch noch Stühle hatte und ich mir ein Bett aus zusamengeknüpften Bindfaden in der Art einer noch nie erlebten Hängematte selbst machen mußte." Er sei mehr als fünfzig Kilometer von der nächsten Quelle für Papier und Federn entfernt gewesen; er hätte das Papier beidseitig beschrieben, und als es ihm ausging, mußte auch der Roman zu Ende sein, „obgleich er dann erst anfangen sollte". Er hatte das Manuskript einem Indianer mitgegeben, der es zur Post tragen und in die USA zum Abtippen schicken sollte; dies hätte ihn sein ganzes Geld gekostet, doch nun habe er eine eigene Schreibmaschine und ein bißchen Geld übrig, so daß er eine Weile nicht arbeiten zu gehen brauchte. Aber wenn er wieder arbeiten gehen müßte, dann wäre es mit dem Schreiben vorbei, „denn arbeiten hier ist etwas ganz anderes als in Europa".

Nach diesem defensiven Sperrfeuer ging der Brief noch lange weiter. Einmal bemühte sich Traven zu gefallen, dann wieder stellte er kategorische Forderungen; er wurde wieder ängstlich defensiv, darauf dann prahlerisch — es war der Brief eines Mannes, der wenig Kontakt mit der Außenwelt hat und unsicher ist im Umgang mit ihr. Er wollte, daß die *Büchergilde* sein Buch herausbrachte, und er willigte auch ein, einen zweiten Teil zu den *Baumwollpflückern* zu schreiben, wie Preczang vorgeschlagen hatte. Er besaß noch mehr Geschichten, von denen einige in den Händen anderer deutscher Zeitschriften und Verleger waren; er listete sie alle penibel auf, schlug mögliche Sammelbände vor und versuchte, Arrangements zwischen Preczang und anderen Verlegern herbeizuführen. Dann nahm er das Leidensthema wieder auf. Preczang im fernen Berlin erinnerte er daran, daß er es nicht nur mit den üblichen geistigen Geburtsschmerzen des Schreibens zu tun habe; für ihn kamen die körperlichen Qualen des Lebens in den Tropen dazu: ,, . . . schreiben in diesen Ländern, wenn man nicht in einem modernen Hotel wohnen kann, sondern in Barracken oder Hütten wohnen muß, das ist die Hölle. Nicht nur das Hirn, nein ebenso sehr die von Mosquitos und anderem Höllengelichter zerstochenen und blutenden Hände und Beine und Backen rebellieren gegen den Schreiber und gegen das Zusammenhalten des Gedankengefüges und der notwendigen Farbengebilde.'' Alle diese Dinge, erklärte er dem Verleger, lenkten einen Schriftsteller ab.

Traven war aber nicht derart abgelenkt, daß er keine Forderungen stellte. Er wollte einen Vorschuß, er würde Preczang seine anderen Geschichten schicken, aber er wollte sie zurückhaben, sobald sie gelesen wären, und er wollte seine Bücher in Fraktur gesetzt haben. Dann kam eine Forderung mit eindeutigem Befehlscharakter: ,,Keine Zeile aus diesem Briefe darf veröffentlicht werden. Der Brief ist rein persönlich.'' Traven hatte begonnen, wie er weiterzumachen gedachte.

In seinem eigenen ersten Brief hatte der Lektor der *Büchergilde* Traven mitgeteilt, daß er daran dachte, neben Romanen auch Reiseberichte und Tagebücher zu veröffentlichen, und dann, nicht ahnend, daß er im Begriff war, einen wunden Punkt zu berühren, fuhr er in aller Unschuld an seinen neuen Autor fort: ,,Sie haben offensichtlich sehr viel erlebt und haben wahrscheinlich Bilder gemacht. Wie wäre es mit einem illustrierten autobiographischen Roman?'' Die Antwort war einfach und direkt: ,,Biographischer Roman? Nein. Reisebücher, Tagebücher über meine Reisen und Fahrten mit Photographien? Ja.'' Von da an sollte nichts mehr über den Menschen selbst kommen. Aber niemand sollte glauben, daß er nicht von Interesse sei, beileibe nicht. Traven griff Preczangs Bemerkung über seine Erlebnisse mit einer Bartheken-Aufschneiderei auf: ,,Zweifellos vieles erlebt? Zwanzig Bände im Brockhaus Lexicon Format sind zu wenig, um einen Teil zu veröffentlichen.'' Schon jetzt propagierte Traven den Mythos seiner bewegten und abenteuerlichen Vergangenheit — wenn es ein Mythos war. Er schrieb wie ein Mann, der die Welt erfahren hatte, der gereist und herumgekommen war, Dinge bewältigt hatte und mit Gefahr fertiggeworden war. So übertrieben er manchmal tönte, so überzogen die Andeutungen waren, die er fallen ließ — bei Traven hatte man stets das Gefühl, der Wahrheit ziemlich nahe zu sein, und daß das, was er verborgen hielt, tatsächlich genauso ereignisreich sein könnte wie das, was er gern andeutete.

Man kam überein, daß die *Büchergilde* seine Arbeiten veröffentlichen sollte; da er noch einiges als Ergänzung für *Die Baumwollpflücker* schreiben mußte, sollte *Das Totenschiff* als sein erster Roman erscheinen, im April 1926. Dieses Buch war für Traven sehr wichtig; es war sein erster veröffentlichter Roman, dem eine Propagandafunktion zukam, von der, wie er schrieb, viel abhing ,,um die Öffentlichkeit auf die Beine zu bringen und sich das, was man Passzwang und Visazwang nennt, einmal in seinen Konsequenzen anzusehen''. Er vertraute offensichtlich auf den Erfolg und sagte der *Büchergilde,* daß sie keine bessere Werbung als seinen Roman haben könne und daß er ihr eine große Nachfrage und noch mehr neue Mitglieder einbringen würde. Dies mag das Bravado eines Neulings gewesen sein, aber er hatte recht. Im Jahr, als das Buch erschien, wuchs die Mitgliederzahl der *Büchergilde* um 11 000 auf nahezu 28 000, und der Verlag glaubte, daß das vor allem dem *Totenschiff* zu verdanken war. Die Erstauflage betrug 30 000 Exemplare, und in den folgenden Jahren wurden mehr als 100 000 Stück verkauft. Das Buch war ein aufrüttelnder Erfolg, vor allem unter den Linken. Ein Kritiker schrieb: ,,Ich glaube nicht, daß ein Sozialist dies weglegen wird, ohne zu fühlen, wie der Mut und die Stärke seiner Klasse im Herzen und in der Seele aufsteigen.''

Die sechs Jahre nach seinem Debüt auf der deutschen Literaturszene im Jahre 1926 waren für Traven fruchtbare Jahre; in dieser Zeit veröffentlichte er neun Bücher. 1926 kam neben dem Totenschiff *Der Wobbly* heraus, eine durch einige neue Erzählungen ergänzte Ausgabe der *Baumwollpflücker,* mit Gerard Gales als Helden. In diesen Geschichten arbeitete er in einer Bäckerei und wurde in einen Streik verwickelt; als Viehtreiber fand er einen Job auf einer Ranch und geriet mit Banditen aneinander — alle diese Begebenheiten waren im gleichen lässigen und schnodderigen Stil verfaßt wie die ersten Geschichten. Im folgenden Jahr erschien *Der Schatz der Sierra Madre*, ein starker und spannender Abenteuerroman über drei Amerikaner, die in der mexikanischen Wildnis Gold finden und durch ihre Habgier in die Katastrophe geführt werden. Der Verderbtheit der Amerikaner stehen die Unschuld und der Edelmut der Indianer gegenüber, ein Thema, das in Travens Romanen noch öfter wiederkehren sollte.

Im Jahre 1928 brachte die *Büchergilde* zwei weitere Bücher von Traven heraus, die beide wieder in Mexiko spielten. (Mit Ausnahme des *Totenschiffs* spielen alle Bücher von Traven in jenem Land, bis hin zu seinem letzten Werk, das 1960 erschienen ist.) *Der Busch* war eine Sammlung von Kurzgeschichten, von denen einige wiederum von Gerard Gales erzählt werden; den Stoff für die Geschichten lieferten das Leben und die Sagen der mexikanischen Indianer, besonders in einer unheimlichen Erzählung mit dem Titel *Der Nachtbesuch im Busch. Land des Frühlings* war das einzige nicht fiktive Werk des Autors, ein Bericht über eine Reise durch den Staat Chiapas mit Schilderungen der Gesellschaftsstrukturen und der Kultur der Indianer, sowie Meinungen über fast alles andere Berichtenswerte in Mexiko. Es war mit 64 Seiten Fotos illustriert, die Traven selbst aufgenommen hatte.

Die Woge der Veröffentlichungen ging 1929 mit dem Erscheinen der *Brücke im Dschungel* weiter, des letzten Buches, in dem Gerard Gales als Erzähler auftrat. Es ist die Geschichte des Todes und der Beerdigung eines kleinen Indianerjungen, der von einer durch eine amerikanische Ölgesellschaft errichteten Brücke gefallen und ertrunken ist. Mit den Augen von Gales beobachtet Traven die unterschiedliche Einstellung der Amerikaner und der mexikanischen Indios zu Leben und Tod. Noch im gleichen Jahr erschien Travens breit angelegter Roman *Die weiße Rose*; er handelt von den Machenschaften, mit denen C. C. Collins, der Generaldirektor eines amerikanischen Ölkonzerns, einer mexikanischen Familie ihren Besitz, die Weiße-Rose-Ranch zu entreißen sucht; ein epischer Kampf zwischen zwei Kulturkreisen. 1930 erschienen keine Bücher, aber 1931 produzierte Traven *Der Karren* und *Regierung,* die ersten beiden Bände der sechsteiligen Reihe der Dschungel-Romane, die man auch den Caoba-(Mahagoni)-Zyklus nennt. Diese Reihe, zu der der *Marsch ins Reich der Caoba* (1933), *Trozas* (1936), *Die Rebellion der Gehenkten* (1936) und *Ein General kommt aus dem Dschungel* (1940) gehören, bildet eine groß angelegte Geschichte der Ochsentreiber, der Mahagoni-Waldarbeiter und der Zwangsarbeiter im südöstlichen Mexiko und ihres letztendlichen Aufstandes gegen die Diktatur von Porfirio Diaz. Die Bücher schildern die Sklaverei, die den Mexikanern durch Schulden aufgezwungen wurde, die Grausamkeit und Brutalität in den Mahagoni-Arbeitslagern, die Korruption in Handel und Industrie und die fatalistische Einstellung der Indios. Die Romanreihe endet mit einer der ironischen Wendungen, die geradezu als Fingerabdruck von Traven gelten können. Da marschiert die kleine Armee der Rebellen, die bis dahin im Dschungel gelebt und gekämpft haben, hinaus, nur um festzustellen, daß die Revolution schon seit 16 Monaten vorbei ist, und daß der Diktator, gegen den sie gekämpft haben, schon längst geflohen ist.

Im Laufe dieses schaffensreichen Lebensabschnittes, in dem fast das gesamte Werk von Traven erschien, weigerte sich der Autor weiterhin, seinen Verlegern irgendwelches biographisches Material zu übergeben. Preczang verlangte natürlich nach Fotos und Informationen, um für die Bücher zu werben und die Aufmerksamkeit auf den Autor zu lenken, aber von dem kam nur eine schroffe Zurechtweisung:

,,Ich möchte sehr deutlich erklären: die Biographie einer kreativen Person ist absolut unwichtig. Wenn jene Person in ihren Werken nicht erkennbar ist, dann taugt sie entweder selbst nichts, oder die Werke taugen nichts. Eine kreative Person sollte demnach keine andere Biographie haben, als ihre Werke.''

Traven war darauf bedacht, dafür zu sorgen, daß sein Werk ein möglichst breites Publikum erreichte, insbesondere, daß es seine sozialistischen Gesinnungsgenossen erreichte, aber er war nicht bereit, auch nur den kleinsten Teil seiner Privatsphäre zu diesem Zweck preiszugeben. Er war nie zufriedenzustellen, wenn es darum ging, zu erklären, wer er war oder nicht war. Er mochte es nicht einmal, wenn die *Büchergilde Gutenberg* seine Anonymität für ihre Werbung mit dem Satz ausnützte: ,,Wir wissen nichts über ihn.'' Darüber beschwerte er sich, weil dadurch der Eindruck erweckt würde, daß es Geheimnisse um ihn gäbe, oder, schlimmer noch, daß er bemüht war, durch den Anschein von Geheimnissen eine Sensation zu schaffen, um seine Bücher besser zu verkaufen; dies sei nicht wahr. Man mußte es Preczang und seinen Kollegen nachsehen, wenn sie sich fragten, was dieser Mann wirklich wollte. Er hatte tatsächlich Geheimnisse. Er war geradezu verzweifelt darauf bedacht, jeden daran zu hindern, auch nur die magersten und, so mochte man glauben, die harmlosesten Tatsachen über ihn selbst herauszufinden; und dennoch mochte er es nicht, wenn die Menschen sich geschlagen gaben und erklärten, daß sie nicht einmal diese simplen Dinge über ihn wüßten. Es war, als ob die bloße Erwähnung einer Identität, jedweder Identität, ihn in irgendeiner Weise bedrohte; gerade so, als ob ihm der diesseitige Zwang zur Existenz lästig wäre. In der Tat behauptete er einmal, es sei ganz unnötig, seinen Namen oder auch den irgendeines anderen Autors auf den Deckel eines Buches zu setzen, weil dies beim Leser lediglich eine Erwartung oder eine Vermutung wecke, die gar nichts mit der Qualität oder dem Inhalt des Werkes selbst zu tun habe.

Um seine hartnäckige Weigerung zu rechtfertigen, lieferte er noch verschiedene Variationen zu diesem Thema nach. Einem Professor Strasser in der Schweiz schrieb er einmal, er erzähle nichts von sich selbst, weil er die Menschen, vor allem die arbeitenden Menschen, von ihrem Autoritätsglauben befreien wolle. Die Arbeiter sollten keinerlei

Autorität huldigen, ob diese nun in Gestalt von Königen, Generälen, Präsidenten, Ozeanfliegern oder — Schriftstellern auftrete. Immer und immer wieder betonte er, daß jedermann gleichermaßen wichtig sei; daß das Schriftstellertum keinerlei besondere Aufmerksamkeit auf sich ziehen solle:

„Ich fühle mich wie ein Sandkorn, aus dem die Erde aufgebaut ist. Meine Werke sind wichtig, meine Person ist unwichtig, genau wie die des Schuhmachers, welcher es für seine Pflicht hält, gute und bequem sitzende Schuhe für die Menschen anzufertigen. Ich will mein Leben als gewöhnlicher Mensch führen, welcher unbemerkt und einfach unter den Menschen lebt, und ich will, soweit es auf mich ankommt, dazu beitragen, die Autoritäten und die Autoritätsanbetung auszurotten, so daß jeder Mensch in dem Bewußtsein bestärkt wird, daß er genau so wichtig und unentbehrlich für die Menschheit ist, wie alle andern, ganz gleichgültig, was er tut und was er getan hat."

Ich habe nie daran gezweifelt, daß Traven glaubte, was er zu diesem Thema in seinen Briefen schrieb; es paßte zu seinen erklärten politischen Ansichten und fügte sich in den Inhalt seiner fiktiven Handlungen. All seine Bücher feiern den Wert des Individuums, insbesondere der Demütigen, der Getretenen und Verfolgten. Ihren Kampf um die Erfüllung ihrer Aufgabe, um die Treue zu ihrer Herkunft und schlicht ums Überleben gießt er in eine heroische Form. Ich habe aber nie geglaubt, daß diese theoretische Basis die ganze Erklärung für seine Anonymität sein könne. Es mußte sehr starke praktische oder persönliche Gründe geben, die ihn dieses rationale Gebäude errichten ließen. Daß er Hand aufs Herz schwor, er habe keine Geheimnisse, entsprang nicht einer überkritischen Einstellung sich selbst gegenüber, es war schlicht eine kunstvolle Täuschung — sein ganzes Dasein war ein Geheimnis. Vielleicht gab es hinter dem Schleier, mit dem er seine Person umgab, eine Besessenheit, die er ebenfalls zu verbergen suchte.

In diesem von ihm selbst geschaffenen Klima entstanden die Mythen über Traven, schossen die Gerüchte ins Kraut. Schließlich war es unter den Umständen so gut wie unmöglich, irgendetwas, was über ihn behauptet wurde, abzustreiten oder gar zu widerlegen. In den dreißiger Jahren begannen seine Bücher auch in englischer Übersetzung zu erscheinen. In Großbritannien wurden sie aus dem Deutschen übersetzt, aber in den Vereinigten Staaten bekamen die Verleger direkt aus Mexiko englische Manuskripte. Die in Europa kursierenden Gerüchte breiteten sich schnell auch jenseits des Atlantik aus, und schon bald erhielt Traven den Beinamen „Der Autor, den keiner kennt". Im *New Yorker* stand, daß, soviel man wisse, Traven „ein einzelner oder ein Syndikat, Joan Lovell oder der Mann in der eisernen Maske" sein könne, und falls er jemals fotografiert würde, würde sich das Negativ wahrscheinlich nicht entwickeln lassen. Die Zeitschrift empfahl den *Schatz der Sierra Madre* ihren Lesern als guten Abenteuerroman, durchschossen von beständiger Ironie und frei von Sentimentalität.

So etablierte sich Traven als Schriftsteller, der rund um die Welt gelesen wurde, und bis zur Mitte der dreißiger Jahre in 15 Sprachen übersetzt worden war, und doch hatte noch keine Menschenseele ihn je gesehen. Die einzige Spur, die er der *Büchergilde* freiwillig gab, waren zwei Fotos, die die hölzerne Hütte im Dschungel zeigen sollten, in der er seine Geschichte *Nachtbesuch im Busch* geschrieben hatte. Die Fotos aber verrieten nichts über die Person Travens, und seine mitgelieferte Erklärung schmückte nur die Darstellung seines harten und primitiven Lebens aus, die bereits zirkulierte. (Vielleicht rührte daher auch die Vermutung, er sei von der Lepra entstellt.)

,,In dem Bungalow schrieb ich die Novelle. Ich überlasse es den aufmerksamen Lesern, die gute Beobachtungsgabe besitzen, diesen Bungalow in nahe Beziehung zu jener Novelle zu bringen.''

Solche Darstellungen waren alles, was Traven von sich preisgab. Aber anstatt seine eigene Bedeutung herunterzuspielen, wie es seine erklärte Absicht war, trugen sie nur zur Inflation der Phantasievorstellungen bei, die ihn umgaben.

,,Jaguare und Löwen'' näherten sich von Zeit zu Zeit dem Ort des Schreibers. Im Haus selbst wimmelte es von großen ,,Skorpionen'' und fingerlangen ,,roten Spinnen''. Im Schutthaufen hinter dem Haus fand der Autor viele handtellergroße Taranteln. Abends, ,,vor Sonnenuntergang'', marschierten oftmals ausgedehnte ,,Armeen großer Ameisen'' mitten durch das Haus.

In seinen Briefen an Preczang, den Lektor, der seine Arbeit entdeckt und gefördert hatte, entledigte sich Traven der Qualen und Entbehrungen seines Dschungellebens. Wenn sein Leben in Wirklichkeit auch nur halb so hart war, dann ist es nicht überraschend, daß er durch diese Niederschriften ein wenig Linderung seiner Einsamkeit suchte. Da dies aber die einzige Information war, die er übermittelte, mußte sie ihn geradezu als heldenhaftes und verlockendes Phantom definieren. Selbst dann aber war er auf der Hut, nicht zuviel preiszugeben, damit keiner auf die Idee kommen sollte, die mageren Indizien dazu zu benutzen, ihn aufzuspüren. Seine Anmerkungen zu den Fotos schloß er mit den Worten:

,,Recht froh bin ich, daß man in diesem Haus nie eine Gedenktafel wird anbringen können. . . Es ist bereits vom Busch gefressen und gesund verdaut. F.S.M. Friede seinem Moder!''

4 Kein gewöhnlicher Mann

Ich geriet nicht in Versuchung, die Hütte auf den Fotos oder irgendeines der anderen Dschungelhäuser zu suchen, die Traven bewohnt hatte. Das Geld, das mir für mein Filmvorhaben zur Verfügung stand, sollte meiner Schätzung nach gerade für einen Bericht ausreichen, der im wesentlichen aus Interviews mit wichtigen Augenzeugen bestehen sollte. Meine Hauptsorge war dabei, die Menschen zu finden und auszuwählen, die am meisten zu dieser komplizierten Geschichte beitragen konnten, so daß wir sie klar erzählen und irgendwie den Charakter des Autors skizzieren konnten, um den sich alles dreht. Trotz meiner Lektüre und meiner Recherchen kämpfte ich noch immer darum, mir ein Bild von der Person (oder der Personen) zu machen, die hinter dem Namen B. Traven lauerten. Dies im Sinn wandte ich mich erneut den Büchern und Briefen zu. Mir war bereits aufgefallen, daß Travens leidenschaftliche Geheimniskrämerei keinesfalls einer zu bescheidenen Selbsteinschätzung entsprang. Zwar gab es in seinen Briefen ein oder zwei Absätze peinlich wirkender Demut, doch diese waren wohl eher mißglückte Ansätze zur Höflichkeit als Beweis einer demütigen Grundhaltung. Weit typischer waren die Passagen, in denen Traven komplizierte Pläne zeichnete, die andere ausführen sollten, Forderungen stellte und, vor allem, sich brüstete. So hatte er dem *Totenschiff* einen geschäftlichen Erfolg vorausgesagt, den es auch hatte. Als er den literarischen Wert seines Werkes ansprach, war er nicht weniger überzeugt:

,,Und ich moechte bestreiten, dass es in der ganzen deutschen Literatur eine moderne Arbeit gibt, die die Entwicklung der Angst einer nicht-europaeischen, einer nicht-weissen Mutter, mit solcher minutioesen Malerei schildert wie diese Novelle'', schrieb er an Preczang.

Durch alle Briefe hindurch spürt man einen Mann, der mit sich selbst zufrieden ist. Vielleicht beschreibt der Begriff Keckheit am besten diesen Ton, der den Drang, andere zurechtzuweisen, mit Selbstbestätigung verbindet. Er prahlte mit seiner Welterfahrenheit und sprach seine Briefpartner ebenso wie die Leser seiner Romane in einer

Art und Weise an, die keinen Zweifel daran ließ, daß man es hier mit einer Autorität zu tun hatte. Ihm konnten sie glauben, er war herumgekommen und hatte viel gesehen, und nun profitierten seine Leser davon, direkt von der Quelle.

Nur so nebenbei ließ er seinen Verlag wissen, daß die Ereignisse, die in den *Baumwollpflückern* zum Streik der Kellner geführt hatten, sich wirklich zugetragen hatten, denn er war dort gewesen. Er schrieb Preczang, daß einiges von dem neuen Material für die *Baumwollpflücker* vielleicht zu stark war, um von der *Büchergilde* veröffentlicht zu werden:

„Ich setze voraus, dass die Mitglieder der Buechergilde nicht gleichzeitig Mitglieder eines Sittlichkeitsvereins sind. Sollte das der Fall sein, dann muessten Sie die Seiten 53 - 81 des Zweiten Buches streichen, in diesen Seiten wird das ‚Quartier der Senoritas' geschildert . . . Ich schreibe fuer Maenner und fuer Frauen, die wissen wollen, wie es im Ernst draussen in der Welt aussieht und deshalb sind meine Arbeiten nicht fuer Schullesebuecher bestimmt und als Weihnachtsgeschenke für zuechtig verschaemte Jungfrauen."

„Hier hat man gerade auf das Ziel los zu gehen oder man schwoert zum Coelibat und die Haut platzt. Hier muss jedes Vergnuegen bezahlt werden, also auch das, was die Maenner drueben bei Ihnen umsonst haben koennen, infolge des Ueberflusses an Frauen und Maedchen."

So wie er sich mit den Frauen auskannte, so wurde er auch mit den Gefahren des primitiven Lebens fertig. In seinen Briefen nutzt Traven all die Entbehrungen seines Aufenthalts in der Wildnis zur Demonstration seiner Tapferkeit und seiner Fähigkeit, mit Widrigkeiten fertig zu werden. Seine ausgedehnten Klagen über die Härten des Dschungellebens hatte ich bereits gelesen; sie schienen mir geradezu maßgeschneidert dazu, den Beifall des Lesers einzuheimsen, der ganz offensichtlich vor einem so resoluten und unerschrockenen Autor in Ehrfurcht erstarren sollte. Die Moskitos, die Schlangen und die Eidechsen wurden als Zeugen für Travens Charakterstärke aufgerufen. Ich zweifelte ihr Zeugnis nicht an, aber es faszinierte mich (und manchmal amüsierte es mich), daß Traven es nötig hatte, sie zu seinen Gunsten aussagen zu lassen. Und es war etwas Trauriges an all dieser Prahlerei eines einsamen Menschen. Aus Eitelkeit, Schüchternheit oder Vereinsamung suchte er Eindruck zu schinden und hängte seine augenblicklichen Erlebnisse groß heraus, vielleicht um die Aufmerksamkeit vom großen, nicht angesprochenen Thema seiner Vergangenheit abzulenken.

Wir sollen uns vor der überragenden Wahrhaftigkeit seines Schreibens verneigen. Jedermann soll wissen und begreifen, daß die Welt B.

Travens eine wahre Welt war, daß seine Erlebnisse wirklich waren. Das Wissen und die Entbehrungen in den Büchern waren das Wissen und die Entbehrungen seines Lebens:

,,Wenn man den Busch oder den Dschungel, sein Leben und sein Singen, sein Lieben und Morden kennen lernen will, muß man eben hinein in den Dschungel. Mir erzählen Busch und Dschungel ihre Geschichten nur dann, wenn ich mich in ihnen vergrabe, in ihnen und mit ihnen lebe, mich mit ihnen auf Tod und Verderben vereine.''

Kein gewöhnlicher Mann, wollte er damit andeuten, auch kein gewöhnlicher Schriftsteller würde sich jenen Herausforderungen stellen und sie überleben, aus denen die Werke des unnachahmlichen B. Traven hervorgegangen waren:

,,Dort wohnte ich, tief im tropischen Busch, allein, in einer primitiven Hütte, die ich selbst gebaut hatte, ohne einen Nagel zu gebrauchen.''

Für Traven war es äußerst wichtig, anzudeuten, daß er die indianische Baukunst gemeistert hatte. In seinen Büchern liebte er es, über Handwerk, Handel und die Arbeit im allgemeinen zu schreiben, den Ablauf einer Arbeit schildernd, die Aufgaben und Schwierigkeiten scheinbar einfacher und niedriger Beschäftigungen auflistend. Er bewunderte offensichtlich die Begabungen und die Tätigkeiten derer, die diese Arbeiten ausführten, und er war stolz darauf, sich als einer der ihren auszuweisen. So schreibt Gales in den *Baumwollpflückern*: ,,Es gibt überhaupt nichts, das man nicht lernen könnte.''

Es gab wohl wenige Dinge, die Traven nicht zu beherrschen zugegeben hätte. In seinen Briefen schrieb er ebenso wortreich wie in seinen Büchern, und in beiden gibt es gelegentlich einen Anklang der Allwissenheit. Seine Briefe quollen über mit Ansichten darüber, wie schwierig es sei, eine demokratische Organisation wie die *Büchergilde* zu betreiben, er lieferte Kommentare zur Korruption der Justiz und zur schlechten Behandlung der Farmarbeiter in den Vereinigten Staaten, er schilderte die tropischen Regengüsse, er gab Informationen über die Preise in Mexiko und über die Größe der Äpfel, die dort wuchsen. Er hielt sogar Preczang Vorträge über dessen eigenes Metier und gab ihm den Tip, daß ein Vorabdruck in einer Zeitung oder in einer Zeitschrift einem Roman niemals schaden könne. Traven liebte zu predigen, liebte zu erklären, liebte zu informieren und liebte seinen Kopf durchzusetzen.

In seiner Weigerung, der *Büchergilde* jedwede Art von Biographie zu geben, lag ein störrischer Ton, und noch sechs Monate vor dem Erscheinen seines ersten Romans stritt er gereizt darüber, wie er als Schriftsteller wohl einzuordnen sei. Trotz seiner Lobreden auf die Arbeiter und die Unterprivilegierten der Welt wollte er sich nicht als

„proletarischer Schriftsteller" etikettiert wissen und für eine bestimmte Gattung der Literatur vereinnahmt werden. Sollte dies geschehen, so schmollte er, dann würde er sogleich einen Roman zur Glorifizierung des Kapitalismus schreiben, um das Etikett wieder loszuwerden. Sorgfältig vermied er es, irgendetwas von seiner eigenen Vergangenheit preiszugeben, so zum Beispiel, ob er aus einer Arbeiterfamilie stammt oder nicht. Er fuhr in der gleichen launischen Tonart fort und behauptete, überhaupt nicht über Arbeiter als solche nachzudenken. Was ihn interessiere, seien die Menschen. Die Tatsache, daß die meisten Menschen, über die er schrieb, Arbeiter waren, sei bloßer Zufall. Nichts weiter. Tatsächlich hätte er die meiste Zeit seines Lebens unter Arbeitern verbracht, und er fand sie die interessantesten und vielseitigsten Menschen, viel interessanter als beispielsweise, sagen wir, (und hier griff er ein ungewöhnliches Quartett aus der Luft), Calvin Coolidge, Rockefeller, Gloria Swanson und Tom Mix. Dies sollte nicht heißen, daß er nur über Arbeiter schreiben würde; tatsächlich sollten manche Dinge, über die er schreiben wollte, für Arbeiter ganz und gar uninteressant sein.

In diesen Briefen war wenig, aus dem ich auf die Herkunft des Mannes hätte schließen können; ich konnte es nur als ein weiteres Beispiel seiner Entschlossenheit verbuchen, seine Spuren zu verwischen, wann immer es ging. Ich spekulierte, daß der Stand seiner Geburt die Ursache für seine Geheimniskrämerei sei; daß er aus einer sehr bescheidenen Familie stammte und diese Tatsache ihn beunruhigte, ihm peinlich war, oder er sich ihrer schämte. Also hatte er seine Herkunft stets verborgen und war allen Versuchen zu ihrer Erforschung entgegengetreten. Wenn dies zutraf, dann hatte er vielleicht als eine Art Wiedergutmachung so stark und bewegend das Leben der Arbeiter geschildert, wollte er auf diese Weise sich bei seiner Familie und seiner Klasse dafür entschuldigen, daß er sein Geburtsrecht verleugnet hatte. Dies wäre eine Art Umkehrung der Theorie, die Traven als schuldbewußten Millionär sah. Kein reicher Industrieller, der sein Gewissen beruhigt, weil er seine Arbeiter ausgebeutet hat, sondern Traven als Sproß einer armen Familie, der auf diese Weise die schändliche Verleugnung seiner Herkunft kompensieren will. Aber dieser Mensch konnte einen wirklich auf die Palme treiben! Wie alles andere, das man von ihm wußte, ließ auch die Tatsache, daß er den Status seiner Geburt verhüllte, eine gegenteilige Deutung zu. War es nicht genauso wahrscheinlich, daß er gar nicht als Arbeitersohn geboren war, daß aber die Enthüllung dieser Tatsache seine Kompetenz als Arbeiterschriftsteller in Frage gestellt hatte? Vielleicht suchte er die Klassenzugehörigkeit seiner Eltern und seine Erziehung zu verbergen. Sagen wir, er sei so weit entfernt von den Niederungen der Gesellschaft zur

Welt gekommen, daß B. Traven, der Apostel der Unterdrückten, der Chronist der Grausamkeit und Ausbeutung in der Tat den Lenden der Ausbeuter selbst entsprungen war. Hatte er vielleicht auf diese Weise den Wahrheitsgehalt seines Werkes zu schützen gesucht? Solche Spekulationen waren amüsant, aber sie führten mich nicht weiter. Travens stets zweideutige Antwort auf die Frage nach seiner Herkunft konnte mit fast jeder Theorie erklärt werden. Der Nebel der Ungewißheit konnte nur durch Fakten weggeblasen werden.

In einem Punkt allerdings war er nicht doppeldeutig. Dies war die Frage seiner Staatsangehörigkeit. Er erzählte Preczang, er hätte zunächst zahlreiche seiner Werke in englischer Sprache geschrieben, bevor er sie selbst ins Deutsche übersetzte, und in einem Brief an Professor Strasser in der Schweiz im Jahre 1929 war er klar und unnachgiebig, was sein Geburtsland anging, auch wenn er von sich selbst in der dritten Person sprach.

„B. Traven ist Amerikaner . . . Seine Muttersprache ist Englisch. Obgleich er sehr vieles in Deutsch schreibt, so schreibt er doch die Hälfte, wenn nicht gar mehr, zuerst in Englisch, weil es ihm leichter fällt, schwierige Ideenverbindungen und verwickelte Dialoge zuerst in Englisch niederzuschreiben, um sie sich in Worten und Sätzen klar zu machen."

Und er erklärte auch das scheinbar Ungewöhnliche, daß jemand mit englischer Muttersprache sein Werk zuerst in einer fremden Sprache veröffentlicht:

„Die Schwierigkeit, um nicht zu sagen die Unmöglichkeit, für seine Bücher in den USA einen Verleger zu finden, gab ihm die Idee, seine Bücher auf Deutsch neu zu schreiben und sie in Deutschland anzubieten."

Traven war durch die verschiedenen europäischen Nationalitäten irritiert, die man ihm verlieh; sie seien allesamt, so schrieb er, Erfindungen von Kritikern, die selbst gescheit und wohlinformiert erscheinen wollten. Es war nicht überraschend, daß man ihn meist zu einem Deutschen machte; aber daran sei gar nichts, sagte Traven; ja, er sei nicht einmal von Abstammung oder Geblüt her ein Deutscher. Als ob von dieser Wiederholung gelangweilt, schrieb er einmal in einem Brief:

„Die Verleger der deutschen Ausgaben meiner Bücher wußten vom ersten Tage unserer Beziehung an, daß ich ein in den USA geborener Amerikaner bin."

Wenn er wirklich ein Deutscher war, dann riskierte er, die Aufmerksamkeit darauf zu lenken, indem er es so laut und so entschieden abstritt. Es sah ihm viel ähnlicher, das Wasser um sich herum zu trüben.

Und doch behauptete er hier gleichzeitig ganz fest, er sei ein Amerikaner. War dies eine direkte Ablenkung, ein Bluff, um von seinem wirklichen Vaterland wegzuweisen? Oder war es ein doppelter Bluff, und er war wirklich Amerikaner? Hier konnte jeder raten.

Die Anklage, ein Deutscher zu sein, schien ihn am meisten zu ärgern; dieser Vorwurf wurde am häufigsten gegen ihn erhoben.

„B. Traven ist kein Deutscher; er wurde nicht in Deutschland geboren; er ist nicht einmal deutscher Abstammung. Aus dem gleichen Grunde ist er kein Deutsch-Amerikaner, kein Deutsch-Mexikaner, kein Deutsch-Kanadier; er ist kein deutscher Auswanderer, auch kein Deutsch-Argentinier, noch sonst irgendetwas, das man von ihm in den Kritiken behauptet hat."

Ich wußte nicht, was ich von Travens scheinbarer Unbefangenheit über seine Nationalität halten sollte. Es paßte so gar nicht zu ihm, irgendeine Tatsache über seine Vergangenheit zu liefern, geschweige denn über diesen Punkt so bestimmt zu sein; das war genauso geheimnisvoll wie sein gewohntes Schweigen oder seine Verdunklungstaktik. Ich konnte kaum seine Aussage als bare Münze nehmen, aber sein leidenschaftliches Engagement in dieser Frage deutete darauf hin, daß hier etwas im Busch war.

Der Traven des *Totenschiffs* hatte die ganze Frage der Nationalität als völlig unwichtig abgetan, und in einem seiner Briefe stieß ich auf eine Erklärung, aus der dies widerhallte.

„Ich zähle nicht zu den Deutschen, weil ich keine Berechtigung habe, mich dazu zu zählen", begann er (eine etwas ungewöhnliche Formulierung, und weniger flüssig als seine gewöhnlichen Erklärungen zu diesem Thema), und er fuhr fort:

„Ich persönlich betrachte dies weder als Ehre noch als Schande; denn ich bin, wie die Mehrzahl der Menschen an meiner Volkszugehörigkeit ebenso unschuldig, wie an meinem Geburtsdatum und an der Farbe meiner Augen. Wer aber nur eines meiner Bücher kennt, weiß, daß ich aus meiner Volkszugehörigkeit nie einen Hehl gemacht habe."

Vermutlich meinte Traven damit Gerard Gales, den amerikanischen Erzähler seiner frühen Werke. Es würde interessant sein, Gales näher zu betrachten, die Informationsschnitzel aufzusammeln, die über ihn zur Verfügung stehen. Es würde sich vielleicht herausstellen, daß Gerard Gales der Autor unter einem anderen (vielleicht sogar seinem echten?) Namen war.

Viele Traven-Forscher hatten den Autor mit dem amerikanischen Erzähler seiner ersten veröffentlichten Werke identifiziert. Der Hauptgrund hierfür war Travens Beharren darauf, daß er nur über selbst Erlebtes oder selbst Gesehenes schrieb, eine prosaische Behauptung, die jedoch einen Schlüssel zu den Büchern lieferte — sie wurden zur Autobiographie.

Traven wollte nicht direkt über sich selbst sprechen, aber er bestand darauf, daß der Leser seine Anwesenheit in den Werken wahrnehme.

„Ich kann nicht irgendetwas aus meinem Federhalter kauen. Andere können das vielleicht, ich nicht. Ich muß die Menschen kennen, über die ich spreche. Es müssen meine Freunde oder Begleiter, meine Widersacher oder Nachbarn gewesen sein, wenn ich sie schildern soll. Ich muß die Dinge, Landschaften und Personen gesehen haben, ehe ich sie in meinen Arbeiten zum Leben erwecken kann."

Genauso heftig bestand er auf den einzelnen Erlebnissen, die er Gerard Gales zuschrieb. Er hatte Preczang erzählt, daß der Streik in den *Baumwollpflückern* sich wirklich ereignet hatte; und genausowenig hatte er die Handlung des *Totenschiffes* erfunden.

Die Gestalt des Gales war in Mexiko herumgetrampt und hatte an Streiks teilgenommen; als schlichter Matrose war er auf einem Seelenverkäufer zur See gefahren, und selbstverständlich war er ins dunkle und ungastliche Hinterland Mexikos eingedrungen. Vielleicht war Traven das auch, denn er sagte:

„Es gibt Leute, die machen eine Reise durch den Thüringerwald und können nach Beendigung der Reise einen Busch- oder Dschungelroman schreiben. Jene Leute nenne ich mit Ehrfurcht und Bewunderung Dichter und Künstler. Da ich aber weder Dichter noch Künstler bin, muß ich mitten hinein in den Dschungel, wenn ich etwas über den Dschungel schreiben will."

In der *Brücke im Dschungel* stellt sich Gales einem anderen Amerikaner vor, der sich gerade auf ihn gestürzt hat. Keine Namen, selbstverständlich, denn „es ist ja auch töricht, sich anderen vorzustellen, ohne nach seinem Namen gefragt zu sein", aber eine kurze Erklärung für Gales' Anwesenheit wird geliefert.

„Ich erzählte, daß ich auf eigene Faust Forschungsreisen unternehme und außerdem Präsident, Kassenverwalter und Sekretär einer Ein-Mann-Expedition sei, die kommerziell verwertbare seltene Pflanzen für Medizin und Industrie suche; daß ich aber jede Arbeit annehme, die mir unterwegs geboten werde, und dabei immer hoffe, einmal Goldvorkommen oder Edelsteinfelder zu entdecken."

In diesem, dem letzten Buch mit Gales, gibt es wenige Hinweise auf seine Vergangenheit, aber die obige Beschreibung paßt dem wandernden, zu allem bereiten Gales aus den *Baumwollpflückern* wie angegossen. In jenem Buch gibt es auch nur wenige Fakten über ihn, aber wir erfahren doch, daß er ein Amerikaner in Nöten ist, dem die Wobblies, die I.W.W. wohl vertraut sind, auch wenn er kein Mitglied ist. Er unterstellt, daß er aus einer Arbeiterfamilie stammt, und daß er durch die Vereinigten Staaten, England und Deutschland gereist ist. Der Leser des *Totenschiffes* weiß, daß Gales viel in Europa herumgereist ist, dennoch ist es interessant, daß es von Buch zu Buch keine Kontinuität dieser Gestalt gibt. Der Name und der Klang der Stimme sind gleich, aber es wird kein Versuch unternommen, die verschiedenen Episoden im Leben Gales' miteinander zu verbinden. Das *Totenschiff* ist mit Hinweisen auf Gales' amerikanische Herkunft gepfeffert, und er unterstellt gern, daß er sich auf dem Jackson Square in New Orleans oder der Lincoln Avenue in Chikago auskennt, einer Stadt, von der er neckisch als ,Chic' spricht. Er scheint Galveston zu kennen, ,,Philly'', Boston, New York und Wisconsin, ,,wo die Leute Butter ins Feuer werfen, damit der Kaffee schneller kocht'', aber all diese Hinweise sind ziemlich oberflächlich. Sie gehen wenig ins Detail, und es gibt nichts darin, das man nicht aus Büchern oder den Begegnungen mit einigen Amerikanern ziehen könnte. Oft werden sie auch auf unkenntliche Weise in die Erzählung gezerrt. Gales geht freigiebig mit dem amerikanischen Slang um, aber er benutzt ihn ungeschickt und scheint viel davon zu improvisieren. ,,Goldfish in shit leave me alone!'' ist einer seiner typischen konstruierten Aussprüche.

Viel mehr konnte man aus Gales' Herkunft und Geschichte in den Romanen nicht entnehmen, wenn auch eine frühe Episode im *Totenschiff* listig darauf hindeutet, daß die Stimme von Gales in der Tat die Stimme von Traven ist. Er schildert die Begegnung mit einem amerikanischen Paar in Rotterdam und erzählt seine traurige Geschichte, nämlich, daß sein Schiff ihn zurückgelassen hat und er nicht in der Lage ist, an Papiere zu kommen, die beweisen, wer er ist. Die beiden hören fasziniert zu, finden die Geschichte mehr komisch als traurig, und schließlich gibt der Mann, der zufällig Zeitschriftenverleger ist, Gales einen Geldschein, worauf der Held dem Leser gesteht:

,,Das war das erste Geld, das ich je für das Erzählen einer Geschichte bekam. Yes, Sir.''

Auf diese Weise ist auch Gales als Schriftsteller etabliert. Aber Traven kann der Versuchung nicht widerstehen, diese kleine Offenbarung mit einer ironischen Wendung zu würzen, die sogleich den Wert des Geständnisses in Frage stellt. Der Mann gratuliert Gales zu seinen Erzählkünsten:

,,Eine Geschichte, die nicht wahr ist, gut erzählen zu können, ist eine Gabe, my boy.'' Und weiter: ,,Sie sind ein Künstler, wissen Sie das? Sie können viel Geld machen, lieber Freund.''

So also erzählt uns Traven eine Geschichte, die nicht wahr ist, aber wahr klingt, oder will er uns nur einmal mehr verwirren und uns von seiner Spur ablenken?

Dennoch war es mir möglich, aus der Traven-als-Gales-Biographie eine Art von Bild, wenn auch sehr skizzenhaft, zu zeichnen. In einer Ausgabe des *Texas Quarterley* von 1963 entdeckte ich einen Artikel, in dem ein gewisser Charles Miller genau dies getan hatte, indem er ein paar weitere Informationen oder Vermutungen aus anderen Quellen, die ich bisher noch nicht gesehen hatte, zufügte. Seine kurze und angenommene Biographie lautet wie folgt:

,,Der amerikanische Autor, der als B. Traven bekannt ist, wurde ca. 1900 in Chikago, Illinois, geboren; seine Eltern waren arme norwegisch-schwedische Arbeiter. Im Alter von sieben Jahren ging er in Chikagos Schmelztiegel der Einwanderer arbeiten; er putzte Schuhe, lieferte Zeitungen aus, spülte Geschirr, usw. Sehr früh lernte er den Schulaufsehern zu entwischen, die nach schwänzenden Kindern fahndeten; seine einzige Schulung bestand im Lesen und Studium geborgter Bücher. Im Alter von zehn Jahren verdingte er sich als Schiffsjunge auf einem Trampfrachter, und eine seiner ersten Reisen brachte ihn in den Hafen Mazatlan an der Westküste Mexikos. Er kehrte noch oftmals aus verschiedenen Richtungen nach Mexiko zurück und machte es schließlich zu seiner fast ständigen Heimat und auch zum Hauptthema seines literarischen Schaffens.

Der junge Traven verbrachte ungefähr ein Jahrzehnt, von seinem zehnten bis zu seinem zwanzigsten Lebensjahr, im Keller der internationalen christlichen Seefahrt, lernte Schiffahrtsstraßen, Häfen und ein wenig von den sieben Sprachen des Seemanns kennen. Einen Seefahrertraum von einem Heim im tropischen ,,Paradies'' Mexikos machte er wahr, indem er eigenhändig eine Palmenhütte errichtete und in Thoreauscher Einsamkeit lebte, wie es in den Geschichten *Die Hütte* und *Nachtbesuch im Busch* geschildert ist. In Mexiko jobbte der junge Traven an vielerlei Arbeitsplätzen; er pflückte Baumwolle, bohrte nach Öl, trieb Vieh, grub nach Gold, buk, stellte Fallen, führte, erforschte, lehrte Englisch und schrieb Geschichten.

1924 bot Traven zahlreiche Manuskripte, darunter *Das Totenschiff, Der Schatz der Sierra Madre* und *Der Busch*, einem großen New Yorker Verlag an, der die Arbeiten postwendend mit der Begründung ablehnte, sie hätten keinerlei kommerzielles Potential und müßten in glattes Englisch umgeschrieben werden. Die gleichen Manuskripte schickte er der *Büchergilde Gutenberg* in Deutschland, wo sie angenommen wurden, und Traven arbeitete an der deutschen Übersetzung mit. Die Bücher waren sogleich ein Erfolg, und ,,B. Traven'' war plötzlich berühmt.

Zu diesem Zeitpunkt setzte Traven seine europäischen Verleger (so wie alle anderen Verleger danach) davon in Kenntnis, daß er keinesfalls mit der Presse oder dem Publikum zusammentreffen würde, daß er niemals ein Bild von sich selbst hergeben würde, noch jemals in irgendeine Herausstellung seiner Persönlichkeit zu Werbezwecken für seine Bücher einwilligen würde. Er verteidigte sein Recht auf seine

Privatsphäre und erklärte, gute Leser würden ihn finden, da ‚in jedem Werk eines Schriftstellers der Mann dahinter seine Persönlichkeit offenbart'. Bis heute hat der Mann, der seine Werke mit B. Traven zeichnet, sich geweigert, persönlichen Ruhm in Anspruch zu nehmen, ebenso hat er alle öffentlichen Ehrungen gescheut. Nachdem Traven in Europa berühmt geworden war, erwarb ein New Yorker Verlag an seinen Büchern die Rechte für Nordamerika, aber er verlegte nur fünf der sechzehn Bücher.

Traven ist zwar ein chronischer Reisender, aber er hat den größten Teil seines Erwachsenenlebens im tropischen Mexiko verbracht. Er ist ein Sprachgenie, der nicht nur in Englisch, sondern auch in Deutsch, Französisch und Spanisch schreibt und zwei der schriftlosen Indianersprachen des südöstlichen Mexikos spricht. Nur selten antwortet er auf die vielen Briefe, die ihm geschrieben werden; der Kontakt mit den Verlagen in vielen Ländern läuft über seine Agentin R. E. Luján in Mexiko-City."

R. E. Luján aus Mexiko-City war, das wußte ich, mehr als eine Agentin. Dies war Rosa Elena Luján, die Witwe des Mannes Hal Croves, der 1969 in Mexiko gestorben war und dessen Begräbnisbild ich im *Time Magazine* gesehen hatte. Er war der Mann, den man für Traven hielt. Der Name Luján war kein weiteres Alias, mit dem ich mich herumschlagen mußte, sondern ihr Geburtsname, den sie nach mexikanischem Brauch nach seinem Tode wieder angenommen hatte. Señora Luján war jemand, den wir filmen mußten. Ich konnte nicht wissen, ob Millers Angaben über Travens Geburtsort und Geburtsdatum zutrafen, aber diese Fakten fügten sich, wie alles in seiner Zusammenfassung, in jedes Traven-Bild, das man auf Travens Büchern aufbauen konnte. Ich hatte zuvor noch nicht davon gehört, daß er als kleiner Junge von zu Hause weggelaufen war, um zur See zu fahren, auch nicht vom genauen Ort seiner ersten Ankunft in Mexiko. Auch fragte ich mich, wie Miller festgestellt haben wollte, daß Traven solch ein Sprachgenie war und sogar die schriftlose Sprache der Indios beherrschte.

Noch ein anderer Absatz in Millers Beitrag erregte meine Aufmerksamkeit. Während Miller einige der wilden Geschichten durchging, die über Traven im Umlauf waren, tat er die These, wonach Traven „in Wirklichkeit Bruno Marhut" (in verschiedenen Schreibweisen) sei, als Mythos ab, der „neuerdings in Deutschland wiederbelebt" würde. Marhut, so fuhr Miller fort, „war ein hochbegabter junger politischer Schriftsteller, der zur Zeit der bayerischen Revolution nach dem ersten Weltkrieg knapp einem Todesurteil entgangen war. In Travens Werken jedoch gibt es keinen Beweis, der diesen interessanten Mythos stützt; dagegen gibt es Hinweise dafür, daß Traven zu jenem

Zeitpunkt in Mexiko war, da Marhut angeblich dem Todesurteil entging und verschwand."

Dies war interessant. Marhut, so nahm ich an, war dieselbe Person wie jener mysteriöse Ret Marut (wie immer sein Name auch geschrieben werden sollte), über den ich in *Time* gelesen hatte. Hier behauptete Miller, daß Marut mit Traven nichts zu tun habe; der *Time*-Artikel hatte etwas anderes unterstellt.

Ich empfand, daß es im Augenblick nutzlos war, weiterhin zu versuchen, mir aus Büchern und Briefen ein Traven-Bild zu destillieren. Ich vertraute nun darauf, einige Charakterzüge dieses außergewöhnlichen Schriftstellers zuverlässig erkennen zu können: die Abwehrhaltung, die Angeberei, die Sorge um die Entrechteten, die Ironie, die Keckheit, der Drang zum Belehren und Unterweisen, seine romantische Anhänglichkeit an das Primitive, seine Geheimniskrämerei, sein Mann-von-Welt-Getue, sein Humor, der Haß aufs Behördentum, die Leidenschaft für die Anonymität. Nach diesen Dingen mußte ich Ausschau halten. Sie alle würden sich im Leben des Mannes widerspiegeln, wer immer er war. Dessen war ich sicher.

Was die körperliche Person, oder Personen, anging, gab es drei Hauptkandidaten. Ich entschied, daß die beste Art des weiteren Vorgehens darin bestehen würde, diese drei Gestalten im Kopf zu behalten, während wir weitere Berichte und Beweise sammelten, dabei ein Bild eines jeden aufbauten und die ganze Zeit auf Indizien achteten, die einen von ihnen mit dem verknüpften, über Traven, den Schriftsteller, bekannt war. Ich konnte nicht wissen, welcher der drei sich als Favorit entpuppen würde, aber auf diese Weise hatte ich wenigstens eine Methode, neues Material sinnvoll so zu ordnen, wenn wir darauf stießen.

Zuerst war da der Mann, der scheinbar in den frühen Büchern geschildert war. Er war Amerikaner, wahrscheinlich aus dem mittleren Westen, Arbeiter, möglicherweise ein Mitglied bei den Wobblies, und er hatte einige Jahre lang in Mexiko auf verschiedenen Arbeitsplätzen rumgejobbt, ehe die Bücher erschienen. Er trug keinen anderen Namen, als den, den der Autor ihm gegeben hatte, nämlich Gerard Gales, wenn auch wenige zu glauben schienen, daß Gales oder Traven der wirkliche Name des Autors war. Dieser Identität entsprach letztlich die Person, die Miller in seinem Artikel beschrieben hatte.

Zweitens gab es da die rätselhafte Gestalt des Ret Marut. Er war Journalist und Schriftsteller, ein Haudegen, der 1919 in der deutschen Revolution mitgemischt hatte, ein Anarchist, der, vielleicht oder auch nicht, nach Mexiko gegangen war. Er war schon für sich betrachtet eine geheimnisvolle Gestalt, geschweige denn als Teil des Traven-Rätsels. Er war aus dem Nichts gekommen und wieder ins Nichts verschwunden.

Drittens und am meisten versprechend gab es den alten Mann, der in Mexiko-City gestorben war. Man brachte ihn mit zwei Namen in Verbindung, Torsvan und Croves. Ich konnte nicht erkennen, ob beide Namen dem gleichen Mann zuzuordnen waren, oder ob es vielleicht zwei verschiedene Menschen gegeben hatte. Von Croves aber war wenigstens der Tod verbürgt, denn so hatte er sich in seinen späten Jahren mit Bestimmtheit genannt. Und er hatte anscheinend im Laufe der Zeit einige der Vorrechte des Autors angenommen; so stammten zum Beispiel die Neuausgaben von ihm. Beim Tod dieses Mannes Croves hatte die Welt das Hinscheiden des Autors B. Traven betrauert. In der *Times* war der Nachruf auf Croves überschrieben ,,B. Traven. Geheimnisvoller Autor tot.''

Aber Croves' Herkunft und seine eigene Geschichte lagen im Dunkel, und etwas an ihm war sehr merkwürdig. Er war in den frühen vierziger Jahren auf der Bildfläche erschienen. Zur gleichen Zeit, da der Bücherstrom von B. Traven mehr oder weniger versiegte. Nach dem *General aus dem Dschungel* im Jahre 1940 folgten nur einige Kurzgeschichten und ein langer Roman, *Aslan Norval*, der 1960 erschien und von der Kritik mit Befremden aufgenommen wurde; man gestand dem Werk weder den Rang noch die Thematik eines echten Traven-Buches zu. Und dennoch hielt die Welt den alten Mann, der dieses Buch produziert hatte, für einen großen Schriftsteller. Croves selbst hatte stets bestritten, Traven zu sein, aber daran war überhaupt nichts Ungewöhnliches — dies hätte Traven auch getan.

5 Der Ziegelbrenner . . . wir brauchen Dich

Hal Croves sollte eine Hauptfigur, wenn nicht die Hauptfigur des Filmes werden. Er war die einzige physisch nachweisbare Person, die eng mit dem Werk Travens verknüpft war, und ohne seine Berücksichtigung konnte keine Schilderung des Traven-Rätsels aufrechterhalten werden, ob er nun selbst der Autor war oder nicht, ob er nun mit der Person Torsvan identisch war oder nicht. Keine Lösung war möglich, ohne die Erklärung, wer er war oder nicht war. Diese Aussicht schien uns nicht entmutigend; tatsächlich hatten wir berechtigte Hoffnung, Mr. Croves in den Griff zu bekommen; schließlich hatte er bestimmt existiert — ich hatte ein Foto von ihm in seinem Sarg gesehen. Und da war seine Witwe, Señora Luján. Sie lebte noch, immer noch in Mexiko-City und hatte offensichtlich niemals bezweifelt, daß der Mann, den sie geheiratet hatte, der Autor B. Traven war. Sie hatte einige seiner Bücher ins Spanische übersetzt, sie hielt das Copyright der Werke B. Travens — sie mußte besser als irgendein anderer lebender Mensch die Geheimnisse kennen.

Der Verleger Lawrence Hill hatte uns eine Liste seiner verfügbaren Traven-Titel geschickt und auch die Adresse von Señora Luján beigefügt — Rio Mississippi, Mexiko 5, D.F. — also schrieben wir an sie, um einen ersten Kontakt herzustellen. Wir wußten, daß Señora Luján in öffentlichen Erklärungen ihren Mann eindeutig als Traven identifiziert hatte, und unser Brief war sorgfältig formuliert, um dem Rechnung zu tragen. Wir legten großen Wert darauf, daß sie in der Sendung mitmachte und uns soviel wie möglich von dem erzählte, was sie wußte. Jetzt, da ich den Brief noch einmal lese, sehe ich, daß wir in unserem Vorgehen sehr optimistisch waren.

Sehr geehrte Señora Luján, 17. Mai 1977

ich führe gegenwärtig vorbereitende Recherchen über das Leben jenes Mannes durch, der Ihr Ehemann gewesen sein soll. Wir haben vor, über ihn einen kurzen Dokumentarfilm für das BBC-Fernsehen zu drehen. Ich hoffe sehr, daß Sie bereit sind, uns zu helfen, indem Sie uns zunächst brieflich die folgenden Fragen beantworten. Wir wollen im Juli mit unserem Filmteam nach Mexiko kommen und möchten wissen, ob

1) Sie bereit wären, sich vor der Kamera über das Leben und das Werk Ihres Mannes interviewen zu lassen, oder
2) Sie zumindest bereit wären, mit jemandem aus unserem Team ein informelles Gespräch zu führen, um uns bei unseren Recherchen weiterzuhelfen.

Meine Fragen lauten:

1) Waren Sie mit einem Mann verheiratet, der als B. Traven bekannt ist? Wann und wo lernten Sie ihn kennen? Wie lange waren Sie mit ihm verheiratet? Haben Sie Kinder, und wenn ja, wie alt sind sie, und leben sie ebenfalls in Mexiko?
2) Welche anderen Namen gebrauchte B. Traven im Laufe seines Lebens? Das heißt, war er auch als Ret Marut, Traven Torsvan, Hal Croves bekannt?
3) Was wissen Sie über sein früheres Leben? Wo wurde er geboren? Was war seine Muttersprache? Wann und wie kam es, daß er zuerst in Deutschland, dann in Mexiko lebte? Sprach er jemals mit Ihnen über sein früheres Leben oder über sein Schreiben?
4) Können Sie seine Persönlichkeit und seine äußere Erscheinung beschreiben?
5) Warum, glauben Sie, war er so publikumsscheu? Mußten Sie ebenfalls bei diesem Spiel mitmachen, das heißt, wenn Ihr Mann Hal Croves und B. Traven war, benutzten Sie dann ebenfalls den Namen Croves?
6) Wer ist noch am Leben, der ihn kannte und vielleicht bereit wäre, mit uns zu sprechen?
7) Wem würden Sie gerne die Aufgabe übertragen wissen, seine Biographie zu schreiben? Warum? Gibt es jemanden, den Sie ganz bestimmt nicht mit dieser Aufgabe betraut wissen möchten? Warum?
8) Haben Sie irgendwelche Briefe, persönliche Gegenstände, oder Fotos von B. Traven, die wir in unserem Film verwenden könnten? Kennen Sie sonst jemanden, der solche Dinge besitzt?

Bitte fügen Sie Ihrer Antwort, wenn möglich, alle anderen Informa-

tionen bei, die uns vielleicht nützlich sein könnten. Ich freue mich darauf, von Ihnen zu hören; vielen Dank für Ihre Mitwirkung,
Hochachtungsvoll,
Jennifer McKay
Dokumentaristin,
The Book Programme BBC II

Ich sollte die etwas undurchsichtige Frage 7 vielleicht erklären — damit wollte ich Señora Lujáns Meinung über die verschiedenen Traven-Theorien testen, um zu sehen, welche sie favorisierte und welche sie wohl als falsch verurteilen würde. Wäre die Señora willens und in der Lage gewesen, uns brieflich diese und all die anderen Fragen zu beantworten, dann wäre das Rätsel wohl sofort gelöst worden. Aber so kam es nicht.

Der Brief wurde abgeschickt, und wir machten uns daran, Interviews mit anderen Menschen zu arrangieren, die den Mann Croves gekannt hatten. Der Filmregisseur John Huston hatte Croves während der Vorbereitungen zum Film *Der Schatz der Sierra Madre* kennengelernt. Ich hatte irgendwo gelesen, daß Huston keineswegs überzeugt war, daß Croves der Autor war, eher vom Gegenteil. Jennifer McKay rief Hustons langjährige Assistentin Gladys Hill an, die Huston fragen wollte, ob er bereit wäre, sich über sein erstes Zusammentreffen mit Croves, über die Filmarbeit und über seine angebliche Überzeugung, daß Croves nicht Traven war, interviewen zu lassen. Gladys Hill wußte, daß er sich schon einmal zu diesem Thema geäußert hatte und nahm an, daß er dazu bereit wäre, wenn er Zeit hätte. Wir sollten ein paar Tage später wieder anrufen. In der Zwischenzeit rief ich Hustons Agenten Paul Kohner an, der in Hollywood lebte. Kohner war auch an den Vorbereitungen zum Film *Der Schatz der Sierra Madre* beteiligt gewesen und hatte auch die Filmrechte für einige von Travens Büchern gehandelt. Er war knapp und höflich am Telefon. Er hatte Croves getroffen, er hatte mit Traven korrespondiert, und er war bereit, sich vor der Kamera interviewen zu lassen. Auch Judy Stone, die mit Croves zusammengetroffen war, während sie die Artikel recherchierte, aus denen sie dann ihr Buch *The Mystery of B. Traven* machte, war bereit, uns zu empfangen.

Die Vorbereitungen gingen glatt voran. Es war Zeit, Gladys Hill wieder anzurufen, um zu erfahren, ob Huston mitmachen würde, und hier endete unser Glück. Er hatte entschieden, sich nicht filmen zu lassen, in erster Linie deswegen, so Gladys Hill, weil er nicht in irgendeine Diskussion darüber hineingezogen werden wollte, ob Croves Traven gewesen sei oder nicht. Wenn er sich interviewen ließ und seine

Zweifel über Croves ausdrückte, würde dies einen öffentlichen Affront gegen Señora Luján darstellen — und den wollte er vermeiden. Diese Entscheidung war unwiderruflich. Es war ein schwerer Schlag für uns. Wir könnten natürlich zitieren, was Huston angeblich in der Vergangenheit gesagt hatte, und ich kannte sogar einen kurzen Filmausschnitt, in dem er über sein erstes Zusammentreffen mit Croves sprach. Aber dies war kein Ersatz für ein neues Interview durch uns und für die Möglichkeit, ihn eingehend befragen zu können. Ich beschloß, mein Glück noch einmal zu versuchen, wenn wir in Mexiko angekommen waren, und Kohner zu bitten, für uns in dieser Angelegenheit zu intervenieren, wenn wir ihn trafen.

Unser nächster Anruf war fruchtbarer. Wir hatten jetzt eine Telefonnummer von Señora Luján, und Jennifer McKay, angetrieben durch mein ungeduldiges Warten auf eine Antwort auf unseren Brief, machte davon Gebrauch. Sie sprach zunächst mit einem Dienstmädchen, das kein Englisch verstand, und dann mit der Señora persönlich. Die Verbindung war sehr schlecht, also mußte die Unterhaltung kurz bleiben, aber zumindest konnte klargestellt werden, daß die Señora Luján unseren Brief bekommen hatte und im Prinzip willens war, sich interviewen und uns in dem Haus filmen zu lassen, in dem sie mit Croves gelebt hatte. Sie sagte, daß sie viel reiste, so daß wir einen Termin abpassen mußten, zu dem sie zu Hause war; der Juli würde ihr wahrscheinlich gut passen, aber wir sollten ihr die genauen Daten so früh wie möglich geben. Es blieb keine Zeit für weitere Erklärungen oder Arrangements, da die Verbindung zusammenbrach. Die Terminfrage konnte uns noch immer einen Strich durch die Rechnung machen, und die Tatsache, daß die Señora ihr häufiges Reisen so betonte, konnte auch dahingehend gedeutet werden, daß sie sich eine Hintertür offenhalten wollte, um es sich anders zu überlegen. Es wäre nicht das erste Mal, daß jemand eingewilligt hätte, sich filmen zu lassen und dann wieder einen Rückzieher machte. Bei ihrer Verbindung zu Traven hatten wir um so mehr Grund zu der Befürchtung, daß uns der Becher von den Lippen weggeschlagen werden könnte.

Die übrigen Vorbereitungen zogen wir zügig durch. Von Michael Baumann war ein Brief mit einem Angebot zur Hilfe und Unterstützung eingetroffen. Er hatte schon von unserem Vorhaben gehört und wollte gerne mitmachen. Baumann hatte Traven intensiver als jeder andere in der englischsprachigen Welt studiert, und er konnte uns von den Sackgassen weg- und auf die Haupt- und Nebenstraßen der Traven-Forschung führen.

Wir schauten uns auch noch die Geschichte der britischen Veröffentlichungen des Traven-Werkes an. Seine Agenten in England, Curtis Brown, konnten uns so gut wie nichts sagen, und bei seinen verschiedenen britischen Verlegern, Robert Hale, Chatto and Windus und Jonathan Cape, fanden wir niemanden, der mit der Herausgabe der Bücher zu tun oder irgendeinen Kontakt mit Mexiko gehabt hatte. Aber in Michael Howards Buch *Jonathan Cape, Publisher* fand ich einen kurzen und interessanten Abschnitt, der mich davon überzeugte, daß Traven über den Atlantik gekommen war und seine Visitenkarte in London hinterlassen hatte:

,,Ebenfalls im Frühjahr 1940 übernahm Cape von Chatto die Publikationsrechte an den Werken von B. Traven . . . Zu den ersten verlegten Titeln sollte *Das Totenschiff* gehören, von dem in Rußland über eineinhalb Millionen Exemplare verkauft worden waren, in Deutschland eine Viertelmillion, bis das Buch von den Nazis verboten und verbrannt wurde.

Traven selbst war ein Rätsel. Er verhandelte fast ausschließlich durch seine Agentin, Juliet O'Hea von Curtis Brown, und seine seltenen Briefe an sie aus Mexiko verrieten die unvollkommene Beherrschung der englischen Sprache. Sein genauer Aufenthaltsort blieb geheim. Einige Jahre nach Kriegsende erschien eines Tages unangemeldet ein unscheinbarer älterer Mann im Empfangsbüro von Cape; er sprach mit einem schweren Akzent und erkundigte sich nach den Verkaufszahlen der Traven-Werke. Jonathan wurde sofort verständigt, und er bat seine Sekretärin, den Besucher hinaufzuführen, in der Annahme, daß es sehr wohl der Autor selbst sein könnte; aber bis sie unten beim Eingang angekommen war, war der Mann bereits verschwunden.''

Wenn es wirklich Traven gewesen war, der damals in Capes elegantem Büro am Bedford Square vorgesprochen hatte, so war er dabei ein für ihn ganz uncharakteristisches Risiko eingegangen. Das plötzliche Verschwinden dagegen trug wieder ganz seine Handschrift. Ich schmunzelte auch über die Bezeichnung ,,unscheinbar''. Wenn es Traven gewesen war und er diesen Bericht gelesen hatte, dann hätte ihm das nicht gefallen.

Michael Baumann und seine Frau Friedl kamen am 20. Juni, einem Montag, in London an. Von Baumann erhoffte ich mir eine summarische Darstellung der bisherigen Forschungsergebnisse, ein leichter Galopp durch die Veröffentlichungen von Gelehrten und Journalisten über den Fall Traven — und natürlich auch eine Darlegung seiner eigenen Ansichten. Vor allem wollte ich über Croves und Marut und den Mann aus dem mittleren Westen mehr erfahren, alles erfahren, was es zu wissen gab.

Wir trafen uns in der Halle seines Hotels und machten uns bekannt. Baumann und seine Frau waren von ihrer langen und ausgedehnten Reise ermüdet, aber bei einem Bier berichtete er uns, wie er sich für

Traven zu interessieren begonnen hatte, als er 1963 in der Schweiz lebte. Baumann war damals auf der Suche nach einem Thema für seine Dissertation. Er hatte in Schweizer Zeitungen eine Reihe von Artikeln über Traven gelesen und daraufhin sämtliche seiner Bücher auf Deutsch gelesen. Ihm fielen die scheinbar amerikanischen Ursprünge der Werke auf, und er beschloß, Traven zu seinem Dissertationsthema zu machen. Er promovierte an der *University of Pennsylvania* und war jetzt Dozent für englische Literatur an der *California State University* in Chico.

Baumann erkundigte sich nach unserem Film und über „The Book Programme". Dann begann ich, ihn über Traven zu befragen. Er sprach langsam und überlegt, sorgfältig die Worte wählend, damit deutlich wurde, was gesicherte Erkenntnis und was Spekulation war; damit zwischen Wahrscheinlichkeit und Möglichkeiten unterschieden würde; um journalistische Übertreibungen zu vermeiden, um anderen Anerkennung zu zollen, wo dies angebracht war. Ich schätzte ihn als sorgfältigen und gewissenhaften Gelehrten ein. Er war, so vermutete ich, Ende Dreißig; sein dunkles Haar lichtete sich an der Stirn, er trug eine Brille, und seine ruhige Stimme vervollständigte den überzeugenden Eindruck eines Gelehrten. Er begann mit einer Verbeugung vor dem Werk des ostdeutschen Wissenschaftlers Rolf Recknagel, über den er mir geschrieben hatte, „daß ohne seine grundlegenden Recherchen . . . keiner von uns heute da angelangt wäre, wo er steht; auch wenn wir heute vielleicht ganz anderer Meinung sind als er". Dann kamen wir zum eigentlichen Thema unseres Zusammentreffens.

Zuerst sprachen wir über die Gestalt von Hal Croves. Baumann war nie mit Croves zusammengetroffen, aber er hatte über ihn alle unwiderlegbaren, verfügbaren Fakten zusammengetragen. Croves sei zum erstenmal im Winter 1946/47 aufgetaucht, als er mit John Huston zusammentraf. Er verschwand dann wieder, aber ein mexikanischer Journalist namens Luis Spota spürte 1959 in Acapulco einen Mann auf, der dort unter dem Namen Traven Torsvan lebte, und es hatte den Anschein, daß dieser Torsvan mit Hal Croves identisch war. 1958 reiste Hal Croves zur Premiere des Films *Das Totenschiff* nach Deutschland, und in einem Hotel schrieb er tatsächlich auf den Meldezettel „Torsvan, auch genannt Croves". Michael Baumann ergänzte, daß der Name Torsvan zum erstenmal im Jahre 1926 aufgetaucht war, als ein Mann, der sich als „Ingenieur" bezeichnete und den Namen T. Torsvan führte, an einer archäologischen Expedition in der Chiapas-Region in Südmexiko teilnahm. Dieser Mann machte während der Reise Fotos und klinkte sich sehr bald von der Gruppe aus, um alleine weiterzureisen. Der Leiter dieser Expedition, Enrique Juan Palacios, sprach von dem Mann Torsvan als einem Norweger. All dies war interessant. Traven hatte über die Chiapas-Region geschrieben, und er hatte dort fotografiert für das Buch *Land des Frühlings*; hier mußte es sicherlich eine Verbindung geben, aber Baumann war nicht willens, mir einen so simplen Schluß zuzugestehen. Es sei nicht sicher, daß der Torsvan, der an der Expedition teilnahm, derselbe Mann gewesen sei, wie jener, der sich später Torsvan nannte; es könnte sehr wohl zwei Männer dieses Namens gegeben haben. Baumann akzeptierte auch nicht, daß der spätere Torsvan und Croves wahrscheinlich ein und derselbe waren, aber, wie er es in seinem Buch ausdrückte, „wenn es auch eine scheinbare Kontinuität in den Personen Torsvans und Croves' gibt, so können wir dennoch noch keinem von beiden den Namen B. Traven anheften, auch nicht der angenommenen Kontinuität selbst. Sowohl Torsvan als auch Croves bestritten ausdrücklich, Traven zu sein".

Was war dann mit dem nächsten Kandidaten? Baumann spricht fließend Deutsch und hatte nicht nur Travens Gesamtwerk in dieser Sprache studiert, sondern auch die Werke von Ret Marut und hatte sie miteinander verglichen. Wie wir da im *Kensington Hilton* um den Tisch beisammen saßen, konnte ich erkennen, daß er mehr als froh war, Croves beiseite zu legen und unsere Aufmerksamkeit der schemenhaften Gestalt Maruts zuwenden zu können.

Baumann erklärte, daß es im wesentlichen der Arbeit Rolf Recknagels zu verdanken war, daß der Name Ret Marut etwas Fleisch und Blut angesetzt hatte. Er hatte Dokumente aufgespürt, aus denen er eine grobe Skizze von Maruts Werdegang hatte zeichnen können — ein Umriß also jener 15 Jahre, in denen dieser Mann Spuren hinterlassen hatte, denn Marut war plötzlich wie aus dem Nichts aufgetaucht und später genauso spurlos verschwunden. Der Name selbst ist ungewöhnlich. Der Begriff Marut bezeichnet in der Hindu-Mythologie eine Art von Halbgöttern. Die Maruts fahren in goldenen, strahlenden Streitwagen und werden als behelmte, speertragende Krieger dargestellt. Ihre Streitwagen werden von den Winden getragen, und sie selbst sind Sturmgottheiten, die mit ihren Blitzen Menschen töten und die Bäume im Wald zersplittern lassen. Der Mann hatte sich einen seltsamen und romantischen Namen erwählt. Nichts deutet darauf hin, daß Marut irgendwelche Kenntnisse der Hindu-Religion und der Vedischen Mythen hatte, aber er muß sicherlich die Bedeutung des Namens gekannt haben. Wenn er sie kannte, so war dies ein kleiner, aber bedeutsamer Zufall, der sich mit allem deckte, was ich bisher erfahren hatte. Dieser Mann Marut hatte sich den Namen einer Sturmgottheit genommen; der Schriftsteller Traven hatte für seinen erzählenden Helden den Namen Gales (= starke Winde) gewählt.

Marut mag ein Pseudonym gewesen sein, aber Baumann zufolge

hatte er Papiere auf jenen Namen besessen. Recknagel hatte in einem deutschen Theateralmanach für die Saison 1907/1908 den ersten Hinweis auf Ret Marut gefunden; er war dort als Schauspieler und Regisseur aufgeführt. 1908 hatte sich Marut in der Stadt Ohrdruf polizeilich gemeldet. 1912 dann in Düsseldorf. Auf den Meldebescheinigungen war als sein Geburtsort San Franzisco angegeben, als Datum der 25. Februar 1882.

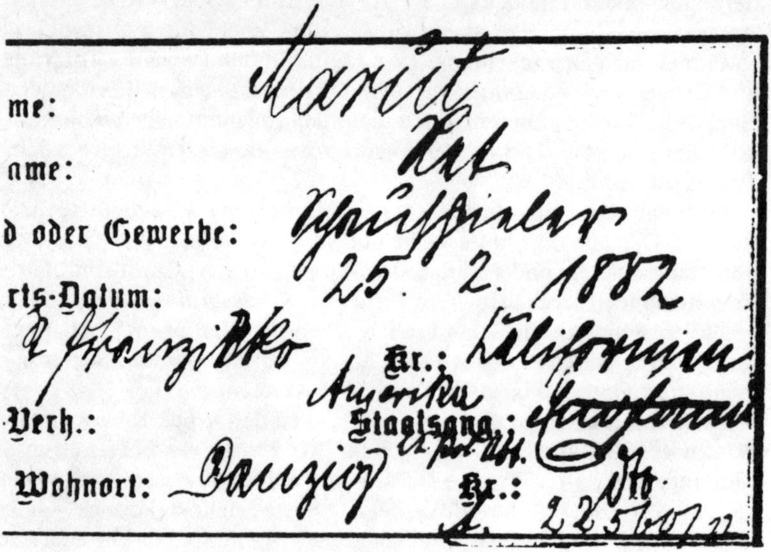
me: Marut
name: Ret
d oder Gewerbe: Schauspieler
rts-Datum: 25. 2. 1882
Franzisko Kr.: Kalifornien
Verh.: Staatsang.: Amerika
Wohnort: Kr.:

Obwohl er in San Franzisco geboren sein sollte, war Maruts Staatsangehörigkeit als englisch eingetragen. Zumindest war sie ursprünglich so eingetragen, aber irgendwann nach dem Ausbruch des Krieges zwischen England und Deutschland im August 1914 wurde das Wort „England" durchgestrichen und durch „Amerika" ersetzt. Innerhalb eines Jahres soll Marut die deutsche Staatsangehörigkeit beantragt haben (1915 in Düsseldorf), aber sein Antrag wurde abgelehnt. Marut hatte es mit zwei Staatsangehörigkeiten, der englischen und der amerikanischen, versucht, und er hatte auch noch eine dritte probieren wollen. Von einem Schauspieler konnte man erwarten, daß er Fotos von sich besaß, aber im Gegensatz zu anderen Schauspielern jener Zeit schien Marut keine Porträts zu haben, die er an Agenten und Intendanten verteilen konnte; jedenfalls existierten keinerlei Fotos. Das einzige existierende Foto, auf dem sein Gesicht zu sehen ist, ist sehr seltsam — ein Gruppenbild der Indianer aus einer Inszenierung von *Peter Pan*, auf dem alle Schauspieler im Gesicht Kriegsbemalung tragen.

Es war jedoch nicht Maruts Schauspielkarriere, die die Traven-Forscher interessierte. Im November 1915 ging Marut nach München, und hier lenkte er zum ersten Male seine Energien in eine ganz neue Richtung; Baumann meinte, in diesem Zeitabschnitt läge der Schlüssel. Marut hatte eine Wohnung im dritten Stock in der Clemensstraße 84 in Schwabing; noch nach all den Jahren erinnerte sich der Hausmeister an Marut als einen ruhigen und ernsthaften, freundlichen und fleißigen jungen Mann, der bis spät in die Nacht auf der Schreibmaschine hämmerte. Die Frucht jener Arbeit war ein Anti-Kriegs-Roman von geringer Auflage, *An das Fräulein von S . . .* und eine radikale Zeitschrift, die Marut selbst verlegte: *Der Ziegelbrenner*. Baumann besaß ein seltenes Exemplar einer der Ausgaben des *Ziegelbrenners* und hatte sie mit nach London gebracht. Er reichte sie mir. Die äußere Aufmachung des Heftes war als Ziegelstein gestaltet; diese Ziegelsteine waren von Ret Marut gebrannt, um die Mängel der Welt zu kommentieren, in der er lebte, und um eine neue Gesellschaft damit aufzubauen. Dieses Exemplar war die Nummer 3 vom 16. März 1918 und kostete 60 Pfennig. Leider konnte ich das Deutsch ja nicht lesen. Ich blätterte durch die etwa 25 Seiten und schaute noch einmal den rotbraunen Einband an. Diese Vorstellung eines Ziegelsteins hatte etwas Starkes und Geschäftsmäßiges. Das Bild prägte sich mir ein; viel später in unserer Suche sollte es auf merkwürdige Weise wiederkehren.

Der
Ziegelbrenner

Die erste Ausgabe des *Ziegelbrenners* erschien am 1. September 1917, und die Zeitschrift stritt von Anfang an heftig gegen den Krieg, Kapitalismus und Autorität. Im ersten Artikel der ersten Ausgabe hieß es:

,,Alle Taten der Menschen, gute und böse Taten, gehen vom Denken aus. Denke gut und Du bist gut! Denke böse und Du bist böse! Denke Krieg und es gibt Krieg! Und weil alle Menschen Geld denken, ist Geld und Kapitalismus heute die einzige, die ausschlaggebende, die einflußreichste Macht.''

Der Ziegelbrenner erschien unregelmäßig und konnte nur im Abonnement bezogen werden. Er wurde bis 1922 fortgeführt, aber die Ausgaben der letzten drei Jahre erschienen nicht mehr in München, denn im Jahre 1919 mußte Ret Marut fliehen, nachdem die Flamme der bayerischen Revolution brutal erstickt worden war. Marut war in Gefangenschaft geraten, konnte jedoch entkommen und suchte das Weite. Man nimmt an, daß er 1922 Deutschland verließ; man hat nie mehr von ihm gehört.

Verlag: Der Ziegelbrenner.

Geschäftsstelle des Verlags:

München 23, Clemensstrasse.

Wir bitten, alle Zahlungen nur auf unser Postscheck-Konto: 8350 Amt München, zu überweisen!

Wie kam es dann zu einer Verbindung mit Traven? Dies war eine seltsame Geschichte. Sie begann mit dem Dichter Erich Mühsam, der zur gleichen Zeit wie Marut in München gelebt hatte. Mühsam war nach der bayerischen Revolution festgenommen worden und hatte fünf Jahre im Gefängnis verbracht; nach seiner Freilassung gründete er in Berlin die Monatszeitschrift *Das Fanal.* Im April 1927, in der siebten Ausgabe dieser Zeitschrift, druckte Mühsam einen dringenden Appell mit der Überschrift: ,,Wo ist der Ziegelbrenner?''

,,Weiß keiner der Leser des ,Fanal', wo der Ziegelbrenner geblieben ist? Ret Marut, Genosse, Freund, Kampfgefährte, Mensch, melde dich, rege dich, gib ein Zeichen, daß du lebst, daß du der Ziegelbrenner geblieben bist, daß dein Herz nicht verbronzt, dein Hirn nicht verkalkt, dein Arm nicht lahm, dein Finger nicht klamm geworden ist. Die Bayern haben dich 19 nicht gekriegt, sie hatten dich schon am Kragen . . .''

Eine Amnestie war erklärt worden, und Mühsam wollte, daß Marut eine ungefärbte und kompromißlose Geschichte der Räterepublik in

München schreibe. Er hatte eine hohe Meinung von seinem früheren Genossen:

„Wir brauchen dich . . . Viele fragen nach ihm. Viele warten auf ihn. Man ruft nach ihm."

Sie fragten und sie warteten weiter, da Mühsam auf seinen emotionalen Aufruf keine Antwort erhielt. Er nahm an, daß der Ziegelbrenner tot oder außer Reichweite seines alten Kreises sei. Dann stieß Mühsam auf die frühen Romane von B. Traven. Irgendetwas an der Sprache des Autors kam Mühsam bekannt vor. Der Stil, die Grundhaltung, die Meinung ließen ihn seine alten Ausgaben des *Ziegelbrenners* hervorholen. Er rief einen Anarchisten-Freund, Rudolph Rocker, zu Hilfe, und gemeinsam verglichen sie die Werke des Ret Marut mit denen des B. Traven und kamen zu dem Schluß, daß die beiden Autoren ein und derselbe seien.

Mir gefiel diese Geschichte. Es war eine romantische Vorstellung, daß die lang vermißte Stimme aus der Vergangenheit anonym, doch deutlich über einen Ozean hinweg zu den alten Genossen sprach. Für Marut gab es kaum eine interessantere Art, sein Geheimnis preiszugeben. Aber dieses Band schien zu dünn zu sein, um daraus eine Theorie zu knüpfen, daß Marut und Traven identisch seien. Es gab keinerlei Beleg dafür, Marut in Mexiko oder Traven in Deutschland anzusiedeln. Und dann wollte Mühsam so dringend Marut finden. Unter diesen Umständen war es sehr wohl möglich, daß er sich einfach davon überzeugt hatte, daß der neue geheimnisvolle Schriftsteller mit dem Hang zur Anarchie sein Revolutionsgenosse sein müsse. Mühsam hatte keinen direkten Kontakt zu Travens Romanen oder ihrer Ankunft aus Mexiko gehabt. Er hatte sie einfach, so schien es, gelesen und dann „Heureka" gerufen.

Baumann sprach weiter über Marut und machte deutlich, daß er an die Verbindung Marut-Traven glaubte. Während er mehr und mehr Verbindungen und Ähnlichkeiten zwischen den beiden Schriftstellern aufführte, wurde ich immer weniger skeptisch, aber ich konnte doch nicht vergessen, daß das ganze Gebäude der Identifikation Maruts mit Traven auf der zufälligen Entdeckung durch Mühsam beruhte. Es war zumindest ein Zufall, und Zweifel sollten noch lange an mir nagen.

Man wußte noch ein paar andere Dinge über Marut. Er sprach Englisch und besaß Bücher von Shelly, Walt Whitman und, interessanterweise, Jack London. In dem dokumentierten Abschnitt seines Lebens spielten zwei junge Frauen eine nennenswerte Rolle. Eine war die Schauspielerin Elfriede Zielke; die zweite war ebenfalls Schauspielerin und hieß Irene Mermet; sie wurde Maruts Partnerin als Herausgeber des *Ziegelbrenners.*

In der Zeitschrift prahlte Marut damit, daß er fast jedes Land der

Welt schon besucht hatte und viele Jahre lang im Ausland gelebt habe — dies erinnerte mich an B.T., den Mann von Welt. Über seine Herkunft verriet der Ziegelbrenner wenig, aber es gab einen Hinweis, der perfekt mit Traven harmoniert. Als Antwort auf den Angriff eines antisemitischen Kritikers schrieb Marut, daß in seinen Adern kein jüdisches Blut fließe, nicht, daß er besonders stolz darauf sei, unverdünnter arischer Abstammung zu sein, denn ein Mensch könne nichts für seine Nationalität. Und, man höre und staune, auch der Ziegelbrenner liebte es, sich mit Geheimnissen und Dramatik zu umgeben. Im Impressum mußte die Anschrift des Verlages genannt werden — Clemensstraße — aber alle Korrespondenz erfolgte über ein Postfach, und die Türen und Fenster waren Neugierigen stets verschlossen. Manche Ausgaben trugen den Hinweis: ,,Besuche wolle man unterlassen, es ist nie Jemand anzutreffen. Fernsprecher haben wir nicht.''

Im *Ziegelbrenner* vom 27.7.1918 erklärte Marut einer Leserin seine Zurückgezogenheit:

,,Ich bin nichts als ein Ergebnis der Zeit, das innigst wünscht, so namenlos in die große Allgemeinheit wieder zu verschwinden, wie es völlig namenlos — ich hoffe, Sie verstehen! — heute vor Ihnen seine Worte hinausschreien muß . . . Ich bin kein ‚Schriftsteller', sondern ich schreie. Ich will nichts anderes sein als: Wort!''

Dies hörte sich nach Traven an. Vielleicht etwas hochgestochener, aber der gleiche Wunsch, die Person im Werk aufzulösen. Wohlgemerkt, Traven neigte zur Schulmeisterei in seinen Anweisungen zur Wahrung der Anonymität, während Marut regelrecht böse werden konnte, wie zum Beispiel in der Ausgabe vom 9. November 1918:

,,Aber von einem Hunde anpissen zu lassen, wird mir immer und zu jeder Zeit noch lieber sein und wird mich ehrenvoller dünken, als von Lesern des Ziegelbrenners angepißt zu werden mit Briefen, die nach Löchern in meinem Gewande schnüffeln, um mir auf den Leib zu rücken, weil es sonst für keinen Menschen eine Möglichkeit gibt, sich mir ins Fleisch zu bohren. An die Seele kämen sie nie, weil ich keine habe.''

Seine Abneigung gegen das Identifiziertwerden nahm die Form körperlichen Widerwillens an, beinahe eine Furcht vor Ansteckung. Und dieser seltsamen und lebhaften Phantasie entsprach gelegentlich ein ebenso eigenartiges Benehmen. Es hieß, daß Marut vor öffentlichen Versammlungen revolutionäre Reden hielt. Aber er tat es im Dunkeln, die Lichter waren ausgeschaltet, damit man ihn nicht sehen konnte. Und auch er hatte seine Art, mit Namen umzugehen. In seiner Zeitschrift zeichnete er als ,,der Ziegelbrenner''; als Richard Maurhut veröffentlichte er einen Roman, (für den in der Zeitschrift geworben wurde); er nannte sich selbst Ret Marut. Niemand wußte, was sein wirklicher Name war, oder woher er gekommen war. Dieselbe Person oder nicht, Traven oder Marut glichen sich in mancher Hinsicht.

6 Ein Mann ohne Namen

Am nächsten Tag filmte ich mein Interview mit Baumann. Zunächst fragte ich ihn, wieso er sicher sei, daß Ret Marut irgendwie mit dem Werk Travens zu tun habe. Erst einmal, so sagte er, stimmte die Zeitenfolge. Ret Marut verschwand 1922 oder 1923 aus Deutschland und Europa, und 1925 begann ein Mann, der Romane im Stile Ret Maruts schrieb, aus Mexiko an Verleger in Deutschland zu schreiben. Der Stil beider Männer war ähnlich, sie hatten teilweise die gleichen Gedanken, sie benutzten ähnliche Ausdrücke, sie schienen beide von den gleichen Denkern beeinflußt zu sein, insbesondere von einem, Max Stirner, einem deutschen anarchistischen Philosophen der ersten Hälfte des 19. Jahrhunderts. Seine Gedanken waren stark individualistisch und antiautoritär, er attackierte Regierungen, Religionen und alle Ideologien oder Organisationen, die die Aufmerksamkeit eines Menschen von der Loyalität zu sich selbst ablenken könnten. (Interessanterweise war Stirner nicht sein richtiger Name, aber in seinem Fall wissen wir, wie er hieß, nämlich Johann Kaspar Schmidt.)

Baumann führte noch eine ganze Reihe von Ähnlichkeiten in den Werken von Marut und Traven auf. Beide Autoren betonten immer wieder die Wichtigkeit der persönlichen Entrüstung als Mittel zur Veränderung der Welt; sie schimpften über Autoritäten jeglicher Art; sie haßten Bürokratie, Planung und Ausweispapiere. Sie waren beide romantische Christen und eifrige Bibelleser; sie waren gegen Kriege, Nationalismus, die Lügen der Presse, gegen Kapitalismus und Kommunismus.

Baumann erinnerte dann daran, daß Señora Luján bald nach dem Tod ihres Mannes erklärt hatte, er sei sowohl Traven als auch Marut gewesen. Für Baumann war dies der endgültige Beweis; er mußte jedoch einräumen, daß er keinen dokumentarischen Beleg kannte, der Ret Marut mit Mexiko in Verbindung brachte, und für mich war der Fall noch nicht über jeden begründeten Zweifel hinaus bewiesen. Die Aussagen von Señora Luján würde ich nach unserem Zusammentreffen besser bewerten können. Da ich, des Deutschen nicht mächtig, den *Ziegelbrenner* nicht eingehend auf stilistische Anklänge hatte untersuchen können, war es mir vorerst nicht möglich, die volle Kraft dieses inneren Beweises zu empfinden, den Baumann so zwingend fand. Ohne ihn persönlich in Zweifel zu ziehen, war ich Recherchen gegenüber skeptisch, bei denen das Gewicht des Beweises so sehr auf einer Interpretation ruhte, besonders, da ich nicht in der Lage war, die Stärke der Beweisführung zu beurteilen oder Lücken aufzuspüren. Ich übernahm diesen recht solipsistischen Ansatz, weil ich schon entdeckt hatte, daß viel von dem, was über Traven geschrieben worden war, entweder frei erfunden oder wunschvolle Spekulation war; ich aber wollte meiner eigenen Meinungsbildung entgegenstolpern, auch wenn ich dazu mein Urteil über starke Wahrscheinlichkeiten zurückhalten mußte.

Ein anderer meiner Zweifel betraf die Art der Beweismittel. Zugegeben, es gab eine Menge Beweise, deren zusammengenommenes Gewicht beträchtlich war. Aber es waren Indizienbeweise oder literarische Beweise; es gab keinerlei direkte Beweise, denen man nicht widersprechen konnte. Kein Fetzen Papier, nicht ein einziger Augenzeuge aus Deutschland war aufzutreiben, der mit Gewißheit hätte sagen können: Ja, Marut ging nach Mexiko, und, ja, er war Traven. Inmitten so zahlreicher Indizien fiel dieses Fehlen direkter Beweise um so mehr auf. Fehlten diese Beweise, weil sie einfach verloren gegangen oder im Kriege zerstört worden waren? Oder fehlten sie, weil sie systematisch zerstört worden waren? Oder weil sie nie existiert hatten? Es würde immer ein Rest von Zweifel zurückbleiben, bis wir irgendein unanfechtbares Beweisstück dafür hatten, daß Marut nach Mexiko gegangen war, ganz gleich, wieviele Indizien darauf hindeuteten. Vielleicht war es ein Zweifel, der nicht auszuräumen war.

Wir fuhren mit dem Interview fort. Baumann war sicher, daß Marut nach Mexiko gegangen war, aber er erkannte, daß dies schwere Probleme aufwarf, die andere Forscher einfach großzügig übergangen hatten. Zunächst skizzierte er diese Schwierigkeiten, dann lieferte er eine unheimliche, doch plausible Lösung.

Das erste Problem bestand laut Baumann darin, daß zwar die Handschrift von Ret Marut in den Werken von Traven sicher erkennbar war, Marut selbst jedoch unmöglich zu jener Zeit in Mexiko gewesen sein könne, in der die in den frühen Traven-Werken geschilderten Abenteuer sich abspielten. Da die meisten Leser dieser Frühwerke (der Gerard-Gales-Geschichten) überzeugt waren, daß das darin Geschilderte tatsächlich stattgefunden hatte, konnte Marut nicht seine eigenen Abenteuer aufgeschrieben haben. Es muß jemand anderen gegeben haben. Es gab laut Baumann Beweise dafür, daß der Erzähler dieser Bücher schon mehr als zwanzig Jahre in Mexiko gelebt hatte, ehe Ret Marut dort angekommen sein konnte.

Das zweite Problem bestand in der schnellen Folge, in der die Traven-Werke in den fünf Jahren nach seinem Debüt erschienen; diese Frequenz ließ es äußerst zweifelhaft erscheinen, daß Marut sie alle selbst geschrieben haben könnte. Er war nicht lange genug in Mexiko gewesen, um alle Geschichten aus eigener Erfahrung schöpfen zu können, und selbst wenn er es gewesen wäre, hätte er nicht Zeit gehabt, soviele Bücher so schnell zu schreiben, wenn er bei Null anfangen mußte — sicher nicht unter den schwierigen Umständen, die Traven Preczang in seinen Briefen schilderte.

Baumann wiederholte, daß die meisten Leser diese Romane und Geschichten als wirkliche Abenteuer ansahen, die sich tatsächlich ereignet hatten, und er erinnerte mich daran, daß Traven die Welt von Anfang an hatte wissen lassen, daß alles, was er schreiben würde, auf persönlicher Erfahrung beruhen mußte.

Ich fragte Baumann, wie er diese Widersprüche wegdiskutieren wolle. Wenn Marut nach Mexiko gegangen war und die Manuskripte geschickt hatte, ohne daß er Zeit gehabt hatte, Gales' Abenteuer zu erleben, seine Erfahrungen zu überdenken und dann in Romane und Geschichten umzusetzen, was war dann geschehen?

Die Lösung bestand Baumann zufolge darin, daß die frühen Werke von B. Traven nicht das Werk eines einzigen Mannes waren. In diesem Augenblick läutete in dem Zimmer, in dem wir filmten, ein Telefon, und wir mußten deswegen unterbrechen. Der Anrufer war falsch verbunden, aber die Pause gab Baumann Gelegenheit, für ein oder zwei Minuten aus dem warmen Scheinwerferlicht zu treten. Als wir erneut anfingen, entwickelte er seine Theorie:

Der Schweizer Journalist Max Schmid hatte als erster ein Gedankengebäude errichtet, in dem ein Amerikaner der ,,Erlebnisträger'' der Abenteuer in den Traven-Romanen war. Dieser Amerikaner hatte ursprünglich die frühen Romane und Geschichten verfaßt, und Ret Marut hatte diesen Mann irgendwo, irgendwie, getroffen, den literarischen Wert seiner Werke erkannt und sie ins Deutsche zu übersetzen begonnen. Wer war denn dieser andere Mann? ,,Wir wissen es nicht'', sagte Baumann, aber wahrscheinlich war er ein amerikanischer Wobbly, irgendeine Art von Wanderarbeiter. Die erste deutsche Version der *Baumwollpflücker* hatte den Titel *Der Wobbly* getragen, und in den Jahren zwischen 1910 und 1920 trieben sich tatsächlich viele solcher Männer in Mexiko herum, die meisten von ihnen arbeitslos, individualistisch, anarchistisch; Landstreicher, wenn auch häufig recht belesene. Baumann vermutete, daß dieser amerikanische Partner in Wirklichkeit die Manuskripte verfaßt und sie wahrscheinlich erfolglos Verlagen in den USA angeboten hatte. Dann erschien plötzlich Marut auf der Bildfläche. Manche Leser hatten sogar unterstellt, daß dieser geheimnisvolle amerikanische Co-Autor irgendwann beseitigt worden sei, damit Marut als der alleinige Urheber der Bücher dastand.

Als ich Baumann näher über diese verführerische Hypothese befragte, wurde deutlich, daß sie nur eine Hypothese war. Niemand hatte jemals herausbekommen, wer der andere Mann war, noch hatte man überhaupt je eine Spur seiner Existenz gefunden, und noch weniger konnte man erklären, wie, wo und wann Marut und er zusammengetroffen waren. Dieser Beweis beruhte allein auf dem Inhalt der Werke. Niemand wußte, was geschehen war, sagte Baumann, aber eines Tages könnten doch Beweise auftauchen. Er hielt es sogar für möglich, einige der Charakterzüge der beiden Männer, die sich in den Büchern offenbaren, voneinander zu trennen. Marut, den er für den Seniorpartner hielt, war eher ein Lehrer, ein wenig pedantisch und dozierend; ein Mann mit dem Drang zu erklären, worum es auf der Welt eigentlich ging. Der amerikanische Erlebnisträger hatte keine systematische Philosophie und war viel weniger darauf aus, die Welt in Ordnung zu bringen. Baumann glaubte auch zu erkennen, daß die frühesten Geschichten gröber im Stil seien und eine andere, leicht herablassende Einstellung den Indianern gegenüber verrieten als die späteren, in denen Marut der herausragende oder anstoßgebende Partner war.

Diese Erlebnisträgertheorie hatte den Vorzug, meine drei Hauptgestalten alle am Leben zu lassen. Croves war da in Mexiko, und auch Marut — und möglicherweise waren sie sogar dieselbe Person; und der amerikanische Wobbly, der so kräftig aus den Büchern herausspaziert war, hatte nun die Rolle des Erlebnisträgers übernommen. Es gab noch immer keinen deutlichen Hinweis darauf, wo diese drei geboren und aufgewachsen sein konnten, aber hier lag eine Möglichkeit, jedem von ihnen einen Anteil am Werden des B. Traven zu lassen.

Eine zusätzliche Schwierigkeit war jedoch durch Baumanns Behauptung hinzugekommen, die Bücher seien ursprünglich auf Englisch geschrieben worden. Trotz der Behauptungen, daß Traven ein Amerikaner sei, hatte ich bisher keinerlei Hinweis dafür entdeckt, daß die aus Mexiko geschickten deutschen Manuskripte nicht die Originale waren. Nun, da ich es gerade geschafft hatte, mir eine grobe Karte des Geländes zu zeichnen, das ich zu erforschen hatte, verlangte man von mir, die Möglichkeit in Betracht zu ziehen, die Breiten- und Längenkoordinaten zu vertauschen. Ich hatte keine andere Wahl, als weiter nach meiner Karte vorzugehen, aber ich mußte jederzeit bereit sein, sie um 90° zu drehen, falls Baumanns These sich als richtig herausstellen sollte.

Ich wollte das Gespräch mit einer Frage abschließen, die wir jedem unserer Interviewpartner stellen wollten. Ich wollte den Film mit einer Runde unserer Interviewpartner abschließen, in der die unauslotbaren

Tiefen des Falles Traven noch einmal betont werden.

Frage: Wissen wir, wer B. Traven war?

Baumann: Meiner Meinung nach wissen wir nicht, wer B. Traven war. Um das herauszufinden, sind wohl noch viele Recherchen erforderlich.

Frage: Wissen wir denn gar nichts?

Baumann: Wir wissen, daß die Werke existieren. Wir wissen, daß Ret Marut eine der geheimnisvollen Gestalten war, die den Komplex B. Traven bildeten, und ich persönlich glaube, daß ein amerikanischer Abenteurer, ein amerikanischer Arbeiter, die andere beteiligte Gestalt war. Aber wir wissen nicht, wer diese beiden Menschen waren — zumindest zu diesem Zeitpunkt nicht.

Nachdem wir das Interview abgedreht hatten, unterhielten wir uns noch weiter. Ich fragte nach den *B. T. Mitteilungen*, von denen Baumann am Vortag gesprochen hatte. Bei diesen Mitteilungen handelte es sich um eine Reihe getippter und vervielfältigter Rundschreiben in deutscher Sprache, die in den fünfziger Jahren an Verleger geschickt wurden. Er hatte ein Exemplar mitgebracht. Es war ein billig produzierter Schwung getippter und zusammengehefteter Blätter, wie das Mitteilungsblatt eines kleinen Klubs oder Vereins. Die erste Ausgabe war 1951 erschienen, in Mexiko-City und in Zürich gemeinsam herausgegeben von Travens damaliger mexikanischer Agentin und Übersetzerin Esperanza Lopez Mateos und seinem europäischen Agenten Josef Wieder. Die Seitenzahlen der *Mitteilungen* waren von einer Ausgabe zur anderen durchnumeriert; sie umfaßten 290 Seiten, und die Herausgabe wurde beim Tod Wieders im Jahre 1960 eingstellt. Sie enthielten Meldungen über neue Ausgaben von Travens Büchern, Geschichten über sein Leben, über Mexiko und über die Frage seiner Identität; es schienen bloße Werbeblätter zu sein, die das Interesse an dem nicht zu greifenden und geheimnisumwobenen Autor wachhalten und so die Verkäufe seiner Bücher ankurbeln sollten. Dies war ein erstaunlicher Sinneswandel Travens, der sich in früheren Jahren Publicity und Werbung verbeten hatte. Der unbefleckte Idealismus war einem marktschreierischen Kommerzialismus gewichen.

Wo es aber um die Heldentaten ging, die dem Autor in den *Mitteilungen* zugeschrieben wurden, da war Traven ganz der Alte:

„Er hat, so gut wie seine indianischen Begleiter, aus verschlammten Pfützen im Dschungel trinken müssen, wenn es kein anderes Wasser gab; er hat mit seinem Reittier, wie auch seine Begleiter, bis zum Sattelsitz im Sumpf oder im Schlamm gesteckt; wie es auch anderen ergeht, so ist auch er mitsamt seinem Reittier in Schluchten hinuntergerasselt, Gesicht und Hände aufgerissen von dem Dornengestrüpp des Dschungels, seine Kleidung in Fetzen, die Knie aufgeschlagen, Beulen am Kopf und die Schienbeine von Blut unterlaufen, es wird auf solchen Reisen niemandem etwas geschenkt."

Am ganz unbescheidenen Lob für das Werk selbst war auch nichts Neues: „Warum besitzen die Bücher von B. Traven solche ungeheure Macht und Kraft? . . . Es ist die Wahrhaftigkeit in den Büchern Travens, die den Leser mitreißt."

Aus den Auszügen, die Baumann für mich übersetzt hatte, klang es durchaus so, als ob B.T. persönlich beim Verfassen der *Mitteilungen* Hand angelegt hätte.

Eine Mitteilung aus dem Jahre 1952 enthielt die angeblich „authentische B.T. Biographie". Ich erkannte darin die Grundlage von Charles Millers Version von Travens Leben. Baumann faßte sie in seinem Buch folgendermaßen zusammen:

„Unter anderem wurde behauptet, daß Traven um die Jahrhundertwende im Mittelwesten der USA geboren sei; daß seine Geburtssprache Englisch war, und daß er seine Bücher in Englisch schrieb; daß seine Eltern zwar skandinavischer Abstammung, jedoch in den Vereinigten Staaten geboren seien, und daß Traven durch beide Elternteile von einer langen Reihe von Seefahrern abstammte; daß er sich seit seinem 17. Lebensjahr seinen Lebensunterhalt selbst verdient habe; daß er nie eine Schule besucht habe; daß das Leben seine Schule gewesen sei, das harte und gnadenlose Leben; daß er zum ersten Mal im Alter von 10 Jahren (also ca. 1910) nach Mexiko gekommen sei, während er auf einem holländischen Trampdampfer arbeitete, der die Pazifikküste bediente; daß er seit 40 Jahren (also seit ca. 1912) in Mexiko lebte, mit Ausnahme kürzerer oder längerer Zeitabschnitte, während der er andere Länder und andere Kontinente bereist hatte."

Dies war also eine Traven-Biographie, die die Agenten des Autors zu Werbezwecken herausgaben. Sie stimmte mit der einen biographischen Tatsache überein, die Traven freiwillig bestätigte, nämlich, daß er ein Amerikaner war, und in jeder Hinsicht paßte dieser Mantel dem „Erlebnisträger" sehr gut. In der Frage seines Alters jedoch gab es eine interessante Diskrepanz zwischen diesem Bericht und anderen wahrscheinlichen Schätzungen. Wenn dies Traven war und er tatsächlich um die Jahrhunderwende herum geboren war, dann war er 18 Jahre jünger als Marut; wenn dies der Erlebnisträger war, dann suchten wir einen Mann, der jünger war, als ich ihn bisher eingeschätzt hatte.

Der Inhalt der *Mitteilungen* sollte jedoch noch viel bizarrer werden. Baumann zeigte mir die Ausgabe Nr. 6, die seiner Meinung nach einen eigenartigen und rachedurstigen Hang des Autors verriet (Baumann war davon überzeugt, daß Traven die *Mitteilungen* zum größeren Teil, wenn nicht ganz, geschrieben hatte). Ein Artikel auf Seite 38 und 39 berichtete von einem Fluch, der diejenigen heimsuchte, die falsche Gerüchte über Traven verbreiteten, ihm nachzuspüren suchten, oder sonstwie gegen seine Regeln verstießen. Anscheinend mit Hilfe einer finsteren Macht ließ Traven denen, die ihn verraten hatten, ihre gerechte Strafe zukommen. Der Artikel war überschrieben: ,,GOTTES MÜHLEN MAHLEN LANGSAM, ABER . . .'' Travens Mühlen dagegen, so sollte der Leser schließen, mahlten etwas schneller.

Der Text bezog sich zunächst auf den folgenden Ausschnitt aus einer bedeutenden mexikanischen Tageszeitung:

,,Es scheint, daß viele Leute B. Traven kannten. Am 13. August veröffentliche *El Sol de Puebla* eine Notiz, wonach B. Traven, der berühmte Novellist, in Angelopolis, wo er seit vielen Jahren unter dem angenommenen Namen Jacob Torice lebte, gestorben ist. *El Sol* erklärt, diese Information vom Autor Guillermo Jimenez erhalten zu haben.''

Die *B.T. Mitteilungen* fügten dem nur ein lakonisches Postskriptum hinzu: ,,Dieser Guillermo Jimenez, ein hoffnungsvoller Verfasser von Geschichten und Biographien, ist vor etwa zehn Monaten im Alter von erst 28 Jahren in Acapulco ertrunken.'' So kamen jene um, die gegen B.T. falsch Zeugnis ablegten. Der Artikel enthielt weitere lehrreiche Geschichten:

,,Ein Dr. Dampf, der ebenfalls viel Unfug über Traven verbreitete und behauptete, B. Traven persönlich zu kennen, um sich bemerkbar zu machen und auf dem Rücken von B. Traven zu Berühmtheit zu gelangen, starb vor drei Jahren an einer langen und schmerzvollen Krankheit, ohne daß die Menschheit von einer seiner angeblichen wissenschaftlichen Forschung Notiz genommen hätte.

Heinrich Guttmann ist der Mann, der behauptete, Redakteur beim Berliner *Vorwärts* gewesen und bei der Verbrennung der Bücher von B. Traven durch die Nazis auf einem öffentlichen Platz in Berlin zugegen gewesen zu sein. Wer glaubt, daß Juden bei dieser Exekution als Zuschauer zugelassen wurden? Guttmann war auch der erste, der den Unfug mit der Traum*-(Traven)-Maruth-Geschichte in Umlauf brachte und diesen Unsinn nach seiner Ankunft in Mexiko gleich in großen Artikeln veröffentlichte. . .''

(Er) ,,wurde vor vierzehn Monaten an einem Morgen mit zerschmettertem Kopf, verstümmeltem Körper und Gliedern, auf einer Straße im Zentrum von Mexiko-City aufgefunden. Es wurde von der Polizei angenommen, daß er einen epileptischen Anfall hatte (er war

* Es handelt sich um ein Wortspiel. Das Wort Traum ist ein Anagramm von ,,Marut'' und auch dem Wort ,,Traven'' ähnlich. Auf diese Weise sollte eine Verbindung zwischen Traven und Marut hergestellt werden. (Will Wyatt)

Epileptiker und Syphilitiker infolge Vererbung und daher unheilbar), und so hilflos auf der Straße liegend, von mehreren Automobilen und Lastwagen überfahren und getötet wurde.

Der Reporter Erwin Egon Kisch, der die im Laufe der Jahre von verschiedenen ernsthaften Journalisten widerlegte Fred Maruth-Legende nach dem Jahre 1945 wieder nach Europa brachte und in vielen Zeitungen als Neuigkeit veröffentlichen ließ, starb vor etwa vier Jahren in Prag."

All dies hatte etwas Wildes und Märchenhaftes. Ein Racheengel, seltsame Todesfälle, Männer, die der Tod in der Blüte ihrer Jahre ereilte: Es klang beinahe kindisch, aber es gab kaum einen Zweifel, daß der Schreiber es ernst meinte.

Baumann berichtete weiter, daß das Erscheinen und die kommerzielle Natur der *B.T. Mitteilungen* zu Spekulationen geführt hätten, daß es um das Werk Travens eine Art von Verschwörung gegeben habe. Dieser Theorie zufolge war Traven schon 1931 oder 1932 gestorben, und die Manuskripte seiner unveröffentlichten Romane und Geschichten waren einer kleinen Gruppe von Menschen in die Hände gefallen, die sie über die folgenden Jahre verteilt als neue Werke herausgegeben hatte. Diese Gruppe hätte den Erlös sowohl der neuen Bücher, wie auch der bereits erschienenen Titel kassiert und natürlich alles in ihrer Macht stehende getan, das Geheimnis um die Herkunft des Autors zu hüten und die Tatsache zu verschleiern, daß er schon tot war. Dies würde auch erklären, wieso jemand in den fünfziger Jahren plötzlich die Werke Travens zu vermarkten begann, ein für den Traven früherer Jahre undenkbares Verhalten. Es würde auch erklären, wieso das Werk Travens um das Jahr 1940 herum mehr oder weniger zum Abschluß kam. Es war durchaus plausibel, anzunehmen, daß der Autor bei seinem Tod eine Anzahl fertiger, aber unveröffentlichter Manuskripte hinterlassen hatte, und daß diese im Laufe der folgenden acht Jahre nach und nach herausgelassen worden waren. Danach konnte es keine Werke von Traven mehr geben, und es war dieser Argumentation zufolge bedeutsam, daß der einzige Roman, der nach dieser Zeit erschien, *Aslan Norval*, ein uncharakteristisches Werk war, das von verschiedenen Verlagen abgelehnt und von einigen Kritikern als Fälschung verrissen wurde.

Baumann glaubte nicht an diese Verschwörer-Theorie, aber aus seiner ausführlichen Erklärung dieser These schloß ich, daß er ihr doch einiges Gewicht beimaß. Er nannte keine Namen der Ausbeutergruppe, aber wenn sie existiert hatte, dann in Mexiko. Vielleicht blickte er auf die Zeit zurück, da Esperanza Lopez Mateos und Josef Wieder das Traven-Werk verwaltet hatten. Über Esperanza Lopez Mateos dachte ich lange nach. Eine Verschwörungstheorie würde durch ihren plötzlichen und unerklärlichen Tod stark unterstützt — sie hatte sich 1951 das Leben genommen. Eine schöne und talentierte Frau mit den richtigen Beziehungen steht mit einem gesichtslosen Autor in Verbindung und stirbt von eigener Hand gerade in dem Augenblick, da sich ein Wechsel im Besitz des Werkes andeutet. Wer könnte da ein besseres Drehbuch verlangen?

Bevor sie zu einer kurzen Stadtrundfahrt durch London aufbrachen, berichteten uns Michael und Friedl Baumann von den neuesten Ergebnissen der Traven-Forschungen. Offenbar hatte Rolf Recknagel eine bis dahin unbekannte Geburtsurkunde unter den Papieren entdeckt, die Señora Luján in Mexiko verwahrte. Sie lautete auf den Namen Johann Christof Friedrich Gale oder Galey (Baumann war sich der Schreibweise nicht sicher), geboren zu Lübeck im Februar 1884 als unehelicher Sohn einer Arbeiterin. Die Nachricht hatte sich wie ein Lauffeuer unter den Traven-Forschern verbreitet — war dies der wirkliche Geburtsname von B. Traven? Zwei Indizien stützten diese Hypothese. Erstens der Name Gales, der natürlich der Name des anscheinend autobiographischen Helden der frühen Romane war, und zweitens, eine unheimliche geographische Anspielung: Lübeck liegt ja an der Trave. Aber es war zu schön, um wahr zu sein. Baumann selbst hatte nachweisen können, daß das fragliche Kind schon fünf Monate nach seiner Geburt im Sommer 1884 gestorben war. Dies war nicht der wirkliche Name des Autors, auch wenn es keine Erklärung dafür gab, wie dieses Dokument in den Besitz von Hal Croves geraten war.

Eine andere interessante Behauptung war indes noch nicht wieder zu Staub zerfallen: Sie besagte, daß Ret Marut 1924 in London gewesen sei. Baumann sagte, daß er den Beweis dafür dem amerikanischen Außenministerium durch einen Antrag unter Berufung auf die ,,Freedom of Information Act'' entrissen hatte. Ich machte mir eine Notiz, selbst einen solchen Antrag zu stellen. Es wäre eine glückliche Fügung, wenn wir unseren Bericht über das Rätsel Travens nach unserer Rückkehr aus Mexiko und den Vereinigten Staaten in London würden abschließen können.

Endlich verabschiedeten Jennifer McKay und ich uns von den Baumanns. Geduldig waren sie unserer Unwissenheit, hilfreich unseren falschen Vorstellungen begegnet, stets bereit, alles ausführlich zu erklären. Nun war ich für meine Traven-Mission mit allen Kenntnissen gerüstet und bereit, die Theorien den Menschen vorzulegen, denen wir begegnen würden, und sie an den Beweisen zu messen, die wir vielleicht entdecken würden. Noch immer konnte ich nicht wissen, mit wievielen Männern ich es zu tun haben würde: Traven, Croves, Torsvan, Marut und der Mann aus dem Mittelwesten könnten sich als fünf verschiedene Männer entpuppen oder als ein einziger. Wir mußten mehr über sie alle erfahren.

Nachdem die Baumanns auf ihrem Weg nach Österreich in Richtung Paris abgefahren waren, ging ich zurück in mein Büro, um die letzten Vorbereitungen für eine Inlandsreise zu treffen. Am Tag darauf wollte ich für einige Tage auf die *Isle of Man* reisen, um einen Film über den dort lebenden Schriftsteller Richard Adams, den Verfasser von *Watership Down*, zu drehen. Als Reiselektüre kaufte ich mir ein Taschenbuch, einem Roman mit dem Titel *Ripley Under Ground* von der Kriminalschriftstellerin Patricia Highsmith. Als ich meine Zeitungen ausgelesen und mich dem Buch zugewandt hatte, befanden wir uns wohl irgendwo über Worcestershire, und noch ehe wir den Luftraum jener Grafschaft verlassen hatten, war ich von meiner Lektüre hypnotisiert. Das Buch handelt von einer Bande, die aus gefälschten Bildern eines verstorbenen Malers Kapital schlägt. Für einige Zeit nach dem Verschwinden des Künstlers hatten seine Freunde sein hinterlassenes Werk ausgestellt und verkauft, und als diese Bilder ausgingen, lange bevor der Markt gesättigt war, begannen sie, neue Werke zu fälschen. Die Verschwörer mußten eine Geschichte erfinden, um den andauernden Bilderstrom und zugleich die andauernde Abwesenheit des Künstlers zu erklären:

,,Tom hatte einen Augenblick lang nachgedacht, dann sagte er: ,,Warum kann Derwatt nicht noch irgendwo am Leben sein und seine Bilder nach London schicken? Das heißt, wenn Bernard weitermachen könnte.''

,,Hmm. Nun — ja. Griechenland, vielleicht. Was für eine tolle Idee, Tom! Das kann ewig so weitergehen!''

,,Was ist mit Mexiko? Ich halte das für sicherer als Griechenland. Laß uns sagen, Derwatt lebt in irgendeinem kleinen Dorf!''

Die Bilder des toten Malers begannen bald, aus Mexiko einzutreffen. Der geheimnisvolle Künstler empfing weder Interviewer noch Fotografen; keiner kannte den Namen des Dorfes, in dem er lebte. Genauso konnte es mit Traven gewesen sein, bis hin zu der Wahl Mexikos als Schauplatz. Also muß auch Frau Highsmith die Geschichten von einer Traven-Verschwörung gehört haben. Mein Verdacht wurde irgendwo draußen über der irischen See bestätigt, als eine ihrer Gestalten das Gespräch auf das abwesende Genie brachte. *,,Er lebt in Mexiko, nicht wahr?''* fragt ein Mann. *,,Ja''*, kam die Antwort, *,,und er will nicht sagen, wo. Wie B. Traven, wissen Sie.''*

7 In die Vereinigten Staaten

Ich hatte unsere Abreise in die Vereinigten Staaten für den 3. Juli geplant, aber der Traven-Fluch, von dem in jenen *B.T. Mitteilungen* drohend die Rede war, wollte es anders. Gottseidank wurde niemand vom Lastwagen überrollt tot aufgefunden, aber Robinson und ich lagen danieder infolge der Impfungen, die wir vom Arzt der BBC bekommen hatten. Ich lag schweißgebadet drei Tage im Bett; Robinson hatte es bei unserer Rückkehr vom Interview mit Richard Adams auf der *Isle of Man* erwischt. Uns blieb nichts anderes übrig, als unsere Abreise um eine Woche zu verschieben, und ich setzte alle unsere Ansprechpartner von der Verspätung in Kenntnis. Die wichtigste unter ihnen war Señora Luján in Mexiko-City. Ich schickte ihr ein Telegramm mit unseren neuen Terminen. Ich hatte Angst, Señora Luján würde einen Rückzieher machen und mich nicht empfangen, vielleicht sogar die Stadt für die Dauer meines Aufenthaltes verlassen. Es gab Beispiele dafür, daß Traven selbst genau dies tat, wenn er wußte, daß Fragesteller unterwegs zu ihm waren. Bei Señora Luján hätte ich mir keine Sorgen zu machen brauchen. Vier Tage nach dem Absenden meines Telegramms und zwei Tage vor unserer Abreise bekam ich ihre Antwort:

VORGESCHLAGENE TERMINE SAGEN MIR ZU STOP
ERWARTE SIE JEDERZEIT IM LAUFE DES JULI STOP
FREUNDLICHE GRÜSSE ROSA ELENA LUJÁN

Es gab keine weiteren Verzögerungen, und am Morgen des 10. Juli traf ich mich mit Robert Robinson in Heathrow, und wir nahmen gemeinsam den Frühflug der *TWA* nach New York. Der geistreiche Robinson verdient seit zwanzig Jahren sein Brot als freischaffender Journalist und Fernsehmitarbeiter. Fast während der ganzen Traven-Odyssee war er mein Partner. Wir diskutierten und debattierten ständig, und obwohl wir keineswegs immer übereinstimmten, schätzte ich mich glücklich, solch einen Mann bei mir zu haben, an dem ich meine Theorien messen konnte, und ich war dankbar, einen Kollegen um mich zu haben, der oft einen vielversprechenden Funken ausmachen konnte, wo ich nur Qualm sah. Wenn ich seinem Anteil in meinem Bericht nicht gerecht werde, so ist das allein meine Schuld. Es sei daran erinnert, daß er es war, der zum erstenmal mein Gehör auf jene eigenartigen Silben ,,B. Traven'' einstimmte.

Ich wollte aus unseren Reisekosten das meiste herausholen und hatte voller Optimismus in den USA einige andere Aufnahmetermine für ,,The Book Programme'' arrangiert; so mit Erskine Caldwell in Arizona, mit dem Kriminalschriftsteller John D. McDonald und mit dem Avantgarde-Schriftsteller John Cheever in den Vororten von New York. Aber schon jetzt wußte ich, daß die Verfolgung der Travenspur uns die meiste Zeit in Anspruch nehmen würde.

Im Flugzeug las ich noch einmal *Das Totenschiff* und nickte dabei ein, während ich über den Ursprung des Namens Traven nachgrübelte. Auch ein solches Pseudonym mußte irgendeinen Ursprung haben, eine Bedeutung oder einen Bezug. Irgendwo, ich hatte vergessen wo, hatte ich gehört, es sei ein wenig gebrauchtes Wort aus dem deutschen Matrosenjargon und bedeute das Verstauen (von Ladung) im Laderaum eines Schiffes. Dies klang plausibel, wenn man davon ausging, daß der Autor des *Totenschiffs* aus eigener Erfahrung schrieb; doch es war mir nicht möglich, die Herkunft dieser Ableitung zu erforschen. Ich hatte einen Artikel von George Woodcock aus *The Times Literary Supplement* bei mir, in dem er mit dem Namen spielte. Auch er hatte ‚Traum' als Anagramm von Marut entdeckt und dies dann in Trauen und schließlich in Traven abgewandelt. Trauen im Sinne von sich trauen, von wagen — das paßte; B. Traven — betrauen — auch das paßte. B. Traven war der Name, dem der anonyme Autor sein Werk anvertraut hatte. Als Dreingabe nahm Woodcock noch den Namen Torsvan und gab ihm eine deutsche anstatt einer skandinavischen Schreibweise, und dabei kam ,,Torswahn'' heraus — auch das paßte, vor allem auf den *Schatz der Sierra Madre*. Schließlich nahm er noch Hal Croves und stellte die Buchstaben flink in Hal Covers um — Hal, der bedeckt, tarnt. Noch ein Volltreffer. Woodcock sah in all diesen Wortspielen einen Beweis für Travens Einfallsreichtum bei der Wahl seiner Tarnung. Vielleicht. Jedenfalls war es ein Zeugnis für den Einfallsreichtum der Detektive, die verzweifelt nach einer Lösung suchen.

In New York besuchte ich zuerst den Verlag Alfred Knopf, der als erster Travens Bücher in Amerika herausgebracht hatte. Ich wurde vom Direktor William Koshland empfangen, erläuterte ihm mein Interesse an Traven und bat darum, die Akte mit der Korrespondenz des Autors oder seiner Beauftragten einsehen zu dürfen. Koshland zeigte sich an unserem Filmprojekt interessiert und versprach Hilfe. Die Akte müßte sich wohl bei Alfred Knopfs eigenen Papieren befinden, aber er wollte sie heraussuchen lassen; ich sollte am folgenden Tag wiederkommen. Tags darauf überreichte er mir eine Mappe mit allen vorhandenen Briefen. Ich hatte nicht die Zeit, sie an Ort und Stelle eingehend zu studieren, doch Koshland stellte mir ein Kopiergerät zur Verfügung, und ich konnte die meisten Briefe ablichten.

Wir filmten John Cheever am 13. Juli und verabredeten uns dann am nächsten Morgen mit dem Filmteam in den Büroräumen der BBC an der 5th Avenue, wo wir den Traven-Film mit einem Interview mit Lawrence Hill beginnen wollten. Robinson und ich hatten unsere Fragen an Hill schon ausgearbeitet, so daß wir uns den Abend frei nehmen konnten; er ging ins Kino, ich war bei Freunden zum Abendessen eingeladen. Wir waren zu viert, und ich schaffte es, mit einer Darlegung des unauslotbaren Traven-Geheimnisses die Gesellschaft in Atem zu halten. Als wir beim Nachtisch angelangt waren, gingen plötzlich in der Wohnung sämtliche Lichter aus. Meine Tischgenossen, allesamt New Yorker, jauchzten vor Freude, als ihnen klar wurde, daß auch in den umliegenden Gebäuden sämtliche Lichter ausgegangen waren. Aus den Nachbarwohnungen vernahmen wir Freudenrufe und Gelächter; wir gingen ans Fenster und sahen, daß die ganze nördliche Hälfte Manhattans im Dunkel lag. Südlich vom Central Park brannten die Lichter noch, aber während wir zusahen, gingen auch sie plötzlich aus.

New York lag noch immer im Dunkel, als ich gegen zwei Uhr morgens in mein Hotel zurückkehrte; mir kam der Gedanke, daß die Arbeit am Traven-Film schon am Start liegenbleiben könnte. Es schien weit hergeholt, daß der Fluch des B. Traven die ganze Stadt New York verdunkelt hatte, um den Beginn meiner Filmarbeit zu behindern, doch beinahe hätte er dies erreicht.

Am folgenden Morgen gab es noch immer keinen Strom und kein heißes Wasser, und über der Stadt lag eine unheimliche Ruhe. Ich erfuhr, daß das Filmteam die halbe Nacht auf den Beinen gewesen war, um für die Nachrichtensendungen Berichte über den Stromausfall zu drehen; wir verabredeten uns also zum Mittagessen im Hotel. Ich rief Lawrence Hill an und erklärte ihm, daß wir das Interview nicht wie vorgesehen in den Büroräumen drehen konnten, weil es dort keinen Strom für die Lampen gab. Es war ein schöner Tag, und so schlug ich ihm vor, das Gespräch statt dessen einfach im Central Park zu drehen. Er war einverstanden. Gleich nach dem Mittagessen kam er in seinem offenen VW-Cabrio vor unserem Hotel vorgefahren: Eine auffällige, leicht exzentrische Gestalt im kurzärmeligen Hemd, ein Schlapphut auf dem Kopf. Um drei Uhr nachmittags trotzten wir auf der Schafsweide im Central Park dem bösen Blick und begannen zu drehen.

Hill erklärte, daß sein Interesse an Traven bis in die frühen vierziger

Jahre zurückreichte, als er gerade als Vertreter für Alfred Knopf im Verlagsgewerbe angefangen hatte. Im Lieferprogramm der Firma gab es ein Buch mit dem Titel *Das Totenschiff*, von einem geheimnisvollen Autor ohne Vornamen. Hill hatte es mit Genuß gelesen. Er hatte auch die übrigen bei Knopf verlegten Travenschen Werke gelesen; aber trotz seiner eifrigen Bemühungen als Vertreter verkauften sie sich nur mäßig, schienen sie eher eine verschworene Gemeinschaft als das breite Publikum zu gewinnen. Viele Jahre später machte sich Hill als Verleger selbständig, und eines Tages erschien bei ihm ein junger Mann mit dem Manuskript einer Sammlung Travenscher Kurzgeschichten; er war vom Autor und dessen Ehefrau und Agentin ermächtigt worden, das Werk bei einem amerikanischen Verlag unterzubringen. Hill verlegte die Kurzgeschichten und danach noch eine Reihe anderer Travenbücher, von denen viele vorher nicht in den USA erschienen waren.

Die Verträge für diese Veröffentlichungen wurden von Rosa Elena Luján unterschrieben, mit ihr wurde auch alle Korrespondenz abgewickelt; nicht einen einzigen Brief erhielt Hill von Traven persönlich. Señora Luján versicherte Hill, daß die Korrekturen an dem Material, das sie aus Mexiko geschickt hatte, vom Autor selbst durchgeführt worden waren; dennoch erforderten diese Werke, die zum erstenmal in den USA verlegt wurden, eine intensive redaktionelle Bearbeitung. Im Sommer 1967 reiste Hill nach Mexiko, um mit Señora Luján die geplanten Veröffentlichungen zu besprechen.

Er wurde zu einer Adresse mitten in Mexiko-City dirigiert, wo er mit Rosa Elena Luján und einem Mann zusammentraf, den er für Traven hielt, der sich jedoch selbst als Croves vorstellte. Hill betrachtete es als bedeutsam, daß Croves schwieg, als er selbst sagte, daß er die Bücher bewunderte und es eine Ehre sei, sie verlegen zu dürfen. Er schilderte Croves als Mann von unterdurchschnittlicher Größe mit starken Gesichtszügen, einer großen, markanten Nase und einer tiefernsten Miene. Hill glaubte, daß Croves Traven war und daß er Ret Marut in Deutschland gewesen sei, er bemerkte jedoch, daß Croves viel jünger aussah als der Siebenundsiebzigjährige, den er erwartet hatte. (Marut wäre zu diesem Zeitpunkt ungefähr 85 gewesen.) Croves sprach Hill zufolge mit merklichem Akzent. Damals hatte er ihn für entweder deutsch oder skandinavisch gehalten, nun jedoch, in Anbetracht seiner Überzeugung, daß Croves Marut sei, war Hill sicher, daß der Akzent deutsch war.

Am Tage nach dieser ersten Begegnung war Hill zum Mittagessen eingeladen. Laut Hill verlief die Einladung genauso, wie er sich eine Lunchparty in einem kultivierten mexikanischen Haushalt der oberen Mittelklasse vorgestellt hatte. Es waren noch mehrere andere Gäste geladen, darunter ein Maler, der zu einem der Bücher Illustrationen liefern sollte. Bei Tisch saß Señora Luján neben ihrem Mann, um ihm bei Bedarf Gesprächsteile zu wiederholen, die ihm durch seine Schwerhörigkeit entgangen waren. Robinson und ich interessierten uns dafür, wie die versammelte Gesellschaft den Menschen angesprochen hatte, den sie für B. Traven hielt. Hill erinnerte sich nicht mehr daran, wie er selbst ihn angesprochen hatte, Señora Luján jedoch sprach stets von ,,meinem Mann'', oder sie gebrauchte den Kosenamen ,,Der Skipper'', und auch, so glaubte sich Hill zu erinnern, sprach sie von ,,B.T.''. Ich bezweifelte, daß Hills Erinnerung an den letzten Namen richtig war, denn ich hatte gehört, daß Croves stets jedem offenen Hinweis darauf, daß er Traven sei, widersprochen hatte. Viel eindrucksvoller war dagegen Hills Schilderung, wie er nach dem Essen sich mit dem Maler und Croves zusammengesetzt hatte, um die Illustrationen für die Kindergeschichte *Die Erschaffung von Sonne und Mond* zu besprechen. Croves hatte ganz selbstverständlich wie der Autor des Buches gesprochen und dabei kenntnisreiche und einfühlsame Vorschläge gemacht. Als Robinson hier bei Hill nachhakte, erwiderte er, er hätte angenommen, mit Traven zu sprechen, und keinen Grund gehabt, etwas anderes zu glauben.

Wir fragten Hill danach, warum Traven wohl so bedacht gewesen sei, anonym zu bleiben. Irgendwie war dies ein tieferes Geheimnis als die Identität des Mannes. Wir hofften zu entdecken, wer Traven war, um dann die Gründe beleuchten zu können, die diesen Mann veranlaßt hatten, sich zu verstecken. Hill bot uns dafür mehrere mögliche Erklärungen an. Da war Travens eigene Behauptung, daß er allein anhand seines Werkes beurteilt werden und vermeiden wollte, daß die Bewertung seiner Arbeit mit Eigenschaften seiner Persönlichkeit vermischt würde, etwa damit, mit wem er schlief, oder mit all den verschiedenen Einzelheiten, die zur Imagepflege eines Schriftstellers gehören. Hill zufolge müsse dabei jedoch noch etwas anderes im Spiel sein. Er ging davon aus, daß Traven Marut gewesen war und wies auf des Mannes Vergangenheit in Deutschland hin, wo er nach dem Scheitern der Revolution in München nur knapp dem Tod entronnen war.

Viele seiner Freunde waren damals getötet worden, und so sei es verständlich, daß er die Erinnerungen an diesen Lebensabschnitt tilgen wollte. Señora Luján selbst hatte Hill gesagt, daß dies der Grund gewesen sei, weshalb ihr Mann all die Jahre hindurch jede Verbindung zwischen Traven und Ret Marut abgestritten hätte. Die Episode in München hatte auch noch eine andere Hinterlassenschaft: Eine hartnäckige und andauernde Furcht vor Vergeltung, zunächst vielleicht durch die rechten Kräfte, die die bayerische Revolution niedergeschlagen hatten; später dann durch die Nazis, die aus dieser Konterrevolution hervorgegangen waren und die Werke von B. Traven verboten hatten. Wenn Traven Marut war, fühlte er sich vielleicht nicht einmal in Mexiko sicher. Der lange Arm der Rache reichte über den Atlantik, wie ihm das Schicksal Leo Trotzkis, eines anderen Flüchtlings in Mexiko, gezeigt hätte.

Hills Spekulationen waren interessant, er lieferte uns jedoch keine Hinweise auf Maruts wirkliche Identität oder Herkunft und auch keinen schlüssigen Beweis dafür, daß er und Croves derselbe Mann waren. Hill räumte ein, daß vieles um Traven noch unbekannt war und es wahrscheinlich immer bleiben würde. Gewiß gab es da Señora Luján. Hill schränkte aber den Wert ihres Beitrages und ihrer Kenntnis vom Leben ihres Mannes mit dem Hinweis ein, sie sei nur die letzten fünfzehn Jahre seines Lebens mit ihm verheiratet gewesen und kenne seine Vergangenheit nur vom Hörensagen oder aus Briefen, Tagebüchern und anderen Unterlagen aus seinem Nachlaß. Es sei schwierig, sagte er, ein ganzes Leben nur aus Akten zu rekonstruieren.

Wir dankten Lawrence Hill und verabschiedeten uns von ihm. Er wünschte uns viel Glück auf unserer Suche und fuhr fröhlich im sommerlichen Sonnenschein davon.

8 Die Hohenzollern

„Ich will Ihnen jetzt im Augenblick nicht mehr über den Roman erzählen, außer daß Sie versichert sein können, daß Sie in der gesamten Literatur aller Länder keinen zweiten Roman wie diesen finden werden; er ist absolut einzigartig und unnachahmlich."

Ich brauchte kaum auf die getippte Unterschrift unter dem Brief zu schauen, um dessen Verfasser festzustellen. Der gleiche vertrauliche Ton im Prahlen, die gleiche aggressive Bestätigung des eigenen Werkes wiesen auf die Autorenschaft des selben Mannes, der seinerzeit in den zwanziger Jahren die Briefe an die Büchergilde Gutenberg geschrieben hatte. Die Unterschrift bestätigte meine Vermutung:

Very truly yours

B.Traven.

Wir waren unterwegs nach San Franzisko, und ich las mich durch die Briefe, die ich bei Alfred Knopf fotokopiert hatte. Es waren fünfzehn. Sie waren getippt, sie kamen alle von Postfachadressen in Mexiko-City oder Acapulco, und sie kamen von drei verschiedenen Absendern: B. Traven, M. L. Martinez und R. E. Luján — obwohl sie anscheinend alle drei förmlich und zu Knopfs Zufriedenheit ermächtigt waren, über Travens Werke zu verhandeln. Nur ein Brief, von Frau Luján, war von Hand unterschrieben.

Der oben zitierte prahlerische Brief war der erste in der Sammlung, datiert vom 23. September 1937 und an Alfred Knopf persönlich gerichtet. Ich hatte noch nie von *Indian Weekend* gehört, dem Roman, der darin mit so glühenden Worten angepriesen wurde, und ich nahm an, daß es sich dabei um einen alternativen Titel für ein früheres Werk handelte. Traven, sein Englisch noch immer nicht perfekt, bat in dem Brief um einen Vorschuß von 500 Dollar und machte dann ein großes Spiel um eine zu stellende Forderung. „Ich befürchte, Sie werden es so oder so akzeptieren müssen.“ Tatsächlich schickte er sich an, eine großzügige Geste zu machen. Traven bestand darauf, daß Knopf von diesem Vorschuß die Summe von 309 Dollar und einem Cent abziehe, den Saldo vom Tantiemenvorschuß für *Das Totenschiff*, der durch die Verkäufe dieses Werkes noch immer nicht abgegolten war:

„Als ich Ihnen *Das Totenschiff* anbot, zahlten Sie mir ohne zu zögern so großzügig die erbetenen 1000 Dollar — obwohl das Buch bis jetzt noch nicht den finanziellen Erfolg gefunden hat, den wir beide erwartet hatten, hielten Sie sich die ganze Zeit religiös an unsere ungeschriebene Vereinbarung. Aus diesem Grunde kann ich Ihr Geld nicht länger behalten, so sehr ich es auch brauchen könnte.“

Es war das Angebot eines Gentleman, da Schriftsteller nicht vornehmlich für die Bereitschaft zur Zurückzahlung von Vorschüssen bekannt sind, und Traven schloß elegant mit den Worten: „Ich bin sicher, daß auch Sie sich besser fühlen werden, wenn Sie sehen, daß *Das Totenschiff* von jetzt an ohne jenen schweren Ballast im Bauch segelt.“

Ich blätterte durch die übrigen fünf Briefe von Traven. Sie befaßten sich großteils mit Zahlungsvereinbarungen oder mit Ausgaben durch andere Verlage, aber ein oder zweimal blitzte doch sein Charakter durch. Ich bemerkte, daß er in einem Brief vom 24. März 1945 beiläufig in einem Nebensatz seine amerikanische Nationalität etablierte, indem er schrieb: „Ich bat darum . . . alle Abrechnungen dem amerikanischen Konsulat vorzulegen, damit *unser* Konsul bestätigen kann, daß das Geld redlich verdient ist . . .“ Es gab noch mehr Eigenwerbung — „Das Buch (Schatz) ist weit besser als jeder Film, der jemals danach gedreht werden kann,“ — und auch ein wenig von jenem Eifer, Beifall zu erhaschen, der damit so oft Hand in Hand ging.

Offenbar hatte ein Redakteur für eine Neuausgabe eine geringfügige Kürzung vorgeschlagen, und Travens Antwort darauf war beinahe anbiedernd: „Bitte sagen Sie Mr. De Graff, daß ich mit ihm einhundertprozentig darin übereinstimme, daß die besagten vier Zeilen störend sind. Ich glaube beinahe, daß, wenn ich das Buch heute schreiben würde, ich höchstwahrscheinlich diese Zeilen nicht verwenden würde.“

Nur 17 Tage später folgte der letzte Brief in jener Akte, der von Traven selbst stammte. Danach stammten sie alle von M. L. Martinez, bis zum 21. Juni 1955:

Dear Mr.Koshland:

We wish to inform you to send after July 30,1955 no longer any mail referring to B.Traven or checks to the undersigned address but instead

to

R.E.Lujan
Apdo.2701
Mexico,1,D.F.
Mexico.

The check for $41.63 (Jun.30,1955) also arrived. Thank you.

Faithfully

Casa M.L.Martinez.

Und Martinez war nicht mehr.

Es gab auch aus dem Jahre 1954 einen interessanten Brief, in dem ein Mr. Joseph Lesser, ein Notar, gebeten wurde, die Echtheit der Unterschrift von B. Traven auf einer beigefügten Urkunde zu beglaubigen, obwohl er eindeutigerweise Traven nie gesehen hatte. Ein ähnliches früheres Dokument, hieß es im Brief, war nutzlos, da Esperanza Lopez Mateos, von der in der Urkunde die Rede war, „verschieden" war. „Also benötigen wir wieder einen mexikanischen Staatsbürger als Inhaber der fraglichen Rechte, da wir nur auf diese Weise die Interessen Travens in Mexiko erfolgreich schützen können . . ." Wahrscheinlich ging es nur darum, die Zahlungen in Mexiko legal zu ermöglichen und dabei die Anonymität des Autors zu wahren, aber mit einem solchen Arrangement hätte man vielerlei tarnen können — sogar eine Verschwörung. Ich hätte vielleicht meiner Phantasie einen gefährlichen freien Lauf auf dieser Spur gestattet, wäre nicht die Hand von B.T. in den Briefen erkennbar gewesen, sowie das klare Einverständnis aller Beteiligten, daß Martinez mit dessen Zustimmung handelte.

Das Ende der Korrespondenz war gar nicht glücklich. Traven und seine Agenten hatten das Gefühl, daß für die Bücher nicht genügend geworben würde, und sie verhandelten über den Kauf der unverkauften Exemplare und der Druckplatten. Sie unterstellten dabei, daß die antikommunistische Stimmung in den USA (es war die McCarthy-Zeit) der Grund dafür war, daß ein Verleger, „um keine Unannehmlichkeiten zu bekommen, ein Buch nicht forcieren wollte, wenn das besagte Buch von bestimmten Machtgruppen als zu heiß eingestuft wurde''. Das Komische daran wäre, tönte es aus dem Traven-Lager, daß es hinter dem Eisernen Vorhang Pressionen gab, einige Passagen aus den Büchern zu tilgen, weil darin Diktaturen im allgemeinen und kommunistische Herrscher im besonderen angegriffen wurden. Tatsächlich behaupteten die ostdeutschen Verleger, daß sie selbst und ihre Drucker vielleicht in einem russischen Straflager landen würden, wenn sie die Bücher unzensiert veröffentlichten.

,,So stellte sich heraus'' (hieß es am Schluß einer der Briefe an Knopf), ,,daß gewisse einflußreiche Leute in den Vereinigten Staaten behaupten, T.'s Bücher zeigten eine entschieden kommunistische Tendenz, während die Machthaber hinter dem Eisernen Vorhang die Behauptung aufrechterhalten, diese Bücher würden dem kommunistischen System Schaden zufügen, wenn sie so veröffentlicht würden, wie T. sie geschrieben habe. Ihre Meinung, Sir.''

Die Korrespondenz endete im April 1956 mit einem traurigen Brief von einem gewissen Sergio Luján, einem Spediteur in Laredo in Texas, der bei Knopf anfragte, wieso die versprochene Sendung von 400 Restexemplaren nicht bei ihm eingetroffen sei. Es war ein seltsamer Zufall, daß dieser Vermittler den gleichen Familiennamen trug wie Travens Agentin. Sie konnten kaum miteinander verwandt sein, da dieser Mann von Rosa Elena Luján als Mr. R. E. Luján in Mexiko City sprach. Ohne Zweifel ein einfacher Fehler, aber allmählich nahm für mich jeder kleine Tippfehler in der Traven-Geschichte eine finstere Bedeutung an.

Unser Flugziel San Franzisko war natürlich die Stadt, in der Ret Marut angeblich geboren war, auch wenn ich keinerlei Hoffnung hegte, dafür einen Beleg zu finden. Sämtliche städtischen Akten fielen dem großen Brand nach dem Erdbeben von 1906 zum Opfer — Marut mußte dies sicherlich gewußt haben —, so daß San Franzisko eine verdammt günstige angebliche Geburtsstadt war, wenn man etwas zu verbergen hatte. So günstig, daß es fast schon ein Witz war, zu behaupten, vor 1906 dort geboren zu sein. Ich wußte bereits, daß Judy Stone die Geburtsanzeigen in den Zeitungen von San Franzisko aus dem Jahre 1882 durchgekämmt hatte auf den schmalen Verdacht hin, daß seine Eltern wohl gut genug situiert waren, um seine Ankunft auf diese Weise kundzutun. Sie hatte keinen Erfolg.

Judy Stone war eine sehr eifrige und hilfreiche Zeugin, verständlicherweise darauf bedacht, Aufmerksamkeit auf ihr Buch zu lenken, doch sie gab uns viele Ideen und knüpfte manchen Kontakt für uns. Sie ist eine kleingewachsene, energische und schnellsprechende Frau, ganz offensichtlich in das Traven-Geheimnis vernarrt. Zu jener Zeit war sie Filmkritikerin bei der Tageszeitung *San Francisco Chronicle*, und sie ging das Thema Traven mit allem Können und aller Entschlossenheit an, die sie im Laufe einer langen Karriere im amerikanischen Journalismus erworben hatte. Ihr Bruder ist der große I. F. Stone von *Stone's Weekly*, und als sie uns willkommen hieß, erinnerte sie mich daran, daß ,,Izzy'' vor einigen Jahren etwas für eine meiner Sendungen gemacht hatte. Wir hielten uns aber nicht lange bei solchen Gefälligkeiten auf, denn wir waren gekommen, zu hören, was sie uns aus ihrer Kenntnis und ihren Erfahrungen mit Traven mitzuteilen hatte.

Zum erstenmal war sie Ende 1964 mit der Geschichte in Berührung gekommen, als sie einen Weihnachtsurlaub in Mexiko plante. Damals hatte sie bereits mehrere Traven-Bücher gelesen und wollte nun gerne den Autor interviewen. Ein Bekannter, der bei einer mexikanischen Verfilmung von Travens Roman *Die weiße Rose* mitgewirkt hatte, sagte ihr, daß sie niemals ein Interview mit Traven bekommen würde, und daß sowieso niemand Traven kenne, nur seinen Agenten Hal Croves. Sie schrieb also an Croves und bat um ein Interview mit dem Autor; sie bekam eine Antwort in etwas gestelztem Englisch, die auszugsweise so lautete:

,,Aber in einem Punkt, fürchte ich, muß ich Sie enttäuschen. Ich werde nicht in der Lage sein, ein Treffen mit B. Traven in die Wege zu leiten, weil er gegenwärtig in den tropischen Regionen Süd-Mexikos auf Reisen ist und sicherlich frühestens nach vielen Monaten zurückkehren wird. Es tut mir sehr leid, daß ich Ihnen in dieser Sache überhaupt nicht helfen kann, wenigstens nicht gegenwärtig.''

Croves lud jedoch Judy Stone ein, ihn zu besuchen, und dies tat sie schließlich auch im Jahre 1966.

Señora Luján, die sich selbst als Mrs. Croves vorstellte, holte sie im Hotel ab und brachte sie ins Haus in der Rio Mississippi, wo sie Croves selbst vorgestellt wurde. Er war ein ziemlich schmächtiger alter Mann Ende 70 oder Anfang 80, höchstens 1,70 m groß. Er hatte blaue Augen, trug eine dicke Brille und war sehr schwerhörig — ein Umstand, der sämtliche Gespräche Judy Stones mit ihm erschwerte, denn es war fast unmöglich, ihm Fragen zu stellen. Er konnte oder wollte die Fragen einfach nicht hören, und so wartete sie darauf, daß er die Gesprächsthemen anschnitt. Er sprach Englisch mit ihr, und ihr fiel sein Akzent auf, der sich germanisch, aber nicht unbedingt deutsch anhörte.

Judy Stone sprach von Croves als Traven, und wir fragten sie, ob er dies jemals anerkannt oder es zumindest in dem, was er gesagt hatte, unterstellt hatte. Die meiste Zeit hätte er dies sorgfältig vermieden, aber ein einziges Mal sei er ausgerutscht und hätte das Wort ,,ich'' benutzt, wo er statt dessen ,,Traven'' hätte sagen sollen. Doch sogleich hätte er sich wieder gefangen und sei in die Rolle von Croves zurückgeschlüpft. All seine Freunde sprachen ihn als ,,Hal'' an, und seine Frau und die Stieftöchter nannten ihn ,,Skipper'', benutzten also den Kosenamen, den schon Lawrence Hill erwähnt hatte.

Als Judy Stone im November 1966 zu einem zweiten Besuch nach Mexiko zurückkehrte, staunte sie darüber, daß die Zeitschrift *Siempre* gerade ein Interview mit B. Traven veröffentlicht hatte, das erste überhaupt. Es enthielt jedoch keinerlei neue Informationen, und die biographischen Angaben beschränkten sich auf die bekannte ,,autorisierte'' Geschichte (wie die Version in den *B.T. Mitteilungen*), er sei ein 1890 in Chicago geborener Amerikaner, jetzt mexikanischer Staatsbürger; die Zeitschrift brachte jedenfalls Fotos vom Inneren des Hauses in der Rio Mississippi und erwähnte auch, daß der Autor häufig Hal genannt wurde. Judy Stone erfuhr später, daß dieses Interview unter dem Versprechen stattgefunden habe, daß der Name Croves nirgendwo erscheinen dürfe; und tatsächlich gab es, als sie erneut mit ihm zusammentraf, keinerlei Andeutungen, daß irgendetwas vorgefallen war. Sie hatte gehofft, ja erwartet, daß er nach dem Artikel in *Siempre* bereit gewesen wäre, von sich selbst offen als Traven zu sprechen, und sie war verwirrt und irritiert, als er schlicht Hal Croves blieb.

In einem allerdings hatte sich Croves' Verhalten geändert. Seine Freundlichkeit war nun mit einer deutlicher sichtbaren Ablehnung gegenüber der Presse vermischt. Judy Stone erinnerte sich, wie sie Croves und Señora Luján auf einer Fahrt nach San José Purua begleitet hatte, wo *Der Schatz der Sierra Madre* verfilmt wurde. Zuerst war der alte Mann still und zurückgezogen, dann begann er über die Filmerei zu reden und schilderte, wie Lauren Bacall, Humphrey Bogarts Frau, nach Mexiko City gefahren war, um verschiedene Lebensmittel einzukaufen, weil sie am Drehort ewig nur Huhn zu essen bekamen. Judy Stone fragte Croves, ob er Humphrey Bogart mochte, und er begann von seiner großen Sympathie für den Schauspieler zu sprechen, hielt jedoch plötzlich inne und sagte: ,,Ach, ich hatte vergessen, daß hier eine Zeitungsfrau dabei ist.''

Von allen Dingen, die Croves Judy Stone in ihren ersten Gesprächen gesagt hatte, erschien ihr seine allererste Äußerung am ersten Tag am seltsamsten zu sein: ,,Vergessen Sie den Mann. Was bedeutet es schon, wenn er der Sohn eines Hohenzollernprinzen ist?'' Sie war über diese ungewöhnliche Bemerkung baß erstaunt gewesen, jedoch hatten ihre anfängliche Zurückhaltung und die aus Croves' Schwerhörigkeit erwachsenden Schwierigkeiten sie zunächst daran gehindert, die Bedeutung dieser Aussage zu hinterfragen. Bald darauf hatte sie alleine mit Señora Luján zu Mittag gegessen, die zugab, daß ihr Mann in Deutschland gelebt und sich Ret Marut genannt hatte, und daß zu jener Zeit, da er im Kampf gegen das politische System engagiert war, seine Mutter ihm gesagt hätte, er sei der uneheliche Sohn eines Mitglieds der Familie der Hohenzollern. Dies hätte ihn beunruhigt, und er hätte ihr niemals verziehen.

Judy Stone kam bei der nächstbesten Gelegenheit auf diese sensationelle Offenbarung zurück, und diesmal legte die Señora ihre Hand dafür ins Feuer, daß ihr Mann ein Sohn von Kaiser Wilhelm II gewesen sei und seine Mutter eine Künstlerin, eine Sängerin, wahrscheinlich schottischer oder irischer Abstammung. Sie hätte dies entdeckt, als sie mit ihrem Mann zur Premiere des Films *Das Totenschiff* nach Deutschland gereist sei. Sie seien in Berlin gewesen, und er hätte sie zu einem Platz geführt, der eine Beziehung mit den Hohenzollern gehabt hätte. Er sei durch diese Kulissen sehr erregt und aufgewühlt gewesen und hätte ihr gesagt, daß er zu jener kaiserlichen Familie gehörte, ihr jedoch verboten, jemals davon zu sprechen.

Es war für mich interessant, daß diese Kaisergeschichte von den Hauptfiguren des Dramas so stark gestützt wurde, ja sogar von ihnen selbst zu stammen schien. Und Judy Stone hatte sogar im *Ziegelbrenner* ein oder zwei Hinweise entdeckt, die diese romantische Lösung zu stützen schienen. In einer Ausgabe wurde wohlwollend vom deutschen Kaiser gesprochen, und die vorletzte Nummer enthielt eine lyrische Phantasie über den Tod eines Königs, in der eine große Sympathie für den Monarchen zum Ausdruck kam, was doch für ein revolutionäres Magazin sehr seltsam war. Seltsam schien es auch, daß diese anarchistische Zeitschrift in Kriegszeiten anscheinend unbehelligt die Machthaber hatte herausfordern können.

Es gab noch ein Postskriptum zu Judy Stones Bericht über die Verbindung mit dem Kaiser. Nach Croves' Tod am 26.3.1969 reiste sie erneut nach Mexiko City, und Señora Luján zeigte ihr zum erstenmal Croves' Arbeitszimmer im dritten Stock des Hauses. Drei Dinge in jenem Raum fielen ihr auf: Ein Bild einer Brücke über die Trave bei Lübeck, ein Exemplar des Gothaschen Hofkalenders und ein Foto von Kaiser Wilhelm II — nicht gerade die übliche Ausstattung für das Studierzimmer eines Anarchisten. Dies könnte eine ausgeklügelte Bühnendekoration gewesen sein, ein letztes Verwischen der Spur mit dem Reisigbündel, oder aber des alten Mannes endgültige, stillschweigende Bestätigung, daß der Kaiser sein Vater gewesen war.

Bei jenem Besuch im Jahre 1969 nahm Judy Stone auch an der Beerdigung von Croves teil, und es war klar, daß alle Anwesenden auf der Beerdigung von B. Traven zu sein glaubten. Die Zeremonie fand in Ococingo im Staate Chiapas statt, einem winzigen Städtchen am Rande des Dschungels. Judy Stone erinnerte sich mit Heiterkeit daran, daß die Schulkinder frei bekommen hatten, obwohl sie keine Ahnung hatten, wer gestorben war; sie meinte, daß Traven diese Ironie genossen hätte, weil er den Unsinn mit Beerdigungen haßte. Er hatte einmal geschrieben, man sollte zum Sterben in den Dschungel gehen, wo herrenlose Hunde die Knochen abnagen und so etwas zu fressen bekommen könnten, und Judy Stone hatte sich bei ihrer Ankunft gefreut, daß am kleinen Flughafen von Ococingo ein paar verhungerte Hunde gewartet hatten.

Sie erinnerte sich an die abendliche Kerzenlichtprozession, die zum Klange einfacher Musik in das ärmste Viertel der Stadt geführt hatte; dort hatte man die Urne auf einen Tisch gestellt, und die Indianer waren gekommen, um dem Verstorbenen die letzte Ehre zu erweisen. Der Ausklang des Abends fand in dem von Ungeziefer verseuchten Hotel statt; einige Einheimische hatten eine Marimba-Kapelle aufgeboten, um den Besuchern ein Ständchen zu entbieten, und eine Schnapsflasche wurde durch das Fenster hin und her gereicht — das entsprach viel eher einer richtigen Traven-Beerdigung.

Tags darauf flog sie in der winzigen dreisitzigen Sportmaschine mit, als die Asche über dem Dschungel verstreut wurde. Sie erinnerte sich, wie überrascht sie war, als die Knochenreste im Fallen gegen die Scheibe flogen. Blauer Dunst lag über den Bergen, weil die Indianer zur Vorbereitung der Neuanpflanzung die Felder abbrannten. „Es hat mich sehr bewegt, weil Traven wirklich das Empfinden der Indios teilte, daß der Boden das Wichtigste im Leben war, und nun endlich war er ein Teil ihres Bodens."

Judy Stone zeigte mir das gedruckte Programm für diese Abschiedszeremonie. Ganz unzweideutig lautete die Überschrift: „Chiapas huldigt B. Traven". Gegen Ende unseres Interviews fragte Robinson noch einmal eindringlich nach dem Mann Croves. War sie absolut sicher, daß Hal Croves B. Traven war?

Sie antwortete: „Ich glaube nicht, daß es in diesem Fall Absolutheiten gibt. Als ich ihn interviewte, war ich sehr sicher, daß Hal Croves B. Traven war, und daß Ret Marut B. Traven war . . . Ich dachte, daß nach seinem Tode das Geheimnis endgültig aufgeklärt würde, aber statt dessen gab es zusätzliche Verwirrung, und heute bin ich nicht sicher — ich halte den Mann, mit dem ich zusammengetroffen bin, für B. Traven, ich glaube nicht, daß Menschen eine Verschwörung so bis zum Letzten durchziehen können."

Trotz der Verwirrung vermochte die Gedankenkonstruktion des „Erlebnisträgers" sie nicht zu überzeugen. Auch andere Schriftsteller hätten einen Kreativitätsschub erlebt, der dann abgeebbt sei, sagte sie, und die rasche Folge der frühen Bücher aus Mexiko ließe sich auf diese Weise leicht erklären. *Aslan Norval* mochte man als Fälschung betrachtet haben, und sicherlich reichte das Werk nicht an die Qualität früherer Traven-Bücher heran, aber er war schon ein alter Mann, als es erschien. Er wäre nicht der erste Schriftsteller gewesen, dessen Kräfte im Alter nachließen.

Gab es jedoch nur einen einzigen Mann, dann glaubte Judy Stone, daß wir wohl nie sicher wissen würden, wer dieser Mann wirklich war. Sie war sich nur einer Sache sicher: Daß er unehelich geboren war, denn die Frage der Unehelichkeit taucht in den Schriften des *Ziegelbrenners,* im Roman von Richard Maurhut und in den Büchern von B. Traven immer wieder auf. Bei einer Gelegenheit häufte Marut Lob auf Strindbergs Stück *Die Kronbraut*, eine volkstümliche Geschichte über eine unverheiratete Mutter, die ihr eigenes Kind tötet. Er beschrieb es als ,,mächtiges Drama'' und behauptete, daß es in mancher Hinsicht ein besseres Werk sei als Goethes *Faust*. Das Thema schien ihm sehr nahe zu gehen.

Dieser Gedanke deckt sich mit meinem eigenen Eindruck beim Lesen von Travens Büchern, und er begleitete mich bis ans Ende der Suche. Seine Besessenheit mit der Frage der Identität, sein leidenschaftliches Leugnen der Wichtigkeit von Geburt oder Nationalität bewiesen nicht seine Unehelichkeit, aber sie waren Symptome eines hartnäckigen Schmerzes, der niemals besiegt und niemals vergessen werden konnte. Vielleicht stimmten seine Geburt, seine Eltern, das Blut in seinen Adern nicht mit seiner eigenen Selbsteinschätzung überein, oder er ließ selbst keine solche Übereinstimmung zu. Vielleicht war er zu hoch geboren? Oder zu niedrig? Mit zu wenig Würde und zu wenig Liebe geboren? In Travens Erzählung *Der Nachtbesuch im Busch* spricht der Geist eines alten Azteken vom Sinn des Lebens: ,,Für Liebe allein ist es, daß Menschen geboren wurden, und nur der Liebe wegen ist es, daß sie leben.''

Am nächsten Tag filmten wir Robert Goss, den Mann, den Michael Baumann als den führenden Traven-Forscher in den USA bezeichnet hatte. Robinson und ich hatten ihn schon vorher in seiner bescheidenen Wohnung in Oakland an der Bucht von San Franzisko besucht. Er besaß eine Masse von Ausschnitten und bibliographischem Material und verfügte über ein enzyklopädisches Wissen der gesamten Traven-Lehrmeinung. Er war Deutschlehrer gewesen, war aber freigestellt worden und nun im Alter von ca. vierzig Jahren wieder als Student an der Universität von Berkeley. Dort filmten wir ihn auf dem Rasen unter einem Baum im Garten des Berkeley-Kunstmuseums.

Goss hatte weder Croves noch Señora Luján kennengelernt, und er zeigte in seinen Schlußfolgerungen keineswegs die Sicherheit, die Judy Stone an den Tag gelegt hatte. Ich wertete diese Zurückhaltung gleichermaßen als Ausdruck seiner behutsamen Gelehrtenart, als auch der mangelnden Kraft der Argumente. Er hatte sämtliche Schriften von Traven und auch die meisten Schriften über Traven genau studiert, und er betrachtete jedes Beweisstück mit einem überkritischen Auge. Er war keineswegs sicher, daß Croves sämtliche Antworten lieferte. Ebenso wie Baumann wies er auf Croves' spätes Erscheinen auf der Szene hin, auf den geringen Umfang des nach diesem Zeitpunkt erschienenen Werkes sowie auf die Probleme mit dem letzten Roman, *Aslan Norval*. Der Roman war von mehreren Verlegern abgelehnt worden, weil er in keiner Weise irgendeinem früheren Werk von B. Traven ähnelte; die Gestalten stammten aus einem ganz anderen Milieu, es waren wohlsituierte Leute, und von der Unterseite der Gesellschaft, wo Travens Herz ehedem gelegen hatte, war nichts zu sehen. Nach Gossens Meinung reichte es nicht aus, dies der nachlassenden Kreativität zuzuschreiben: „Wenn Croves B. Traven war, warum schrieb er dann nicht wie B. Traven?"

Goss war argwöhnisch, weil mit den Büchern Travens mittlerweile großes Geld verdient worden war. Señora Luján sprach offensichtlich von mehr als 500 verschiedenen Ausgaben, und mindestens sieben Filme waren nach Travens Stoffen gedreht worden. Goss hatte sogar versucht, abzuschätzen, wieviel die Rechte seit 1948 abgeworfen haben mochten: möglicherweise bis zu einer Million Dollar.

Goss hatte mit Baumann die Probleme in stundenlangen Gesprächen diskutiert, und nun glaubte auch er, daß mit Bestimmtheit mehr als eine Person an der Urheberschaft beteiligt war. Ret Marut konnte die Bücher nicht alleine geschrieben haben. Laut Goss bewies fast der gesamte Inhalt der *Baumwollpflücker*, daß das Buch von einem Insider geschrieben worden war, einem Mann, der wußte, wie die radikalen Gewerkschaften in Mexiko organisiert waren. Die Wobblies und die anderen Gruppen waren stets vor einsickernden Spitzeln auf der Hut, und man brauchte Zeit, um ihr Vertrauen zu gewinnen, viel mehr Zeit, als Marut zur Verfügung gestanden haben würde, wenn er 1923 in Mexiko angekommen wäre und schon 1925 mit dem Abschicken seiner Geschichten begann. Ehemalige Wobblies bestätigten, daß Travens Berichte ganz und gar authentisch waren, und daß er in engem Kontakt mit der Organisation gestanden oder ihr angehört haben mußte. Goss hatte sogar von einer Behauptung gehört, daß Traven in Amerika Vorträge gehalten hätte, lange bevor seine Bücher auf Englisch veröffentlicht wurden.

Einer interessanten, wenn auch gewagten These von Goss zufolge war der andere Mann, der Marut geholfen hatte, sowohl vor seinen Wobbly-Genossen, als auch vor der Polizei auf der Flucht gewesen. Dies würde erklären, warum die Hauptfigur in den frühen Traven-Werken stets die niedrigsten Arbeiten zum niedrigsten Lohn annimmt — anders als die meisten Wobblies, die sich besser bezahlte Stellen gesichert und gemeinsam ihre Interessen wahrgenommen hätten. Goss sagte, daß die Deutschen in den ersten Jahren des Ersten Weltkriegs viele Millionen Dollar für Sabotage und Subversionsversuche ausgegeben hätten mit dem Ziel, die Vereinigten Staaten aus dem Kriegsgeschehen herauszuhalten. Die Hauptführung der Wobblies hatte damit nichts zu tun, aber es gab Männer, die deutsches Geld angenommen hatten und so zu Flüchtlingen vor ihren Gewerkschaftskollegen wurden. Einer Theorie zufolge war der ,,Erlebnisträger'' solch ein Mann, der die niedrigsten Arbeiten annahm, anderen Amerikanern aus dem Wege ging und Angst hatte, seine Identität zu offenbaren.

Ich hielt dies für einen überaus ausführlich zusammengeträumten Lebenslauf für einen Mann, von dem wir nicht einmal wußten, ob er überhaupt existiert hatte. Jedenfalls hielt ich es nicht für nötig, zu erklären, wie der Autor an jeden einzelnen Job gekommen war, von dem in seinen Romanen die Rede war, als ob die Bücher eine Art von Tagebuch wären. Es waren Romane, keine Autobiographien. Die in den Büchern berichteten Erlebnisse boten eine grobe Skizze der Vergangenheit des Verfassers, aber kein ausgearbeitetes Porträt. Eine Traven-Biographie konnte sie niemals unberücksichtigt lassen, aber man konnte sie auch nicht wie ein Mosaik mühsam aus allen einzelnen Begebenheiten zusammensetzen.

Robert Goss war sicher, daß irgendwo in den Romanen eine amerikanische Hand mitgewirkt hatte, sei es nun die eines abtrünnigen Wobblys oder nicht. Ebenso wie wir erkannte er das Angeberische in Travens Schreibe. Gelegentlich sei ein pedantischer, schulmeisterlicher Ton zu vernehmen. Travens Art, sich an seine Leser zu wenden, war die eines Mannes, der seinem Publikum von erstaunlichen exotischen Dingen berichtet, von denen keiner von ihnen jemals zuvor gehört haben würde. Und dann, wenn er mittendrin war, seine Leserschaft mit dieser ungeschminkten Wahrheit zu erstaunen, dann pflegte er manchmal eine ,,große windige Geschichte'' einzuschmuggeln. Es mochte auch andere Länder geben, in denen dies Brauch sei, aber ganz gewiß sei es eine sehr amerikanische Eigenart. Ich kannte diese amerikanischen ,,tall tales''. Im Jahr zuvor hatten Robinson und ich in Nebraska gefilmt, wo ein Kenner der örtlichen Folklore uns erklärt hatte, daß diese Art der hanebüchenen Geschichte das Grundstrickmuster des Witzes im amerikanischen Mittelwesten war. Sie ging auf die Entschlossenheit der Pioniere zurück, sich nicht von den tieftraurigen Verhältnissen unterkriegen zu lassen, in denen sie lebten. Also übertrieben sie mit verzweifeltem und trotzigem Humor sowohl die Wohltaten, als auch die Schrecken ihres Lebens. Besondere Bilder wurden gezeichnet, auf denen auf der Prärie gewaltige Hasen lebten oder der Weizen doppelt mannshoch wuchs. Neusiedler schickten

Meldungen wie die folgende nach Hause: ,,Gewaltige Schwierigkeiten. Kein normaler Mensch könnte hier überleben. Mir geht's prima." Ich erinnerte mich an eine Restaurant-Szene mit Gales aus den *Baumwollpflückern:*

,,Antonio tröpfelte einen großen Suppenlöffel voll grüner Chilisauce in seine Suppe, und ich nahm zwei gehäufte. Ich habe bereits gesagt, daß ein halber Teelöffel dieser feurigen Sauce die Suppe so stark würzt, daß ein normaler Mensch sie unmöglich essen kann. Aber dann bin ich nicht normal."

Also hatte Goss recht: Es war ein amerikanischer Charakterzug, doch kaum einer, der bewiesen hätte, daß ein Amerikaner beim Schreiben der Bücher geholfen hätte.

Goss hatte noch weitere Argumente gegen Ret Marut als alleinigen Verfasser der Bücher. Zum ersten sei Marut ein Ästhet und Stilist gewesen, hätte etwas eigenes Geld gehabt und sei seinem eigenen Eingeständnis nach kein Mitglied des Proletariats gewesen; die Traven-Bücher dagegen seien sicherlich von einem Mann geschrieben worden, der wußte, was es hieß, ein Arbeiter zu sein. Dann war da Travens Deutsch: Laut Goss war es eigenartig. Als die Bücher zuerst in Deutschland erschienen, hatten mehrere Kritiker die Sprache kommentiert. Einer von ihnen hielt sie zunächst für eine schlechte Übersetzung aus einer Fremdsprache, kam aber letztlich zu dem Schluß, daß sich der Autor einfach zahlreicher Amerikanismen bediente. Goss selbst hatte vierzig Seiten aus dem *Land des Frühlings* analysiert und darin über zweihundert ,,stilistische Barbareien" und mindestens zwanzig ,,eklatante Fehler in einfachster deutscher Grammatik" entdeckt. Wie konnte Marut sein korrektes Deutsch so schnell vergessen haben?

Schließlich führte Goss die philosophischen und politischen Unterschiede zwischen Traven-Büchern und den Schriften Maruts ins Feld. Wie Baumann beschrieb er Maruts Anarchismus als essentiell individualistisch, Travens dagegen als genossenschaftlich. Im *Land des Frühlings* hatte Traven verkündet, die Tage des Individualismus europäischer Prägung seien vorüber; daß der Indianer dem weißen Mann rassisch überlegen sei, weil er von Geburt aus genossenschaftlich eingestellt sei und demnach die Welt für die nächsten tausend Jahre beherrschen werde.

Diese Thesen mußten fürs erste auf dem Tisch liegen bleiben. Ebenso wie die von Baumann beruhten sie auf der Interpretation der Beweiskraft der Texte, und ebenso wie die von Baumann waren sie das Ergebnis eines langen und sorgfältigen Studiums des Werkes. Im windigen San Franzisko waren wir in Eile und dann in eine andere Richtung geweht worden: zunächst von Judy Stone zur Auffassung, daß

Croves mit Bestimmtheit Marut und Traven war; dann war der Nebel durch das Golden Gate hereingekommen und hatte diese einzige Offenbarung verhüllt, und danach hatte uns Robert Goss zu einer offenen und vollständigen Skepsis zurückgeführt. Zum Glück brauchten wir uns jetzt noch nicht zu entscheiden.

9 Das Spiel geht noch immer weiter

Wir hatten in Los Angeles nur zwei Tage zur Verfügung, um fünf Interviews vorzubereiten und aufzunehmen. Ich bekam allmählich das Gefühl, daß ich mir zuviel vorgenommen hatte, als ich weitere Geschichten mit Caldwell und McDonald filmen wollte. Selbst wenn wir Zeit hatten, um nach Scottsville in Arizona und Tampa in Florida zu reisen, was ich bezweifelte, schien es mir fraglich, ob wir in der Lage sein würden, die notwendigen Recherchen richtig durchzuführen und uns in zwei neue Themen einzulesen. Traven brachte unsere Köpfe zum Überlaufen. Bei Tisch, an der Bar und auf Reisen debattierten und diskutierten Robinson und ich die Bedeutung und die Herkunft dessen, was wir gelesen und gehört hatten. Der eher romantisch veranlagte Robinson neigte stark der Vorstellung vom ,,Erlebnisträger'' zu, einem gesichtslosen und namenlosen Amerikaner, der durch die Geschichte geistert, niemals sichtbar; ich mit meiner mehr pedantischen Denkweise dachte, daß sich unser Autor als ein einziger Mann herausstellen würde, aber als welcher? Marut, Croves, Torsvan und der Wobbly teilten bei jedem Doppelburger unseren Tisch, saßen mit uns in jeder Bar und zwängten sich auf den Rücksitz unseres gemieteten Plymouth. Bei diesen vier Mitreisenden würde für Caldwell und McDonalds in unserer Gesellschaft kein Platz bleiben. Ich sagte die zusätzliche Geschichte ab.

Nach unserer Ankunft in Los Angeles fuhren wir direkt hinaus nach Malibu, um Mr. und Mrs. Herbert Arthur Klein zu treffen.

Die Kleins sind Sachbuch-Autoren, die schon über wissenschaftliche Themen, über Deutschland und Malerei geschrieben und einen Band mit Erzählungen von Traven übersetzt und bearbeitet haben, für den sie sich erstmals in den dreißiger Jahren interessiert hatten, als Herbert als Zeitungskorrespondent in Deutschland lebte. Sie hießen Robinson und mich willkommen, servierten uns Tee und plauderten mit uns über die Menschen, denen wir begegnet waren.

Ihre Kenntnis von Traven aus erster Hand stammte aus einer zweiteiligen Korrespondenz mit ihm, deren erster Teil begonnen hatte, nachdem Traven eine wohlwollende Kritik entdeckt hatte, die Herbert Klein über die amerikanische Ausgabe des *Totenschiffs* geschrieben hatte. 1935 hatte Klein ganz unschuldig brieflich angefragt und um einige Fakten über den Verfasser gebeten, um über ihn und seine Bücher einige Artikel schreiben zu können. Als Antwort erhielt er einen langen Brief von Traven, der widerwillig Kleins Angebot zustimmte, jedoch zu seinen eigenen Bedingungen. Der Brief war ein Versuch, den jungen Journalisten durch abwechselndes Schmeicheln und Belehren zu manipulieren. Da war er wieder, der Allwissende, diesmal als der alte Literatenhase, der dem Anfänger einen Rat gibt, wie er eine Geschichte unterbringen kann. Klein hatte sich selbst als Übersetzer angeboten, aber Traven wollte davon nichts wissen:

,,Warum zum Teufel bietet ein Kerl, der so eine intelligente Kritik schreiben kann, seine Dienste als Übersetzer an? . . . Wissen Sie, was Sie sind? Sie sind ein Essayist, ein Kritiker par excellence. Sie können sich nicht nur selbst einen Namen als Verfasser von Artikeln über hunderte verschiedener Themen machen, Sie können auch Geld machen, viel Geld . . .''

Als wir am folgenden Tag die Kleins filmten, las Herbert Klein mit langsamer, abwägender Stimme Auszüge aus Travens Briefen vor. Ich konnte sehen, daß die Briefe eng getippt waren, aber sonst kaum etwas. Ich bat darum, von den Briefen Kopien machen zu dürfen, doch Klein lehnte ab, weil er sich von einem anderen Kollegen hintergangen fühlte, dem er vertrauensvoll die Briefe gezeigt hatte, der dann darüber einen Artikel geschrieben hatte. Er und seine Frau waren jedoch beim Vorlesen sehr großzügig, und ich meinte zu spüren, wie ihre Begeisterung für das Traven-Spiel allmählich ihre geplante Zurückhaltung übermannte.

Klein fuhr mit dem Vorlesen fort. Nach der schmeichelnden Einleitung bot Traven in der Manier des hartgesottenen alten Profis seinen Rat an. Es sei hart, sagte er, Verleger zu finden, die seine Sachen veröffentlichen.

,,Ehe ich ein Buch nach Deutschland verkaufte, war ich mit meinen Geschichten bei allen Magazinen und Chefredakteuren hausieren gegangen, die in diesem Lande existieren oder damals existierten (mit *diesem Lande* meinte er die USA, sagte Klein), und in den fünf Jahren, da ich sie ständig mit Geschichten bombardierte, bin ich nur für fünf Dollar was losgeworden, ob Sie's glauben oder nicht.''

Damit bot er ein Indiz an, um Kleins ehrliche Absicht zu prüfen. ,,Wenn Sie aber jemandem davon erzählen, bevor ich Ihnen sage: ‚Jetzt dürfen Sie es sagen', dann ist diese Sache zwischen uns für immer beendet. Sie werden Ihre Chance bekommen, wenn Sie darauf warten können." Er spielte mit Klein. Sein Ton wurde noch herablassender, als er sich der Bitte nach Faktenmaterial über ihn selbst zuwandte:

„Ich bin von dem Vorschlag nicht sehr begeistert. Ich will keine amerikanische Reklame. Sie flammt auf und erlischt bei Sonnenuntergang. Nichts dahinter. Mein Werk trägt all die Reklame, die ich will. Wenn meine Bücher nicht gut beurteilt werden, kann keine Reklame sie besser machen. Die Bücher müssen gut sein, dann werden sie gelesen, wenn nicht heute, dann um so sicherer morgen."

Dieser messianische Einschlag war mir wohlbekannt. Traven spielte den schwer Erreichbaren, erklärte jedoch mit demonstrativer Großherzigkeit, er würde vielleicht einen Weg finden, ein paar Fakten zu schicken, wenn dadurch der junge Klein in seinem Leben einen Schritt vorwärts käme. „Diese Fakten werden selbstverständlich nicht von jener Art sein, wie man sie über Filmstars verbreitet. Von mir würden Sie keine solchen Fakten erwarten." Es würde sich um die Art von Information handeln, die dem intelligenten Essayisten nützlich wären, für den er Klein hielt: „Und vergessen Sie nicht, daß ein halbes hundert Magazine und Zeitschriften des britischen Empire bereit sind, jeden intelligenten Artikel zu kaufen, den Sie über B. T. schreiben."

Diese letzte Behauptung war von der Art, in der Fernsehproduzenten über die Zuschauerzahlen ihrer Sendungen sprechen. Der Ton des aggressiven Eigenlobes war unverkennbar. Es war derselbe, den ich aus den Briefen an Knopf und Preczang vernommen hatte, der B. T., der eine Welt, die er nicht hören und nicht sehen konnte, anbrüllte und mit der Faust bedrohte, für den Fall, daß sie ihn nicht genügend beachtete. Er würde Klein genügend Material für einhundert Artikel schicken — unter einer Bedingung:

„Selbstverständlich müssen Sie damit einverstanden sein, daß alles, was ich Ihnen an Geschriebenem oder Gedrucktem zuschicke, innerhalb von drei Tagen zurückgesandt werden muß. Auch alle Briefe, die ich Ihnen schreibe, diesen eingeschlossen. Das ist meine Bedingung. Nehmen Sie an oder lassen Sie's.
B. T."

Das war noch nicht alles. In einem Postskriptum folgte die Antwort auf Kleins kühnen Vorschlag, eines Tages von Los Angeles, wo er wohnte und das nicht weit von der mexikanischen Grenze entfernt ist, hinunter in den Süden zu wandern und Traven zu treffen. Der Autor warnte ihn davor in seiner charakteristischen Art:

„Wenn Sie bei San Diego die Grenze überschreiten, sind Sie noch immer 2000 Meilen von der Hütte entfernt, in der ich lebe. Aber ich bin häufig in Los Angeles, und dort in der öffentlichen Bibliothek sagte man mir einmal, als ich eine der angestellten Damen fragte, ob sie mir etwas über B. T. sagen könnte: ‚Ach, dieser Kerl', sagte sie, ‚ach, der ist doch nur ein Penner. Wir haben hier ein paar von seinen Büchern, weil sie uns geschenkt wurden und wir sie nicht ablehnen konnten. Er ist so eine Art besoffener Seemann oder sowas. Wir haben hier aber auch richtige Bücher. Kann ich Ihnen helfen?' Darauf sagte ich: ‚Vielen Dank, Miss, ich wollte nur wissen, ob dieses Gebäude feuersicher ist oder nicht.' Und darauf sagte sie mit der Würde ihres Amtes: ‚Selbstverständlich, Sir. Dessen können wir Sie versichern.' Darauf sagte ich also: ‚Was für ein Jammer.' So endete unser Gespräch, und die Dame überlegte vielleicht noch immer, was ich mit dem ‚Jammer' gemeint habe."

Trotz all seiner Stumpfheit schickte Traven innerhalb eines Monats ein kleines Büchlein mit „Fakten" und fügte formgetreu ausführliche Vorschläge — Anweisungen wäre ein treffenderer Begriff — für die Verwendung dieses Materials. Er schrieb sogar ganze Passagen in der ersten Person, so als sei er Klein. Klein sollte sich an seine eigene Zeit als Journalist in Deutschland erinnern und dann sein Material über den großen Schriftsteller einfließen lassen. Etwa so:

„Ich, gewohnt, unsere Arbeiter gewöhnlich über ihre Autos oder Radios reden zu hören oder über einen neuen, besser bezahlten Job, hinter dem sie her waren, war überrascht, als ich die Arbeiter, mit denen ich zusammen war, über Bücher reden hörte — von Gorki, Sinclair Lewis, Upton Sinclair und vielen anderen, die ich nicht kannte — unter ihnen B. Traven, dessen Namen am häufigsten genannt wurde."

Diese beiläufige Erinnerung könnte dann fortfahren: ‚Es schien, daß es keinen Mann oder keine Frau am Tisch gab oder irgendwo in unserer Umgebung, die nicht alle Bücher kannten, die dieser seltsame Mann B. T. geschrieben hatte.'

Traven fuhr noch viel länger in dieser Art fort, die entweder unverschämt oder verzweifelt war, und besaß noch die Frechheit hinzuzufügen, daß er natürlich nicht darauf bestehen würde, daß Klein seinen Artikel genau auf diese Weise aufbauen sollte — obwohl es ihm selbstverständlich freigestellt war, ihn Wort für Wort so abzuschreiben. Er nannte einige amerikanische Publikationen, an die Klein seine Artikel schicken sollte, schlug auch einige Überschriften vor, zuerst: ‚Was ist das Geheimnis um B. T.?': „Sie dürfen mit Zitaten erklären, daß es kein Geheimnis um B. T. gibt, außer, daß er in Ruhe gelassen zu werden wünscht."

Ein paar weitere Geschichten wurden vorgeschlagen: ‚Abenteuergarn oder Philosophie?'; ‚Der unbekannte B. T. und warum?' und ‚Dichtung oder Propaganda?'; in dieser letzten Geschichte sollte Klein behaupten, daß Traven keinerlei Wunsch hegte, irgendetwas zu reformieren, nur den, die Augen seiner Mitmenschen zu öffnen, damit sie die Welt auf eine andere Weise betrachteten; den Lesern sollte es überlassen bleiben, Dinge zu ändern, wenn sie es für notwendig hielten.

Der Werbezweck all dieser Bemühungen von seiten Travens zeigte sich in seiner strengen Anweisung, daß Klein kein Buch erwähnen sollte, das noch nicht in den USA verlegt worden war, mit Ausnahme von zwei Titeln, die bereits angekündigt waren. Ich vermerkte mit Interesse, daß die kommerzielle Haltung der *B. T. Mitteilungen* der fünfziger Jahre keinen Sinneswandel darstellten, denn schon hier in den dreißiger Jahren war Traven emsig bemüht, seine Bücher zu propagieren. Was die *Mitteilungen* später durch provokative Beiträge zu erreichen suchten, das wollte Traven hier durch Einschüchterung eines jungen Journalisten erreichen. Solch gewundener Methoden mußte sich ein Autor bedienen, der nicht aus seinem Versteck herauskommen und der Welt selbst gegenübertreten wollte. Herbert Klein schmunzelte, als er sich daran erinnerte, wie er drei Tage lang ununterbrochen gearbeitet hatte, um das ganze von Traven geschickte Material abzuschreiben, ehe die magische Sperrstunde eingeläutet wurde und er die Briefe zurückschicken mußte.

Die interessante Fortsetzung dieser Korrespondenz mit Klein fand fast acht Jahre später, 1943, statt; sie hilft mit, die kontinuierliche Verbindung zwischen den verschiedenen Zeitabschnitten von Travens Handlungen herzustellen. Nun setzte Mina Klein die Erzählung fort und schilderte uns, wie sie in der Zeitschrift *New Republic* neben einer Anzeige für ein ,,Dinner-Forum über Indiens Platz in der demokratischen Welt'' unter der Rubrik Bücher eine einzige Anzeige fand: ,,Die Geschichte eines amerikanischen Seemannes an Bord eines Totenschiffs. Die spannendste und sensationellste Seefahrergeschichte unserer Zeit.''

Mrs. Klein schrieb an die genannte Adresse, Casa M. L. Martinez, Postfach 2520, Mexico City, und sagte, daß sie das Buch nur haben wollte, wenn es sich um das *Totenschiff* von B. Traven handelte. Die Antwort hatte einen vertrauten Klang.

,,Sie haben vollkommen richtig geraten; das Buch ist von B. T. Wie kann es je irgendeinen Zweifel geben — es gibt kein anderes Buch dieser Art auf der ganzen Welt und das wissen Sie . . . Lesen Sie es und schicken Sie es dann ordentlich verpackt an einen Freund, der in der Marine Dienst tut oder in der Handelsmarine oder in der Armee oder bei den Marine-Landetruppen oder an irgendjemanden, den Sie schätzen — ein besseres Geschenk können Sie gar nicht machen. Hochachtungsvoll,''

M. L. Martinez''

Ein zweiter Brief bestätigte Mina Kleins instinktive Vermutung, daß die Martinez-Briefe von derselben Person geschrieben waren, die die Traven-Briefe geschrieben hatte. Diesmal war nicht nur der Stil der Mitteilungen vertraut; da war ganz deutlich ein Widerhall aus den früheren Kontakten, in denen Bedingungen niedergelegt worden waren. Martinez wollte einige Artikel über Traven schicken: ,,Aber wir müssen darauf bestehen, daß Sie binnen fünf Tagen jede Zeitschrift zurückschicken, das Porto von Ihnen bezahlt. Sobald ein Exemplar zurückkommt, erhalten Sie das nächste.''

Martinez stellte Mrs. Klein die gleichen Bedingungen, die Traven Mr. Klein gestellt hatte. Die gleiche Tonlage war in der Korrespondenz von Traven, Martinez und R. E. Luján mit Knopf vernehmbar, und der Schluß war, daß durch all die Jahre von 1935 bis 1955 ein einziger Bauchredner die Münder bewegt hatte, die zur Welt zugunsten von B. Traven sprachen.

Herbert Klein schwelgte in jeder Umleitung und Sackgasse des Traven-Geheimnisses und hatte seinen eigenen Begriff geprägt, ,,Travening'', womit er die frustrierende und völlig endlose Suche und das Umherrennen meinte, ,, . . . die Suche nach der Identität''. Die Rechtfertigung all dessen lag in der großen Qualität der Bücher dieses anonymen Autors. Als wir die Interviews mit den Kleins beendet hatten, lag der Dunst noch immer über dem Ozean, aber wir hatten so oder so keine Zeit auch nur zu einem kurzen Spaziergang am Strand. Robinson, das Filmteam und ich mußten zu einer Verabredung mit Bernard Smith eilen.

In den dreißiger Jahren war Smith ein junger Lektor bei Alfred Knopf in New York, und dort hatte er die ersten drei Romane von Traven betreut, die in den Vereinigten Staaten erschienen: Das *Totenschiff, Der Schatz der Sierra Madre* und *Die Brücke im Dschungel.* Ich hatte seinen Namen in den Knopf-Briefen gesehen und aus diesen Erwähnungen ging eindeutig hervor, daß seine Arbeit Traven sehr wohl gefallen hatte. Nun lebte er in Santa Monica, aber er kam zu einem Haus in Hollywood gefahren, wo wir unseren Filmtermin verabredet hatten. Er war ein kleinwüchsiger Mann von athletischer, fast militärischer Haltung. Sein Haar war beinahe weiß, in der Mitte ordentlich gescheitelt und lag eng an seinem Kopf an, und seine Stimme war ebenso klar und deutlich wie die gesamte Art, in der er uns ansprach. Er war ein äußerst angenehmer Zeuge, sicher und präzise in seiner Aussage und von sachkundiger und energischer Ausstrahlung.

Irgendwann im Jahre 1933 war ein englisches Manuskript des *Totenschiffs* auf Bernhard Smiths Schreibtisch bei Knopf gelandet. Beim Lesen empfand er es als ein Stück authentischer proletarischer Literatur (die zu jener Zeit sehr in Mode war), geschrieben von einem Mann, der sein ganzes Leben lang Arbeiter gewesen war und wahrhaftige Ansichten der Arbeiterklasse ausdrückte. Er tat dies außerdem mit Kraft und Bestimmtheit und ohne langweilige Propaganda oder eine Parteilinie. Viel angeblich proletarische Literatur war unecht und hatte ihre Ursprünge in der Mittelklasse, aber dieses hier hielt Smith für das Wahre. Es gab da jedoch ein riesengroßes Problem, denn nach Smiths Meinung war das Buch nicht auf Englisch geschrieben, sondern eine wörtliche Übersetzung aus dem Deutschen, komplett mit deutscher Satzstruktur. Smith sagte Alfred Knopf, daß es hoffnungslos sei, das Buch in der vorliegenden Form zu veröffentlichen, er sei jedoch bereit, es umzuschreiben, wenn der Autor seine Zustimmung dafür gäbe. Knopf schrieb also in diesem Sinne an Traven, und der Autor bat in seiner Antwort um eine Probe der Arbeit des Redakteurs. Smith lieferte sie.

Er sagte uns: „Ich schrieb die ersten, sagen wir, zwanzig oder fünfundzwanzig Seiten des *Totenschiffs* um, schickte sie ihm, und zurück kam ein Brief, von ihm an mich, in dem er sagte, daß er enorm begeistert sei und daß ich freie Hand hätte, zu tun, was ich wollte. Daraufhin schrieb ich das ganze Buch um.“

Smith achtete darauf, nichts für sich zu beanspruchen, was er nicht verdiente. „Ich möchte nicht, daß jemand die Art meines Umschreibens falsch auffaßt. Es gab keinen literarischen Beitrag von mir, das heißt, ich habe nichts seiner Erzählung oder seinen Charakterisierungen beigefügt. Ich habe lediglich seine Übersetzung aus dem Deutschen in annehmbares Englisch gebracht.“

Die endgültige Version behielt laut Smith etwas von der Rauheit des Originals. Es war ein Arbeiterroman von einem Arbeiter, und eine gewisse Ungeschicklichkeit war ein Teil seines Reizes. Die nächsten beiden Romane wurden entsprechend aufpoliert, auch wieder mit der vollen Zustimmung des Autors.

Dies erschien uns als ein starkes Argument gegen die Theorien, denen zufolge die Bücher auf von einem Amerikaner verfaßten englischen Manuskripten beruhten. Sicherlich hätte in jenem Fall genügend Englisch überlebt haben müssen, um die an Smith geschickten Versionen überzeugender zu machen. Und kein Amerikaner würde jemals seine Muttersprache so vergessen, daß er sich auf diese Weise bloßstellte: Die Kleins hatten davon gesprochen, daß Traven in einem Brief das englische Wort *here* deutsch, also *hier* geschrieben hatte; und nun bezeugte der Mann, der als erster die aus Mexiko geschickten englischen Manuskripte gesichtet hatte, ihren germanischen Stil. Robinson fragte Smith abermals nach diesem Punkt, denn es war wichtig, dies absolut zu klären. Laut Smith war es keine Frage, daß Traven ursprünglich auf Deutsch geschrieben hatte. Die umgangssprachlichen Wendungen, die er im *Totenschiff* seinem Helden Gales in den Mund legt, waren keine wirklichen amerikanischen Redewendungen, und Smith mußte Ersatzbegriffe finden für diese Versuche im Slang, die allesamt ein Teil von Travens Bemühungen waren, sich selbst als Amerikaner auszugeben.

Smith erhielt noch strengere Anweisungen zur Vermeidung jeglicher Reklame als die *Büchergilde*. Es sollte keinerlei Verlautbarungen gleich welcher Art über den Autor geben, und falls Journalisten sich nach ihm erkundigten, sollte man ihnen erklären, daß nichts bekannt sei. Smith mußte laut Anweisung sogar verschweigen, daß die Bücher aus Mexiko kamen, geradeso als ob die Manuskripte vom Himmel auf seinen Schreibtisch gefallen wären. Travens Manie für Geheimhaltung ging so weit, daß er wissen wollte, wer in Smiths Büro die Briefe öffnete: Öffnete er seine Post selbst, oder sahen auch andere manchmal Briefe, die an ihn adressiert waren? Smith antwortete, daß er der einzige sei, der seine Post zu sehen bekam — eine Notlüge, mit der er Traven zum freien Schreiben ermuntern wollte.

Dennoch unternahm Bernard Smith zunächst keinen Versuch, mit dem Mann zusammenzutreffen, der ihm die Bücher und Briefe mit der Unterschrift B. Traven schickte. Smith hing völlig in der Luft, aber die großen Mühen, die Traven zur Vermeidung seiner Entdeckung unternahm, waren für Smith ein Beweis dafür, daß Travens Anonymitätsbesessenheit keine bloße Marotte war. 1936 wollte Smith im September einen Monat lang in Mexiko Urlaub machen, und da war es doch mehr als natürlich, daß er dem Autor schrieb, dessen Werk er zu veröffentlichen geholfen hatte, um ein Zusammentreffen vorzuschlagen. Die Antwort kam postwendend und war ausweichend.

„In der letzten Augustwoche werde ich nach Kalifornien, Dakota und Wisconsin abreisen, wo ich einige Leute besuchen muß, um zu sehen, wie es ihnen geht. Vielleicht bin ich in der ersten Septemberwoche schon in Mexiko zurück, aber dessen bin ich nicht sicher, und Sie sollten sich besser nicht darauf verlassen, daß ich da bin . . ."

Es sollte also kein Zusammentreffen geben, aber Traven versprach dafür zu sorgen, daß der Urlaub ein Erfolg würde. Smith und seine Frau reisten wie vorgesehen und wurden bei ihrer Ankunft in Mexiko von einer gutaussehenden Mexikanerin empfangen, die ihnen einen Brief von Traven aushändigte. Im Brief stand, daß die junge Frau, Miss Mary, ihre Fremdenführerin und Dolmetscherin sein sollte, und daß ihnen für die Dauer ihres Urlaubsaufenthaltes ein Wagen zur Verfügung stand. Jeden Morgen im Laufe jener einmonatigen Reise wurde ein Brief von Traven abgegeben, in dem ein Zeitplan der Besuche und Aktivitäten des jeweiligen Tages niedergelegt war. Sie umfaßten jede Stunde vom frühen Morgen bis spät in die Nacht, ein vollständiger Führer zu allem, was die Smiths in Mexiko sehen sollten, dazu Informationen, wie man sicher und sparsam lebt. Traven hatte sich mit der Vorbereitung dieses hausgemachten Baedekers in täglichen Fortsetzungen eine enorme Mühe gemacht, und Smith war dankbar für alles, was er als Dankesgeschenk auffaßte.

Die täglichen Briefe waren angeblich alle vor Travens Abreise nach Dakota und Wisconsin geschrieben, aber Smith war von dieser Tarnung nicht überzeugt. Er war im Gegenteil sicher, daß Traven zur Stelle war, um ihren Weg durch Mexiko zu beobachten. Sowohl er als auch seine Frau hatten den Eindruck, daß ein kleiner Mann ihnen überallhin folgte; sie sahen ihn oder glaubten ihn zu sehen, eine schattenhafte Figur in den düsteren Ecken einer Kathedrale oder von Ferne beobachtend, wie sie bei einem Drink saßen. Sie waren überzeugt, daß Traven sie schüchtern eskortierte, ihre Reise überwachte, um sicherzustellen, daß alles gut ging. Selbstverständlich aber gab er sich nie zu erkennen. Die Smiths hätten natürlich Mary, ihre Fremdenführerin, über ihren unsichtbaren Wohltäter befragen können, aber hier wie immer hatte Traven die Gefahr der Entdeckung vorausgeahnt. Im zweiten Brief hatte Traven Smith nur um einen einzigen Gafallen gebeten: „Bitte erwähnen Sie meinen Namen Miss Mary gegenüber nicht. Erwähnen Sie auch nicht unsere Verbindungen. Sie kennt mich nicht. Und jedes Fragen nach mir würde sie nur beunruhigen und verwirren.“

Dies war laut Smith offensichtlich absurd, sie mußte ihn gekannt haben oder zumindest irgendeinen Kontakt mit ihm gehabt haben, aber das amerikanische Paar entsprach der Bitte. Die Smiths erwähnten niemals den Namen Traven gegenüber ihrer Führerin, und sie fragten auch nie danach, wie die Reise arrangiert worden war.

Smiths Verbindung zu Traven endete mit der Veröffentlichung der *Brücke im Dschungel* im Jahre 1938. Er hatte keine Lösung für die unbeantworteten Fragen, die noch immer über dem Leben des Schriftstellers lagen. Er war der Meinung, daß Croves Traven und auch Marut gewesen war, aber diese Meinung beruhte auf der Lektüre der gleichen Forschungsergebnisse, die auch ich gelesen hatte. Die Manie für Geheimhaltung, die er bei Traven erkannt hatte, war seiner Meinung nach auf dessen politische Herkunft in Deutschland zurückzuführen, aber es hätte noch einen anderen Aspekt gegeben. Smith glaubte, daß Traven bald erkannt hatte, daß sein Bedürfnis nach Anonymität und Geheimhaltung gute Publicity abgab, und danach hätte er das Versteckspiel bis zum Äußersten ausgereizt. Und es hatte sich doch gelohnt, meinte Bernard Smith, denn wie sonst wären Robinson und ich in Kalifornien, um ihm Fragen zu stellen?

Als ich die Kamera gestoppt hatte, schüttelte Smith uns allen die

Hand, wünschte uns Glück und eilte davon. Wir hatten ihn länger als vorgesehen aufgehalten, und so hatte er sich zu einer Verabredung zum Mittagessen verspätet. Wir dachten über seine Worte nach. Mehr und mehr fanden wir Anhänger der Theorie, die Marut, Croves und Traven als eine Person identifizierte; aber der Charakter des Briefeschreibers B. Traven, des unsichtbaren Führers B. Traven und des Amerikaners B. Traven, der sein Englisch vergessen hatte, wurde immer seltsamer und komplexer.

Unser nächster Drehort war nicht weit entfernt im Büro von Paul Kohner am Sunset Boulevard; es befand sich in einem auffallenden, dunkelbraun und cremefarben gestrichenen Gebäude von der Größe und auch ein wenig von der gastlichen Atmosphäre eines Privathauses. Kohner, damals Anfang Siebzig, hatte sein ganzes Arbeitsleben im Filmgeschäft zugebracht; er war einer der wichtigsten Agenten Hollywoods, der sich unter anderem um die Belange von Charles Bronson, Liv Ullman, Ingmar Bergman und John Huston kümmerte. Kurz vorher war über ihn unter dem Titel *Der Zauberer vom Sunset Boulevard* eine schwülstige Biographie erschienen, die sein Bruder verfaßt hatte. Kohner ist ein freundlich dreinblickender Mann mit einer tiefen und samtenen Stimme. Aber bei unserer ersten Begegnung war er nicht sehr entgegenkommend. Er ließ uns die Arbeit machen, unseren Film erklären und die Fragen darlegen, die wir ihm stellen wollten; er hörte nur zu und gab gelegentlich einen Kommentar ab. Er schien den Kopf voll mit anderen Dingen zu haben, und ich fragte mich, ob das Interview erfolgreich verlaufen würde.

Als wir zum Drehen wiederkamen, gab Kohner seine starre Haltung auf. Er saß hinter seinem großen Schreibtisch, auf dem mehrere Stapel von Briefen, Papieren und Drehbüchern lagen, und erledigte fröhlich seine Geschäfte, während wir die Kamera und die Lampen aufbauten. Er war sehr freundlich und entgegenkommend und sprach sehr lange, als wir mit dem Interview begannen.

Zum erstenmal war er Anfang der dreißiger Jahre mit Traven in Berührung gekommen, damals war er Produktionschef der Universal in Deutschland. Er las das *Totenschiff*, es gefiel ihm, und er schaffte es, über einen Anwalt in der Schweiz mit dem Verfasser in Verbindung zu treten. Aus diesem ersten Kontakt erwuchs schließlich eine lang dauernde Korrespondenz, die zunächst nur schwach und sporadisch, später jedoch regelmäßig und umfangreich war. Die Korrespondenz dauerte auch nach Kohners Rückkehr in die Vereinigten Staaten an und schuf eine starke Beziehung zwischen ihnen. Wir baten darum, die Briefe zu sehen, aber Kohner lehnte ab. Am Tage zuvor hatte er uns den teuer aussehenden Band gezeigt, in den sie eingebunden waren, aber es wurde uns nicht erlaubt, hineinzusehen. Heute hatte er die

Briefe nicht bei sich, aber so oder so hätten die gleichen Regeln gegolten. Kohner war für die Filmadaptionen der Bücher als Agent Travens tätig gewesen, und zweifelsohne enthielten die Briefe geschäftliche Dinge vertraulicher Natur. Ich wußte auch, daß die Freundschaft zwischen den beiden Männern einen Bruch erlitten hatte und daß die Korrespondenz abrupt abgebrochen war. Kohner mag sehr wohl nicht gewünscht haben, die Ursache dieses Zerwürfnisses publik zu machen — die Briefe spiegelten schließlich nicht nur eine geschäftliche, sondern auch eine persönliche Freundschaft.

Robinson fragte, wie der Autor seine Briefe gezeichnet hatte. Zuerst sei es nur ein ,,T.'' gewesen, sagte Kohner, später ein ,,B. T.'', aber diese Initialen waren stets getippt gewesen, genau wie jedes Wort in den Briefen. Nicht ein einziger war von Hand unterzeichnet. Einmal hatte Kohner Travens Unterschrift unter den Vertrag über den Verkauf der Filmrechte für den *Schatz der Sierra Madre* benötigt, und er hatte ihm den Vertrag nach Mexiko geschickt. Er bekam eine winzige, kaum zu entziffernde Unterschrift zurück, deren einziger erkennbarer Buchstabe ein großes ,,T.'' war. Ich bat *Warner Brothers* in Los Angeles um eine Kopie des Vertrages, aber das einzige Exemplar, das sie besaßen, trug die Unterschrift ,,B. Traven, durch Paul Kohner'', unterzeichnet in Los Angeles am 4. September 1942.

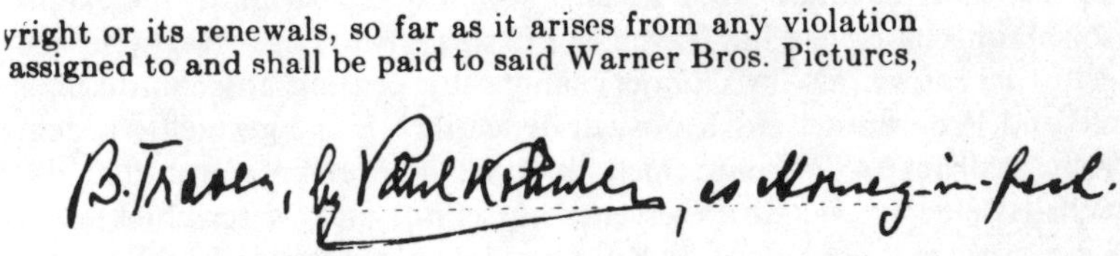
yright or its renewals, so far as it arises from any violation
assigned to and shall be paid to said Warner Bros. Pictures,

Kohner hatte ebenso wie Bernard Smith versucht, mit Traven zusammenzutreffen. Er reiste regelmäßig nach Mexiko, um die Familie seiner Frau zu besuchen, und schlug immer wieder ein Zusammentreffen vor, dem der Schriftsteller bei zwei oder drei Gelegenheiten tatsächlich zugestimmt hatte. Zeit und Ort des Rendezvous wurden verabredet, und Kohner folgte genau den Anweisungen, aber Traven erschien niemals; bei einer Gelegenheit spielte er eine lächerliche und melodramatische Charade aus, um sein Fernbleiben zu entschuldigen. Als Kohner in seinem Hotelzimmer in Mexiko-City wartete, traf genau zu dem mit Traven vereinbarten Zeitpunkt ein Bote ein und übergab einen Brief des Schriftstellers. Darin stand, daß er im Taxi auf der Fahrt zum Hotel plötzlich krank geworden sei, daß er sich jetzt im Krankenhaus befände und am nächsten Tag wieder schreiben würde.

Kohner erinnerte sich an den nächsten Brief, der lautete: ,,Sie haben mich hier eingesperrt. Sie haben mir eine Menge Blut abgenommen und mich mit Gott weiß was vollgepumpt. Ich fürchte, Sie werden . . .''

Der Brief endete wie die Folge eines Fortsetzungsromanes. Kohner machte das Spiel mit und antwortete, er mache sich Sorgen, daß Traven etwas zugestoßen sei, und wolle die Polizei zu seiner Rettung zu Hilfe rufen. Er wußte genau, was für ein Spiel der Schriftsteller spielte, und hoffte, ihn durch sein eigenes Mitspielen aus seiner Ecke herauszulocken. Er hatte keinen Erfolg.

Kurz darauf kam es zu einer weiteren Beinahe-Begegnung. Kohner und seine Frau waren von Esperanza Lopez Mateos zum Tee eingeladen, Travens Übersetzerin und Agentin. Sie waren sicher, daß der Autor diesmal erscheinen würde. Der Tee wurde in einem großen Salon serviert, der durch einen Vorhang geteilt war. Der Nachmittag ging vorbei, und kein Traven erschien, aber Kohners Frau bemerkte, daß sich der trennende Vorhang in verdächtiger Weise bewegte, und sie war sicher, daß dort jemand war, nämlich Traven, der dahinter unsichtbar herumschwirrte. Kohner gab jedoch nicht seinem Drang nach, den Vorhang beiseite zu reißen, und so verließen er und seine Frau das Haus, ohne B. T. erblickt zu haben.

Viele von Travens Briefen an Kohner waren in Wirklichkeit mittelbar für dessen Frau, Lupita Tovar bestimmt, eine berühmte mexikanische Filmschauspielerin. Traven war in sie verliebt. Er betrachtete sich selbst irgendwie als ihr Gönner, sandte ihr Zeitungsausschnitte über sie und Programme aus Kinos, in denen ihre Filme gespielt wurden. Kein gedrucktes Wort erschien über sie in Mexiko, ohne daß der Schriftsteller es wie ein Besessener ausschnitt und weiterschickte. Er schrieb einen langen Brief an Kohner, in dem er Lupitas Begabung als Schauspielerin in den höchsten Tönen pries und fragte, wieso ihre Karriere nicht besser gemanagt werde. (Hier lag ein weiterer Grund, weshalb Kohner vielleicht wünschte, daß die Korrespondenz innerhalb der Familie blieb.) In der herrischen, besserwisserischen Art, die er oft annahm, beriet Traven Lupita darüber, welche Filme sie machen sollte und welche Mängel ihre bisherigen aufwiesen — er hatte sie alle mehrmals gesehen. Er bot seinen Rat dafür an, wie sie die Lage ihrer Stimme verbessern könnte, und schlug sich selbst dabei als Sprachlehrer vor. Er schickte ihr ein eigens für sie geschriebenes Filmdrehbuch mit dem Titel *Mercedes Ortega Lozano*, das den bizarren Untertitel ,,Die Geschichte einer ausgeflippten Frau'' trug.

Diese absurde Starverehrung verleitete Traven beinahe dazu, sich zu erkennen zu geben. Er schrieb und bat Lupita, ihn in Acapulco zu treffen. Sie reiste mit einigen Freunden zusammen hinunter, und als sie in dem Badeort ankam, brachte ein kleiner mexikanischer Junge einen Brief von Traven, in dem der Ort — eine abgelegene Stelle an der Küste — und die Zeit, 6 Uhr abends, festgelegt waren. Lupita ließ sich von ihren Freunden an die besagte Stelle fahren, stieg aus dem Wagen und ging alleine zu Fuß zum Strand hinunter. Dort wartete sie eine halbe Stunde, aber Traven erschien nicht. Sie glaubte, weiter unten am Strand eine Gestalt lauern zu sehen, aber sie kam nicht näher, und am Ende kehrte Lupita zum Wagen zurück und fuhr wieder in ihr Hotel. Am nächsten Tag brachte ein Bote einen wütenden Brief von Traven, in dem er sie beschimpfte, weil sie Leibwächter zu dem Rendezvous mitgebracht hätte. Er hatte sie gebeten, alleine zu kommen, was war denn mit ihr los, traute sie ihm nicht? Offensichtlich hatte er sie dort am Strand beobachtet, war jedoch wieder einmal unfähig gewesen, seine Maske abzulegen.

Einige Zeit danach zerbrach die Freundschaft zwischen Kohner und Traven, und das Happy-End dieser Beziehung folgte erst viele Jahre später. Eines Abends in Mexiko-City in den späten sechziger Jahren hatte Paul Kohner bei einem großen eleganten Dinner eine attraktive Dame als Tischnachbarin. Ihre Platzkarte wies sie als Rosa Elena Luján aus, aber sie stellte sich selbst als Mrs. Croves vor.

Kohner wußte sofort, wer sie war, und fragte sie nach ihrer Kenntnis seiner Beziehung zu Traven. Er fragte sie, ob nicht die Zeit gekommen sei, das Kriegsbeil zu begraben und zu versuchen, noch einige von Travens Büchern verfilmen zu lassen. Señora Luján war diesem Ansinnen geneigt, und bald darauf wurden Kohner und seine Frau zum Tee eingeladen. Es wurde eine tränenreiche Begegnung, bei der der alte Croves sagte, wie leid es ihm täte, daß diese Versöhnung so spät in seinem Leben stattfände.

Dies war ein wichtiger Augenblick für uns. Hier war ein Mann, der eine Brieffreundschaft mit B. Traven etabliert hatte und uns erzählte, wie er später Hal Croves begegnete und es für selbstverständlich hielt, daß die beiden Männer ein und dieselbe Person seien. Hill und Judy Stone war es nie gestattet worden, hinter diese Maske des Hal Croves vorzudringen, also hakte Robinson hier bei Kohner nach:

Frage: Hat er sich Ihnen selbst vorgestellt oder unterstellt, daß er Croves sei? Oder hat er ausdrücklich gesagt oder unterstellt oder sich verhalten, als sei er Traven?

Kohner: Er brauchte mir gar nichts zu sagen, weil er sich an die vielen Jahre unserer Brieffreundschaft erinnerte und an die zahlreichen Begebenheiten, die uns verbanden. Und er dankte mir überschwenglich für die vielen Pakete, die ich ihm hinunter nach Mexiko geschickt hatte . . . Er wußte sehr wohl, daß, soweit es mich betraf, das Spiel aus war. Er wußte, daß ich ihm in jenem unglücklichen letzten Brief vorgeworfen hatte, die Figur des Croves erfunden zu haben, und ich gesagt hatte, daß er dieses Spiel mit mir nicht spielen dürfe, weil es dafür keine Notwendigkeit gebe. Jedenfalls versichere ich Ihnen, daß es Traven war, und daß Traven Croves war. Darüber gibt es keinen Zweifel.

Frage: Sie haben gar keinen Zweifel?

Kohner: Ich habe keinen Zweifel. Meine Frau hat keinen Zweifel. Mein Sohn hat keinen Zweifel.

Kohner nahm ein gerahmtes Farbfoto von der Wand; darauf waren Kohner und seine Frau zusammen mit einem sehr alt aussehenden Croves abgebildet. Als er es vor die Kamera hielt, stellte Robinson noch einmal seine Frage.

Frage: Sind Sie davon überzeugt, daß Croves auch der Mann war, der die Werke mit der Unterschrift B. Traven geschaffen hat?

Kohner: Ja, in der Tat. Es ist ein und derselbe Mann.

Die drei- oder vierstündige Begegnung, bei der jenes Foto aufgenommen wurde, war die erste und einzige zwischen Hal Croves und Paul Kohner. Croves starb im Jahr darauf. Ich war beeindruckt von Kohners Gewißheit, daß der alte Mann, mit dem er zusammengetroffen war, der gleiche Mann war, mit dem er dreißig Jahre zuvor korrespondiert hatte. Laut eigenem Bekunden hatte Kohner keinen Augenblick gezweifelt, denn beide waren ganz selbstverständlich von den gemeinsamen Kenntnissen und Erinnerungen des früheren Kontaktes ausgegangen. Kohners Zeugnis sagte nichts darüber, ob dieser eine Mann alle Briefe und Bücher geschrieben hatte, und zwar alleine, auch nicht, woher er gekommen und was sein richtiger Name war, aber es verband doch den Briefschreiber der dreißiger Jahre mit dem Croves der Nachkriegszeit. Wenn Croves der Mann war, der die Briefe mit der Unterschrift B. Traven an Paul Kohner geschrieben hatte und in so typischer Weise nicht zu fassen gewesen war und sich so seltsam verhalten hatte, dann sah es ganz so aus, daß er es gewesen war, der die herrischen Traven-Briefe an Klein und Knopf zur gleichen Zeit geschrieben hatte, also auch die aus den zwanziger Jahren an die Büchergilde. Croves und Traven waren beides Masken des Mannes, der sich gegenüber einem Lektor am anderen Ende der Welt über die Entbehrungen des Dschungels ausgelassen hatte; der Herbert Klein dazu verdonnert hatte, all seine Briefe binnen drei Tagen zurückzuschicken; der Bernard Smith durch Kathedralen und Lupita Kohner an einem Strand verfolgt hatte; der sich hinter Vorhängen versteckt und geheimnisvolle Briefe geschickt hatte; der Verleger beim Verlegen, Journalisten beim Schreiben, Schauspielerinnen beim Spielen und Agenten bei der Betreuung der Karriere der eigenen Ehefrau beraten hatte.

So sah es aus, aber Robinson und ich wollten noch immer nicht einsehen, daß es auch mit Sicherheit so war. Schließlich war es nicht unmöglich, daß Croves ein Betrüger gewesen war, daß er Kohners Briefe an Traven gelesen hatte und geblufft hatte, als sie sich von Angesicht zu Angesicht gegenüberstanden. Für so einen alten Mann wäre das ein erstaunliches Kunststück gewesen, aber wir hielten hartnäckig an dieser Möglichkeit fest. Wir mußten mehr über Hal Croves herausbekommen. Wenn er doch nicht der Autor war, mußten wir die Indizien entdecken, mit denen wir ihn ausschließen und bloßstellen könnten, und wenn er der Autor war, mußten wir seine Geschichte und seine Herkunft enthüllen.

10 In ein fernes Land

Ein Mensch, der uns alles über Croves erzählen konnte, war Sanora Babb Howe, die Schriftstellerin und Witwe des großen Hollywood-Kameramannes James Wong Howe. Sie und ihr Mann waren gute Freunde von Croves gewesen, dem sie zum erstenmal 1951 bei Außenaufnahmen in Mexiko begegnet waren.

Vom Beginn unserer Unterhaltung an war es offensichtlich, daß sie Hal Croves stets für Traven gehalten hatte. Wir befragten sie jedoch nur über Croves, und ihre Schilderung vom Charakter des alten Mannes paßte sehr wohl in die Vorstellung, daß er Traven war. Sie und ihr Mann hatten ihn sehr gern gehabt. Er war ein kraftvoller und energischer Mann, der manchmal grob und direkt sein konnte, im allgemeinen jedoch von sanfter Art war. Er war Sanora Babb ein geneigter, gütiger und zuvorkommender Freund gewesen, und sie sprach warmherzig und liebevoll von ihm.

Die Freundschaft war jedoch nicht unkompliziert. Croves konnte zwar ein amüsanter und charmanter Begleiter sein, doch er schuf um sich herum eine Art Niemandsland, zu dem nicht einmal gute Freunde Zutritt hatten. Die Freundschaft mit ihm folgte gewissen Spielregeln, die niemals ausgesprochen wurden, aber deshalb nicht weniger streng waren; er ließ keine Fragen nach seiner Vergangenheit zu, keine Spekulationen über seine Herkunft und keinerlei Andeutung, daß er jemand anders als Mr. Hal Croves sei. Kurzum, er war genauso von Geheimniskrämerei besessen wie Traven selbst.

Die Regeln, an die Sanora Babb und andere sich hielten, entstanden aus einer Reihe von Erschütterungen und Zurückweisungen, durch die Croves seine Gefühle mitgeteilt hatte. Sanora Babb bekam das erste Anzeichen, daß sie mit Croves behutsam umgehen mußte, schon bald nach ihrem Kennenlernen bei einem gemeinsamen Abendessen mit ihrem Mann. Sie sagte unvermittelt, daß sie Croves' Akzent für skandinavisch hielt, und daß auch sein Aussehen ziemlich skandinavisch sei. Diese schlichte Spekulation zeigte sofortige Wirkung: Croves schnappte ein, wurde still und gab durch eine Kombination von eiskalten Blicken und Schmollmiene zu verstehen, daß dieserlei Gerede aufzuhören hatte, wenn die Freundschaft andauern sollte.

Eine Gelegenheit blieb ihr besonders lebhaft in Erinnerung, bei der sie die gefährlichste aller Schranken überschritten hatte. Sie hatte Croves bei sich zu Hause zum Tee eingeladen, und im Laufe des Gespräches über die Bücher von B. Traven beging sie den allerschlimmsten Fauxpas, indem sie von Croves als dem Autor sprach. Er ließ die Bemerkung kommentarlos passieren, brach kurz darauf auf, nur um später an jenem Abend wiederzukommen und einen Zettel unter ihrer Tür durchzuschieben, auf dem sie angewiesen wurde, ihn niemals wieder als Traven anzusprechen. Er verstärkte die Geheimnistuerei noch durch sein seltsames Verhalten am Tag darauf. Er besuchte Sanora Babb abermals und fragte ganz freundlich, ob sie seinen Zettel noch habe, und wenn ja, dann wollte er ihn zurück haben. Sie holte ihn und gab ihn ihm zurück, worauf er ihn vor ihren Augen demonstrativ zerriß und ging.

Sie hatte noch reichlich Gelegenheit, sich an dieses Theater zu gewöhnen, denn Croves schien unfähig zu sein, nicht ständig alle Welt zu verdächtigen, selbst wenn er sich allein oder unbeobachtet glaubte. Sanora Babb erinnerte sich an eine Gelegenheit, bei der sie sich in Mexiko-City mit Croves zum Mittagessen verabredet hatte; aus der Ferne bemerkte sie, wie er vor ihr am Restaurant ankam. Er hatte sie nicht gesehen und stand, argwöhnisch nach links und rechts blickend, im Eingang des Restaurants, ehe er schnell durch die Tür hineinglitt. Es sah ganz so aus, als ob er sichergehen wollte, daß er nicht von einem Detektiv oder einem Geheimagenten verfolgt wurde. Seltsames Benehmen, strafende Blicke, geheimnisvolle Zettel und schmollendes Schweigen waren allesamt ein Teil des Hal Croves, den Sanora Babb kannte.

Sie besaß einige Briefe von Croves, in denen es hauptsächlich um Verhandlungen über verschiedene Verwendungsmöglichkeiten von Travens Stoffen ging. Sie waren mit ,,Hal'', ,,H.'', ,,H.C.'' und ,,H. Croves'' unterzeichnet und alle eindeutig als vom Agenten des Autors stammend etikettiert.

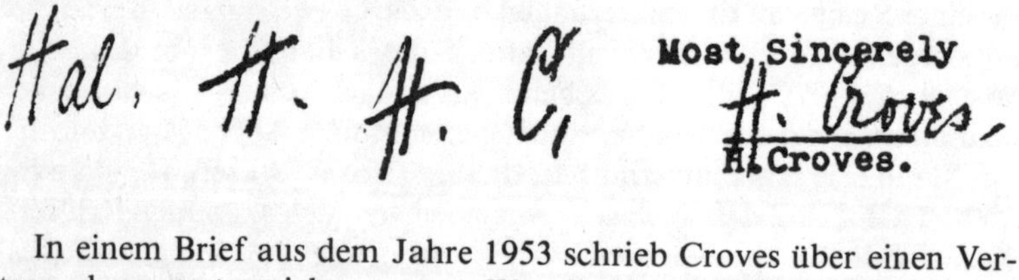

In einem Brief aus dem Jahre 1953 schrieb Croves über einen Vertrag, der zu unterzeichnen war: ,,Was die Unterzeichnung angeht, habe ich keine Ermächtigung, B.T. zu zeichnen. Ich kann nur in Stellvertretung und für B.T. unterschreiben, wie ich es schon seit Jahren getan habe, dem Sie noch Ihre Unterschrift als Zeugin beifügen können.''

In einem anderen Brief aus dem gleichen Jahr: ,,In Ihrem Brief sprechen Sie von der Geschichte als ‚Ihrer' Geschichte. Es ist nicht meine Geschichte, es ist T's Geschichte und bleibt die seine, auch wenn ich einige Änderungen anbringen mußte.''

Bei einer anderen Gelegenheit entschuldigte er sich dafür, ein Angebot des kanadischen Rundfunks so schnell angenommen zu haben, indem er erklärte, es würde Wochen dauern, bis eine Antwort von T. einträfe, also hätte er es für besser gehalten, die Verantwortung selbst zu übernehmen. Es gab einen fünfseitigen Brief an Sanora Babbs Mann über das Drehbuch zu einem Film nach der Geschichte *Macario*, in dem Croves darüber verhandelte, welche Dialoge gestrichen oder nicht gestrichen werden dürften, mit welcher Art von Schauspielern die Rollen zu besetzen seien, wie Szenen zu fotografieren seien — all dies nur mit einigen wenigen Hinweisen auf T's Meinungen. Angesichts der herrischen Ansichten, die Traven gewöhnlich über sein Werk von sich gab, hielt ich Croves' sorglose Art im Umgang damit für etwas riskant. Es paßte gar nicht zu dem Traven, dessen Briefe ich gelesen hatte, einen Vermittler über den Inhalt seines Werkes verhandeln zu lassen. Ein Agent konnte über Geld verhandeln, gewiß, aber Traven würde seine eigenen Ansichten darüber haben, wie seine Geschichten für den Film abgeändert werden sollten. In seinem Brief machte Croves keinen Hehl daraus, daß es seine eigenen Ansichten, nicht die des Autors waren, die er darbot, und alles deutete darauf hin, daß diese verbindlich seien. Was war geschehen?

Beim ersten Lesen dieser Korrespondenz schoß es mir durch den Kopf, daß die von Baumann und anderen hingeworfenen Andeutungen ins Schwarze getroffen hatten. Traven war tot. Croves brauchte sich keine Sorgen zu machen, wenn er grobschlächtig mit den kostbaren Werken umging, weil Traven ihn nicht mehr seiner ungehörigen Reden wegen ohrfeigen konnte. Croves unterschrieb für Traven, ohne sich mit ihm in Verbindung zu setzen, handelte für ihn Bedingungen aus, weil es jetzt keinen Traven mehr gab, nur einen Agenten. All diese Briefe wurden 1950 oder später geschrieben, und ich erinnerte mich daran, daß Alfred Knopf nach 1947 keine Briefe mehr von Traven selbst erhalten hatte. Von da an waren sie alle von Martinez und Luján gekommen. Bildeten die beiden zusammen mit Croves eine dreiköpfige Verschwörerbande? Es war eine verführerische Vorstellung.

Es gab noch eine weitere mögliche Erklärung, die weniger leicht das Herz begeistern konnte, aber im Licht dessen, was ich über Croves erfahren hatte, viel wahrscheinlicher war. Wenn Croves' Ansichten direkt von dem Verfasser der Bücher stammten, wenn er wirkliches Insider-Wissen hatte, wenn er, mit anderen Worten, selbst Traven war, dann konnte er ganz ungeniert so schreiben, wie er es tat. Wenn Croves selbstsicher über die Geschichten reden konnte, weil sie seine eigenen waren, wie Sanora Babb, Kohner und andere vermuteten, dann war wenigstens ein Problem gelöst. In einem jener Briefe entdeckte ich einen interessanten Satz, der meine diesbezüglichen Gedanken bestärkte. Sanora Babb hatte in einem Brief an Croves von Herzbeschwerden gesprochen, an denen sie litt, und Croves antwortete ihr ganz in der Art, wie B.T. es getan haben würde, sagte ihr genau, wo sie das Leiden kurieren lassen konnte, in einem Institut in Mexiko-City, das er genau kannte.

„Ich kenne mehr als ein halbes Dutzend Fälle, die bereits von jedem Arzt in der City aufgegeben worden waren, denen man gesagt hatte, daß sie höchstens noch zwei Jahre zu leben hätten. Sie gingen dann zu diesem Institut, und ohne stationäre Behandlung wurden sie innerhalb von sechs Monaten vollständig geheilt . . ."

In dieser Behauptung von Croves nahm ich den gleichen Anklang schulbubenhafter Übertreibung wahr, wie in den frühen Briefen von Traven.

Sanora Babb hatte einen bestimmten Grund dafür, Croves für Traven zu halten. Eines Abends, als sie und ihr Mann mit Croves und Esperanza Lopez Mateos beim Essen saßen, überschritt Esperanza die Grenze, indem sie eine indianische Frau erwähnte, die Croves sich im Süden Mexikos genommen hatte. Darauf folgte ein wütender Wortwechsel, und Esperanza stand vom Tisch auf und bat Sanora Babb, mit ihr gemeinsam zu gehen. Als die beiden Frauen draußen waren, erzählte Esperanza ihrer Freundin, daß es wahr sei, daß Croves Traven war, und fügte hinzu, daß sie dies nicht nur preisgebe, weil sie wütend war; sie glaubte, daß Croves Sanora eingeweiht wissen wollte, auch wenn er es ihr selber nie gesagt hätte. Croves lebte damals im Haus von Esperanza Lopez Mateos, und bald darauf, als er auf einer langen Reise in den Dschungel unterwegs war, bekam Sanora Babb Schubladen voller Manuskripte gezeigt — einige in Deutsch, einige in holperigem Englisch — welche Esperanza als die seinen bezeichnete.

Aber selbst wenn Sanora Babb sicher war, daß Croves die Bücher geschrieben hatte, gestand sie freimütig ein, daß sie anderer Dinge kaum sicher war.

„Nun, nachdem ich ihn all diese Jahre gekannt habe, glaube ich noch immer, daß niemand sein Geheimnis wirklich kennt. Ich bezweifle, ob seine jetzige Frau es weiß, sie lernte ihn erst spät im Leben kennen. Und die Dinge, die ich gelesen habe, scheinen das Rätsel nur noch zu vergrößern. Ich glaube einfach, daß Traven seine Geheimnisse mit ins Grab nahm und niemand wirklich Bescheid weiß."

Der Schatten Travens fiel bei fast jedem Sonnenstand auf das Grab von Croves, aber die von ihm angezeigte Richtung führte nur in weitere Düsternis. Ich notierte Sanora Babbs Skepsis gegenüber Señora Lujáns Kenntnis der Wahrheit. Es war ein wenig störend, daß unsere mexikanische Hauptzeugin schon in Zweifel gezogen wurde. Bald würden wir Gelegenheit haben, sie selbst zu beurteilen. Ehe wir Los Angeles verließen, telefonierte ich mit Parlan Ellison, der eine späte Sammlung von Traven-Kurzgeschichten unter dem Titel *Stories By The Man Nobody Knows* (Geschichten vom Mann, den keiner kennt) herausgegeben hatte. Ich fragte mich, wie er an die Manuskripte gekommen war, und wie er mit dem Autor oder dessen Agenten verhandelt hatte. Ellison sagte, daß er einige der Geschichten zuerst in amerikanischen Abenteuer-Zeitschriften wie *Manhunt* und *Fantastic* entdeckt und Travens habhaft zu werden versucht hatte. Er war an eine Literatur-Agentur verwiesen worden, die ihn ihrerseits wieder an Hal Croves verwiesen hatte.

Croves autorisierte die Sammlung und steuerte weitere drei Originalgeschichten bei, die Ellison noch beträchtlich umschrieb. Damals hatte er sich gefragt, ob die Geschichten wirklich von B. Traven stammten, oder ob Croves irgendein Betrüger sei, der auf diese Weise seine eigenen minderwertigen Arbeiten loswurde. Ellison zog nun ihre Echtheit nicht länger in Zweifel. Es gab da eine Geschichte über einen Korbmacher, die ,,reiner Traven" war, und er war geneigt, eventuelle stilistische Ungereimtheiten in den anderen Erzählungen auf Grund ihrer travenartigen Handlungen und Strukturen abzutun. Er hielt es für möglich, daß der Autor beim Schreiben durch Krankheit geschwächt oder schon sehr alt gewesen war, weil es in diesem Material zum Beispiel eine Menge Tippfehler gab.

Dennoch hatte Ellison noch ein schwaches Fragezeichen über das Haupt des Hal Croves gesetzt, und ich berichtete Robinson von unserem Gespräch, als wir im ruhig fließenden Strom des Morgenverkehrs zum Flughafen von Los Angeles fuhren. Er blieb hinsichtlich der Identität Croves-Traven skeptischer als ich; hier nun gesellte sich zum seltsamen Akzent und dem Mangel an neuen Werken ein neuer Hinweis darauf, daß es vielleicht doch nicht so sicher sein könnte, wie unsere Zeugen annahmen. Kohner, Hill und anderen muß unsere Skepsis über Croves absurd erschienen sein, aber schließlich versuchten wir, uns zu unserer eigenen, nicht zu anderer Leute Zufriedenheit von der Wahrheit zu überzeugen. Die einzige Art, harte Fakten von Vermutungen zu unterscheiden, die sich als Fakten ausgaben, bestand darin, alles selbst zu überprüfen. Wir hofften, daß mit einiger Übung unsere Ohren die wahren Töne von den gebrochenen würden unterscheiden lernen.

In Mexiko planten wir, die Geschichte von Hal Croves von seinem ersten Auftauchen in den frühen vierziger Jahren bis zu seinem Tode 1969 zu verfolgen. Wenn wir energisch nachforschten, würden sich sicher einige Antworten ergeben. Ich hatte Paul Kohner gebeten, John Huston für uns anzurufen, damit er uns vielleicht doch ein Interview geben würde. Nun, da Kohner uns kennengelernt und unter uns gelitten hatte, hoffte ich, daß er seinem alten Freund sagen würde, daß wir ihm nichts Böses wollten. Um Huston zu treffen, war nämlich Croves zum erstenmal aus den Kulissen getreten. Wir wollten diese Geschichte von ihm selbst hören. Als nächstes wollten wir Luis Spota aufsuchen, den Journalisten, der den Mann namens Torsvan in Acapulco aufgespürt hatte. Allgemein wurde angenommen, daß dieser Torsvan kein anderer als Croves war, aber wir wollten Spota dazu befragen und ihn seine Geschichte vor der Kamera erzählen lassen. Dann gab es noch Gabriel Figueroa, einen von Hal Croves' besten Freunden. Er mußte etwas wissen. Und dann war da natürlich noch Señora Luján, die Witwe von Hal Croves und Inhaberin der Rechte von B. Traven.

Meine Gedanken gingen zurück zu Ret Marut. Die letzte Nachricht, die seine Freunde von ihm erhalten hatten, war eine Postkarte aus Rotterdam, die er an seinen Revolutionsgenossen Erich Mühsam geschickt hatte, Ende 1922:

,,In wenigen Stunden werde ich ein Schiff besteigen, das mich über den Atlantik bringt. Damit werde ich aufgehört haben zu existieren.''

Hatte jenes Schiff ihn nach Mexiko gebracht, wo er sich in B. Traven und später in Hal Croves verwandelt hatte? Im *Ziegelbrenner* war von Mexiko die Rede gewesen, und das lange Gedicht *Khundar*, das in der Ausgabe vom 30. April 1920 erschien, endete mit den Worten:

,,Erlösung wird kommen durch fragen und suchen und wandern! Auf denn, laßt uns gehen in die irre, allwo allein die wahrheit ist, die weisheit, die erlösung und das leben.

Und da er also gesprochen ging er von dannen in ein fernes land noch am selbigen abend.''

Gab es ein besseres fernes Land als Mexiko, in dem ein Mann sich selbst neu schaffen konnte? Es war immer schon ein Land der Geheimnisse und der Schatten gewesen, wo uralte Steine die Vorrechte alter Götter bewachten. Dort gab es Pyramiden, die die Blutopfer der Azteken gesehen hatten; Tempel, die die Zeremonien der Mayas beherbergt hatten. Es war ein Land, in dem die dunkle Vergangenheit die Gegenwart umschloß, ein Land, in dem ein Mann verschwinden oder sich verstecken konnte. Einer der großen Götter Mexikos ist Quetzalcoatl, die gefiederte Schlange, die die Azteken von den Tolteken übernommen hatten, die die mexikanische Hochebene tausend Jahre vor ihnen bewohnt hatten. Quetzalcoatl, der die Landwirtschaft, die Künste und die Wissenschaften auf die Erde gebracht hatte, war auch der Schöpfer des Menschen. Er reiste in die Unterwelt, sammelte die Knochen der Toten früherer Welten und gab ihnen Leben, indem er sie mit seinem eigenen Blut bespritzte. Marut hatte in seiner bisherigen Welt aufgehört zu existieren, und er konnte sehr wohl von Europa nach Mexiko gegangen sein, um sich selbst auferstehen zu lassen. Mexiko war auch ein neues Land, geboren aus der Revolution und immer noch mit dem Potential zur radikalen Veränderung. Insoweit wäre es die passende Zuflucht für den Ziegelbrenner gewesen.

Als wir in Mexiko-City angekommen waren, rief ich unseren Kameramann Emilio Cesar an und lud ihn ein, mit uns einen Drink zu nehmen und den Filmplan zu besprechen. Er ist ein großgewachsener, ziemlich schwer gebauter Mann mit dem Gesicht eines Mexikaners wie aus dem Bilderbuch: blendend weiße Zähne, dunkle Augen und schwarzer gewellter Schnurrbart. Bei unserer ersten Begegnung war er etwas nervös, aber er sprach gut Englisch und war schon jetzt sehr entgegenkommend.

Als ich unseren ersten Drehplan durchging, hörte er aufmerksam zu und sagte nur gelegentlich ‚kein Problem' oder ‚geht in Ordnung' — die gleichen Kommentare, die er später angesichts handfester Schwierigkeiten aussprechen sollte. Ich war entsetzt, als Emilio mir sagte, daß er gerade mit einer nagelneuen Kamera aus New York wiedergekommen war. Ich liebe alte, wohlerprobte Kameras, die schon Tausende von Metern richtig belichteten Film mit scharf eingestellter Optik durchgezogen haben. Emilic versicherte mir, daß das neue Gerät gründlich getestet worden war, und er selbst hatte in New York zehn Rollen Film ohne Panne belichtet. Unsichtbar im Hintergrund glaubte ich den Fluch Travens zu hören, der ein Stück Blei in den Boxhandschuh schob. Er hatte uns seit jenem ungeschickten Angriff in New York in Ruhe gelassen, aber ich spürte, daß er mit uns gereist war und den passenden Zeitpunkt für einen weiteren Schlag abwartete. Ich hatte mich nicht geirrt. Schon bei der ersten Einstellung am ersten Drehtag in Mexiko-City enthüllte die neue Kamera ihre interessanten neuen Mängel, besonders die Neigung, mitten in einer Einstellung die Geschwindigkeit zu verändern oder sich selbst abzuschalten. Auch das drahtlose Mikrofon funktionierte nicht.

Eine Reservekamera wurde geholt, die eine Zeitlang funktionierte, aber dieses Gerät war nicht so vielseitig, und so waren wir in unseren Möglichkeiten eingeschränkt. Emilios Zuversicht, die Kamerakrankheiten heilen zu können, war zunächst beruhigend, später jedoch zutiefst deprimierend, als mir klar wurde, daß er dadurch nicht nur mir, sondern auch sich selbst Mut machen wollte. Er schuftete wie ein Verrückter, um abends die Geräte wieder in Ordnung zu bringen, er jagte kreuz und quer durch die Stadt, um andere Kameras auszuleihen, er raste herum, um unseren Zeitplan einzuhalten. Täglich, manchmal sogar stündlich, wurden wir durch die Verlautbarungen über den Zustand der Kamera ermutigt oder aber betrübt. Selbst wenn alles reibungslos lief, litten wir unter der quälenden Angst, daß das Ding jeden Augenblick kaputtgehen konnte. Ich sagte unsere Reise nach Chiapas ab, um verlorene Zeit aufzuholen und den Kampf gegen einen Fluch zu führen, der uns mit einem weiteren Schlag in die Nieren getroffen hatte. Er hatte dafür gesorgt, daß in der mexikanischen Niederlassung von Kodak die Filmsorte ausgegangen war, die wir benutzten. Einmal mehr wehrten wir den Zugriff des Schicksals ab. Emilio borgte sich von jedem anderen Kameramann in Mexiko-City ein oder zwei Rollen Film aus; und ich ließ einige Rollen aus New York einfliegen.

Von alledem wußten wir natürlich bei unserem ersten gemeinsamen Drink im Hotel Bristol noch nichts; auch kannten wir Emilios Hauptassistenten Pablo noch nicht. Wir erfuhren niemals Pablos Familiennamen, obwohl er uns täglich begleitete, meistens in der Rolle des Tontechnikers. Er war ein magerer Mann in mittleren Jahren, trug eine Brille und hatte die leicht gebückte Haltung eines Menschen, der an regelmäßige Prügel gewöhnt ist. Er war stets sehr bemüht und uns freundlich gesonnen, soweit wir das angesichts einer fehlenden gemeinsamen Sprache feststellen konnten, aber in seiner Rolle als Tontechniker fühlte er sich sichtlich unwohl, ja oft betrachtete er sein Aufnahmegerät so, als ob er es zum erstenmal erblickte. Es ist nicht ungewöhnlich, daß Tonleute weit entrückt in ihrer eigenen Welt zu leben scheinen. Sie verbringen ihre Tage mit den Kopfhörern und hören nicht die Geräusche ihrer unmittelbaren Umgebung, sondern die, die das Mikrofon aufnimmt. Pablo mit seiner nervösen und stockenden Art war noch entrückter als die meisten, ja regelrecht abwesend, und auch Emilio mag dies bemerkt haben, denn mehr als einmal brüllte er Pablo an, weil der etwa vergessen hatte, sein Aufnahmegerät einzuschalten, als die Kamera gestartet wurde. Trotz alledem war Emilio ein sympathischer und fähiger Kameramann, dessen Bilder uns völlig zufriedenstellten, als wir sie später begutachteten.

11 John Huston trifft Mr. Croves

Die Luft in Puerto Vallarta war wie Suppe; das Thermometer zeigte stets mehr als 30 Grad. Robinson fragte mich, wieso John Huston, der es sich leisten konnte, zu wohnen, wo er wollte, sich ausgerechnet so ein unerträgliches Klima ausgesucht hatte. Da die Stadt ein Urlaubsort ist, konnte ich nur vermuten, daß dieses Dampfbad nicht als ganzjährige Strafe verabreicht wurde. Huston war jedenfalls als Freund Mexikos bekannt. Er hatte erstmals im Alter von 18 Jahren das Land bereist und es seither regelmäßig besucht oder sogar dort gewohnt. Wir waren gekommen, weil Paul Kohner ein gutes Wort für uns eingelegt hatte und John Huston uns nunmehr empfangen würde.

John Huston war der erste Mensch, der von einer Begegnung mit Hal Croves berichtet hatte. Das war Anfang 1947 gewesen. Damals, nach dem Erfolg des *Malteser Falken*, war Huston einer der neuen gefeierten Meister des Kinos, und er bereitete einen Film vor, den er schon lange hatte drehen wollen, eine Leinwand-Adaption des Buches *Der Schatz der Sierra Madre* von B. Traven. Frühere Pläne zur Verfilmung des Stoffes waren durch den Krieg unterbrochen worden, währenddessen Huston als Dokumentarfilmer in der US-Armee gedient hatte. Während seiner Abwesenheit hatte die Firma Warner Brothers, die die Filmrechte besaß, zweimal beinahe mit der Produktion begonnen. Der Stoff wurde schließlich doch für Huston aufgehoben, und gegen Ende seiner Dienstzeit in der Armee begann er mit der Arbeit am Drehbuch.

John Huston hielt sich bei seinen Verfilmungen strenger als andere an die literarischen Vorlagen, und zu Beginn seiner Arbeit am *Schatz der Sierra Madre* hatte er über eine Postfachadresse in Acapulco an den Autor geschrieben. Es entwickelte sich eine Korrespondenz, in deren Verlauf Traven lange, ausführliche Briefe schrieb, in denen er Vorschläge für den Ablauf des Filmes machte; Huston bat ihn, nach Hollywood zu kommen, um am Drehbuch mitzuarbeiten. Auf dieses Ansinnen kam eine seltsame Antwort. Traven wollte es sich überlegen, aber wenn er käme, würde er die Reise nach Norden in mehreren Etappen zurücklegen müssen, um sich langsam an die verschiedenen Breitengrade zu gewöhnen. Dies hätte Monate gedauert, also arbeitete Huston mit Nachdruck weiter und stellte das Drehbuch alleine fertig. Er war jedoch noch immer darauf erpicht, Traven am Film mitarbeiten zu lassen, und darum plante Huston eine Reise nach Mexiko-City, wo der Schriftsteller irgendwie mit ihm Kontakt aufnehmen würde. Wir wollten uns von Huston berichten lassen, was dann geschah.

Bald darauf kam Huston barfuß in den Raum geschritten und gab uns allen die Hand. Er trug ein khakifarbenes pyjamaartiges Hemd und eine passende Hose und gab sich gespannt und lebhaft, was ich für seine einstudierte Art hielt, Fremden zu begegnen. Das Traven-Geheimnis, sagte er, würde der Shakespeare-Frage immer ähnlicher, es würde um so tiefer, je mehr wir darüber wüßten, so daß es allmählich das Werk selbst wenn nicht an Bedeutung, so doch im Publikumsinteresse überragte. Robinson bat Huston um seine Einschätzung von Travens Qualität als Schriftsteller. Traven sei, so sagte er, vor allem ein leidenschaftlicher Verteidiger der Opfer der Gesellschaft, ein Mensch, der Unrecht haßte und in Mexiko ein großes Kampfgebiet entdeckt hatte, auf dem er sich engagieren konnte. Seine Bücher seien „wunderbare Bestätigungen seines Glaubens an den geschlagenen Menschen", und er sei zwar kein Stilist, seine Geschichten seien jedoch großartig und mit Engagement beobachtet. Das war es, was ihm von Anfang an an seinem Werk so gefallen hatte. Und so kam er auf den Zeitpunkt zu sprechen, da er in einem Motel in Mexiko-City auf Traven wartete. Huston sagte uns, daß es das Hotel ‚Baumer' gewesen sei, und blieb auch dabei, als ich ihn später deswegen anschrieb, aber in früheren Berichten war vom Hotel ‚Reforma' die Rede gewesen. Huston erzählte uns die Geschichte mit Begeisterung, machte wirkungsvolle Pausen, in denen er an seiner Zigarre zog, und senkte seine sanfte, verführerische Stimme. Er ist nicht nur Autor und Regisseur, sondern auch ein guter Schauspieler, und er genoß es, diese Geschichte zu erzählen.

Huston schlief stets bei unverschlossener Tür, und kurz vor dem Morgengrauen jenes Tages, an dem er mit Traven zusammentreffen sollte, erwachte er und erblickte die schattenhafte Gestalt eines Mannes am Fußende seines Bettes. Der Mann holte eine Visitenkarte hervor und überreichte sie Huston, der das Licht einschaltete, um sie zu lesen. Sie lautete: ‚Hal Croves. Übersetzer. Acapulco und San Antonio.' Nun konnte Huston seinen geheimnisvollen Besucher genau betrachten. Er war ein kleiner, magerer und recht schmächtiger Mann, und die Kleider hingen ihm lose am Leib. Sein verblichenes Khakihemd war mit einer billigen Goldnadel zusammengehalten, und der Mann war etwas linkisch in seiner Art. Er hatte eine lange Nase, weißes Haar und graublaue Augen. Huston sprach zuerst. ,,Wie geht es Ihnen, Mr. Croves?'' Der Mann antwortete, ,,Ich habe einen Brief für Sie von Mr. Traven,'' und er überreichte ihn. Traven schrieb darin, er sei krank und könne deswegen nicht kommen und hätte darum seinen alten und engen Freund Hal Croves geschickt, der über seine Bücher genausoviel wüßte wie er selbst und genauso befähigt sei, ihn über das Land und mögliche Drehorte zu beraten. Croves könnte ihn auf allen Gebieten vertreten und Huston mit allen notwendigen Informationen versorgen. Die Männer gaben sich die Hand, und Croves verließ den Raum, während Huston sich anzog.

Dann frühstückten die beiden zusammen, und im Laufe der folgenden paar Tage setzten sie ihre Gespräche über den Film bei verschiedenen Zusammenkünften fort. Croves gefiel das Drehbuch, das Huston ihm zeigte, und sagte, er sei sicher, daß es auch Traven gefallen würde. Und in der Tat waren Croves' Ansichten über das Drehbuch jenen sehr ähnlich, die Traven in seinen Briefen geäußert hatte. Offensichtlich kannte dieser Mensch den Autor sehr gut. Er schlug für den Film eine Reihe von möglichen Drehorten vor und war in Hustons Worten ,,offensichtlich ein alter Mexiko-Profi''.

Huston kam der Gedanke, dieser schmächtige, ältliche Mann könnte Traven sein, und daß der Brief mit seinen Formulierungen ,,Er wird mich vertreten'' und ,,Er kennt mein Werk genau so gut wie ich selbst'' ein verschlüsseltes Eingeständnis dessen sei. Huston hatte jedoch Schwierigkeiten, diesen zaghaften Mann mit dem Traven in Deckung zu bringen, den er aus Büchern und Briefen kannte. Croves fühlte sich im Gespräch sichtlich unwohl, sagte wenig und sprach in kurzen Sätzen, während sich Traven in seinen Briefen frei und flüssig ausdrückte, ausuferte und seine Argumente groß herauszustellen wußte. Ein Drehbuch, das Traven nach seinem Roman *Die Brücke im Dschungel* geschrieben hatte, beeindruckte durch langatmige Abschweifungen und ausführliche Darlegungen der Philosophie der Kamera. Aus Hustons Sicht reduzierte Croves die Dinge auf das Allerwesentlichste, auf das Knochengerippe, während Traven immerzu Fleisch draufpackte. In diesem Punkt unterschieden sich ihre Persönlichkeiten ganz auffällig. Huston konnte sich über Croves kein abschließendes Urteil bilden, aber er engagierte ihn als technischen Berater für den Film.

Die Dreharbeiten zum *Schatz der Sierra Madre* begannen im April 1947. Die Produktion selbst hatte etwas Abenteuerliches an sich, denn damals war es ungewöhnlich, fast einen ganzen Film an Originalschauplätzen zu drehen, geschweige denn so weit von den Ateliers entfernt. Statisten wurden in Mexiko engagiert, aber die Hauptdarsteller und der ansehnliche technische Stab kamen aus Kalifornien heruntergeflogen, um in Tampico an der Golfküste mit den Dreharbeiten zu beginnen, bevor man zum Hauptdrehort in der Nähe des Dorfes San José de Purua weiterzog, ungefähr 230 km westlich von Mexiko-City.

Getreu seiner Gewohnheit hielt sich Huston ziemlich eng an das literarische Vorbild, stellte zwar die Handlung des Buches an einigen Stellen um, behielt jedoch all deren Hauptelemente bei. Es ist eine stark moralistische Geschichte von Gier und Reichtum, ein Bericht der Abenteuer dreier Desperados, die sich zusammentun, um in der mexikanischen Wildnis nach Gold zu suchen. Die Rolle des skrupellosen Fred C. Dobbs war mit Humphrey Bogart besetzt, die des jungen Curtin mit Tim Holt; zwei Menschen ohne Hoffnung, die sich zu Beginn des Films kennenlernen, als man sie um ihren Lohn betrogen hat, den sie auf einer Baustelle verdient haben. In der Unterkunft lernen sie Howard kennen, einen redseligen alten Goldsucher (dargestellt von Walter Huston, dem Vater des Regisseurs), dessen Erzählungen ihre Phantasie entflammt, so daß die drei sich schließlich in die Berge der Sierra Madre aufmachen, wo sie dank der Hartnäckigkeit und der Sachkenntnis des Alten Gold finden und ein Bergwerk bauen.

Getreu Howards Voraussage sät der Goldstaub Furcht und Mißtrauen. Als der Alte einigen Indios helfen gegangen ist, die ihn für einen Medizinmann halten, schießt der vor Argwohn aufgebrachte Dobbs Curtin nieder, läßt den vermeintlich Toten liegen und reitet mit dem ganzen Schatz alleine weiter. Aber Dobbs wird von Banditen getötet, die seine Maultiere nehmen, die Säcke mit dem Goldstaub aber gar nicht beachten. Die anderen beiden Schatzsucher gelangen zum Tatort und entdecken, daß ihr Kampf, die Entbehrungen, die Gier und das Töten umsonst gewesen sind: Der Wind ist aufgekommen und hat den Goldstaub wieder über den Berghang verweht. Das Land, das das Gold hergab, hat es sich zurückgeholt. Der alte Howard, der inzwischen beschlossen hat, in Ruhe und Bescheidenheit bei den Indios zu leben, brüllt vor Lachen angesichts des Streiches der Natur. Diese ironische Fabel über die mit dem Reichtum Hand in Hand gehende Korruption war für das Hollywood der vierziger Jahre ein ungewöhnliches Thema, und Huston brauchte die Unterstützung und den Schutz seines Produzenten Henry Blanke gegen den Druck, die Aussage zu mildern.

Bei Beginn der Dreharbeiten war der technische Berater Hal Croves zur Stelle und zog bald starkes Interesse auf sich; schließlich war er anwesend, der Autor war es nicht — ein seltsamer Umstand in Anbetracht der Tatsache, daß Traven in Mexiko lebte. Und Croves schätzte Fragen nach Traven offensichtlich gar nicht. Gelegentlich kam jemand und fragte forsch und direkt: ,,Sind Sie B. Traven?'', worauf sich Croves abwandte oder lächelte oder das Thema wechselte. Huston zuckte angesichts solcher Konfrontationen jedesmal zusammen, und er selbst forderte Croves niemals auf diese Weise heraus.

Das Gerücht, der ‚technische Berater' sei in Wirklichkeit der Autor, machte bald im Team die Runde, und Croves' Schüchernheit und Schweigsamkeit taten nichts, dieses Gerücht zu entkräften. Er ging dem Standfotografen aus dem Weg, und direkt angesprochen weigerte er sich, sich fotografieren zu lassen; einmal nur gelang es, ihn unbemerkt aufzunehmen, wie er im Unterhemd und mit einem breitkrempigen Hut auf dem Kopf auf dem Boden sitzt und den Dreharbeiten zuschaut. Er wurde aber wütend, wenn er hörte, daß von Traven mit der im Showbusiness üblichen Lässigkeit als ,,Bruno'' gesprochen wurde — wie man jenes rätselhafte ,,B.'' allgemein deutete. Aber Croves nannte auch nie einen anderen Vornamen als Alternative.

Die Dreharbeiten liefen gut, aber die Umstände — die Hitze, die Insekten, die Unterkünfte — machten den Schauspielern und den Technikern zu schaffen, die den Komfort von Hollywood gewohnt waren, und bei Warner Brothers machte man sich Sorgen wegen der steigenden Produktionskosten und der Schäbigkeit der Story und ihrer Gestalten. Die Produktionsfirma schlug vor, daß der von Bogart dargestellte Dobbs am Ende des Films nicht getötet werden sollte, aber Huston widerstand mit Unterstützung seines Produzenten diesem ungeschickten Einmischungsversuch. Der ‚technische Berater', der angeblich 150 Dollar pro Woche verdiente, erwies sich nicht als übermäßig nützlich. Er war schweigsam und lieferte kaum Ideen, und so fragte Huston immer seltener nach seinem Rat. Croves brachte jedoch einen Einwand dagegen vor, daß der Regisseur die Rolle des alten Goldsuchers Howard mit seinem eigenen Vater besetzt hatte. Im Buch sei Howard so alt, daß er kaum auf eigenen Füßen stehen konnte und nur noch von seinem Traum vom Gold aufrecht erhalten wurde. Walter Huston sei sicherlich als Schauspieler gut genug, aber Croves war sicher, daß Traven sich einen viel zerbrechlicheren Mann vorgestellt hatte. Seiner Meinung nach, und darin würde Traven ihm sicherlich zustimmen, wäre Lewis Stone für die Rolle viel besser geeignet gewesen. Dies war nicht die Art von Rat, die John Huston gebrauchen konnte, und er hielt zu seinem Vater, der später für seine differenzierte Darstellung des alten Goldsuchers mit dem Oscar ausgezeichnet wurde.

Während der Dreharbeiten kam es zu einem peinlichen Zwischenfall, der Croves der übrigen Crew noch mehr entfremdete. Bei einer abendlichen Festivität stand der junge Arzt im Mittelpunkt, der zum Filmteam gehörte und die Aufgabe hatte, Verletzungen und Krankheiten zu behandeln, die sich Darsteller oder Techniker bei der Arbeit in der Wildnis zuzogen. Nach Feierabend hielt der Arzt Sprechstunde für die Dorfbewohner und führte sogar kleine Operationen durch. Dieser junge Mann war so beliebt, daß man ihm am Höhepunkt der Party die Hosen runterzog und seine Genitialien mit Mercurochrom bepinselte — offensichtlich eine große Ehrung. Alles brüllte vor Lachen, und dann wurde John Huston die gleiche Ehrung zuteil. Der Pinsel mit dem Desinfektionsmittel machte die Runde, bis Croves an der Reihe war, aber bei ihm kam der Scherz nicht so an, wie er gedacht war. Wütend schlug er die Hände zurück, die nach ihm griffen, bis man ihn schließlich alleine stehen ließ. Mit Hal Croves nahm man sich keine solchen Freiheiten heraus. Nach Beendigung der Dreharbeiten flog Huston nach Hollywood zurück, ohne Hal Croves jemals wiederzusehen oder mit ihm zu korrespondieren.

Unser Interview mit Huston ging zu Ende, ohne daß wir eine bestimmte zwingende Frage gestellt hatten. Er hatte vorderhand erklärt, daß er nicht gefragt werden wollte, ob er Hal Croves für B. Traven hielt oder nicht. Er war nämlich keineswegs überzeugt, daß die beiden Männer ein und derselbe seien, und wenn er seine Zweifel öffentlich äußerte, so wäre dies ein Affront gegen Señora Luján, den er vermeiden wollte. Aus diesem Grund hatte er zunächst unsere Bitte nach einem Interview abgeschlagen. Wir nahmen noch einen Drink zusammen, und Huston zeigte uns von seiner Terrasse aus die Stelle, an der er sich ein paar Meilen weiter oben an der Küste ein neues Haus baute; wir fragten ihn nach seinen Zweifeln hinsichtlich Croves. Er begründete sie mit dem Unterschied zwischen dem Charakter dieses schweigsamen kleinen Mannes und der Geistesgröße und dem großzügigen Umgang mit Worten, die in den Schriften Travens sichtbar sind. Im Film hielten wir uns an unsere Abmachung mit Huston, und auch jetzt breche ich das Vertrauen nur, weil ich entdeckt habe, daß sich Huston zwischenzeitlich öffentlich über Croves geäußert hat. In einem kürzlich erschienenen Buch wird er wie folgt zitiert:

,,Ich mochte Croves, aber er entsprach nicht meiner Vorstellung jenes Traven, der mit jener sorglosen Erhabenheit, in jenem Laß-die-Würfel-fallen-Stil schrieb, den wir aus seinen Büchern kennen.''*

Huston sagte uns freundlich Lebewohl und eilte zu einer Verabredung zum Mittagessen. Gladys Hill stellte uns abermals den Lastwagen zur Verfügung, und wir fuhren zu einem Restaurant am Strand. Beim Essen dachten wir noch einmal darüber nach, was uns John Huston gesagt hatte. Robinson erinnerte daran, daß wir einen Film über ein Geheimnis drehten. Er freute sich, daß ein weiterer Zweifel an der

* Gerald Pratley: *The cinema of John Huston*, Tantivy Press 1977

Bonität des Hal Croves aufgetaucht war. Je mehr Ungewißheiten wir entdeckten, desto würziger wurde das Produkt, das wir zusammenbrauten. Huston aber hatte schon lange keine Verbindung mehr zur Traven-Geschichte gehabt. Seine Schlußfolgerungen beruhten auf Erlebnissen, die dreißig Jahre zurücklagen; damals, so wurde berichtet, hatte er die Dinge anders gesehen.

Der Film *Der Schatz der Sierra Madre* hatte im Januar 1948 Premiere und wurde beim Publikum und bei der Kritik gleichermaßen ein Erfolg. James Agee schrieb: „Dies ist einer der optisch lebendigsten und schönsten Filme, die ich je gesehen habe." *Time Magazine* nannte ihn „eine der besten Sachen, die Hollywood hervorgebracht hat, seit es sprechen lernte; ohne zu erröten kann dieser Film einen Platz unter den besten jemals gedrehten Werken des Kinos einnehmen".

John Huston bekam die Oscars für die beste Regie und das beste Drehbuch, und sein Vater gewann den Oscar für die beste Nebenrolle.

In der gleichen Ausgabe von *Time* (vom 2. Februar 1948), in der der Film besprochen wurde, gab es auch eine Geschichte mit dem Titel „Technischer Berater", die die Rolle des Hal Croves bei den Aufnahmen schilderte und mit dem Satz schloß, daß Huston am Ende der Dreharbeiten ziemlich sicher war, daß „der ängstliche, kleine Mr. Croves Traven selbst" gewesen sei. Die im selben Verlag erscheinende Zeitschrift *Life* druckte das Foto von Croves ab, das unbemerkt am Drehort aufgenommen worden war. In der Geschichte wurde Hustons Ansicht wiedergegeben, Traven sei ein stolzer Mann, der nicht länger aktiv am Gemeinschaftsleben teilnahm, der in der Öffentlichkeit Auflösungserscheinungen zeigte und sich lächerlich machte, so daß er in die Rolle eines anderen schlüpfte, um nicht den Namen Traven dem öffentlichen Spott auszusetzen.

Sechs Wochen später erhielten beide Zeitschriften mürrische Leserbriefe. *Life* bekam aus San Antonio in Texas einen Brief mit der Unterschrift ‚H. Croves'. Er begann: „Ich schreibe Ihnen, um Ihre Kritik von John Hustons Film *Der Schatz der Sierra Madre* zu kommentieren, in welcher Sie behaupten, ich sei B. Traven, der Autor des Buches, auf dem der Film beruht." Croves beharrte darauf, daß er nicht Traven sei; er gab sich den Anschein, daß er nicht nur in eigener Sache, sondern auch im Auftrag des Autors schreibe: „Traven ist der Meinung, es sei sinnlos, Dinge zu kommentieren, die über einen Menschen gesagt oder gedruckt werden. Ich selbst aber habe noch nicht diesen Zustand olympischer Weisheit erreicht." Dann startet er einen Angriff gegen Huston:

„Mr. John Huston war nach eigenem Bekunden überzeugt, ich sei Traven, und dann bezahlt er mir lausige 100 Dollar pro Woche, was der Öffentlichkeit nur beweist, wie gering er Traven achtet, den Mann oder die Frau, wie auch immer, dessen Geschichte Mr. John Huston die Chance seines Lebens gab."

Und in seiner rechthaberischen Art fuhr er fort:

„Niemals wieder wird Mr. John Huston Gelegenheit haben, einen Film zu inszenieren, der auf einem Buch von Traven beruht. Traven braucht Mr. John Huston nicht, sonst hätte Traven vor acht Wochen einen Vertrag unterschrieben, der Traven dreißigtausend Dollar eingebracht hätte, eventuell zuzüglich Gewinnbeteiligung, für die Filmrechte an einem anderen Traven-Buch, und diesen Film sollte Mr. John Huston inszenieren."

Das tönte gewiß wie jener Hal Croves, der am Drehort keinen Spaß mitmachen wollte, und es klang wie die B. Traven-Briefe an Preczang, an die Kleins und andere. Es war eine Stellungnahme, die Croves ohne Auftrag für seinen Klienten B. Traven abgegeben hatte, aber sie war im Stil des Meisterkomponisten selbst abgefaßt.

„Ein Verfasser von Büchern wie jenen, die Traven geschaffen hat und die in mehr als zwanzig verschiedenen Ländern verlegt worden sind, geliebt und bewundert werden, oder vielleicht auch heftig kritisiert werden, wenn sich niemand mehr an einen Filmregisseur wird erinnern können, der einmal, vor langer, langer Zeit, einen Film nach einer Geschichte des besagten Schriftstellers gedreht hat . . ."

Nicht hübsch ausgedrückt, aber eine deutliche Botschaft.

Der Brief an *Time Magazine* kam nicht aus San Antonio, sondern aus Mexiko-City, und war mit dem vollen Namen Hal Croves unterzeichnet. Er war gesprächiger und in leichterer Tonart gehalten, fast als ob Croves beweisen wollte, daß er mehr als nur eine Identität hatte — daß er bei den Dreharbeiten als die eine Person, in San Antonio als eine andere, und in Mexiko-City wieder als eine andere erscheinen konnte. „Ich wurde niemals von Mr. John Huston ‚engagiert' ", begann er, „als ich einem gewissen Gentleman vorgestellt wurde — einem der wenigen echten Gentlemen in der Karawane, die die Warner Brothers für ihr hiesiges Bo-Ba-Bu nach Mexiko schickten — schaute der mich zwei Sekunden lang durchdringend an und fragte: ‚Angenommen, Sie hätten etwas mit dem Film im allgemeinen zu tun, oder, sagen wir, mit der Musik oder den Geräuschen, was würden Sie vorschlagen?'; nachdem ich ungefähr vier Minuten gesprochen hatte, unterbrach er mich und sagte: ‚Sie sind dabei!' "

Hustons Darstellung ihrer ersten Begegnung hatte seine Eitelkeit verletzt, und Croves war verärgert:

„Mr. John Huston wird nie ein großer Schriftsteller werden, weil er ein schlecher Beobachter ist. Bei den Dreharbeiten trug ich gewöhnlich alte Kleider, da es meist strapaziös zuging; als ich mich jedoch im Hotel vorstellte, trug ich nicht ‚verwaschenes Khaki', wie Mr. John

Huston behauptete, vielmehr war ich makellos gekleidet in einem neuen Anzug von einem teuren Schneider, wie es sich ziemt, wenn man jemanden, den man für wichtig hält, an einem so eleganten Ort wie dem Hotel ‚Reforma' treffen will."

Croves polterte weiter und wiederholte seine Behauptung, daß, wenn er selbst der Autor wäre, dies bedeuten würde, daß Huston Traven für 100 Dollar pro Woche (nicht 150, wie er sagt) „engagiert" hätte, „den gleichen Traven, dem man ein paar Monate zuvor zwischen siebenhundertfünfzig und tausend Dollar pro Woche geboten hatte". Entweder sei Huston ein Geizhals, oder er hielt Croves in Wirklichkeit gar nicht für Traven.

„Wer ist nun wer und was ist was . . .?" fragte Croves nunmehr dreist. Das war eine Frage, die er selbst nach Kräften unlösbar gemacht hatte. Fröhlich verabschiedete er sich: „Das wär's für heute, Leute, vielen Dank." Der erste Auftritt des Hal Croves hatte mit einer Visitenkarte in einem dunklen Hotelzimmer begonnen und endete mit einem Zitat aus einer Hollywood-Zeichentrickfilm-Serie.*

Das nächste Kapitel in der mexikanischen Geschichte spielt später im Jahr 1948, und um mir darüber aus erster Hand berichten zu lassen, hatte ich ein Interview mit Luis Spota verabredet.

* „Bugs Bunny"

12 El Gringo

Die Verfilmung vom *Schatz der Sierra Madre* schuf eine regelrechte kleine Traven-Industrie. Das Geheimnis um den unsichtbaren Autor wurde überall diskutiert, und es heißt, daß die Zeitschrift *Life* demjenigen eine Belohnung von 3.000 Dollar ausgesetzt hätte, der die Identität und den Aufenthaltsort von Traven entdeckte. Die Jagd war eröffnet. Journalisten suchten Orte ab, die mit Traven zu tun hatten — Mexiko-City, Acapulco, Tampico, San Cristóbal de las Casas — und entfachten die wildesten Gerüchte darüber, wer er wirklich war. Diese heftige Aktivität hörte ebenso plötzlich wieder auf, als sich herausstellte, daß die angeblich von *Life* gebotene Belohnung bloß ein Werbetrick des mexikanischen Verlegers der Traven-Bücher war.

Die Journalisten verloren das Interesse — außer einem, der schon lange vor dem Gerücht über die Belohnung entschlossen gewesen war, Traven aufzuspüren. Travens Bücher hatten ihn in den Bann gezogen, seine Geheimniskrämerei hatte ihn gefesselt, und schon seit sechs Jahren grübelte er über das Geheimnis nach. Er war jung, er war ehrgeizig, er hatte nur ein Ziel und war bereit, Skrupel fallenzulassen, um es zu erreichen.

Heute ist Luis Spota in Mexiko ein berühmter Mann, ein Bestseller-Autor und beliebter Fernseh-Moderator mit seiner eigenen wöchentlichen aktuellen Magazin-Sendung. Die britische Botschaft hatte für mich seine Adresse recherchiert, ich rief ihn an, und er lud uns zum Drehen in sein Haus im südlichen Stadtteil Coyoacan ein. Er ist ein gutaussehender Mann um die fünfzig, hat dunkles Haar, trägt eine Brille und spricht gutes Englisch mit einem starken, rhythmischen Akzent. Er kramte jene Nummer der Zeitschrift *Mañana* hervor, die den Artikel enthielt, mit dem er sich seinen Namen gemacht hatte; um diesen Beitrag ging es uns, und im Laufe unseres Vorgespräches schaute er immer wieder darin nach, um sich an Einzelheiten zu erinnern. Seinem Gedächtnis brauchte jedoch nicht groß auf die Sprünge geholfen zu werden; als die Kamera lief, war Spota der geborene Schauspieler, ganz auf seine Aufgabe eingestimmt. Er sprach frei und verbindlich, auch wenn Teile seiner Geschichte ihn nicht gerade in einem sehr günstigen Licht erscheinen ließen.

Anfang der vierziger Jahre war er Laufbursche in der Redaktion einer Zeitschrift namens *Asi* in Mexiko-City. Er wollte Reporter werden und bewunderte seinen Chef, einen Journalisten namens Gregorio Ortega, der Spota das Handwerk beibrachte und seinem jungen Schützling eines Tages ein Exemplar der *Brücke im Dschungel* zum Lesen gab. Als sie zusammen aus der Redaktion nach Hause gingen, erkundigte sich Spota nach dem Verfasser des Romans; Ortega erzählte das Wenige, das man wußte, und fügte hinzu, daß die spärlichen Fakten von einem Geflecht aus Spekulationen und Legenden umgeben waren. Der Mensch, der Traven aufspürte, würde ein großer Reporter, sagte Ortega. Diese Worte blieben Spota im Gedächtnis haften und entzündeten seinen Ehrgeiz: ,,Ich war damals ein junger Mann. Ich war beeindruckt von der Möglichkeit, ein großer, wirklich großer Zeitungsmann in meinem Land, und, wenn möglich, in der Welt zu werden. So begann eine Besessenheit.''

Spota las sich zunächst durch alle Romane Travens durch, und im Laufe der folgenden Jahre erkundigte er sich nach jedem, der ihm eine Spur geben könnte. Er erfuhr, daß Esperanza Lopez Mateos die Agentin des Autors war; er hörte die Geschichte, daß Traven ein Anarchist in München gewesen sei; er hörte die Berichte von der Begegnung des ausweichenden Hal Croves mit Huston. Durch Vermittlung Dritter und über eine Postfachadresse schaffte es Spota sogar, an Traven zu schreiben. In seinem maschinengeschriebenen Antwortbrief entwischte ihm der Autor mit einem Seitenschritt. ,,Hören Sie nie auf anderer geschickter Leute Ratschläge'', schrieb Traven, nicht mal auf seine eigenen, weil Menschen Ratschläge immer in Abhängigkeit vom Zustand ihrer Leber erteilen. Das war alles. In sechs Jahren war Spota nicht sehr weit gekommen.

Der Durchbruch gelang ihm mit Hilfe eines Tips von einem Freund, der bei der ,,Bank von London und Mexiko'' arbeitete, einer der führenden Banken des Landes. Dieser Mann wußte, daß Spota, der inzwischen für die Zeitschrift *Mañana* arbeitete, Traven suchte, und er erzählte ihm, daß seine Bank ein Tresorfach an einen gewissen Traven Torsvan vermietet hatte — könnte ihm dies weiterhelfen?

Spota spürte instinktiv, daß er auf eine heiße Spur gestoßen war. ,,Ich hatte als Reporter immer einen guten Instinkt, jeder Reporter muß einen guten Instinkt haben. Diesmal hatte ich ein Gefühl. Ich ging zur Bank, machte einige Schachzüge, nicht alle waren legal — aber wir sind doch alle Reporter —, und so gelangte ich auf direktem Wege zu diesem Tresorfach.'' In diesem Tresorfach fand er einen Beleg dafür, daß es seit 1934 an Torsvan vermietet war, außerdem einen

Brief an eine Maria de la Luz Martinez, Postfach 49, Acapulco.

Spota fuhr nach Acapulco, wo er eigenen Angaben zufolge ,,einige Freunde auf dem Postamt gewann'' und legte sich auf die Lauer. Eine dunkle mexikanische Dame von ungefähr vierzig Jahren holte aus dem Postfach 49 ihre Briefe ab, und Spota folgte ihr nach Hause in die Costa Grande Avenue Nr. 901, knappe zwei Kilometer vom Zentrum von Acapulco entfernt. Ein Schild in englischer und spanischer Sprache wies das Grundstück als den Cashew-Park aus. Es war eine Art Biergarten, der vor allem ein Getränk ausschenkte, das aus der Frucht des ,,edelsten Baumes der Tropen — des göttlichen Cashewbaumes'', gewonnen wurde, wie es in einem Prospekt des Unternehmens hieß.

PARQUE CACHU

CASHEW PARK

901 Avenida Costa Grande

«Camino de Pié de la Cuesta»

Tome los camiones "Aviación" o los

Pasito-Parque Cachú-Mozimba

Cerramos todos los días a las 21 Hs.

Permiso de Operación No. 2575

VISITORS WELCOME

Surely, you have enjoyed cashew nuts and you have liked them; but you have never seen a cashew tree, never seen or tasted a cashew fruit, never seen a cashew nut in the raw. Come and rest in the shade of the most aristocratic tree of the tropics:

The Divine Cashew Tree

One mile and one eighth from the center of Acapulco on the highway to Pie de la Cuesta

Welcome:

We close at 9:00 P. M.

CASHEW PARK

Parque Cachú

Spota schaute durch das Tor und sah einen großen Garten voller Cashewbäume, unter denen Tische und Stühle aufgestellt waren. Das Grundstück war ungefähr dreißigtausend Quadratmeter groß, und außer den Bäumen gab es ein altes Haus und einen großen Gemüsegarten. Das Ganze war von einem hohen Drahtzaun umgeben. Maria de la Luz Martinez lebte hier mit dem Besitzer des Cashew-Parks, anscheinend einem Amerikaner, der bei den Nachbarn als „El Gringo" bekannt war.

Spota war mit dem Ergebnis seiner Erkundung zufrieden, aber vor dem Angriff mußte er noch eine Sache nachprüfen. Alle Ausländer in Mexiko mußten sich bei den Behörden anmelden, und Spota hatte bereits vergeblich die Archive der Behörden nach einer Spur von B. Traven durchgekämmt. Jetzt suchte er erneut, nun jedoch nach dem Namen Torsvan, und diesmal hatte er Glück. Der Antrag Nr. 30666 auf dem Formular Nr. 14 der Einwanderungsbehörde — der Antrag für einen Personalausweis — war am 12. Juli 1930 auf den Namen Traven Torsvan ausgefüllt worden. Zwei Fotos waren angeheftet, ein Frontalporträt und eines im Halbprofil. Der damals entsprechend jüngere Torsvan machte im dunklen Jackett, mit hellem Hemd und Fliege eine schneidige Figur. Aus ziemlich tiefliegenden Augen blickte er ruhig in die Kamera. Er hatte eine große Nase, seine Mundwinkel wiesen nach unten und sein linkes Ohr stand groß und deutlich ab.

Den Angaben auf dem Antrag zufolge war Torsvan ein Amerikaner protestantischen Glaubens, in Chikago am 5. März 1890 geboren. Er war 1,68 m groß; sein Haar war blond, sein Nase gerade. Haut: weiß; Augen: blau, und er war glatt rasiert. 1930 war er ledig und von Beruf Ingenieur gewesen. Im Juni 1914 war er über den texanisch-mexikanischen Grenzübergang Juarez eingereist. Als Adresse war Nr. 17 Isabel la Catolica in Mexiko-City angegeben, aber der eifrige Spota grub aus einem anderen Archiv die aktuellere Adresse in Acapulco aus. Also war der Inhaber des Cashew-Parks Amerikaner, und er war auch der Inhaber des Tresorfachs in Mexiko-City und hieß mit Vornamen Traven. Spota ging nach Acapulco zurück, um „El Gringo" aufzulauern.

Spota und sein Kollege Fernando Lopez gaben sich als Postangestellte auf Urlaub aus und besuchten am heißen Nachmittag des 17. Juli 1948 den Cashew-Park. Sie waren erschrocken, als sie von einer Meute von 25 drohend bellenden Hunden aller Größen und Farben empfangen wurden. Señora Martinez kam heraus und beruhigte die Tiere. Die beiden Reporter bestellten etwas zu essen und begannen, sich mit der Mexikanerin zu unterhalten; sie erzählte, daß sie den Herrn dieses Grundstücks vor ungefähr 18 Jahren geheiratet hatte, zu der Zeit, als er das Land erwarb. Ihr Gatte war ein seltsamer Mann, sagte sie, er hatte nicht viele Freunde und sprach nicht viel mit Menschen. Er arbeitete viel in seinem Garten oder in seinem Büro und hatte eine große Bibliothek mit Büchern über alle möglichen Themen in englischer und spanischer Sprache.

Während sie plauderten, setzte der heftige Nachmittagsregen ein und trieb sie nach drinnen ins Café. Die Reporter konnten ihr Glück kaum fassen, denn sie waren nicht die einzigen, die der Regen hineingetrieben hatte: Aus dem Garten kam ,,El Gringo''. Er war ein schmächtiger, kleinwüchsiger Mann mit ergrauendem blondem Haar. Gesicht und Nacken waren braungebrannt, die Augen leuchtend blau, die Lippen schmal; es war der Mann aus dem Antrag, nur viel älter. Er war schmächtig, doch sah er gesund aus, dachte Spota. Die Besucher schienen ihn zu beunruhigen, und er wollte wissen, wer sie seien, aber nach einer Weile entspannte er sich und setzte sich zu ihnen, um mit ihnen zu trinken. Als er hörte, daß Spota und sein Freund auf Urlaub seien, hielt ihnen Torsvan auf der Stelle einen Vortrag darüber, was sie falsch machten. Sie sollten ihren Urlaub nicht in einem Badeort wie Acapulco verbringen. Statt dessen sollten sie lieber die romantischen und schönen Städte und Plätze Mexikos besuchen, die er ihnen zu gerne aufzählte und ausführlich beschrieb, Orte wie Tabasco, Chiapas, Durango, Oaxaca — die wilderen und abgelegenen Orte Mexikos.

Er erzählte ihnen Geschichten; er sprach von den Indios und ihrem Aberglauben; er sprach stolz von seinem Garten. Das Gespräch dauerte mehr als vier Stunden, und dem alten Mann gefiel es offensichtlich, mit den beiden angeblichen Postlern zu trinken, denn als sie aufbrachen, schüttelte er ihnen die Hand und sagte, sie sollten doch wiederkommen. Den Reportern hatte es auch gefallen, und sie waren zuversichtlich, daß ,,El Gringo'' mit einiger Nachhilfe dazu gebracht werden konnte, sich preiszugeben.

Zwei Tage später kehrten sie zurück; Torsvan arbeitete in seinem Garten, aber nach einer Weile setzte er sich auf einen Drink zu ihnen. Der Nachmittag begann mit einer Mißstimmung, denn ,,El Gringo'' nahm Anstoß an dem Vorschlag, die zahlreich in den Bäumen lebenden Singvögel einzufangen und in Käfigen zu halten; außerdem machte ihn die Kamera nervös, die die beiden Journalisten am Tisch bei sich hatten. Als er seine Scheu abgelegt hatte, hielt er den beiden Reportern zwei gebieterische kleine Predigten. Die erste war an Lopez gerichtet, der mit dem Wissen, daß Torsvan Protestant war, gesagt hatte, was für eine gute und tolerante Religion der Protestantismus sei. Ihr Gastgeber schlug sofort vor, daß Lopez zum protestantischen Glauben übertreten, sich eine gute Bibel kaufen und sie studieren sollte. Beide Reporter waren von diesem evangelistischen Eifer überrumpelt.

Als nächstes ließ sich Torsvan an jenem Julinachmittag über ein Thema aus, das seine Trinkgenossen viel mehr interessierte, nämlich die Frage nach der Identität einer Person. Welchen Wert hatte eine Geburtsurkunde, fragte Torsvan. Jemand konnte eine Geburtsurkunde als Identitätsnachweis vorlegen, aber konnte dann jemand beweisen, daß der Vorweisende und die auf dem Zertifikat genannte Person identisch waren? Spota dachte an den Helden des *Totenschiffes*, einen Mann, der von anderer Leute Forderung nach einem Beweis seiner Identität gequält wurde. , ,,Sie sollten irgendwelche Papiere haben, die zeigen, wer Sie sind'', sagte mir der Polizeibeamte. — ,,Ich brauche keine Papiere; ich weiß, wer ich bin'', sagte ich'. Wie interessant, daß der alte Mann in Acapulco sich mit dem gleichen Gedankenkreis beschäftigte.

Torsvan und Señora Martinez brachen auf, um ins Kino zu gehen, und Spota und Lopez gingen ebenfalls. Sie dachten auch daran, zurückzukehren und das Haus zu durchsuchen, aber dann überlegten sie es sich anders. Nicht, daß sie plötzlich von ungewohnten Skrupeln befallen gewesen wären, sie hatten ganz einfach Angst vor den 25 unfreundlich aussehenden Hunden und vor Señora Martinez' Bruder, der nebenan wohnte und einen Revolver trug. Jedenfalls liefen die Dinge gut für sie. El Gringo war zwar noch vorsichtig, aber nicht mehr so auf der Hut wie zu Beginn, und Spota, der nach seinen ganz eigenen Regeln und nicht nach dem strengen Boxcode des Marquis of Queensberry focht, schickte sich an, einen einwandfreien Tiefschlag auszuteilen.

Er fing Torsvans Post ab. Robinson und mir gegenüber war Spota deswegen ein wenig verlegen: ,,Sie kennen all die Wege, die zu Gott führen können. Ein guter Reporter kennt viele Wege, um an die Dinge zu gelangen, die ihn interessieren. Nun ist alles Geschichte — ich gewann ein paar Freunde auf dem Postamt, und ich bin wenig diskret, und wir sind sehr neugierig.'' Ob Geld dabei im Spiel war, wurde nicht ganz klar, aber jedenfalls war Spota in der Lage, alle für das Postfach Nr. 49 eingehenden Briefe zu sichten.

Die ersten Früchte dieser Abmachung, ein paar Familienbriefe für Señora Martinez, waren für die beiden Schnüffler wertlos. Sie warteten. Am 20. Juli besuchten sie erneut den Cashew-Park, und ihr Gastgeber lieh ihnen einige Bücher, die sie lesen sollten, während er arbeitete. Spota bekam das Buch *Man, the Unknown* (Der Mensch, das unbekannte Wesen) von Alexis Carrel, und beim Durchblättern flatterte ein Zettel heraus. Es war ein Posteinlieferungsschein für ein Paket, das am 13. September 1938 in Acapulco an eine Adresse in Zürich aufgegeben worden war — an die Anschrift von Joseph Wieder, dem europäischen Agenten von B. Traven.

Aber noch am gleichen 20. Juli, da die beiden Torsvan besucht hatten, machten sich ihre üblen Machenschaften mit der Post bezahlt. Spota fing einen Einschreibebrief an Martinez von Gabriel Figueroa ab. Spota kannte Figueroa und wußte, daß seine Schwägerin Esperanza Lopez Mateos war, Travens Übersetzerin. Der Umschlag mußte geöffnet werden. Er enthielt drei Briefe. Einen von Figueroa an Señora Martinez, in dem er erklärte, daß Esperanza sehr krank war und Señora Martinez darum bat, „Mr. Traven davon in Kenntnis zu setzen, daß sein Film *Der Schatz der Sierra Madre* ein großer Erfolg geworden ist, und daß ich ihm Zeitungsausschnitte etc. schicken werde". Das zweite Schreiben bestätigte eine enge Verbindung zwischen Martinez und Traven: Es handelte sich um die Nachricht einer Schweizer Bank über das Konto von M. L. Martinez, die Figueroa als einen „Kontoauszug für Mr. Traven" beschrieb. Dann gab es noch einen kurzen Brief von Wieder in der Schweiz an Esperanza, der auf diesen Vorschuß Bezug nahm, und unten auf diesem Blatt war eine weitere Nachricht, offensichtlich mit großer Schwierigkeit von unsicherer Hand geschrieben. Sie enthielt lediglich eine weitere Mitteilung über das Geld, aber ihre Bedeutung für die Reporter lag darin, daß sie anscheinend von Esperanza auf dem Krankenbett an den Autor geschrieben worden war. Für Spota war dies Beweis genug; er war überzeugt, daß der Mann in Acapulco Traven sein müsse, und daß sein eigener Triumph bevorstand. Er kehrte noch einmal in den Garten im Cashew-Park zurück und verwickelte El Gringo in ein weiteres langes Gespräch. Fünf Stunden lang suchte Spota ihn aufs Glatteis zu führen. Sie sprachen über amerikanische Politik, mexikanische Politik und die Qualitäten der Cashewnuß, ehe Spota noch einmal auf das Thema Traven zu sprechen kam. Torsvan wich den Andeutungen und Fragen sorgfältig aus und sprach immer vom „Verfasser der Bücher" als einem gänzlich anderen Individuum. Spota wurde von Torsvan zum Essen eingeladen, und während er am Tisch des Mannes saß und das Brot brach, setzte er die Jagd fort. Torsvan begann die Saat für weitere Rätsel zu streuen, ob er nun Spotas Vorhaben erkannt hatte oder nicht. Er sagte, er wisse, daß der Autor Traven seit 1934 oder 1935 keine einzige Zeile mehr geschrieben hätte, und es sei klar, daß etwas Seltsames passiert sei oder eine Krankheit zugeschlagen hätte, denn im Buch *Die Rebellion der Gehenkten* gäbe es mitten im ersten Teil einen markanten Wechsel im Stil. Er wußte nicht, was es war, aber sicherlich sei dem Autor etwas zugestoßen. Er ließ weitere Andeutungen fallen, deutete Spota gegenüber an, daß der Mann, den er suchte, in Davos sei; ob Spota Davos kannte? Er kannte es, dort befand sich das Lungensanatorium, in dem Thomas Mann seinen Roman *Der Zauberberg* angesiedelt hatte. Richtig, sagte Torsvan, dort sollte er Traven suchen. Nicht nur Tuberkulose-Patienten wurden nach Davos geschickt, sagte er geheimnisvoll, auch Geisteskranke konnten dort behandelt werden. Spota versuchte, das Gehörte sinnvoll zu deuten. Zunächst schien dieser Mann Torsvan die Vorstellung aufrecht zu erhalten, er selbst könnte der Autor sein; dann deutete er in ganz andere Richtungen. Auf solche Komplikationen konnte Spota gut verzichten, und er beschloß, das Spiel zu beenden.

Am Dienstag, dem 26. Juli 1948 versammelte Spota seine Truppen zu einem Frontalangriff; er nahm Lopez mit und engagierte einen Fotografen namens Enrique ‚Fatty' Diaz. Als Kampfplatz wählte er nicht Torsvans eigenes Gelände im Cashew-Park, sondern den Dorfplatz von Mozimba, einem Vorort von Acapulco, wo El Gringo jeden Nachmittag hinging, um Post abzuholen und eine Zeitung und Lebensmittel einzukaufen. Spota legte sich in einem geparkten Auto auf die Lauer. Um zehn Minuten vor sechs entdeckte er Torsvan, der mit einer Sonnenbrille auf der Nase langsam die Straße heraufspaziert kam. Er war eine verletzliche, fast Mitleid erregende Gestalt, dieser kleine Mann in ausgebeulten Hosen, der in der Abendsonne einen langen Schatten warf. Er trug eine große Schultertasche und einen Benzinkanister und war in seine Zeitung vertieft.

‚Fatty' Diaz bekam den Befehl zum Angriff, er trat aus dem Schatten und begann zu fotografieren. Torsvan erschrak, als er ihn sah, verdeckte das Gesicht mit den Händen und eilte davon, während Spota und Lopez aus ihrem Auto sprangen und die Verfolgung aufnahmen. Torsvan drehte sich vor Wut zitternd um und brüllte sie an: „Dies ist eine abscheuliche Tat . . . Sie und Ihre Fotografen", aber der abgebrühte Diaz schoß weiter, und der alte Mann drehte sich wieder um, um weiter zu flüchten. Spota und Lopez hatten Torsvan bald eingeholt, der stehen blieb und immer noch fragte: „Warum verfolgen Sie mich? Warum machen Sie Fotos? Warum lassen Sie mich nicht in Frieden? Ich bin ein guter Mensch. Ich tue niemandem etwas zuleide. Warum tun Sie mir das an?" Diaz schoß noch ein Bild.

Die Bilder waren in der Ausgabe von *Mañana* abgedruckt, die Spota uns reichte. Sie zeigten einen hageren alten Mann, der über eine staubige Straße lief, die beiden jungen Journalisten zu seiner Linken und zu seiner Rechten. Es gab ein Bild von den dreien an einer Straßenecke, unter einer Palme, und eines, auf dem der alte Mann sich verzweifelt abwandte, um der Kamera zu entrinnen. Tatsächlich hatte Diaz trotz seines Dampfwalzenangriffes Torsvan auf keinem seiner Fotos mit dem vollen Gesicht erwischt. Aber die Jagd war erfolgreich, schließlich gab Torsvan nach, und nachdem er von seinen Verfolgern ein Stück Kaugummi geschnorrt hatte, willigte er ein, mit ihnen in einer schäbigen Eckkneipe zu reden. Er war immer noch wütend, und als Spota ihm direkt sagte, er sei Traven, schoß er zurück: „Sie sind ein Hurensohn, ich bin nicht B. Traven."

Die Geschichten purzelten aus ihm heraus. Der Mann, der die Bücher geschrieben hatte, hatte das Land einige Jahre zuvor unter der Präsidentschaft von Cardenas verlassen, als Ausländer sich bei den

Behörden hatten anmelden müssen; Traven sei sein Cousin gewesen, aber in jedem Falle war er tot. Spota hakte ein: Warum hatte Traven Mexiko verlassen? Weil er keine Scherereien haben wollte, sagte Torsvan. Und sein wirklicher Name sei ein Geheimnis, daß niemals jemand entdecken würde, weil der Autor alles in seiner Macht stehende getan hatte, um ihn zu verbergen. Bier wurde bestellt. Frage folgte auf Frage, und Torsvan wechselte die Tonart. B. Traven sei schließlich doch kein Pseudonym, sondern der wirkliche Name des Autors. Torsvan sagte, sein eigener Vorname sei Berick, aber der Name des Autors sei Barbick gewesen. Ein Vorfahre, ein norwegischer Seemann, hätte den Bundesstaat Maine an der Ostküste der USA besucht und sei dort von den Bürgern einer Stadt namens Barbick besonders gut behandelt worden, und so war der Name der Stadt in der Familie weitergereicht worden. Dann wechselte Torsvan erneut die Taktik und tat so, als ob er nicht verstünde oder die Frage nicht hören könne.

Spota wurde ungeduldig und gereizt. Er machte reinen Tisch, nannte seinen richtigen Namen und seinen Beruf und sagte, er hätte Papiere, die beweisen konnten, daß Torsvan Traven war. Der Bedrängte gab aber noch immer nicht auf. „Wieso fragen Sie immerzu, ob ich der Autor bin? Ich habe Ihnen gesagt, daß ich nicht die Person bin, die Sie suchen. Warum bemühen Sie sich so sehr, mich zu verletzen?" In Antwort auf Spotas Beharrlichkeit entwickelte Torsvan eine interessante Theorie, die vielleicht der Ursprung der These vom ‚anderen Mann' war, die Baumann und Goss vertreten hatten. Tatsächlich, sagte Torsvan, hätte der Mann Traven die Bücher nicht alleine geschrieben, es sei mehr als eine Person beteiligt gewesen. Er, Torsvan, hätte bei einem der Bücher mit Hand angelegt und einen Anteil der Tantiemen von jenem Buch erhalten, daher das Geld, das ihm aus der Schweiz geschickt worden sei. Wenn Spota die Bücher noch einmal und aufmerksamer lese, würde er Dinge entdecken, die nur eine aufmerksame Frau geschrieben haben könnte, und vielleicht sei Esperanza Lopez Mateos jene Frau. Und darüber hinaus hätte der Mann Traven selbst nur einen kleinen Teil dessen erlebt, was er beschrieben hatte; die meisten Geschichten bestanden aus Dingen, die ihm aus zweiter Hand berichtet worden waren. Traven hätte auf den Ölfeldern von Tampico gearbeitet, niemals aber auf dem Land mit den Bauern, und das war laut Torsvan der Grund dafür, daß es in seinen Büchern so viele Fehler gab. Traven kannte Mexiko einfach nicht so gut.

Das letzte klang plausibel, aber Spota war unerschüttert in seiner Überzeugung, den richtigen Fang gemacht zu haben. Im Augenblick jedoch kam er im Gespräch nicht weiter, und so ließen er und seine Kollegen Torsvan ziehen. Man verabredete sich für den folgenden Freitag im Cashew-Park.

Als die Journalisten zu dieser letzten Begegnung eintrafen, wurden sie von Señora Martinez empfangen, die von vornherein erklärte, daß der Fotograf ‚Fatty' Diaz nicht reinkommen dürfe und verschwinden müsse, bevor die anderen eintreten durften. Torsvan war im Garten und behandelte irgendwelches Holz mit einem Holzwurmmittel, aber nach einigen Stunden zog er sich um, gesellte sich zu den Besuchern und lud sie in sein Haus zum Essen ein. Die Heimstatt erschien Spota recht bescheiden, und er vermutete, daß Torsvan sie selbst gebaut hatte. Sie saßen in einem kleinen Raum mit Bildern von Franklin D. Roosevelt und General Marshall an der Wand. Spota bemerkte eine alte Schreibmaschine auf einem Tisch nahe am Fenster. „Ja", bemerkte Torsvan, „ich schreibe ein bißchen für amerikanische Zeitschriften unter dem Namen Kraus. Aber viele meiner Artikel sind abgelehnt worden, weil sie nicht gut sind." Dies könnte kaum der Fall sein, deutete er an, wenn er Traven wäre.

Zum Mittagessen gab es gebratene Ente. Torsvan versuchte sich für die erlittene Unbill schadlos zu halten und erzählte seinen Gästen nach dem Essen, der Vogel sei Señora Martinez' Haustier gewesen, das sie als Küken mit einem gebrochenen Bein gefunden und gesund gepflegt hatte. Nachdem er seine Gäste mit dieser unwahrscheinlichen Geschichte überrascht hatte, erzählte er ihnen eine alte Legende. Vor hundert Jahren hätte es drei Jäger gegeben: Einer wollte ein Reh töten, einer einen Tiger und einer eine Wildgans. Man hatte ihnen gesagt, daß es nur einen besonderen Platz gab, an dem sie diese Tiere erbeuten konnten, und daß sie sehr früh am Morgen hinausgehen mußten. Also verließ der Jäger, der hinter der Gans her war, beim ersten Morgengrauen das Lager, um auf seine Beute zu warten. Der Tag zog sich hin, und er bekam keine Gans zu sehen. Schließlich wurde es dunkel, und er kehrte schlecht gelaunt ins Lager zurück, wo er von seinen Kollegen ausgelacht wurde. Sie hatten ihre Tiere erlegt, er jedoch war auf die Jagd nach einer wilden Gans gegangen und hatte nur ein Phantom entdeckt — denn man kann eine wilde Gans niemals erlegen, weil sie gar nicht existiert. Diese Geschichte sollte für Torsvans Gäste eine tiefe Bedeutung haben, und sie brauchten gar nicht danach zu fragen, wen die wilde Gans symbolisieren sollte. Torsvan schlürfte seinen Drink und setzte seine Gegenoffensive fort. Er sei mit Bestimmtheit nicht B. Traven, er glaube nicht, daß sie Beweise dafür hätten, und wenn sie etwas über ihn veröffentlichten, würde er ganz einfach Mexiko verlassen und in sein Land, die Vereinigten Staaten, heimkehren. Er ging noch weiter und sagte Spota, daß er sich umbringen würde, wenn er diese Geschichte veröffentlichte, und daß Spota dann mit seinem Tod auf dem Gewissen leben müßte. Spota war ungerührt. „Ich sagte ihm: ‚Nun, das ist Ihre Sache. Das ist Ihr Problem, nicht meines.' Ich war damals sehr zynisch. Ich veröffentlichte die Geschichte. Zum Glück für die Literatur und für die Menschheit brachte er sich nicht um."

Die Geschichte wurde in der *Mañana*-Ausgabe vom 7. August 1948 veröffentlicht, und Spota wurde mit einem Schlag zum Starreporter, ja er gewann sogar einen mexikanischen Preis als Journalist des Jahres. Es gab noch ein interessantes Postskriptum dazu. Einen Monat nach dieser Veröffentlichung erhielt der Chefredakteur der Zeitschrift *Mañana* einen Brief aus England mit einem Londoner Poststempel. Es war ein getippter Brief von B. Traven persönlich, der Spota einen Lügner nannte und erklärte, daß er, Traven, fröhlich in London lebte. Der Mann in Acapulco sei sicherlich nicht er.

Spota reagierte prompt auf diese Bedrohung seines jungen Ruhmes. „Mit dem Instinkt des Reporters ließ ich den Brief im technologischen Institut von Mexiko untersuchen, und wir stellten folgendes fest: Das Papier, auf dem er geschrieben war, stammte aus Mexiko; die Gummierung des Kuverts war mexikanisch. Also konnte man ganz einfach sehen, daß er den Brief einem Freund in London geschickt hatte, damit dieser Freund den Brief wiederum nach Mexiko aufgäbe."

Spota war nun wegen dieser ganzen Geschichte ein wenig verlegen. Er hatte das Vertrauen Torsvans gebrochen, er hatte das Gesetz gebrochen, und er hatte einen alten Mann gehetzt; Robinson fragte ihn, ob er das rückblickend noch einmal tun würde, und er verneinte dies. „Nun, da ich älter bin und den Mann und seine Beweggründe besser verstehe, würde ich meinen Mund halten und überhaupt nichts unternehmen, um die Geheimnisse dieses Mannes aufzudecken, wenn ich noch einmal die Gelegenheit dazu hätte. Ich glaube, der Mann hatte ein Recht, in Ruhe gelassen zu werden."

Spotas Detektivarbeit hatte es als sicher erscheinen lassen, daß Torsvan der Schriftsteller Traven war. Wenn er es nicht war, warum sollte dann Traven sich die Mühe machen, es schriftlich zu bestreiten und den Brief dazu auch noch in England aufgeben zu lassen? Dem anonymen Traven hätte es doch sehr recht sein müssen, wenn ein falscher Mann identifiziert wurde. Nur wenn Spotas Behauptung richtig war, gab es für ihn einen Grund zum Einschreiten. Und da gab es noch die große Menge an Indizienbeweisen, die Spota zusammengetragen hatte. Torsvan erhielt Geld von B. Travens Agent in der Schweiz. Geld, das an B. Traven auszahlbar war; er stand in enger Verbindung zu Esperanza Lopez Mateos, der Agentin und Übersetzerin des Autors; er lebte mit Maria de la Luz Martinez zusammen, die zu jener Zeit die wichtigste Kontaktperson für Traven war; Torsvan kannte das Mexiko, über das Traven schrieb, insbesondere die Indios im Süden des Landes; er hatte eine detaillierte Kenntnis des Traven-

Kodexes, und er lobte gerne die Qualitäten dieses Schriftstellers.

Noch immer war es möglich, Torsvan als Mitglied einer Verschwörung zu sehen. Seine widersprüchlichen Geschichten und Erklärungen wären perfekt geeignet, ein Komplott zu verschleiern; angenommen, Torsvan hätte sich der Werke bemächtigt, sie jedoch nicht geschrieben, wenn das also die Erklärung für seine Geheimniskrämerei wäre, dann war es wahrscheinlicher, daß er, in die Ecke getrieben, ein Netz der Verwirrung um sich herum spinnen würde. Er war an der Herausgabe der Bücher und an den Geldeinnahmen beteiligt, aber das bewies nicht, daß er sie auch geschrieben hatte, auch nicht, daß er der rechtmäßige Empfänger des Geldes war. Und vielleicht stimmte ja auch die Behauptung, daß mehr als ein Verfasser beteiligt war. Das würde das Fehlen einer einzigen Traven-Gestalt erklären und auch die Tatsache, daß der Autor niemand an sich heranließ.

Die Auseinandersetzung mit dieser Hypothese empfand ich als anregenden Kampf. Torsvans sämtliche Aussagen und Taten paßten zu einer Erklärung, die ihn zu Traven machte. Gewiß, er bestritt das, aber das war nur zu erwarten; es gab nie eine große Wahrscheinlichkeit, daß der Autor nach zwanzig Jahren des Sich-Versteckens und der gezielten Verwirrung eine Kehrtwendung machen und sich zu erkennen geben würde, wenn ihm schließlich jemand auf die Schulter klopfte. Auch war Torsvans Haltung gegenüber Spota von verlockender Ambivalenz. Manchmal schien er fast so weit zu sein, mitzuziehen und zuzugeben, daß er der Autor war; dann wieder zog er sich zurück, spielte den Desinteressierten, tat, als ob er nicht hörte oder verstünde, geriet in Wut. Es war, als ob er sich nicht entscheiden konnte, ob er nun gestehen sollte oder nicht. Der Held des *Totenschiffes* hatte unter ähnlichen Spannungen gestanden. Auch er war mit Fragen nach seiner Identität bedrängt worden und hatte sie nicht allesamt unbeantwortet lassen können: „Ich könnte vielleicht ihre Fragen einfach nicht beachten und nichts sagen. Aber wer könnte schon hundert Fragen ertragen und keine beantworten?"

Der Name Hal Croves tauchte in unserem Gespräch mit Luis Spota nur kurz auf. Er nahm es als gegeben hin, daß der Mann, den er in Acapulco aufgespürt hatte, der dort unter dem Namen Traven Torsvan lebte, der gleiche Mann war wie jener Hal Croves, der John Huston besucht hatte. Die Namen Croves und Torsvan und Traven kamen alle aus Acapulco, und die Fotos, die ‚Fatty' Diaz von Torsvan gemacht hatte, zeigten einen Mann, der dem nicht unähnlich war, der unbemerkt am Drehort vom *Schatz der Sierra Madre* geknipst worden war. Als Spota seine unter die Gürtellinie zielenden Recherchen durchführte, war seit den Dreharbeiten des Films gerade ein Jahr vergangen, seit Croves' Briefen an *Time* und *Life* nur ein paar Monate, also verfolgte Spota eine noch warme Spur. Ich wußte auch, daß in den zwanzig Jahren zwischen Spotas Artikel und dem Tod des alten Mannes beide Namen, Croves und Torsvan, alternativ für dieselbe Person benutzt worden waren. Also konnten wir die bei Freunden und Bekannten von Hal Croves eingesammelten Zeugenaussagen, die auf ihn als Traven wiesen, zu den starken Indizienbeweisen addieren, die Luis Spota für Torsvan als Traven zusammengetragen hatte.

Es war noch nicht Spiel, Satz und Match — aber wir hatten allen Grund für die Annahme, daß das Leben des Hal Croves den Schlüssel zu den Werken von B. Traven enthielt. Nichts, das wir von Gabriel Figueroa hören sollten, konnte uns von dieser Meinung abbringen.

13 „Es ist ein bißchen kompliziert"

Gabriel Figueroa lebte nicht weit von Spota entfernt im Stadtviertel Coyoacan der mexikanischen Hauptstadt. An der angegebenen Adresse standen wir vor einer hohen Steinmauer und gewaltigen hölzernen Toren, die sich zu einem großen Garten mit Rasenfläche und Feigenbäumen öffneten. Als wir von einem Diener durch den Garten geführt wurden, kam Figueroa aus dem Haus und eilte auf uns zu, um uns freudig zu begrüßen. Er war klein und schmächtig und wirkte recht gewandt; ich schätzte ihn auf Mitte Sechzig. Er hatte hohe Bakkenknochen, einen grauen Schnurrbart und spärliches Haar. Er war gepflegt gekleidet, trug Strickjacke und Halstuch und wirkte mit seinem aufrechten Gang wie der pensionierte Oberkellner eines Grand Hotels.

Wir besuchten Figueroa insgesamt dreimal. Zunächst gingen Robinson und ich alleine hin und saßen einige Stunden mit ihm beim schwarzen Kaffee und lauschten, wie er in seinem rhythmischen mexikanischen Tonfall von Croves erzählte. Zwei weitere Besuche wurden nötig, weil uns der Traven-Fluch noch immer begleitete. Emilio hatte wie verrückt gearbeitet, um seine neue amerikanische Kamera zu reparieren, und war zweimal — leider fälschlich — überzeugt gewesen, daß sie nun völlig in Ordnung war. Stets optimistisch, hatte er sie mitgebracht, um Gabriel Figueroa zu filmen; ein beträchtliches Risiko, da Emilio wegen dieses Auftrags ohnehin schon nervös war. Figueroa hatte bei den mexikanischen Filmen von Luis Buñuel und auch bei mehreren großen Hollywood-Produktionen die Kamera geführt, so daß Emilio unter den Augen eines Meisters seines eigenen Fachs arbeiten sollte.

Und tatsächlich ging die Kamera im Laufe von Figueroas erster Antwort kaputt. Wir probierten es dann noch zweimal, mußten schließlich aber doch das Filmen an jenem Tag einstellen. Der arme Emilio ging auf und ab, blickte zum Himmel und schlug sich in einer gequälten Demonstration von Gram und Verlegenheit mit den Fäusten auf die Schenkel. Er zitterte, entschuldigte sich immer wieder und schüttelte ungläubig den Kopf. Figueroa schien das alles überhaupt nichts auszumachen, ja, es schien ihn sogar zu amüsieren. Er sagte, daß komischerweise die Kamera ebenfalls nicht funktioniert hatte, als er das letzte Mal zum Thema Traven interviewt werden sollte. Auch damals mußte das Team abziehen und am nächsten Tag wiederkommen. Es schien beinahe so, sagte er, als ob etwas ihn daran hindern wollte, sein Wissen weiterzugeben. Bei diesem Gedanken brach er in Gelächter aus.

Der Fluch mag hinderlich gewesen sein, aber seine Auswirkungen waren doch nur von kurzer Dauer, und als wir wiederkamen, konnten wir Figueroa ohne weitere Störungen filmen. Schon eine seiner ersten Aussagen bestätigte uns, daß Croves und Torsvan dieselbe Person waren. Figueroa, der den alten Mann stets nur als Hal Croves gekannt hatte, stellte ihm einmal eine Zeitlang ein Zimmer in seinem jetzigen Gästehaus zur Verfügung, vor dem wir gerade filmten. Figueroa zeigte uns das Zimmer, das später eines seiner Kinder bewohnt hatte. Croves wohnte dort, wenn er aus Acapulco nach Mexiko-City kam. Figueroa erinnerte sich besonders lebhaft an eine Begebenheit kurz nach Erscheinen des *Mañana*-Berichtes über Torsvan. Croves trat in Eile und sehr beunruhigt ein und fragte, ob er bleiben könne, bis der ganze Aufruhr sich gelegt hätte. Der Mann, den Figueroa als Hal Croves kannte, war der Mann, der aus dem Cashew-Park geflüchtet war. Für Figueroa ebenso wie für viele andere gab es keinerlei Zweifel, daß dieser Mann der Schriftsteller B. Traven war.

Durch Figueroa war auch Esperanza Lopez Mateos die mexikanische Übersetzerin der Traven-Bücher geworden. Figueroa hatte Anfang 1939 *Die Brücke im Dschungel* gelesen und wollte sie verfilmen. Also bat er Esperanza, die zugleich seine Kusine und seine Schwägerin war (sie war mit seinem Bruder verheiratet), mit dem Autor Verbindung aufzunehmen. Sie schrieb also über den Verlag Knopf an Traven; man verweigerte ihr zwar die Filmrechte, aber ihre Begeisterung für die Bücher war entbrannt, und sie schrieb erneut an Traven und bot an, sein Werk ins Spanische zu übersetzen, da sie die vorhandenen spanischen Übersetzungen als minderwertig ansah. Traven antwortete, er sei nicht daran interessiert, eine Frau seine Bücher übersetzen zu lassen, weil er nicht glaubte, daß eine Frau die Kraft und die Stärke seines Werkes erfassen konnte. Esperanza ließ sich aber nicht abschütteln und erbot sich, eines seiner Bücher kostenlos zu übersetzen — sie wählte die *Brücke im Dschungel* —; sollte er mit ihrer Fassung nicht zufrieden sein, wäre die Angelegenheit damit erledigt. Damit hatte sie Traven für sich gewonnen. Er beglückwünschte sie zu ihrer Arbeit und sagte, sie könne ihren Text unverändert veröffentlichen. Das war nicht alles. Mit der begeisterten Umarmung eines alleinstehenden und einsamen Mannes machte er Esperanza zu seiner Agentin für Lateinamerika und übertrug ihr die Rechte, alle seine Bücher zu übersetzen und auch zu veröffentlichen.

Als Folge dessen bekam sie auch die Filmrechte, und in den zehn Jahren zwischen 1954 und 1963 arbeitete Gabriel Figueroa an vier Traven-Verfilmungen. Er war Kameramann und Lichtregisseur bei einer Produktion der *Rebellion der Gehenkten*, bei der Filmanthologie einiger mexikanischer Geschichten und bei der *Weißen Rose*, und er führte Regie bei einer preisgekrönten Verfilmung der Traven-Kurzgeschichte *Màcario*. Dafür, und auch für die *Rebellion* wurde das Drehbuch von einem Freund des Autors geschrieben, nämlich von Hal Croves. Weder Esperanza noch Figueroa hatten jemals Kontakt mit jemandem, der zugab, Traven zu sein. Sie korrenspondierten mit dem Autor und mit seiner Verbindungsperson, M. L. Martinez; sie lernten nur seinen Mitarbeiter Croves kennen. Tatsächlich wurden sie enge Freunde von Croves und errieten bald, daß er in Wirklichkeit der Autor war und nannten ihn unter sich auch so. Ihm gegenüber hielten sie jedoch stets die Fiktion aufrecht, er sei lediglich ein Stellvertreter des abwesenden Traven.

Schon bei seiner ersten Begegnung mit Croves erfuhr Figueroa, was ihm bevorstand. Esperanza hatte sich mit Croves in einem Café in Mexiko-City verabredet, aber am Tag des Termins fühlte sie sich nicht wohl und bat Figueroa, an ihrer Stelle hinzugehen. Ihr Vetter sollte nach einem schmächtigen älteren Mann mit langer Nase, grauem Haar und Halbglatze Ausschau halten. Als Figueroa im Café eintraf, saßen nur wenige Gäste dort, und er entdeckte schnell den Mann, der ruhig bei einer Tasse Kaffee saß. Figueroa ging zu ihm hin und fragte, ob er Mr. Croves sei. Der Angesprochene drehte sich um, musterte mißtrauisch den Fragesteller und sagte „nein". Figueroa konnte nicht sicher sein, den richtigen Menschen angesprochen zu haben und ging in die nächste Telefonzelle und rief Esperanza an, um ihr zu sagen, daß es eine Verwechslung gegeben haben müßte. Sie ließ sich den Mann beschreiben, den er angesprochen hatte, und war überzeugt, daß es Croves war; Figueroa sollte zurückgehen und erklären, daß er ihr Vetter war, um den alten Mann zu beruhigen. Figueroa eilte zurück, aber als er im Café ankam, war Croves verschwunden.

Croves war stets von einer geheimnisvollen Aura umgeben. Er pflegte ohne Erklärung zu verschwinden, reiste zuweilen monatelang durch den Dschungel des Südens; manchmal fuhr er in seinem uralten Chevrolet hinauf in die Vereinigten Staaten. Figueroa begleitete ihn bei einer oder zwei dieser Fahrten, auf denen Croves Menschen nach

Mexiko schleuste, die wegen ihrer politischen Ansichten in den Vereinigten Staaten in Schwierigkeiten waren. Croves war kein aktives Mitglied irgendeiner politischen Organisation; er tat dies, um Leuten zu helfen, die in einer Klemme waren — Menschen ohne Papiere, vielleicht; Menschen, die genauso wie Gerard Gales in der Tinte saßen.

In all den Jahren seiner Freundschaft mit Croves hielt sich Figueroa beim Umgang mit ihm stets brav an den Namen Hal. Trotz allem, was er von Esperanza gehört hatte, die mit Croves an den Traven-Manuskripten eng zusammengearbeitet hatte und ihn ohne Frage als den Autor akzeptierte, nannte ihn Figueroa stets nur Hal. Einige Male erlebte er, wie Leute Croves als Mr. Traven ansprachen, um seine Reaktion zu testen, aber in diesen Fällen machte Croves ein starres Gesicht und ignorierte die Frager.

Figueroa war auch überzeugt, daß Croves-Traven der deutsche Anarchist Ret Marut gewesen war. Croves bestritt oft, daß er Deutsch verstand, doch Figueroa wußte, daß er es gut sprach. Darum gab es nicht einmal ein großes Geheimnis; Figueroa hatte nämlich seinen Sohn auf eine deutsche Schule in Mexiko geschickt, und Croves pflegte den Jungen beiseite zu nehmen, um mit ihm Deutsch zu sprechen. Und Croves war auf seltsame Weise beunruhigt, als in den sechziger Jahren die Illustrierte *Stern* langwierige Recherchen über die Geschichte des B. Traven anstellte. Der Chefreporter reiste in die amerikanischen Städte, in denen Traven geboren sein sollte, Chikago und San Franzisko, dann fuhr er hinunter nach Mexiko, um Leute in Chiapas und Mexiko-City zu interviewen. Croves bekam davon Wind und wurde sehr nervös. Figueroa erinnerte daran, daß die Traven-Bücher von den Nazis in den dreißiger Jahren verboten worden waren, und daß Ret Marut 1919 in Deutschland nur knapp dem Tode entgangen war. Figueroa glaubte, daß Croves in greisenhafter Paranoia eine späte Rache deutscher Rechtsextremisten befürchtete.

Die Reporter vom *Stern* wollten sich mit dem ängstlichen Croves verabreden, der sich an seinen Freund um Hilfe wandte. Er bat Figueroa, dessen Vetter Adolfo Lopez Mateos, damals Präsident Mexikos, um offiziellen Schutz zu bitten. Figueroa sprach mit dem Präsidenten, der ihm eine Telefonnummer gab, unter der Croves ihn, wenn nötig, zu jeder Tages- oder Nachtzeit erreichen konnte. Dies beruhigte Croves ein wenig, aber seine Ängste waren noch nicht völlig aus der Welt geschafft. Er erzählte Figueroa, daß er keine Angst hatte, ermordet zu werden. Er sei ein alter Mann, der lange genug gelebt hatte und dem Tod ins Auge blicken konnte. Er fürchtete, entführt zu werden — vermutlich nach Deutschland.

Bei unserem Vorgespräch hatten Robinson und ich mit Figueroa auch die These diskutiert, daß vielleicht mehr als ein Verfasser an den

Traven-Büchern beteiligt sein könnte; Figueroa tat dies mit einem geduldigen Lächeln ab. Esperanza hatte eng mit Croves zusammengearbeitet, sagte er, und sie hatte gewußt, daß er der alleinige Beteiligte gewesen war. Sie hatte aber noch mehr gewußt. Figueroa runzelte geheimnisvoll die Stirn und gab mir ein Zeichen, meinen Kassettenrecorder abzustellen. Als ich das getan hatte, senkte er die Stimme und verriet uns, daß Esperanza Hal Croves' richtigen Namen — den Geburtsnamen von B. Traven — gekannt hatte. Er wußte nicht genau, ob Croves ihn ihr gesagt hatte, oder ob sie ihn auf andere Weise erfahren hatte. Er wußte, daß sie den Namen gekannt hatte, weil sie ihn ihm unter strikter Geheimhaltung anvertraut hatte. Er war keineswegs sicher, daß Señora Luján diesen richtigen Namen kannte, und er hielt sich selbst für den einzigen lebenden Teilhaber an diesem Geheimnis. Figueroa übernahm diese Verantwortung mit tiefem Ernst. Er hatte den Namen aufgeschrieben und in einem sicheren Versteck deponiert und seiner Frau die Anweisung hinterlassen, wie sie im Falle seines Todes drankommen sollte.

Nein, den richtigen Namen wollte er uns nicht verraten. Er deutete an, daß wir ihn als den Namen einer mächtigen und reichen Familie im Deutschland der Jahrhundertwende erkennen würden. Er schien sogar anzudeuten, daß der Familienname sowohl in Englisch als auch in Deutsch gebräuchlich war, und wir rieten aufs Geratewohl Namen wie Smith und Schmidt, Bush und Busch. Figueroa lachte, und wir konnten ihm keine weiteren Indizien entlocken.

Wir versuchten es erneut vor der laufenden Kamera. Es gab einen Namen, nach dem wir Figueroa fragen mußten. War Traven der Sohn des Kaisers? Er antwortete: „Diese Geschichte glaube ich nicht . . . Ich kenne den Familiennamen, und ich kenne die ganze Familiengeschichte, und so glaube ich nicht an die Geschichte mit dem Kaiser."

Figueroa fügte hinzu, daß Traven der politisch links stehende Sohn einer sehr reichen Familie gewesen sei. Es kam häufiger vor, sagte er, daß die Kinder der Reichen Gegner des kapitalistischen Systems waren. Auf Robinsons Fragen hin sagte er, daß der Name nicht Torsvan und auch nicht Marut war. Vielleicht war Marut oder Mareth oder irgendwas Ähnliches der Name der Mutter?

Figueroa: „Nun, vielleicht. Ich weiß das nicht, weil . . . ich habe den Namen des Vaters, aber nicht den der Mutter."

Frage: „Und ich muß Sie fragen. Können Sie uns den Namen der Familie sagen?"

Figueroa: „Nein, dafür ist es noch zu früh. Da spielen viele Dinge mit — Politik, Familien, Sie wissen. Es ist ein bißchen kompliziert. Darum glaube ich, daß der Name bisher . . . herausgehalten worden ist."

„Ein bißchen kompliziert.“ Figueroa hatte eine schöne Umschreibung gefunden und uns etwas zum Grübeln gegeben. Am Abend, als Robinson und ich vor dem Essen unsere üblichen zwei Margueritas nahmen, gingen wir Figueroas Aussage noch einmal durch. Hatte er uns auf den Arm genommen, als er uns wissen ließ, daß er den Geburtsnamen von Traven kannte? Wir glaubten nein. Er schien durchaus seriös zu sein, und wenn er uns hätte lächerlich machen wollen, hätte er sehr leicht eine Geschichte erfinden oder uns einen sensationellen Namen zuschieben können, hinter dem wir sogleich hergejagt wären. Es war wahrscheinlich, daß er einen Namen hatte, aber wie konnten wir herausfinden, ob es der Name war? Esperanza, die Quelle dessen, war tot. Für den Augenblick konnten wir wohl Figueroas verführerische Geschichte als echt ansehen. Nun mußten wir unsere Aufmerksamkeit Señora Rosa Elena Luján zuwenden.

Wir hatten ihr Haus bereits in Augenschein genommen. Als Robinson und ich an unserem ersten Abend in Mexiko-City nach dem Essen ins Hotel zurückkehren wollten, war es noch früh, und ich hatte auf dem Stadtplan bemerkt, daß wir nicht weit von der Rio Mississippi entfernt waren. Wir beschlossen, einen ersten Blick auf das Haus der Geheimnisse zu werfen. Wir spazierten ungefähr eine halbe Meile über das nasse Trottoir der Rio Panuco, bis wir an die Kreuzung der Rio Mississippi kamen. Auf Fotos hatte ich eine schöne Reihe kräftiger Palmen in der Straßenmitte gesehen, aber die Bäume waren weg. Die Rio Mississippi ist nun eine Einbahnstraße, die zu einer Autobahn führt, und die meiste Zeit des Tages ist sie vom Lärm und den Abgasen des chaotischen Verkehrs erfüllt. An jenem feuchten Samstagabend waren aber nur wenige Autos unterwegs, und wir entdeckten schnell die Hausnummer 61, rechterhand nicht weit entfernt auf der anderen Straßenseite. Die Schatztruhe wartete darauf, geöffnet zu werden. Es war ein modernes, dreistöckiges Haus von sauberem Zuschnitt, und es zeigte der Welt ein nichtssagendes, wohlgeschütztes Gesicht. Die Betonwände der Balkone, die schweren Gardinen an den Fenstern und die großen eisernen Gartentore trugen zum geheimnisvollen Eindruck bei. Endlich kamen wir dem Mann nahe, dem wir auf der Spur waren. Croves hatte hier gelebt und war hier gestorben, und niemand wußte mehr über Traven als er. Möglicherweise war er sogar Traven selbst gewesen. Und in diesem Haus lebte Señora Luján, die Inhaberin der Rechte an Travens Werken.

14 Mr. Torsvan

Am Sonntag, dem 24. Juli 1977, statteten wir Señora Rosa Elena Luján unseren ersten Besuch ab. Ein rundliches kleines Dienstmädchen in schwarzem Kleid öffnete uns das eiserne Gartentor und führte uns durch einen gedeckten Gang ins Haus. Wir traten in eine Halle, die das Parterre des Hauses fast ausfüllte. Sie war dicht mit Teppichen belegt, in Pastelltönen dekoriert und mit Bildern, Schmuckstücken und einem großen Eßtisch aus Marmor kostspielig eingerichtet. Der Raum entsprach ganz und gar nicht der Vorstellung vom Wohnzimmer eines Anarchisten, und ich erinnerte mich daran, daß die Fans der Traven-Bücher den komfortablen und eleganten Lebensstil des späteren Croves argwöhnisch betrachteten. Auf der anderen Seite des Raumes führten Fenstertüren in einen kleinen, von einer hohen Mauer umgebenen Garten, der von einer gewaltigen, zwei- bis dreimal überlebensgroßen und eher überdekorierten Büste von Croves beherrscht wurde.

Dieses Heldendenkmal ist für die Anhänger der Verschwörertheorie von besonderem Interesse. Es wird als Kopf von B. Traven geschildert, und da es kein besonders gutes Porträt des alten Croves ist, mutmaßten manche, daß Croves sich diese echte Porträt-Büste von Traven beschafft und sie in seinem Garten aufgestellt habe, um so seinen Anspruch auf die Urheberschaft zu untermauern. Es gab jedoch keinen Zweifel daran, daß der Bildhauer Federico Canessi Croves für Traven gehalten hatte, und daß diese Büste ein Porträt des Mannes war, der an der Rio Mississippi gelebt hatte — Canessi war ein enger Freund von Croves und nahm auch an seiner Beerdigung teil. Das Problem der Ähnlichkeit war für mich gelöst, als ich ein Foto von Canessi mit der Büste sah; es war klar, daß dieses Porträt dem Künstler mindestens so ähnlich sah wie dem Modell.

Von der Halle ging die Küche ab, in der man die beiden Dienstmädchen lachen und kreischen hörte, und an der Straßenseite lag eine kleine Bibliothek, in die Robinson und ich nun hineingebeten wurden.

Es war ein düsterer Raum mit braun gestrichenen Wänden und dunklen Ledermöbeln, beherrscht von einem großen, leicht idealisierten

Schwarz-Weiß-Porträt von Croves. Er blickte schräg mit einem vornehmen Gesichtsausdruck und in die Ferne gerichteten Augen aus dem Bild. Es gab auch eine Sammlung sehr schöner Figürchen und Skulpturen, meiner Meinung nach Werke der mexikanischen Indios, und, was uns am meisten interessierte, eine Bücherwand voller verschiedener Ausgaben von Travens Werken und weiteren Büchern über die Literatur und die Altertümer Mexikos. Ich entdeckte das Buch von Michael Baumann und das von Judy Stone und weitere Werke über Traven. Die Masse dieses Materials machte einen nachhaltigen Eindruck. Die letzten Reste von Zweifel über Croves begannen sich aufzulösen, denn dies war sicher das Zuhause und die Bibliothek von B. Traven. Ein Abguß von Croves' schmalen, feingliedrigen Händen stand gebieterisch vor den Regalen, so, als sollte er diesen Anspruch untermauern.

Nach ungefähr zehn Minuten kam Señora Luján die Treppe herunter und begrüßte uns. Sie war eine kleingewachsene, elegante Frau mit dunklem Haar und dunkler Haut, und sie blickte suchend aus dunklen Augen. Ich hielt sie für Mitte Fünfzig (tatsächlich war sie 62), aber sie war eine Frau, die stets attraktiv gewesen war, eine Frau fast ohne Alter. Sie war unaufdringlich modisch gekleidet und trug ein Tweedkostüm und eine Hemdbluse aus cremefarbener Seide; wie auch bei unseren späteren Begegnungen war sie anfangs freundlich, doch förmlich, höflich, aber ein wenig distanziert. Sie hatte die Gelassenheit einer reichen und erfolgsgewohnten Frau, und mit ihrem dunklen Teint und den ein wenig ungleichmäßigen Gesichtszügen war sie eine etwas exotische Erscheinung, was auf die Witwe von B. Traven absolut paßte.

Kaffee wurde gebracht, und wir unterhielten uns über unseren Film und die Leute, die wir bisher interviewt hatten. Señora Luján sagte deutlich, daß sie einige davon ablehnte (Baumann seiner Skepsis wegen, Spota wegen seiner üblen Tricks) und andere mochte (Stone, Kohner, Hill), und sie war neugierig zu hören, was Figueroa uns erzählt hatte. Sie sprach vom weltweiten Interesse an Travens Büchern und sagte, daß sie regelmäßig von Journalisten und Literaturwissenschaftlern besucht würde, die mehr über ihn erfahren oder seine Werke studieren wollten. Wir sollten daran denken, daß nicht Travens Geheimnis, sondern seine Bücher interessant seien, seine Größe als Schriftsteller und als Mensch. Um das Geheimnis sei zuviel Aufhebens gemacht worden. Ihr Lebenswerk bestünde nun darin, dafür zu sorgen, daß seine Bücher weiterhin aufgelegt würden und somit ihre hoffnungsvolle Botschaft so viele Menschen wie möglich erreichte. Auf unaufdringliche, aber wirkungsvolle Art gab sie uns zu verstehen, daß wir es mit einer Frau von Substanz und gesellschaftlichem Rang

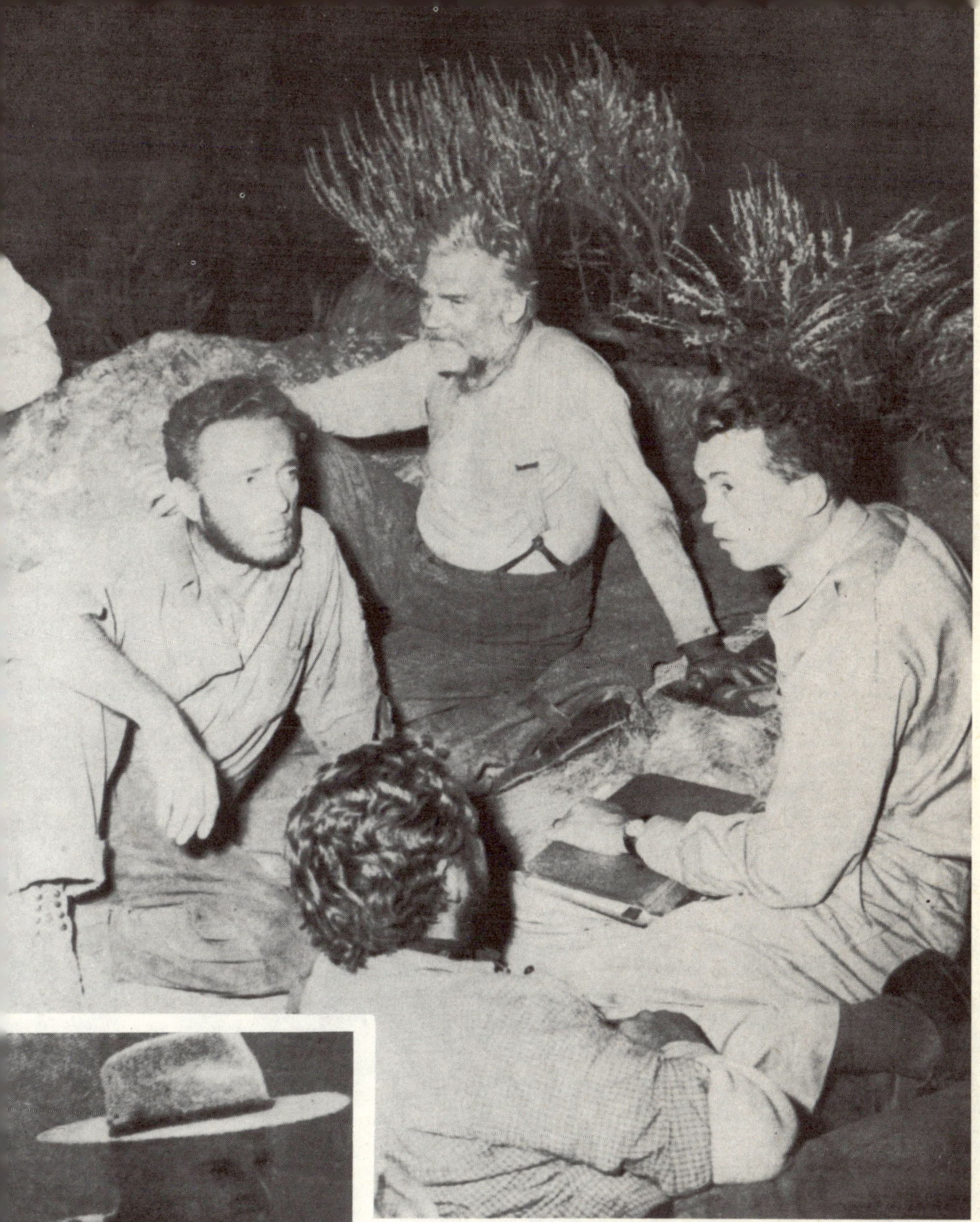

1 Bei den Dreharbeiten zum *Schatz der Sierra Madre* in Mexiko 1947. Regisseur John Huston mit seinem Vater Walter Huston, dem Darsteller des Howard, Humphrey Bogart (Dobbs) und Tim Holt (Curtin). *Kleines Bild:* Der ,,technische Berater'' Hal Croves, unbemerkt am Drehort fotografiert.

1.68

SERVICIO

REGISTRO

E EXPIDE ... EL 12 DE julio DE 19

Traven Torsvan

UYA LEGAL ESTANCIA EN MEXICO QUEDA COMPROBADA C

STA TAR

T. Torsvan

(FIRMA DEL PORTACOR)

2 Esperanza Lopez Mateos, Travens Übersetzerin und Agentin bis zu ihrem Tode 1951.

3 Die von Luis Spota in Mexiko City entdeckte Einwanderungskarte Travens aus dem Jahre 1930. Demzufolge soll Torsvan erstmals 1914 am texanischen Grenzübergang Ciudad Juarez nach Mexiko eingereist und 1890 in Chikago geboren sein.

4 Bei den Dreharbeiten zur *Rebellion der Gehenkten* in Mexiko. Im Vordergrund mit dunkler Brille und dem Rücken zur Kamera der Drehbuchautor Hal Croves. In der Mitte mit bloßem Oberkörper der Kameramann Gabriel Figueroa.

5 und 6 Luis Spota fängt El Gringo 1948 in Acapulco ab. ‚Sie sind ein Hurensohn, ich bin nicht B. Traven.' Torsvan wendet sich von Spota und der Kamera ab, während Fernando Lopez dem Fotografen ein Zeichen gibt. ‚Warum verfolgen Sie mich? . . . Warum laßt Ihr mich nicht in Frieden?' Torsvan (r.) versucht den hartnäckigen Spota abzuschütteln.

7 Paul Kohner und seine Frau Lupita treffen kurz vor Hal Croves' Tod mit dem alten Mann zusammen. Kohner war sicher, daß Croves B. Traven war: ‚Er wußte sehr wohl, daß, soweit es mich betraf, das Spiel aus war.'

8 Eine Ecke des Arbeitszimmers, der ‚Kommandobrücke' an der Rio Mississippi. Unten die Totenmaske des Mannes, der sich Hal Croves nannte. Darüber F. W. Seiwerts Porträt von Ret Marut, das die Señora von dessen ehemaliger Sekretärin geschickt bekam.

9 Rosa Elena Luján daheim in Mexiko City

zu tun hatten, indem sie geschickt Einzelheiten ihres eigenen Lebenslaufs in das Gespräch einfließen ließ: ihr Kunststudium, ihre Herkunft aus einer prominenten mexikanischen Familie, ihren wohlhabenden, wenn auch wenig klugen ersten Ehemann, ihre Freundschaft mit den führenden Künstlern und Politikern Mexikos.

Während Señora Luján unsere Fragen beantwortete, glitt sie oft von einem Aspekt des Lebens ihres Mannes zu einem anderen, oder von der Schilderung einer Begebenheit aus seinem Leben in die Beschreibung eines Abenteuers aus einem seiner Bücher. Es war, als ob das Leben, die Werke und alle Geschichten über Traven Teile einer einzigen, nahtlosen Geschichte seien. Mal schweifte sie ab und ging großzügig über Schwachstellen und Lücken hinweg, dann wieder stockte sie und überlegte genau ihre Worte, um möglichen Fallgruben auszuweichen und Widersprüche zu vermeiden. Hinter ihrer ganzen Aussage stand ihr inniger Glaube an den Wert der Werke. Sie war entschlossen, nichts zu sagen oder zu tun, was uns davon abhalten könnte, über B. Traven und seine Bücher zu reden, zu schreiben oder zu filmen.

Bevor wir mit Señora Luján zum Mittagessen gingen, führte sie uns hinauf in den zweiten Stock des Hauses, um uns das Arbeitszimmer ihres Mannes zu zeigen, das sie weitgehend so erhalten hatte, wie er es zurückgelassen hatte. Es war ein heller Raum mit Fenstern über die ganze Breite einer Wand, von denen aus der alte Mann gern die Vögel gefüttert hatte, besonders als draußen auf der Straße noch Palmen gestanden hatten. Dieser Raum enthielt noch mehrere hundert Bücher von Traven auf Englisch, Deutsch, Russisch, Schwedisch, Französisch, Italienisch und in vielen anderen Sprachen, manchmal in mehreren Exemplaren der gleichen Ausgabe. Es gab auch Bände aus der Bibliothek des alten Mannes, Werke über Folklore, östliche Religionen, Architektur, Bildhauerei, Archäologie und Anthropologie. Und am Ende des Zimmers, eingeklemmt zwischen Bücher und umgeben von kleinen indianischen Skulpturen und irdenen Töpfen, stand der Bronzeguß der Totenmaske des Mannes, der hier gelebt und gearbeitet hatte, des Mannes, den ich nun als B. Traven akzeptieren mußte. Es war das Gesicht eines sehr alten Mannes mit eingesunkenen Wangen und einer großen Nase. Die eingefallenen Augen waren geschlossen und nahmen die neugierig eindringenden Fremden nicht wahr. Die Señora bemerkte, daß wir den würdevollen Kopf ihres Mannes betrachteten, und erzählte uns, daß er sich im Familienkreis stets gern mit dem seefahrerischen Ausdruck ‚Skipper' (Kapitän) anreden ließ. Sie selbst war der ‚erste Offizier' gewesen, ihre beiden Töchter aus erster Ehe, Elena und Malu, die ‚zweiten und dritten Offiziere'; ihr Mann sei ein Seefahrer gewesen und habe das Meer geliebt, und überflüssigerweise wies sie noch auf die Verbindung zur Handlung des *Totenschiffes* hin. Die Stieftöchter hatten einmal in einem Spiel mit dieser Namensgebung begonnen, aber er hatte alles ernst genommen und sprach von seinem Arbeitszimmer als der ‚Kommandobrücke' und vom Parterre als dem ‚Unterdeck'. Bei der Führung eines Schiffes mußten alle zusammenarbeiten, hatte er gesagt, und genauso sei es mit einem Haus.

Ich blickte aus dem Fenster der ‚Kommandobrücke' hinunter auf die belebte Straße. Genau gegenüber gab es ein Restaurant mit einer naturgetreuen Nachbildung eines alten Segelschiffes als Fassade. Dies mußte dem alten Mann gefallen haben. Sicher hatte er sich hier geborgen gefühlt, versorgt von diesen attraktiven und liebevollen Frauen, in der Lage, sein eigenes kleines Schiff nach seinen eigenen Regeln zu führen und sich auf eine gehorsame und vertrauenswürdige Mannschaft verlassen zu können. Nach all den befehlshaberischen Briefen, nach allen Versuchen, Menschen aus der Ferne zu dirigieren, nach all seinen unbeachtet gebliebenen besserwisserischen Ratschlägen muß es für ihn sehr befriedigend gewesen sein, auf diesem hübschen kleinen Schiff das Kommando zu führen.

Malu, die jüngere Tochter der Señora, chauffierte uns zum Mittagessen in ein Restaurant in einer alten Hazienda am Stadtrand von Mexiko-City. Señora Luján erzählte uns, daß sie ihrem späteren Ehemann zum ersten Male Ende der dreißiger Jahre begegnet sei, als er den Namen Torsvan führte. 1953 traf sie ihn wieder, und diesmal wurde er als Hal Croves vorgestellt, der Agent des berühmten Autors B. Traven. Sie sollte das Drehbuch übersetzen, das Croves für die *Rebellion der Gehenkten* geschrieben hatte, und nachdem dies erledigt war, wurde sie von Croves engagiert, um einige Traven-Geschichten ins Spanische zu übersetzen. Im Laufe der folgenden Jahre arbeitete sie mit Croves an zahlreichen Geschichten, verliebte sich in ihn, erfuhr, daß er wirklich der Autor war, und 1957 heirateten die beiden in San Antonio in Texas.

Wir zogen von der Bar an unseren Tisch um und genossen eine Mahlzeit mit aztekischer Suppe, Rindfleisch und frischem Obst. Während des Essens erfuhren Robinson und ich etwas über das Privatleben des Hal Croves. Er war ein gütiger Mann. Er liebte die Töchter der Señora wie seine eigenen, spielte mit ihnen, tanzte mit ihnen, sprach mit ihnen und vermittelte ihnen Bildung. Bei Tisch gab es stets lebhafte Gespräche, oft über Politik, und wenn der alte Mann genug hatte, schaltete er einfach sein Hörgerät aus und erklärte, er könne nicht alleine gegen drei Frauen gleichzeitig kämpfen. Dies führte zu weiterem Gebrüll und Gelächter, während die anderen ihn drängten, es wieder einzuschalten.

Er liebte Tiere. Er hatte zwei Hunde, die stets bei ihm im Arbeitszimmer waren, Papageien, die ihm vom Teller fraßen, und einen Affen. Er arbeitete bis spät in die Nacht und stand spät auf; gefrühstückt wurde nie vor zehn. Er kümmerte sich nicht um Geld und hatte selten welches bei sich, egal wohin er ging. Manchmal kam er ohne die Abendzeitung nach Hause, weil er kein Geld eingesteckt hatte, um sie zu bezahlen. Genauso wie diese kleinen Geldangelegenheiten behandelte er auch die großen. Recht früh in seiner Beziehung zu Senora Luján übertrug er ihr alle Rechte an seinem Werk, und sie hält sie bis heute in Händen. Als sie heirateten, legte er alle Geldangelegenheiten in ihre Hände und sagte, sie könne tun, was sie wolle, es mache ihm nichts aus, wenn sie alles an einem Tag ausgäbe, solange er selbst sich nicht um das Geld zu kümmern brauche.*

Croves war zwar lässig im Umgang mit Geld, in anderen Dingen war er jedoch sehr fordernd. Señora Luján glaubte, daß er nicht zuletzt deshalb so schnell an ihr Gefallen fand, weil sie ihn nicht nach seiner Namensänderung, seiner wahren Identität oder seiner Vergangenheit fragte. Sie kannte nicht einmal das Alter ihres Mannes und mußte aus eigener Kenntnis und aus den verschiedenen Geburtsdaten, die er ihr nannte, erraten, daß er ungefähr dreißig Jahre älter war als sie. Croves sprach wohl zu ihr über seine eigene Vergangenheit, aber stets mußte er es sein, der das Thema ansprach und dann auch wieder beendete. Die Señora liebte es, ihn von seinem Leben und seinen Abenteuern erzählen zu hören, aber selbst wenn er aus freien Stücken damit begonnen hatte, befahl er ihr, nicht nachzubohren, wenn sie ihm dazu Fragen stellte. Señora Luján wußte über ihren Mann nur das, was er ihr über sich zu erzählen beliebt hatte und was sie nach seinem Tode aus seinen Papieren hatte entnehmen können.

Die jungen Stieftöchter lernten sehr bald die goldene Regel des Hauses, und die hieß: Sprich nie mit Reportern! Croves hütete sich stets vor unliebsamen Überraschungen und ging immer durch die Hintertür ins Haus, für den Fall, daß während seiner Abwesenheit ein Journalist oder ein anderer unerwünschter oder neugieriger Besucher ins Haus gekommen war.

Es muß Zeiten gegeben haben, da Croves' extreme Umsicht, sein Argwohn und seine kalkulierte Geheimnistuerei die Toleranz und die gute Laune seiner adoptierten Familie schwer strapaziert haben müssen, trotz ihrer Liebe zu ihm, trotz ihrer Begeisterung und ihrer Vereh-

* Auch Esperanza Lopez Mateos hatte er die Führung seiner sämtlichen finanziellen Angelegenheiten übertragen. Traven war immer ungeheuer begierig gewesen, daß seine Bücher verlegt würden und man seine Botschaft hörte, aber Geld als solches schien ihn nie zu interessieren.

rung für ihn. Die Señora erinnerte sich lachend an einige Beispiele von Croves' Benehmen, das sie zur Raserei getrieben hätte. Einmal ging sie in sein Arbeitszimmer und sah ihn Deutsch auf der Maschine schreiben (sie ging stets nach dem Klopfen direkt hinein, denn wenn sie nach dem Klopfen wartete, gab er keine Antwort). Croves hatte ihr immer gesagt, daß er kein Deutsch verstand, also war sie überrascht, ihn in dieser Sprache schreiben zu sehen, und machte zögernd eine Bemerkung darüber. Croves drehte sich zu ihr um, sagte mit Bestimmtheit „Ich verstehe kein Deutsch", und fuhr mit seiner Arbeit fort. „Damit war der Fall erledigt", sagte Señora Luján.

Draußen stiftete Croves genauso absichtlich Verwirrung wie daheim. Als er und Señora Luján auf Motivsuche für einen Film durch den Bundesstaat Oaxaca reisten, beschloß er, unter falschem Namen in einem Hotel abzusteigen. Warum bloß sollte man jemals seinen richtigen Namen angeben, was waren das für Leute, die einen nach dem Namen fragten? Für Croves waren Namen ein Besitztum, mit dem man sparsam umging. Er erfand Namen für sie beide, und mit diesen Namen trugen sie sich im Hotelregister ein, ehe sie ausgingen, um durch die Stadt zu bummeln. Als die Señora allein ins Hotel zurückkam und ihren Zimmerschlüssel verlangte, konnte sie sich nicht an ihren neuen Namen erinnern und mußte Croves suchen gehen, um ihn danach zu fragen.

Señora Luján schilderte das exzentrische Verhalten ihres Mannes mit sichtlichem Vergnügen. Sie begeisterte sich für seine Intelligenz und seine Energie und betonte mehrmals das, was sie seine „Stärke" nannte. Wir sollten wissen, daß er „ein richtiger Mann" gewesen war, wie sie es ausdrückte, bis zu seinem Tode. Sie bewunderte die Entschlossenheit, mit der er tat, was ihm beliebte: Er ließ seine Geschichten liegen, um Drehbücher zu schreiben, um die Kultur der Mayas zu studieren, um die indianischen Sprachen zu lernen oder die Pyramiden zu erforschen. Er gestaltete sein Leben, wie er wollte, und blieb seiner eigenen Vorstellung treu; und Señora Luján war stolz und glücklich, ein Stück dieses Lebens mit ihm geteilt zu haben. Sie hatte von diesem „faszinierenden" (diesen Begriff benutzte sie oft für ihn) Mann gelernt.

In Mexiko ißt man spät zu Mittag, und als wir fertig waren, war es sechs Uhr abends. Auf der Fahrt zurück in die Stadt schnitt Señora Luján erneut ein bereits angesprochenes Thema an: Croves' Vorliebe für Großbritannien und seine Bewohner. Ich hielt es für eine Art von Schmeichelei, eine PR-Meldung für Traven, obwohl ich auf drei Dinge aufmerksam wurde. Croves hatte offensichtlich in Großbritannien heiraten wollen, ausgerechnet in Gretna Green; die Señora hatte mit ihm zusammen London besucht, sie waren in einem Hotel in der Nähe der Marble Arch abgestiegen (das könnte zur Zeit des flüchtigen Besuches im Verlagshaus von Jonathan Cape gewesen sein); und der Name Hal Croves bestand angeblich aus zwei schottischen Namen, die in der Familie ihres Mannes vorkamen. Sein Großvater sei schottischer Abstammung gewesen und hieß Croves, und ein anderer schottischer Zweig der Familie hieß Halward, woraus er den Vornamen Hal gemacht hatte. Weitere Fragen zu diesem Thema erbrachten nichts Genaueres.

Wir fuhren in Malus moderne Wohnung, die von der Rio Mississippi aus gesehen auf der anderen Seite des großen Chapultepec-Parks gelegen ist. Sie hatte einmal einen Schmalfilm von ihrem Stiefvater gedreht und wollte ihn für uns heraussuchen. Sie baute den Projektor auf und schaltete ihn ein. Malu ließ zwei Rollen Film durchlaufen, auf denen sie selbst und andere junge Mexikaner an den Stränden und in den Swimming-Pools von Acapulco herumtollten, ehe sie die richtige Spule fand. Zu Beginn kamen weitere Strandszenen, denen Einstellungen mit einem kleinen Mädchen in einem Garten folgten, darauf eine Gruppe von Erwachsenen, die etwas gestelzt aus einem Haus gingen. In ihrer Mitte befand sich ein knochiger, bebrillter Mann, der eine Strickjacke trug. Diese kleine Gruppe spazierte eine Weile vor der Kamera herum, dann gingen sie alle ins Haus zurück, Croves voran, seine Glatze deutlich sichtbar, während Señora Luján in die Kamera lachte und winkte. Die ganze Einstellung dauerte nur ein paar Sekunden, und wir ließen sie nochmals durchlaufen. Ich beobachtete Croves genau. Er machte keine Kapriolen für die Kamera. Sein großer Kopf wirkte wie aus Stein gemeißelt, seine Miene blieb unbeweglich, und er schien sich wegen der kleinen Charade etwas unwohl zu fühlen. Malu gab mir den Film mit, um ihn kopieren zu lassen.

Als nächstes brachte sie eine Tonbandkassette, auf der sich eine Probe von der Stimme des Skippers befinden sollte. Am Anfang der Aufnahme schwatzten mehrere Leute durcheinander, ich erkannte darunter die Stimme von Señora Luján. Dann gab es eine Aufnahme, auf der ein paar andere Leute sprachen, und hier erkannte ich allmählich die Stimme von Paul Kohner. Die Aufnahme war bei der endlich zustandegekommenen ersten und letzten Begegnung zwischen Kohner und Croves gemacht worden. Leider gab es keinen einzigen Ton, den Croves zum Gespräch beisteuerte, und ich hatte mich beinahe schon damit abgefunden, daß er nicht auf dem Tonband zu hören war, als plötzlich ein Klick zu hören war, gefolgt von einer kleinen Pause, während der jemand das Mikrofon anders aufstellte. Mit tiefer Stimme und einem Akzent, der für meine ungeübten Ohren sowohl deutsch als auch skandinavisch sein konnte, sprach dann Hal Croves langsam, überlegt und ganz deutlich. ,,Ich sitze in der Tinte'', waren die dramatischen ersten Worte, die ich aus seinem Munde hörte. ,,Nicht gerade in der Tinte'', fuhr er fort, ,,aber ich brauche einen Rat, den Sie mir vielleicht geben können. Welcher der großen Klaviervirtuosen hat die *Ungarische Rhapsodie* komponiert?'' Paul Kohner lieferte die Antwort: ,,Franz Liszt''. Dies mußte für Croves wegen seiner Schwerhörigkeit wiederholt werden, und als er endlich verstanden hatte, erhob er seine Stimme und sagte zu Señora Luján: ,,Das habe ich Dir doch gesagt, und Du hast gesagt, Brahms.''

Darauf folgte eine Diskussion über Liszt, und dann las Croves einen Brief von einem Künstler vor, der um die Erlaubnis bat, ein Traven-Buch illustrieren zu dürfen. Ich lauschte ebensosehr dem Klang der Stimme wie der Bedeutung der Worte. Es war eine fast unheimliche, hallende Stimme, die Stimme eines Schauspielers mit gemessenem Ausdruck und wechselndem Klang. Es gab auch einen dogmatischen Anklang, als er nämlich einen neuen Vertrag für die Veröffentlichung der Traven-Bücher mit den Verlegern Hill und Wang erklärte. Dieser befehlende Ton lag sicher zum Teil nur an der Sprechweise eines alten, schwerhörigen Mannes, aber ich glaubte darin ein Echo der B. Traven-Briefe zu vernehmen. Es war die Stimme eines Mannes, der zu allem eine Ansicht hat und diese auch gern darlegt und will, daß man ihm zuhört. Es gab zahlreiche Unterbrechungen auf dem Band, und die Aufnahme endete abrupt mitten in einer der interessantesten Passagen, als nämlich Croves ein lebhaftes Interesse am gegenwärtigen Deutschland zeigte. Er fragte Paul Kohner, ob er in regelmäßiger Verbindung mit Deutschland stehe, wie dort die politischen Verhältnisse seien, was für ein Mann dieser Ulbricht sei. Ein sehr säuerlicher Mann, antwortete Kohner, doch bevor einer der beiden sich weiter in das Thema vertiefen konnte, hatte jemand das Aufnahmegerät abgeschaltet, und man vernahm nur noch ein trockenes elektronisches Summen.

Es war unheimlich, den verstorbenen Traven vom Tonband reden zu hören und ihn über die Heimkinoleinwand stolpern zu sehen. Wir waren auserwählt worden, einen Blick auf die körperliche Erscheinung dieses Mannes zu werfen, als ob er kurz als Geist durch das Zimmer spaziert wäre. Wir spürten ihn: Ein Schatten an der Wand, ein leichter Luftzug, eine körperlose Stimme, die sich eifrig nach einem fernen Land erkundigte. Er nannte sich Hal Croves, dieser alte Mann; und Torsvan, und Traven. Wir hatten ihn auf der Leinwand gesehen und seine Stimme gehört. Aber wer war er?

Am folgenden Tag zeigte uns Señora Luján einige Fotos von Croves in seinen letzten Lebensjahren. Er war mit seiner Frau und seinen Stieftöchtern in Kaffeehäusern und Restaurants zu sehen, in lächelnder Runde um den Mittagstisch im Haus an der Rio Mississippi, stehend im Garten und bei der Beerdigung eines Freundes. Es gab ein Foto von der Beerdigung mit Paul Kohner, das gleiche Bild, das auch Kohner uns schon gezeigt hatte, und sogar eine Bildreihe, auf der Croves in kurzen Hosen und Strandhemd mit der Señora am Meer herumalberte. Da war er, ein zäher, knochiger Mann, dessen Adern sich auf den Armen wie Stricke abzeichneten, aber er war trotz seines hohen Alters fit und schlank und voller Leben. Die Señora erinnerte uns noch einmal daran, daß er bis zu seinem Tode „ein richtiger Mann" gewesen war. Sein Charakterkopf beherrschte alle Fotos. Die gewaltige Nase; die hohe schräge Stirn; die lange Oberlippe, der breite, flache Mund und die großen Ohren.

Señora Luján zeigte mir auch einige Dokumente aus den letzten zwanzig Jahren seines Lebens. Damit wurde in gleicher Weise verfahren wie mit den Fotos und allen anderen Dingen, die mir die Señora zur Begutachtung gab. Sie ging nach oben in ihr Büro im ersten Stock und kam mit einer Auswahl Papiere in der Hand oder in einer Mappe zurück. Ich durfte niemals in dieses Arbeitszimmer eintreten, und einmal ließ mich die Señora draußen stehen, als sie hineinging, um etwas zu holen, und schloß ganz bewußt die Tür vor meiner Nase. Ich hatte den Eindruck, daß alles, was uns gezeigt wurde, zuvor sorgfältig herausgesucht und bereitgelegt worden war. Man zeigte uns, daß wir nur soviel sehen durften. Ich wußte, daß andere mit Señora Luján ähnliche Erfahrungen gemacht hatten. Unklar blieb mir jedoch, ob sie eine Menge geheimen, vielleicht sensationellen Materials behütete oder einfach nur eine genaue Übersicht behalten wollte, damit nichts verlorenging oder gestohlen wurde.

Die Dokumente waren interessant. Alle offiziellen Papiere ihres Mannes lauteten auf den Namen Torsvan. Der sehr eigenwillige Mr. Hal Croves, der ständig darauf bestand, daß seine Freunde ihn Hal oder Mr. Croves nannten, hatte keine offizielle Existenz. In Wirklichkeit war er Mr. Torsvan, Croves war ein Name, den er zuerst bei John Huston ausprobiert hatte, unter dem er Drehbücher geschrieben und den er all seinen Freunden und Bekannten untergeschoben hatte, aber unter diesem Namen wäre er stets unauffindbar gewesen. Croves war in Wirklichkeit Torsvan, derselbe Torsvan, den Luis Spota in Acapulco aufgestöbert hatte — die mir jetzt vorliegenden Dokumente zerstörten jeden etwa noch verbliebenen Zweifel darüber. Der gerissene alte Mann hatte den Namen Croves erfunden, um ihn bei all seinen Auftritten außerhalb Acapulcos zu benutzen, und das umfaßte die gesamten letzten zwanzig Jahre seines Lebens, die er in Mexiko-City verbrachte.

Hier war der Brief vom 1. Oktober 1951, in dem Mr. Traven Torsvan die Verleihung der mexikanischen Staatsbürgerschaft mit Wirkung des darauffolgenden Tages angekündigt wurde. Seine mexikanische Einbürgerungskarte enthielt sein Foto, seine Fingerabdrücke und einige biographische Daten. Er war 1,68 m groß, seine Augen waren blau, sein Haar war grau. Dies deckte sich mit der Einwanderungskarte vom Jahr 1930, die Spota ausgegraben hatte (natürlich war Torsvans Haar in den zwanzig Jahren zwischen der Ausstellung des ersten und des zweiten Dokuments grau geworden; auch war er jetzt nicht mehr Ingenieur, sondern Farmer). Die Karte vom Jahre 1951 beschrieb ihn noch immer als in Chicago geborenen Nordamerikaner, enthielt aber auch die Information, daß seine Eltern Burton und Dorothy Torsvan hießen. Und es gab einen auffälligen Unterschied — als Geburtsdatum war jetzt der 3. Mai 1890 angegeben, nicht mehr der 5. März desselben Jahres wie zuvor. Es war derselbe Mann, aber in den 21 Jahren dazwischen hatte Mr. Torsvan seinen Geburtstag verlegt. Señora Luján hatte dafür keine Erklärung.

Ich nahm einen mexikanischen Reisepaß in die Hand, der ihrem Mann 1956 ausgestellt worden war, in dem ebenfalls sein Geburtsdatum als der 3. Mai 1890 angegeben war, als Geburtsort Chikago. Größe, Augenfarbe und Haarfarbe waren dieselben wie auf der Einbürgerungskarte, und sein Beruf war diesmal als Obstfarmer angegeben. Vom Paßfoto blickte der in einen adretten Tweedanzug gekleidete Mr. Torsvan den Betrachter mit zusammengekniffenen Augen argwöhnisch an. Der verächtliche Blick galt sicherlich den Beamten, die dieses Dokument in die Hand nehmen würden. Genau das erwartete man von dem Mann, der „die Sache mit dem Paßzwang an die Öffentlichkeit" hatte bringen wollen. Wie sehr muß es ihn gewurmt haben, diesen Paß beantragen, irgendeinem Bürokraten Foto, Unterschrift und Daumenabdruck zur Beglaubigung und zum Archivieren aushändigen zu müssen. Und doch war es ihm gelungen, selbst in dem Augenblick, in dem er scheinbar der Gnade der Beamtenschaft ausgeliefert war, sich ein klein wenig für die Anmaßung seiner Peiniger zu rächen. Dieser Paß war auf den Namen Traves Torsvan ausgestellt. Ich bemerkte, daß ein Impfzeugnis und eine Wahlkarte ebenso auf den Vornamen Traves statt Traven ausgestellt waren, und ich fragte Señora Luján nach dem Grund. Das sei ganz einfach gewesen. Oft komme es vor, daß Leute sich verhören oder etwas falsch buchstabieren, wenn man ihnen Namen und Adresse nennt, und dann verbessert man sie, wenn man es bemerkt hat. Nun, ihr Mann pflegte dies nicht zu verbessern. Er ließ es zu, daß man seinen Namen mit einem kleinen Fehler registrierte — und ließ ihn so unkorrigiert in die Akten wandern. Ihn ging es nichts an, wenn ein Fehler gemacht worden war. Wenn Beamte schon so neugierig waren, daß sie seinen Namen wissen wollten, dann war es ihre Aufgabe, ihn richtig aufzuschreiben, nicht die seine, ihnen auch noch bei der Störung seiner Intimsphäre zu helfen. Er hätte es still genossen, daß er ihnen einen Fehler untergeschoben hatte und daß daraus vielleicht eine Verwirrung entstehen könnte, sagte die Señora. Sie hatten einen Traves und einen Traven; sollten sie das Richtige herausfinden, wenn sie wollten.

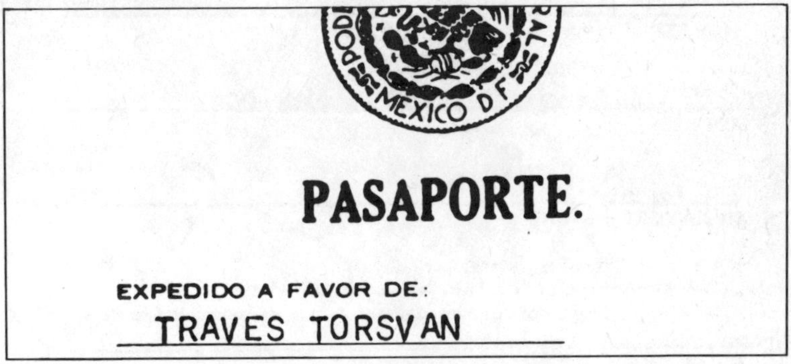
MEXICO D F

PASAPORTE.

EXPEDIDO A FAVOR DE:

TRAVES TORSVAN

Den gleichen Trick schildert auch der Verfasser vom *Schatz der Sierra Madre*: ,,Dobbs kam hinein zu dem Hausmeister, legte seinen Peso auf den Tisch und sagte: ‚Lobbs, für zwei Nächte'. Der Hausmeister blätterte in dem Buche herum, bis er ein leeres Blatt fand, schrieb ‚Jobbs', weil er nicht richtig verstanden hatte und zu höflich war, noch einmal zu fragen . . .''

Die untersten drei Papiere in diesem Stapel waren Mitgliedskarten der amerikanischen Schriftsteller-Gilde auf den Namen B. Traven. Die erste aus dem Jahr 1952 war vom Autor nicht unterzeichnet und trug eine New Yorker Adresse, zu Händen einer literarischen Agentur, wie ich vermutete. Die anderen beiden, aus den Jahren 1966 und 1967, ebenfalls für B. Traven, c/o R. E. Luján unter einer Postfach-Adresse in Mexiko-City, trugen, welch ein Wunder, eine winzige, fast unleserliche Unterschrift. Deutlich zu erkennen in dem Krakel waren aber die überaus wichtigen Intitialen B.T. Ich hatte den Eindruck, daß Señora Luján uns mit dieser ersten Mappe von Papieren und Fotos hatte beeindrucken wollen, und das war ihr gelungen.

The Authors Guild, Inc.

1967 234 WEST 44th STREET, NEW YORK, N. Y. 10036 1967

B. Traven

MEMBER c/o R. E. Lujan
Apartado 2701
Mexico 1, D.F., Mexico

ADDRESS

SIGNATURE

This card identifies a member of
The Authors Guild, Inc. and
The Authors League of America, Inc.

Membership Secretary

15 „So ein faszinierender Mann"

„Ihr Mann nannte sich Hal Croves, Sie nannten sich Mrs. Croves. Welche Beziehung hatte Croves zu Traven?"

Mit dieser einfachen und naheliegenden Frage begannen wir unser erstes gefilmtes Interview mit Señora Luján, und sie kam uns mit einer ehrlichen und direkten Antwort entgegen: „Sie waren beide derselbe Mann."

Zur Untermauerung dieser Behauptung fügte sie noch hinzu, daß ihr Mann die Bücher so gut gekannt habe, daß er, wenn er nach einem Traven-Roman ein Film-Drehbuch schrieb, nicht einmal ein Exemplar des betreffenden Buches mit in das Hotelzimmer nahm, in dem er tagsüber arbeitete. Die Señora war zu Beginn unserer Aufnahmen ein wenig nervös und gab ihre Antworten mit würdevoller Förmlichkeit ab. Ihre Antworten waren zunächst kurz, wurden dann länger und ausführlicher; dennoch hatte ich stets das Gefühl, daß sie ihre Aussagen genau abmaß und sie nur in sorgfältig vorbereiteter Form abgab.

Wir entsannen uns der Zweifel, die Baumann und Sanora Babb hinsichtlich der Kenntnis ausgesprochen hatten, die die Señora vom früheren Leben ihres Mannes hatte. Ihr Verhalten konnte diese Zweifel kaum zerstreuen. Sie lächelte die ganze Zeit starr und abwehrend, und ihre Augen zuckten, als ob sie mit jeder Frage eine Falle erwartete. Einige Male wandte sie aus Nervosität oder Verlegenheit ihren Blick plötzlich von der Kamera ab. Robinson und ich wußten nicht, ob wir dicht an verborgenen Wahrheiten und bitteren Geheimnissen waren, oder ob die Señora wirklich nicht mehr wußte als das, was sie uns sagte. Widersprüchlichen Berichten über die Herkunft und die Geschichte ihres Mannes maß sie gleiches Gewicht bei, und sie übernahm bereitwillig anderer Leute Theorien über sein Leben. Teilte sie seine Vorliebe für Tricks und gezielte Verwirrung? Machte sie aus Loyalität zu ihrem Mann seinen Mumpitz weiter? Hielt sie aus rein kommerziellen Erwägungen zum Zwecke der Werbung und Publicity den Kessel am

Brodeln? Nahm sie jede angebotene Erklärung an, um ihre eigene Unwissenheit zu kaschieren? Wir wurden uns nicht schlüssig. Wir bewunderten sie, weil sie sich für das Werk ihres Mannes einsetzte und tapfer alle Angriffe auf sein Geheimnis abgewehrt hatte. Wir waren irritiert von ihrer willkürlichen Widersprüchlichkeit. Wir waren verwirrt von der Wolke der Unbestimmtheit, die unsere Fragen aufsog.

Die Crux der ganzen Angelegenheit war die Frage nach den Namen und der Herkunft ihres Mannes, und in diesem Bereich war das Dickicht besonders undurchdringlich. Seine Eltern seien Burton und Dorothy Torsvan gewesen, wie es in seinem Paß stand, sagte die Señora; als aber Robinson danach fragte, ob sie die Geschichte glaube, daß ihr Mann ein unehelicher Sohn von Kaiser Wilhelm war, verfingen wir uns alle drei im Gestrüpp.

Luján: „Nun, das ist oft gesagt worden. Es gab vor vielen, vielen Jahren in Deutschland solche Gerüchte, und sie sind auch oft publiziert worden. Ich glaube, was er mir gesagt hat. Ich glaube meinem Mann. Er sagte mir, daß er Traven war, also war er für mich Traven Torsvan.

Frage: „Wie erklären Sie sich dann die Ähnlichkeit Ihres Mannes mit den anderen Kindern des Kaisers? Die Fotos scheinen doch darauf hinzudeuten."

Luján: „Ja. Er sah ihnen sehr ähnlich, und wir sprachen viel über den Kaiser, sehr oft. Er hatte Bilder vom Kaiser. Er erzählte mir viele gute Dinge und viele schlechte über ihn. Ja, wir diskutierten über ihn. Und die Ähnlichkeit — die besteht wirklich. Ja."

Frage: „Aber diese Ähnlichkeit überzeugt Sie dennoch nicht, daß er vielleicht . . ."

Luján: „Es ist keine Frage der Überzeugung. Ich meine, wenn er sagt, seine Eltern waren die und die. Er sagte mir, daß sein Vater ein armer Fischer in Norwegen war, der nach viel Mühen mit einem Partner zusammen einen kleinen Kutter hatte kaufen können. Und er starb vor der Geburt meines Mannes in der See, so daß Traven seinen Vater nie kennengelernt hat. Und dann ging seine Mutter in die USA, und er kam dort zur Welt."

Weder bestätigte noch bestritt sie die Geschichte mit dem Kaiser oder irgendeine andere Erklärung seiner Herkunft. Es war, als ob die Umstände seiner Geburt keine geschichtliche und nachprüfbare Begebenheit, keine tatsächliche, sondern eine dichterische Wahrheit sei, die man nach Belieben redigieren und verändern konnte. Er wollte nicht der Sohn vom Kaiser sein, sagte die Señora, weil er sich nichts aufoktroyieren lassen wollte. Er hatte zu ihr gesagt: „Ich kann mein Land selbst wählen; ich kann meine Eltern selbst wählen." Er wollte den Kaiser nicht zum Vater haben, und damit war die Sache für ihn erledigt.

Das widersprach sehr stark dem positiven Bericht, den Señora Luján Judy Stone gegeben hatte, der sie berichtet hatte, wie Croves in Deutschland sehr erregt gewesen und damit herausgeplatzt sei, daß der Kaiser sein Vater gewesen sei. Wir versuchten es auf einem anderen Weg. Robinson fragte, ob die Señora glaubte, daß ihr Mann aus einer armen Arbeiterfamilie oder aus einer wohlhabenden Familie der oberen Stände stammte. Aus einer wohlhabenden Familie, dessen war sie sicher. Seine Behauptung, er habe niemals eine Schule besucht, war offensichtlich unwahr, da er ein sehr gebildeter Mann gewesen war, der acht Sprachen beherrschte und Klavier und Geige spielte. Aus seinen Tischmanieren, aus seiner Art sich zu kleiden, aus seinem Benehmen erkannte sie, daß er aus gutem Hause stammte. Das hörte sich aber gar nicht danach an, als ob ihr Mann tatsächlich der Sohn eines armen Fischers gewesen sei, wandten wir ein. Die Señora lachte nur und sagte: „Nun, in diesem Leben ist alles möglich." Wenn man mit Hal Croves verheiratet gewesen war, mußte man wohl so denken.

Croves hatte der Señora auch eine andere Geschichte aufgetischt, die sich radikal von der Story vom armen norwegischen Fischer unterschied und wiederum vielsagend auf den Kaiser deutete. Demnach sei er ein enger Verwandter einer berühmten deutschen Sängerin aus adligem Haus gewesen (Señora Luján konnte sich nicht an den Namen oder den Titel erinnern, glaubte aber, daß sie eine Gräfin gewesen sei). Croves hatte seiner Frau einige Male ein Theaterprogramm mit dem Namen dieser Frau gezeigt, die in einer travengemäßen Haltung niemals ihren Adelstitel führte, sondern einfach als Frau Soundso auftrat. Diese Sängerin gehörte zu einer Kapelle, die alljährlich während der Saison in Karlsbad auftrat. Dort hätte sie den Kaiser und dessen Familie kennengelernt. Croves sagte seiner Frau, daß seine eigene Familie mehrfach ihren Urlaub bei dieser Frau in Karlsbad verbracht hätte. Aber das war alles. Die Geschichte endete, als sie anfing, interessant zu werden, und verlor sich in Andeutungen und Geflüster. Mit zunehmender Ungeduld fragten wir Señora Luján, nur der Ordnung halber, nach der ursprünglichen Staatsangehörigkeit ihres Mannes.

Luján: „Mein Mann sagte mir, daß er in den Vereinigten Staaten geboren war. Er verbrachte seine Jugend teilweise in Großbritannien, teilweise in Deutschland."

Frage: „Warum machte er aus seiner Identität ein solches Geheimnis?"

Luján: „Das tat er nicht."

Wir bewegten uns im Kreise. Die Sache mit Britannien war neu, und ich argwöhnte, daß das eine Dreingabe war, um den Film für das heimische BBC-Publikum interessant zu machen. Dennoch notierte ich diesen Punkt. Wir sagten der Senora, daß ihr Mann zwar ihr gegenüber seine Identität nicht getarnt, sich jedoch fortwährend hinter verschiedenen Namen verborgen hätte. Vielleicht lag der Grund dafür im ersten Abschnitt seines Lebens, sagte sie; vielleicht war es die Art, auf die er auf diese Welt gekommen war, die ihn so gemacht hatte.

Die Señora war sich ganz sicher, daß Ret Marut eine frühere Identität ihres Mannes gewesen war. Auf ihren Lippen geriet der Vorname manchmal zu Fred und der Nachname zu Maruth, aber sie bestätigte, daß ihr Mann unter diesem Namen in Deutschland gelebt hatte. Sie genoß es, über diesen Abschnitt seines Lebens zu sprechen, rühmte die Tapferkeit und den Idealismus aller Führer der Münchner Revolution von 1919. Es sei eine edle Zeit gewesen, eine Zeit für Männer wie ihren Mann, für Kämpfer gegen das Unrecht. Nachdem er entkommen konnte, war er einige Jahre lang auf der Flucht und — hier wurde die Aussage der Señora ein wenig unbestimmt — in dieser Zeit sei er zur See gefahren. Er hätte kurze Fahrten auf verschiedenen Dampfern gemacht, oder, wie sie es meiner Meinung nach ein wenig zu geschickt ausdrückte: ,,oder sagen wir auf Totenschiffen, weil er seinen Paß nicht vorzeigen konnte''.

Obwohl er den Namen Marut abgelegt hatte, lebte er in ständiger Angst, daß die reaktionären Kräfte, die in Deutschland die Macht ergriffen hatten, ihn in Mexiko aufspüren und sich an ihm rächen würden. Señora Luján hatte ebenso wie Figueroa Grund, sich an die Zeit zu erinnern, als die Reporter vom *Stern* ihm auf der Spur waren. Sie erwachte eines Nachts durch einen Brandgeruch und ging nach unten, wo sie ihren Mann dabei überraschte, wie er Papiere im Kamin verbrannte. Dokumente, Geschichten und Briefe aus seinen Marut-Tagen. Nur wenige Papiere wurden gerettet.

Dann führte uns die Señora nach oben auf die ,Kommandobrücke', um uns ein Porträt zu zeigen, das am Ende des Raumes über der Totenmaske hing. Es war ihr geschickt worden, nachdem sie der Welt verkündet hatte, daß ihr Mann Ret Marut gewesen war. In Deutschland hatte die Frau, die Maruts Sekretärin gewesen war, das Bild hervorgeholt, das sie fünfzig Jahre lang sorgfältig aufbewahrt hatte, und es an die Señora geschickt. Die Zeichnung von Franz Seiwert zeigte einen Marut mit schmalem, effektvoll beleuchtetem und leicht idealisiertem Gesicht. Die lange Oberlippe, die markante Nase und das Ohr wiesen eine deutliche Ähnlichkeit mit den Fotos des alten Mannes auf.

Am zweiten Tag unserer Filmarbeit fragten wir die Señora erneut nach der Geburt und dem wahren Namen ihres Mannes, und schon saßen wir wieder fest. Wir bekamen aber eine neue Version von der Kindheit des alten Täuschers serviert. Demnach hatte er der Señora gesagt, daß er als Kind nicht lange bei seinen Eltern gelebt habe und schon sehr jung durchgebrannt sei. Sein Vater sei ein Theaterunternehmer gewesen, der eine Ballett-Truppe nach San Franzisko gebracht habe, und er selbst sei auf dem Schiff auf dem Wege in die Vereinigten Staaten geboren worden. Daher sein Empfinden, ein Bürger der Welt und nicht eines bestimmten Landes zu sein. Die verwirrende Vielfalt der Geschichten, die ihr Mann um sich herum gesponnen hatte, schien die Señora in keiner Weise zu beunruhigen. Mit trotziger Loyalität verkündete sie, es sei ihr gleichgültig, wer sein Vater gewesen sei; für sie waren diese Geschichten keine wirklichen Widersprüche, sondern Teil seines unendlich faszinierenden Charakters.

Namen seien für Traven unwichtig gewesen, sagte die Señora. Füı mich hörte es sich vielmehr so an, daß sie ihm so wichtig waren, daß er es sich kaum leisten konnte, einen zu besitzen. Namen verpflichteten und definierten den Menschen. Er glaubte sogar, daß Bücher anonym verlegt werden sollten, weil der Name des Autors auf dem Buchdeckel beim Leser eine bestimmte Erwartung weckte, noch ehe er das Buch gelesen hatte. Auf den Ruhm der Autorenschaft konnte er gut verzichten. In Travens Erzählung *Nachtbesuch im Busch* sagt Doc Cranwell, daß er viele Bücher geschrieben und nie veröffentlicht habe, und er erklärt:

„Warum sollte ich denn meine Bücher veröffentlichen? Ich hatte meine Freude und meinen Genuß, wenn ich sie schrieb. Für die Leute? Ich möchte wissen, warum. Die haben so viele gute Bücher, die sie nicht lesen. Warum sollte ich ihnen noch mehr geben? Zudem würden die Leute meine Bücher gar nicht glauben. Sie würden mich für unsinnig erklären, und ich müßte mich vielleicht gar noch mit ihnen herumstreiten, um sie zu überzeugen, daß ich recht habe und daß ich die Wahrheit sage."

Wenn ein Mann so dachte, sagte die Señora, war es dann ein Wunder, daß er seinen Namen so oft änderte? Tatsächlich habe er noch kurz vor seinem Tod seinen Namen erneut ändern wollen. Zwar war Croves zu einer Art von Familiennamen geworden, aber er hatte ihn satt und dachte daran, sich einen neuen zuzulegen. Er hatte ihr verschiedene Möglichkeiten genannt, sich aber noch nicht endgültig entschieden. Señora Luján konnte sich an die Namen der engeren Wahl nicht mehr erinnern, doch sie war sicher, daß er einen mit dem Anfangsbuchstaben D gewählt hätte, der nach C wie Croves im Alphabet folgte. A, B, C, D. Ich kannte keine Namen mit den Anfangsbuchstaben A oder B, die ihr Mann benutzt hatte, darum wollte mir die alphabetische Reihenfolge nicht einleuchten. Die Señora konnte mir nicht weiterhelfen: „Nun, er sagte mir den Namen nicht genau. Vielleicht erwähnte er ihn auch, aber ich habe ihn vergessen. Darum sind wir auch so gut miteinander ausgekommen, weil ich all diesen Dingen keine so große Beachtung schenkte. Sehen Sie, wenn ein Mann mir sagt, ‚mein Name ist soundso', dann ist das sein Name, und damit hat es sich. Warum sollte ich ihn dazu befragen?"

Sie glaubte alles, und nun fütterte sie uns überreichlich mit eigenartigen Schnipseln, wobei sie sich unserer Meinung nach der Werbewirksamkeit wohl bewußt war. Manchmal geriet die Señora in ihre eigenen Verstrickungen, zum Beispiel als sie den Namen Gales und Marut, den Windgott, miteinander in Verbindung brachte und hinzufügte, daß der Name Torsvan wahrscheinlich von Thor, dem germanischen Donnergott, abgeleitet war. In diesem Falle, meinten wir, müßten alle drei Namen erfunden sein, eine Beobachtung, die der Señora mißfiel. „Sie können denken, was Sie wollen" entgegnete sie, „sein richtiger Name war Torsvan". Damit meinte sie, daß Torsvan sein offizieller Name in Mexiko war und der Name, unter dem sie ihn geheiratet hatte. Das wollte sie nicht bedroht wissen. Unsere Skepsis gegenüber einigen ihrer Geschichten kann ihr nicht entgangen sein. Als sie einen Schiffskompaß hervorholte, der ihrem Mann gehört hatte, zögerte sie beinahe verlegen, den dazu wohl üblichen Spruch aufzusagen; nämlich, daß das sehr wahrscheinlich der Kompaß vom echten Totenschiff sei.

Señora Luján brauchte die Bedeutung des Materials in ihrem Besitz wirklich nicht zu betonen. Es war eine gewaltige Sammlung von Dokumenten, Artikeln und auch Fotos — einige von ihrem Mann und viele hundert, die er aufgenommen hatte. Zusammen ergaben sie eine erdrückende Beweislast, von Indizienbeweisen zwar, daß dieser Mann Traven war. Die Papiere und Fotos, die wir zuvor gesehen hatten, stammten aus den letzten Jahren seines Lebens, nach 1951, nun aber brachte uns Señora Luján eine Mappe mit Material über einige seiner frühen Jahre in Mexiko. Es gab nichts aus der Zeit zwischen 1930 und 1951. Die meisten dieser Jahre hatte er mit Maria de la Luz Martinez zusammengelebt, und es war gut möglich, daß Señora Luján wenig aus diesem Kapitel seines Lebens besaß. Vielleicht hatte sie es uns auch einfach nicht zeigen mögen. Meine Neugier in bezug auf diese Lücke wurde aber von meiner Erregung verdrängt, die ich beim Anblick der Dokumente der Aktivitäten ihres Mannes in Mexiko in den zwanziger Jahren verspürte. Schon aus dem, was sie uns zeigte — und ich hielt es für eine kleine Auswahl —, wurde deutlich, daß er von 1925 an in Mexiko gewesen war und sich Torsvan genannt hatte, und daß er die gleiche Arbeit verrichtet und die gleichen Orte besucht hatte wie Traven.

Die beiden frühesten Dokumente in der Mappe stammten beide aus dem Jahre 1925 und waren die einzigen auf den Namen B. Traven. Das erste war eine Mitteilung von der Redaktion des *Vorwärts* in Berlin, daß man Herrn B. Traven in Columbus, Mexiko für seinen Artikel „Woher die Götter kommen" honorieren würde. Die Mitteilung trug das Datum vom 7. Februar 1925, mehrere Monate vor dem Beginn der Serie *Die Baumwollpflücker*. Das zweite war ein Brief von der Erdölgesellschaft ‚El Aguila' an B. Traven Esquire in Tampico, die ihm für seine Bewerbung vom 1. August dankte, jedoch bedauerte, keine passende Stelle frei zu haben. Alle anderen Dokumente lauteten auf den Namen Traven Torsvan.

Es schien, daß er sich in Mexiko bis 1925 B. Traven genannt und seine ersten Manuskripte unter diesem Namen abgeschickt hatte. 1926 dann hatte er für die meisten Zwecke zu Traven Torsvan gewechselt, aber weiterhin unter B. Traven geschrieben. Er führte diese beiden Identitäten bis zum Ende seines Lebens, wobei er eine dritte, die des Hal Croves, in den frühen vierziger Jahren hinzufügte. Die Identität Croves wurde wahrscheinlich als Deckname für seine Kontakte mit Filmemachern wie Figueroa und Huston eingeführt. Also gab es B. Traven, den Romancier und Geschichtenschreiber, Traven Torsvan, den mexikanischen Bürger, und Hal Croves, Drehbuchautor und Agent.

Die ersten Schriftstücke auf den Namen Torsvan bezogen sich auf eine wissenschaftliche Forschungsreise durch den Süden Mexikos, die die Regierung 1926 als Teil eines Feldzuges gegen die Heuschrecken organisierte. Das war die von Enrique Palacios geführte Expedition. Da lag Torsvans Teilnehmerausweis komplett mit einem kleinen ovalen Paßfoto, auf dem er eine Fliege trägt und unter einem flachkrempigen Filzhut ausdruckslos in die Kamera blickt. Da gab es auch noch verschiedene andere Papiere, die mit jener abenteuerlichen Reise zu tun hatten: Anweisungen, Informationsblätter und eine von Traven unterschriebene Quittung über den Empfang eines Moskitonetzes und einer Dose Stiefelfett.

Bei diesen Papieren lag auch das getippte Manuskript eines Artikels über den Zweck dieser Expedition; er trug die Autorenzeile: „Von unserem Sonderkorrespondenten B. T. Torsvan". Noch eine weitere Version seines Namens.

Torsvan war der Fotograf dieser Expedition, und Señora Luján hatte Schachteln voller Fotografien, die ihr Mann von den Städten, der

Landschaft, und, vor allem, von den Indios in der Region Chiapas aufgenommen hatte, durch die die Forscher reisten. Die Thematik und der Stil der Fotos ähnelte jener im *Land des Frühlings*, dem einzigen Sachbuch von Traven. All diesen Fotos war der Respekt vor der Würde des Abgebildeten gemeinsam, ob es sich nun um Bauwerke, Menschen oder um Landschaften handelte. Torsvans Kameras und der Entwicklungskasten, den er auf seine vielen Reisen in den Dschungel mitgenommen hatte, befanden sich noch immer im Besitz der Señora.

Ich sah ein kleines Notizbuch, ein Tagebuch einer Reise nach Chiapas im Jahre 1926, womöglich gar von der offiziellen Expedition. Die mit Bleistift geschriebenen Eintragungen auf den linierten Seiten waren unterschiedlich lang. Da gab es lange Beschreibungen einer Reise oder eines Ortes; manchmal nur eine Notiz, daß er eine bestimmte Stadt oder ein Dorf besucht hatte. Eine Eintragung bestätigte, daß er zu jener Zeit Fotos machte, sie lautete einfach ,,entwickelt''. Die wenigen Seiten, die ich betrachten konnte, enthielten nichts Ungewöhnliches, tatsächlich waren die Notizen eher langweilig:

,,Ausflug zu den Wiesen bei der Mühle . . . Reise nach Arista am Golf von Tehuantepec, pazifischer Ozean, beide (?) per Auto ca. 75 Minuten. Wunderbare Küste, idealer Urlaubsort. War einmal ein Hafen, hatte eine Eisenbahnverbindung mit Tonala. Unterbrochen und demontiert . . . 2.30 Uhr Abfahrt in Autos nach Tuxtla Gutierrez. Spaß (?) unterwegs. Malerische Straße durch die Sierra Madre. Ochsenkarren kriechen zu Hunderten die Straße entlang. Nachts machen sie halt und brechen um 2.00 Uhr früh wieder auf . . .''

Andere Papiere bezogen sich auf weitere lange Reisen in den Süden. Ich sah einen Passierschein aus dem Jahre 1928, der ihm gestattete, für acht Tage nach Guatemala einzureisen; ein Empfehlungsschreiben aus San Cristóbal aus dem Jahre 1929 und Briefumschläge sowie eine Mitteilung einer Bank an den Ingenieur (Ingeniero) Torsvan in Ococingo im Jahr 1930. Eine Inventurliste seiner Ausrüstung für eine Expedition umfaßte Visitenkarten, Zigarren, Reiseapotheke, Patronen, Landkarten, Insektenpulver und ,,eine Krawatte''. Ein Foto von einer solchen Reise zeigte einen Mexikaner, der unter einem ausladenden Baum einen Haufen solcher Ausrüstung bewacht. Auf einem weiteren war Torsvans Maultier zu sehen, das gesattelt und beladen am Straßenrand graste.

Es gab einige Fotos von dem Mann selbst im Dschungel: gelassen lächelnd in seiner Forscherkluft aus Buschhemd, Halstuch und weiten Hosen, die in kniehohen Schnürstiefeln steckten. Auf einigen trug er einen schwarzen Filzhut, auf anderen einen Tropenhelm. Aus einem großen Schrank auf der ,Kommandobrücke' holte Señora Luján ein

Paar hohe braune Stiefel ihres Mannes und eine Papiertüte mit seinem Tropenhelm. Ich sollte Helm und Stiefel mit denen vergleichen, die Torsvan auf einem Foto trug; dort saß er auf einer Steinmauer und schrieb etwas in sein Notizbuch. Sie hatte nichts weggeworfen.

Torsvans Interesse für die Menschen und die Geschichte Mexikos ließ ihn zahlreiche anthropologische und archäologische Werke lesen, und 1927 nahm er an einem Sommerkurs an der National-Universität in Mexiko-City teil. Señora Luján hatte noch die Quittung für die Kursgebühr von 30 Dollar und einige Fotos von ihm, wie er mit den (größtenteils weiblichen) Studienkollegen im Hof der Universität zu Mittag aß. Sein Haar lichtete sich bereits, auf einem Bild war deutlich eine große kahle Stelle zu sehen, und er trug einen eleganten Anzug mit Einstecktuch in der Brusttasche und Fliege.

Für diese dandyhaften Fliegen hatte er offenbar in jenen Jahren eine Vorliebe. Er trug eine auf dem Foto in dem Ausweis für die Palacios-Expedition, und auch auf den Fotos in den beiden interessanteren Dokumenten aus der Sammlung der Señora: Einer Fotokopie der Einwanderungskarte aus dem Jahr 1930 (die, die Spota ausgegraben hatte) und das Original eines Jagdscheines, den Torsvan 1929 bekommen hatte. Die Personenbeschreibung auf den beiden Formularen stimmte überein, abgesehen von einem kleinen Unterschied in der Größe (1,68 m statt 1,70 m — unbedeutend) und unterschiedlichen Adjektiven zur Beschreibung der Haarfarbe (hellbraun statt sandfarben — wiederum nichts Verdächtiges). Das einzig Seltsame daran war, daß Torsvan auf dem Antrag von 1929 ziemlich füllig im Gesicht war, sein Haar an den Schläfen ergraute und er anscheinend weit über vierzig war, während dem Antrag von 1930 zwei viel ältere Bilder beigefügt waren, offensichtlich vom selben Mann, der aber viel schmaler im Gesicht war und eine glattere Haut hatte. Der gerissene Torsvan hatte den Einwanderungsbehörden Bilder von sich untergeschoben, die mindestens zehn Jahre alt gewesen sein mußten.

Das Material, das ich im Haus von Señora Luján einsah, deckte zwei Abschnitte im Leben ihres Mannes in Mexiko ab, den von 1925 bis 1930 und den von 1951 bis zu seinem Tod im Jahre 1969. Die vorhandene Lücke machte mich neugierig, aber ich hatte keine Neigung, irgendeine Verschwörer-Theorie wiederaufleben zu lassen. Ein fotografischer Beweis kann niemals ein endgültiger Beweis sein, aber in meinen Augen war der Mann, der sich in Mexiko von 1951 bis 1969 Croves und Torsvan nannte und mit Sicherheit seit der Mitte der vierziger Jahre in Acapulco gelebt hatte, der gleiche Mann, der sich in den zwanziger Jahren in Tampico, in Mexiko-City und in Chiapas Torsvan genannte hatte. Er war es, der durch die Wildnis gereist war, die Gesetze des Dschungels kennengelernt, das Leben der Indios studiert und deren Ausbeutung in den Mahagoni-Lagern durch die weißen Grundbesitzer und Unternehmer beschrieben hatte, die seine Gastgeber waren. Wenn es eine Verschwörung gegeben hatte und der frühere Torsvan (also der echte Traven) gestorben war, ermordet oder sonstwie beseitigt und durch den späteren Torsvan ersetzt worden war, dann hatten die Verschwörer einen Ersatz gefunden, der nicht nur die gleiche Größe und Gestalt wie das Original hatte, sondern ihm erstaunlich ähnlich sah, der sich wie er benahm und seine Korrespondenz mit derselben außergewöhnlichen Mischung von Angabe, Argwohn und Güte weiterführte. Der Mann, der Preczang und den Kleins Vorträge gehalten hatte, war der Mann, der Bernard Smith ausgewichen war, war der Mann, der sich in Türnischen versteckte und Zettel an Sanora Babb zerriß; der Mann, der in den zwanziger Jahren von der Fotografie fasziniert war, war der Mann, der in den vierziger und fünfziger Jahren fürs Filmemachen und für Filmstars schwärmte; der Mann, der an Paul Kohner geschrieben hatte, war der Mann, der Paul Kohner begegnet war. Es war immer derselbe Torsvan. Was war mit seinem Leben vor 1925? Señora Luján hatte uns gesagt, daß er Ret Marut gewesen war, und ich fragte sie, ob sie irgendwelche Papiere aus jenem Abschnitt seines Lebens hätte. Als wir am nächsten Tag zum Drehen ankamen, lag eine Mappe bereit. Sie enthielt einige interessante Dokumente über Maruts Karriere als Schauspieler und seine Teilnahme an der Münchner Revolution, aber es waren alles Fotokopien, die die Señora von Forschern in Deutschland geschickt bekommen hatte. Ich hatte gehofft, daß sie einige Original-Marut-Papiere besäße, die ihr Mann aus Europa mitgebracht hatte.

Die Señora hatte eine Sammlung der Originalausgaben des *Ziegelbrenners*, die sie sorgfältig auspackte und wie einen ziegelroten Fächer vor uns ausbreitete. Ihr Mann hätte diese Erinnerungsstücke an sein früheres Leben mit sich geführt. Und da gäbe es noch etwas anderes, etwas viel Selteneres, das er aus Deutschland mitgebracht und ihr später geschenkt hatte. Aus einem Bogen Seidenpapier wickelte sie ein schmales, grün eingebundenes Buch, ein Exemplar des Romans, den Marut unter dem Namen Richard Maurhut geschrieben hatte.
Der Titel war in goldenen Fraktur-Buchstaben in den hellgrünen Stoffeinband geprägt, *An das Fräulein von S.* . . . Innen auf der Titelseite trug das Exemplar die Nummer 13, darunter die Jahreszahl 1916 und die Angabe ‚I. Mermet Verlag München 23'.

I. Mermet war Irene Mermet, Maruts Freundin während seiner Münchner Zeit, die ihm bei der Herausgabe des *Ziegelbrenners* geholfen hatte und, laut Señora Luján, mit ihm 1919 aus der Stadt geflohen war. Mermet hatte ihren Weg in die Vereinigten Staaten gefunden, und die Señora zeigte mir Briefe aus dem Nachlaß ihres Mannes, die

Von

Richard Maurhut

№13

1916

J. Mermet Verlag München 23

die Mermet 1925 aus Washington an Marut geschrieben hatte, der nun in Mexiko lebte und sich Traven oder Torsvan nannte. Diese Papiere, ebenso wie die anderen, durfte ich in die Hand nehmen, jedoch nicht eingehend studieren. Ich schaute auf die Anrede und die Unterschrift. Sie waren anscheinend nicht unterschrieben, sie begannen auch nicht mit „Lieber . . ."; statt dessen gab es am Kopf zwei Initialen, die ich nicht entziffern konnte. Die Buchstaben könnten sich auf das Datum oder den Ort des Schreibens bezogen haben, aber die Señora sagte, daß es sich um ein Zeichen handelte, das Marut, Mermet und eine Gruppe von Künstlern verwendet hatten, bei denen sie in Köln gewohnt hatten.

Señora Luján sprach wohlwollend von Irene Mermet, sie empfand wohl Sympathie für eine andere Frau, die eine Zeitlang das Leben mit diesem heiteren, aber auch schwierigen und fordernden Mann geteilt hatte. Aus den Briefen hatte sie erfahren, daß einige Zeit Irene die Geliebte eines jungen Engländers gewesen war, der aus einer Marine-

Familie stammte oder vielleicht selbst in der Marine diente; der Vater des Jungen hatte diese Beziehung beendet. Es wurde nicht deutlich, ob diese traurige Episode vor oder nach ihrer Zeit mit Marut in München stattgefunden hatte. Spätestens 1925, sagte die Señora, lebte sie mit Gewißheit in den Vereinigten Staaten, von wo sie Marut nach Mexiko kleine Geldbeträge und eine Schreibmaschine schickte. Irgendwann 1925 oder Anfang 1926 reiste sie südwärts, um ihn wiederzusehen. Die Neuauflage ihrer Beziehung scheiterte, zum Teil auch wegen seiner langen Aufenthalte im Dschungel, und spätestens 1927 kehrte Irene in die USA zurück, wo sie für den Rest ihres Lebens blieb.

Die Señora reichte mir einige Fotos von Irene Mermet. Die Fotos zeigten ein hübsches Mädchen mit kräftigem Nacken, einer geraden Nase, Apfelbäckchen und einem aufgeweckten Gesichtsausdruck. Mich berührte besonders ein Bild von ihr auf dem Lande: die Hände in die Hüften gestemmt stand sie da, einen Blätterkranz über dem Arm, und schaute direkt in die Kamera, als sei sie auf alles gefaßt, was das Leben ihr bescheren könnte. Wir hatten jedoch keine Gewißheit, daß dies wirklich die Mermet war, und wir wußten auch nicht, wo die Fotos aufgenommen worden waren. Das gleiche galt auch für zwei unscharfe Bilder, die laut Angabe der Señora Ret Marut in Deutschland zeigten. Wohl war ihr Gatte darauf als junger Mann zu sehen, aber man konnte unmöglich sagen, wo sie aufgenommen worden waren oder wie sich der junge Mann mit der Fliege zu jener Zeit genannt hatte. Aber unter den Papieren, die die Señora uns vorlegte, entdeckte ich zwei Schriftstücke, die ein Indiz dafür waren, daß ihr Mann Marut gewesen war und daß Irene Mermet in Mexiko zu ihm gestoßen war. Wieder waren es keine schlüssigen Beweise, aber sie fügten sich glatt in eine bereits wahrscheinliche Geschichte.

Es handelte sich um zwei Bestätigungen für Pockenimpfungen in Tampico vom 6. Februar 1926 — zu der Zeit also, da Irene Mermet in Mexiko gewesen sein soll. Die beiden Bescheinigungen waren von demselben Beamten am selben Tag und zur selben Zeit ausgestellt (sie trugen fortlaufende Nummern); zwei Leute mußten also gemeinsam zur Impfung erschienen sein. Eine Bestätigung war auf den Namen B. Traven Torsvan ausgestellt, von dem wir schon viel gehört haben; die andere auf den Namen I. Traven.

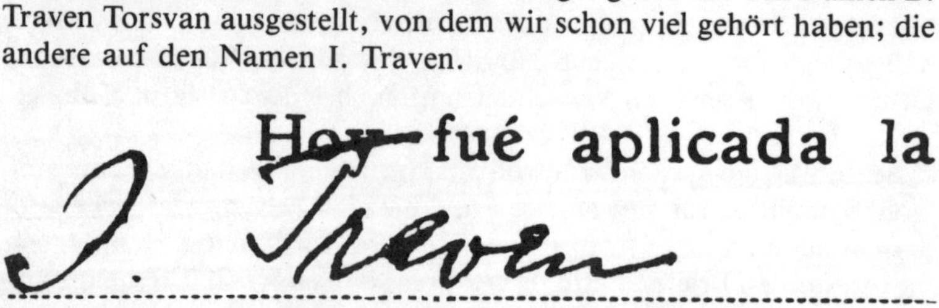
Hoy fué aplicada la
I. Traven

War diese zweite Person Irene, die mit Traven als dessen Frau zusammenlebte? Ihr Geliebter war kaum der Mann, der Irene zur Angabe ihres richtigen Namens ermuntert hätte, denn schließlich hätte das auch seine eigene Tarnung bedrohen können. Auf den Bescheinigungen war das Geschlecht der Geimpften nicht vermerkt, wohl aber deren Alter, und daraus ging hervor, daß I. Traven elf Jahre jünger war als B. Traven Torsvan. Aus der Lektüre von Recknagel wußte ich, daß Irene Mermet elf Jahre jünger als Ret Marut gewesen war.

Die Altersangaben stimmten nicht mit denen für Marut und Mermet in Deutschland überein, aber in dieser Hinsicht waren wir ja schon genügend Problemen begegnet. Wenn Marut und Torsvan ein und derselbe Mann waren, mußten wir drei verschiedene Geburtsdaten in Betracht ziehen:

Traven Torsvan, geboren in Chikago 5. März 1890 (Einwanderungsformular 1930).

Traven Torsvan, geboren in Chikago 3. März 1890 (Reisepaß 1956).

Ret Marut, geboren in San Franzisko 25. Februar 1882 (polizeiliche Meldekarte aus Deutschland 1908).

Wenn er Marut gewesen war, dann mußte er bei seiner Einreise nach Mexiko acht Jahre von seinem Alter abgezogen und sich ein neues Geburtsdatum ausgesucht haben; kein Wunder auch, daß er da seine Paßfotos wie ein Kartenspiel durchgemischt hatte, bevor er eines für den Antrag aussuchte. Traven Torsvan gab sein Alter auf der Impfbestätigung mit 36 an, er hätte demnach an jenem Tag genau einen Monat vor seinem neuen 36. Geburtstag gestanden (vielleicht hatte er sich damals auch noch nicht auf ein genaues Datum festgelegt). Wenn es Irene Mermet gewesen war, die sich zusammen mit ihm impfen ließ, dann hatten sie beide einfach ihr Alter um die gleiche Zeitspanne korrigiert.

Welches dieser Geburtsdaten war das richtige, war überhaupt eines das richtige? Señora Luján optierte für seinen letzten offiziellen Geburtstag, den 3. März 1890, und damit stimmte auch die Sterbeurkunde des alten Mannes überein, für die sie aber wohl die Angaben geliefert hatte. Auf dieser Urkunde hieß es, daß er Traven Torsvan Croves gewesen sei, Sohn von Burton Torsvan und Dorothy Croves. Damit vereinte sie seine drei mexikanischen Alias-Namen in einem allumfassenden Namen und ordnete zwei davon fest seiner Mutter und seinem Vater zu. Nun, das schaffte zumindest eine Art von Ordnung, auch wenn es schwer zu glauben war. Wir unterließen es, nochmal die Gespenster des Kaisers und des armen norwegischen Fischers zu bemühen.

Die gleichen Angaben über seine Herkunft waren im Testament des Traven Torsvan Croves festgeschrieben, das er drei Wochen vor seinem Tod aufgesetzt hatte. Darin gab er zu, die Namen B. Traven und Hal Croves als Pseudonyme benutzt zu haben, bestand jedoch auf dem oben angegebenen Namen als seinem richtigen. Señora Luján hatte das Testament erstmals einen Tag nach dem Tod ihres Mannes in einer Zeitung gelesen. Er starb an Lebersklerose und Prostatakrebs um 11.20 Uhr am 26. März 1969, und keine Stunde danach war das Haus voller Reporter. Die Abscheu des alten Mannes vor der Presse erwies sich als gerechtfertigt. Sie stürmten herein und besetzten das Haus, stellten Fragen, machten Fotos, benutzten das Telefon und wühlten in Papieren. Einer dieser Blutsauger muß das Testament des alten Mannes gefunden und mitgenommen haben. Es enthielt für die Señora keinerlei Überraschungen. Sie war die Alleinerbin.

Nachdem wir an unserem letzten Nachmittag zusammen die letzten Einstellungen gedreht hatten, blieb ich mit Señora Luján allein auf der ‚Kommandobrücke'. Ich half ihr, die Stiefel und den Tropenhelm ihres Mannes, seine Reisekisten, seine Schreibmaschine, seine Kameras und Fotoalben wegzuräumen. Der Nachmittagsregen hatte aufgehört und die Abendsonne schien durch die Fenster, von denen aus der alte Mann immer die Vögel gefüttert hatte. Die Señora hoffte, daß wir mit unseren Filmaufnahmen zufrieden seien und daß alles gut zusammengehen würde, weil es so wichtig sei, daß wir die Menschen zu den Büchern ihres Mannes führen sollten. Die ganze Sache mit dem sogenannten Geheimnis sei nur etwas, auf das die Zeitungen abgefahren seien. Es gab kein Geheimnis, nur die wunderbaren Bücher, in denen B. Traven für Gerechtigkeit in der Welt gekämpft hatte. Er sei ganz einfach ein wunderbarer Mann gewesen. Sie blickte hinauf zu seiner Totenmaske, die oben auf dem Schrank stand, in dem wir die Fotos wieder verstauten. Die Sonne warf dunkle Schatten auf die eingefallenen bronzenen Wangen. So hätte er in Wirklichkeit nicht ausgesehen, sagte sie traurig. Zu dem Zeitpunkt, da die Maske abgenommen wurde, war sein Gesicht bereits eingesunken und spiegelte nicht mehr die Kraft und den Humor, den sie so geliebt hatte.

Plötzlich wollte mir die Señora noch weitere Dinge zeigen. Sie ging eilig durch den Raum, zog Schubladen auf und nahm Bücher, Indiodecken, Tücher und Figürchen heraus. Ich empfand das als letzten Versuch, mir die Vielfalt und die Lebhaftigkeit im Leben und in den Interessen ihres Mannes vorzuführen. Ich war berührt von ihrer Mühe, ihn uns nahezubringen, sicher zu gehen, daß kein Fremder das Haus verließ, ohne die Kraft dieses Mannes verspürt zu haben. Bei der letzten Schublade blieb sie stehen und sagte, sie wollte mir ein Geschenk für meine Frau mitgeben. Sie nahm einen alten indianischen Kakaoschläger heraus, einen gedrechselten und geschnitzten Stock mit losen Ringen, die aus dem gleichen Stück Holz herausgeschnitzt waren. Ich hatte Nachahmungen davon in den Souvenir-Läden gesehen, aber diesen hier hätte ihr Mann von einer seiner Expeditionen mitgebracht, sagte die Señora. Während ich ihr dankte, griff sie noch einmal in die Schublade und gab mir einen kleinen, aus Stein geschnitzten Kopf. ,,Hier'', sagte sie, ,,das ist für Sie. Es gehörte meinem Mann.'' Ich wollte es nicht annehmen, aber sie bestand darauf. Sie beendete die Diskussion, indem sie die Schublade zuschob und mich nach unten führte. Am folgenden Morgen machten Robinson und ich auf dem Weg zum Flughafen noch eine kurze Abschiedsvisite. Wir dankten Señora Luján für ihre Hilfsbereitschaft und Güte und sagten auf Wiedersehen; der Abschied war zugleich freundschaftlich und förmlich. Wir verließen die Señora und die Rio Mississippi mit dem bestimmten Gefühl, daß unsere Aufgabe noch nicht gelöst war. Fast die ganzen drei Wochen unserer Abwesenheit von England hatten wir nur über Traven gesprochen und nachgedacht. Wir waren in seinem Haus gewesen, hatten mit seinen Bekannten, seinen Freunden und seiner Witwe gesprochen. Wir hatten einen Film über das Geheimnis, aber das schien uns nicht mehr ausreichend. Das schwarze Loch im Zentrum der Geschichte hatte uns in seinen Bann gezogen, eine Vielzahl offener Fragen plagte uns. Jede erreichte Gewißheit hatte nur weitere Rätsel aufgetan.

16 Sand oder Gold?

Wir wußten mehr als die meisten. In dieser Gewißheit wurde ich durch ein neues Lexikon der Pseudonyme bestärkt, das ich bei meiner Rückkehr unter der Post auf meinem Schreibtisch in London vorfand. Ich blätterte es durch, fand Doris Day (wirklicher Name Doris Kappelhoff) und Robert Taylor (Spangler Arlington Brugh) und, gegenüber der Seite über einen anderen Flüchtling in Mexiko, Leo Trotzki (Lev Bronnstein), den Namen unseres Helden. Er war dort als Ben Traven aufgeführt, wirklicher Name „unbekannt", geboren „ca. 1886, gestorben?" Weiter hieß es: „Deutscher Romanschriftsteller, der viele Jahre in Mexiko lebte, in den zwanziger und dreißiger Jahren zahlreiche Romane schrieb, von denen einer, *Der Schatz der Sierra Madre*, verfilmt wurde. Seine wirkliche Identität und sein Aufenthaltsort sind unbekannt."

Bestärkt wurde ich auch durch einen Artikel, der ungefähr eine Woche nach unserer Rückkehr im *Daily Mirror* erschien. Unter der Überschrift „Die BBC kratzt an einer Legende" suchte der Buchkritiker des Blattes zu beweisen, daß wir unsere Zeit vergeudet hätten bei dem „kostspieligen Versuch, das Rätsel zu entschlüsseln, wer den *Schatz der Sierra Madre* geschrieben hätte". Wir wären Gerüchten nachgegangen, denen zufolge Traven „ein flüchtiger bayerischer Sozialist, ein abtrünniger Amerikaner namens Traven Torsvan oder sogar ein unehelicher Sohn von Kaiser Wilhelm gewesen sei", und selbstsicher spottete er weiter: „Es gibt keinen Grund zur Annahme, daß irgendeine dieser Geschichten wahr ist". Der unermüdliche *Mirror*-Schreiber stützte seinen Artikel anscheinend auf ein Telefongespräch mit Eric Mottram, einen der Herausgeber des *Penguin Companion to Literature* und Dozent für amerikanische Literatur an der *University of London*, der „bei dem bloßen Gedanken, es gäbe um Traven ein Geheimnis, gelacht hatte". Der *Mirror*-Mann schloß daraus, daß das BBC-Team „wie die Goldsucher im *Schatz der Sierra Madre* am Ende vielleicht kein Gold, sondern nur einen Haufen Schlacke in den Händen halten". Die Aussicht darauf schien ihm nicht übermäßig zu mißfallen.

Robinson und ich hatten bereits begonnen, den Gehalt unserer Beute zu analysieren. Einiges an Gold war mit Sicherheit dabei; die Schwierigkeit lag darin, es von den reichlichen Mengen an Sand zu trennen. Auf dem langen Heimflug hatten wir die Aussage der Señora Luján auszuloten versucht. Robinson neigte zu der Ansicht, daß ihre Widersprüche und Dementis einem direkten kommerziellen Interesse entsprangen. Sie wollte den Schleier des Geheimnisses nicht lüften, um so weiterhin die Aufmerksamkeit von Gelehrten und Journalisten auf das Werk ihres Mannes zu lenken, an dem sie die Rechte besaß. Er glaubte, daß sie sich hinter absichtlicher Verwirrung verschanzte und wahrscheinlich die Herkunft des B. Traven kannte und sie einfach geheimhielt. Sie mochte vielleicht sogar besorgt sein, daß ihre Position als rechtmäßige Besitzerin der Rechte an dem Werk durch die Entdeckung in Frage gestellt werden könnte, daß ihr Mann nicht der gewesen war, der zu sein er vorgab, und daß sie ihn also unter falschem Namen geheiratet hatte.

Ich dagegen glaubte, daß die Señora eine ganze Menge über ihren Gatten nicht wußte. Sie hatte den alten Mann nur nach 1952 näher gekannt, und es wäre für ihn leicht gewesen, die Informationen über sich zu rationieren, die er ihr zukommen ließ. Offensichtlich hatte sie ihn angebetet und sich gerne mit seinen störenden Marotten und seiner eigenartigen, ja beleidigenden Vorliebe für Ausflüchte abgefunden. Es wäre jedoch ein Schlag gegen die Würde einer jeden Ehefrau, geschweige denn einer so gebildeten mexikanischen Dame wie Señora Luján, wenn ein Ehemann ihr handfeste Lügen über sein früheres Leben erzählt hätte, wie er es getan und dabei ihre Fragen abgewehrt und seine Herkunft und damit auch sich selbst verschleiert hatte. Kein Wunder also, daß sie dann Fremden gegenüber die Tatsache zu verbergen suchte, daß sie über manche Abschnitte im Leben Travens nicht mehr wußte als andere. Ich glaubte, daß sie das Fenster zur Vergangenheit ihres Mannes für uns genauso undurchsichtig halten wollte, wie es für sie selbst war, indem sie uns mit ihren Antworten absichtlich verwirrte. Ich glaubte, daß die Señora uns die Wahrheit gesagt hatte. Sie hatte alle diese verschiedenen Geschichten von ihrem Mann gehört und mußte sich damit begnügen, denn etwas anderes hatte es nicht gegeben. Nun plapperte sie diese Geschichten wie ein Papagei vor der Kamera nach; sie kannte die Widersprüche und Ungereimtheiten und benutzte sie als Schirm, hinter dem sie ihre eigene Unsicherheit verbarg. In einem Bericht über den Stand der Dinge schrieb ich an die Kleins: „Noch immer scheint sehr schnell Nebel aufzuziehen, wenn man weiter als 1924 in die Vergangenheit vorzudringen versucht. Ich muß erst noch überzeugt werden, daß jemand überhaupt die wirklichen Einzelheiten über die Geburt von Traven/Croves/Torsvan/Marut kennt."

Mittlerweile glaubte ich, daß Traven/Croves/Torsvan der deutsche Anarchist Ret Marut gewesen war, zumindest war ich dessen zu 95 % sicher. Mir fehlte der fotografische Beweis, der ihn mit letzter Sicherheit identifiziert hätte. Die einzigen von Marut vorhandenen Fotos zeigten ihn auf der Bühne, entweder als winzige Gestalt im Hintergrund oder in Maske, zum Beispiel als Indianer in voller Kriegsbemalung in einer Aufführung von *Peter Pan*. Man konnte lediglich sagen, daß die Fotos nicht gegen diese Identifikation sprachen. Marut war ebenso wie der Mann in Mexiko ein eher kleiner Mensch, und sein Kopf hatte eine ähnliche Form. Das war alles.

Die fünf Prozent Zweifel blieben. Trotz aller Ähnlichkeit, die die Gelehrten zwischen den Werken von Marut und denen von Traven entdeckt hatten, und trotz des ganzen Materials im Besitz von Señora Luján blieben noch Fragen offen. Wenn Marut sich in Torsvan verwandelt hatte, dann hatte er dabei acht Jahre von seinem Alter abgezogen und sich, schon gut über vierzig, glaubhaft als Mann von 35 ausgegeben. Torsvan pflegte mit den Fotos zu spielen, die er für amtliche Zwecke zur Verfügung stellte. Er mischte gern ein paar ältere darunter, um die Behörden zu verwirren. Trotzdem waren acht Jahre eine ganze Menge auf einen Streich, selbst wenn er ganz dringend eine neue Identität brauchte, jugendlich aussah und sehr eitel war.

Wir dachten noch einmal über die Dinge nach, die Señora Luján uns gezeigt hatte; seltsamerweise war nichts dabei, das mit Bestimmtheit Ret Marut selbst gehört hatte, das nur er nach Mexiko mitgebracht haben konnte. Ich glaubte ihrem Bericht, daß ihr Mann die meisten seiner deutschen Papiere verbrannt hatte. Es war aber auch eine sehr bequeme Erklärung für das Fehlen eines unwiderlegbaren Beweises. Sie besaß die seltenen Exemplare vom *Ziegelbrenner* und des noch selteneren Romans, aber die hätte man auftreiben und kaufen können. Baumann besaß ein Exemplar des *Ziegelbrenners*, und ich wußte, daß auch andere Traven-Fans welche hatten. Wenn Traven nun nicht Marut gewesen war und die Geschichten gelesen hatte, die ihn mit dem geheimnisvollen Deutschen in Verbindung brachten, hätte er sehr leicht mehr über den vogelfreien Journalisten recherchieren können, dessen Geist seinem eigenen so ähnlich sein sollte. Wie hätte er der Versuchung widerstehen können, eine frühere Existenz zu untersuchen, die andere ihm zugeschrieben hatten? Er war hartnäckig und hätte sicherlich die Werke seines Gesinnungsgenossen aufgespürt, des Mannes, mit dem er sowohl Ansichten und Eigenheiten gemeinsam hatte. Im Laufe der Jahre hätte er sehr wohl eine kleine Bibliothek von Originalausgaben aufbauen können. Diese Möglichkeit konnte ich nicht ausschließen. Mir kam sogar der Gedanke, daß die Señora selbst diese Exemplare aufgetrieben haben könnte, um für ihren Mann die Herkunft zu beweisen, die aus seinem Nachlaß nicht zu beweisen war.

Meine erste Sorge nach der Rückkehr galt unserem Filmmaterial. Ich brauchte die Gewißheit, daß der Fluch, der so geschickt Emilio Cesar eine verhexte Kamera in die Hand gegeben hatte, sein Werk nicht durch einen Angriff auf unser belichtetes Material vollendet hatte. Ohnehin hatte er Robinson und mir auf dem Rückflug einige böswillige Streiche gespielt; als wir in Miami umstiegen, machte er sich mit meiner Sonnenbrille davon, und Robinson hatte er mit einer geheimnisvollen Krankheit angesteckt. Am Londoner Flughafen trat ich blinzelnd hinaus in die Morgensonne, während Robinson stöhnend die Treppe zum wartenden Rollstuhl hinunterstolperte. Der Arzt diagnostizierte einen Anfall von Montezumas Rache, aber ich wußte besser, was meinen tapferen Begleiter auf die Knie gezwungen hatte. Nach ein paar Tagen war er wieder genesen, und wir ließen uns erstmals das Material aus Mexiko vorführen. Emilio hatte gut gearbeitet. Die Bilder waren scharf, richtig belichtet, seine Bildauffassung stellte uns zufrieden, und Pablo hatte es geschafft, den größten Teil des Tongeschehens aufzunehmen. Erleichtert schickte ich ein Dank- und Glückwunschtelegramm an Emilio. Es waren noch zu viele Fragen offen, um jetzt schon den Film zusammenzustellen, also verschob ich das Schneiden auf die Zeit nach Weihnachten und startete einige eigene Recherchen. Zunächst wandte ich mich der Geschichte zu, daß Ret Marut in den zwanziger Jahren in London gewesen war, was ich von Baumann gehört und von einem anderen amerikanischen Schriftsteller, Jonah Raskin, telefonisch bestätigt bekommen hatte. Ich rief das Home Office (das Innenministerium) an und lieferte meine Bitte um Einsicht in etwaiges Material über Ret Marut schriftlich nach. Dann stellte ich unter dem amerikanischen *Freedom of Information Act* (dem Gesetz, das jedermann freien Zugang zu amtlichen Akten gewährt) formelle Anträge auf etwa vorhandene Akten über B. Traven, Hal Croves, Traven Torsvan oder Ret Marut an das State Department (das Außenministerium), das FBI (die Bundespolizei) und an die CIA (den Auslandsnachrichtendienst).

Ich wollte auch noch der Geschichte nachgehen, Traven sei der Sohn des Kaisers. Sie könnte die sensationellste Lösung des Rätsels liefern, und in Mexiko hatte ich genügend Andeutungen und Anstöße bekommen, diese Spur weiter zu verfolgen. Überdies hatte ich gehört, daß Rolf Recknagel, der Nestor der Traven-Forschung, der schon viele Jahre vor allen anderen auf diesem Gebiet geforscht hatte, nunmehr über diese Lösung Spekulationen anstellte. Ich wollte Recknagel besuchen, aber es gelang mir nicht, denn er hatte einen Unfall und wurde ernstlich krank, ehe ich meine Reise antreten konnte.

Eine weniger aufregende Sache, mit der ich mich aber sofort befassen konnte, war die Frage von Travens Umgang mit der deutschen Sprache im Vergleich zu Maruts Stil. Ich verstehe kein Deutsch, und seit uns Robert Goss erzählt hatte, daß Travens Umgang mit seiner Sprache ungelenk, Maruts dagegen elegant war, suchte ich nach einer Bestätigung dafür, daß dieselbe Person beide Werke geschrieben haben konnte. Wenn Marut ein elegantes Deutsch schrieb, Traven dagegen stets mit der Sprache kämpfte, dann konnte dies kaum der Fall sein. Baumann hatte Spuren komplexer Einflüsse in der Sprache beider Schriftsteller nachgewiesen, und ich vermutete, daß bewußtes Gehabe in den Schriften von beiden zu finden war. Maruts Stimme war die eines Propheten und Revolutionärs, der brüllte, um das Gemurmel herkömmlicher Weisheit zu übertönen; er mochte sehr wohl dramatische Wendungen und ein ungewöhnliches Vokabular benutzt haben, um die Aufmerksamkeit auf seine Botschaft zu lenken. Traven schrieb in seinen frühen Werken als ungebildeter Amerikaner, und er mochte sich der Syntax und des Slang bedient haben, den so ein Mann in seiner Vorstellung (oder auch nach seiner eigenen Erfahrung) benutzte.

Ich entdeckte einen Artikel von Hubert Jannach von der *Purdue University*, der überzeugend nachwies, daß Travens erste Sprache mit Sicherheit Deutsch gewesen war, und daß er sich in dieser Sprache zu Hause fühlte. Jannach verglich die englischen und deutschen Texte vom *Totenschiff* und fand die deutsche Fassung spannender, rhythmischer, naturalistischer in ihren Schilderungen; sie ließe darüber hinaus erkennen, daß der Verfasser mit dem Leben und der Kultur in Deutschland wohlvertraut war. Jannach befaßte sich nicht mit den Schriften Maruts, und so kam ich auf den Gedanken, eine rein linguistische, nicht aber stilistische Vergleichsanalyse in Auftrag zu geben. Ich hatte schon mal von modernen Computertechniken gehört, mit denen man die schriftlichen Fingerabdrücke eines Autors untersuchen konnte, indem man die Anzahl und die Regelmäßigkeit von Schlüsselwörtern maß und bestimmte Konstruktionen und Redewendungen erkennen konnte. Nach einigen Erkundigungen fand ich einen deutsch sprechenden Linguisten, D. J. Allerton von der allgemeinen Linguistik-Abteilung der Universität Manchester, der sich mit diesen Methoden auskannte. Allerton erklärte mir, daß die Sprachanalyse mit Hilfe von Computern eine hochspezialisierte, kostspielige und langwierige Technik sei, die sich vielleicht gar nicht für die vorgesehene Aufgabe eigne; statt dessen bot er mir an, selbst eine grobe Vergleichsstudie anzufertigen. Also schickte ich ihm eine deutsche Faksimile-Ausgabe aller Nummern des *Ziegelbrenners* und eine Erstausgabe vom *Totenschiff*.

Allertons Antwort war unschlüssig. Die Methode der Stilanalyse ging von verschiedenen Faktoren aus:

1. Dem sogenannten ‚Register' — der dem jeweiligen Zweck dienenden Veränderung in der Sprache, je nachdem, ob man einen persönlichen Brief, einen Roman, ein Flugblatt oder einen wissenschaftlichen Bericht schreibt.
2. Dem sogenannten ‚Tenor des Gesprächs' — abhängig von der Einstellung des Schreibers zu seinem Thema und seinem Leser, also, ob er begeistert, verbittert oder zu Scherzen aufgelegt ist.
3. Rein individuelle Stileigenschaften — dem sogenannten ‚Ideolekt' eines Schreibers.

Das Problem bestand darin, daß all diese Faktoren gleichzeitig wirkten, so daß es fast unmöglich war, eine Autorenschaft nachzuweisen, wenn nicht die beiden ersten Faktoren ausgeschlossen waren und Gleiches mit Gleichem verglichen werden konnte, zum Beispiel zwei Romane ähnlicher Thematik oder zwei Artikel ähnlichen Inhalts. Im vorliegenden Fall wurde unzweckmäßigerweise versucht, eine Reihe von politischen Traktaten mit einem Roman zu vergleichen.

Allertons Kommentare waren mir jedoch nützlicher, als er sich selbst vorgestellt hatte. Nichts in seiner Aussage über die beiden Schreiber schloß die Möglichkeit aus, daß sie ein und dieselbe Person waren. Ich hatte ihm gegenüber Gossens Behauptung erwähnt, daß Travens Deutsch viele Fehler enthielt. Nachdem er selbst das *Totenschiff* gelesen hatte, antwortete Allerton wie folgt:

„Mir wird nicht klar, welche Art von ‚Fehlern' er meint. Wenn er, wie ich vermute, damit einfach ausdrücken will, daß es nicht im besten, vorschriftmäßigen literarischen Hochdeutsch abgefaßt ist, dann ist dies offensichtlich wahr; aber das sollte es wohl auch nie sein, denn er gebraucht einen umgangssprachlichen Erzählerton, wie man ihn wohl von einem Seemann erwarten würde. Das erklärt volkstümliche und seemännische Wendungen wie zum Beispiel den Gebrauch des Wortes ‚Eimer' für Schiff . . . Ich sehe so gut wie keinen Beweis dafür, daß der Text von einem Menschen geschrieben wurde, dessen Muttersprache nicht Deutsch war."

Das Deutsch des *Ziegelbrenners* sei „durch und durch deutsch", und er bemerkte, daß es der rhetorische Stil eines Volksredners war. Allerton betonte, daß Deutsch nicht seine eigene Muttersprache sei, und entschuldigte sich dafür, mir keine definitive Antwort geben zu können; aber das war mir nicht so wichtig. Die Kandidatur Maruts wurde durch diese linguistische Untersuchung nicht in Frage gestellt.

Dann stieß ich auf eine Geschichte, die, wenn sie wahr war, jede mir bisher bekannt gewordene Traven-Theorie zertrümmerte. Es handelte sich um einen Artikel von einem gewissen Ernst Fallen de Droog in der deutschen Zeitschrift *Der Monat* vom September 1967. Die skeptischen Argumente gegen Torsvan-Croves waren schwach, interessant

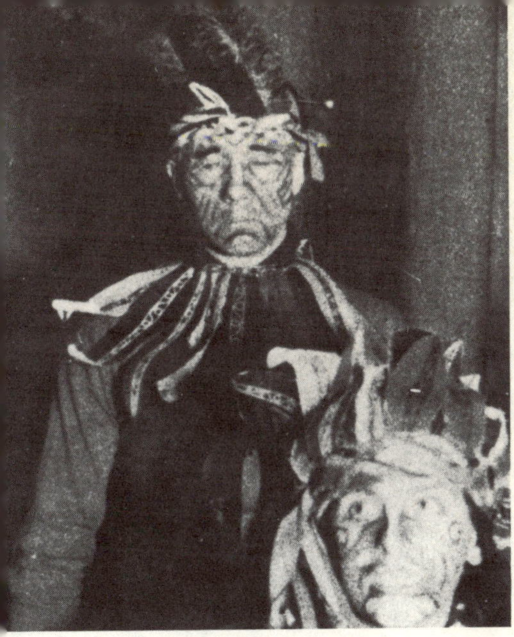

10 Der Schauspieler Ret Marut als Indianer 1912 in einer Düsseldorfer Inszenierung von *Peter Pan*

11 Elfriede Zielke 1909, drei Jahre bevor sie Maruts Tochter zur Welt brachte

12 Travens Foto von der Hütte im Dschungel, in der er die Geschichte *Der Nachtbesuch im Busch* schrieb. „Ich schrieb die Novelle in diesem Bungalow unter den schrecklichsten körperlichen Qualen . . . Moskitoplagen . . . Jaguare und Löwen näherten sich von Zeit zu Zeit . . . hinter dem Haus handtellergroße Taranteln . . . Armeen großer Ameisen."

13 Mitglieder der wissenschaftlichen Expedition, die die mexikanische Regierung 1926 in den Süden des Landes schickte. Zweiter von rechts, mit Zigarette, der Expeditionsfotograf, der „norwegische Ingenieur" Traven Torsvan.

14 Traven schreibt in sein Notizbuch, wahrscheinlich auf der Expedition im Jahre 1926

15 Eine Seite aus Torsvans Notizbuch, beginnend mit dem 26. Mai in Veracruz, mit einer Skizze einer Eisenbahnfahrt über Touala nach Tapachula. Im Besitz von Señora Luján.

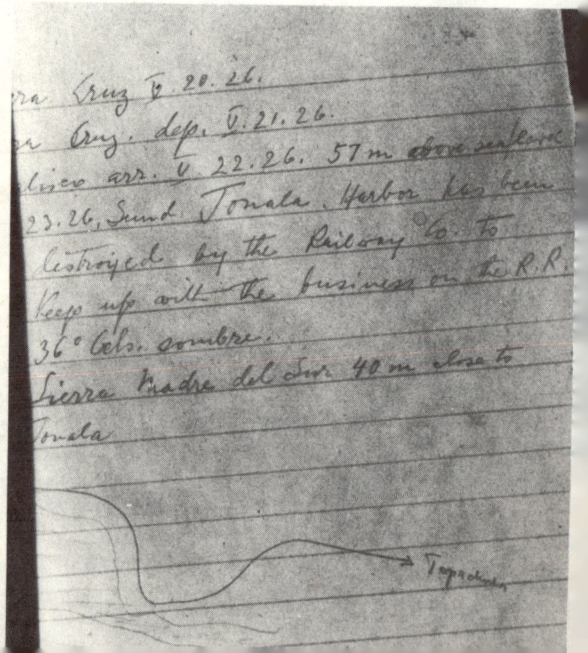

16 Torsvan im Dschungeldress während der Expedition von 1926 oder kurz danach.

17 Torsvans Mitgliedsausweis für die von Palacios geleitete Expedition. Sie wurde von der Behörde zur Bekämpfung der Heuschrecken finanziert.

JUNTA NACIONAL DIRECTORA

DE LA

CAMPAÑA CONTRA LA LANGOSTA

El Sr. TRAVEN TORSVAN.

cuyo retrato sellado se inserta al margen, desempeña el cargo de MIEMBRO COM. CIENT. EXPL.

Veracruz, Ver., 1° de Mayo de 1926

EL SECRETARIO.

VO. BO.

EL PRESIDENTE.

IRMA DEL INTERESADO

18—20 Oben und unten links: Torsvan in den zwanziger Jahren im Bundesstaat Chiapas im äußersten Süden Mexikos

21 Unten rechts: Torsvans Ausweisfoto von seinem Jagdschein aus dem Jahre 1929. Er erscheint darauf viel älter als auf den Bildern, die er im Jahr darauf für seine Einwanderungskarte abgab (vgl. Bild 3).

war dagegen de Droogs Augenzeugenbericht einiger Ereignisse, die er im spanischen Bürgerkrieg als Kämpfer auf der republikanischen Seite miterlebt hatte. De Droogs Bericht zufolge stießen im Frühjahr 1937 einige neue Freiwillige aus Barcelona zu der Einheit, die er befehligte. Einer von ihnen gab seinen Namen nur als „Ziegelbrenner" an und machte keine genauen Angaben über seine Staatsangehörigkeit, deutete jedoch an, daß deutsch, mexikanisch und amerikanisch alle irgendwie korrekt seien. Als Beruf gab er lediglich „Außenseiter" an, obwohl er zeitweise Seemann, Vagabund, und, vor allem, Schriftsteller gewesen sei. In den nachfolgenden Monaten bewies dieser rätselhafte Rekrut eine gründliche Kenntnis der Münchner Räterepublik und ihrer führenden Gestalten. Er zitierte auch aus dem *Totenschiff* und sprach von der *Weißen Rose* als „seinem" Buch. Er wollte damit offensichtlich sagen, daß er sowohl Ret Marut und B. Traven war, und genau dafür hielt ihn de Droog auch. Am Sylvesterabend des Jahres 1937, in der Schlacht um Teruel, befand sich dieser Ziegelbrenner mit de Droog bei der Inspektion einiger vorgeschobener Granatwerferstellungen, als er von einer Nationalistenkugel getroffen und getötet wurde. De Droog half eigenhändig mit, ihn zu beerdigen, und nachher fand er im Besitz seines Kameraden einige Notizen und Kritzeleien, in denen von den *Baumwollpflückern* als „meinem" Buch die Rede war. So sei der wirkliche B. Traven gestorben, schloß de Droog daraus.

Diese Geschichte ließ vier Erklärungen zu: Daß de Droogs Gedächtnis ihm in bezug auf Ereignisse, die dreißig Jahre zurücklagen, einen Streich spielte; daß er schelmisch eine Katze unter die friedlich travenden Tauben setzte; daß der tote Soldat, wer immer er war, die Traven und Marut verbindenden Geschichten kannte und es genoß, sich als der geheimnisvolle Autor auszugeben, den er bewunderte; daß sie wahr war und der Mann in Mexiko weder Traven noch Marut war. Es gab keinerlei Untermauerung für diese Geschichte. Sie stand und fiel mit der Aussage de Droogs, den ich vergeblich aufzuspüren suchte. Ich zweifelte, daß dies die Erklärung war, nach der wir gesucht hatten, nicht zuletzt weil die Briefe von B. Traven in Mexiko an den Verleger Knopf und andere weit über das Jahr 1937 hinaus reichten, ohne auffällige Unterbrechung oder eine Veränderung im Stil. Der letzte Roman des Dschungel-Zyklus, *Ein General kommt aus dem Dschungel*, wurde erst 1939 veröffentlicht, zwei Jahre nach dem Tod des geheimnisvollen Mannes vor Teruel. Die Verleger hätten das Buch wohl kaum mehr als zwei Jahre zurückgehalten, wenn jener es tatsächlich geschrieben hätte. All dies berücksichtigte auch nicht die Echtheit des letzten Romans, *Aslan Norval*, und der Kurzgeschichten, die in den vierziger und fünfziger Jahren erschienen. Es gab eine ganze Menge, das die Waage zuungunsten der Behauptungen de Droogs neigte. Dennoch konnte ich seinen Bericht nicht mit letzter Sicherheit widerlegen, und der Gedanke an die schemenhafte, im spanischen Schnee begrabene Gestalt verfolgte mich noch eine ganze Weile.

Hilfe nahte. Ich hatte meinem Brief an das Home Office mehrere Telefongespräche folgen lassen und so versucht, meinen Antrag auf Einsicht in die Akte Marut auf seinem Weg durch die Kanäle der Bürokratie zu beschleunigen. Der Oberarchivar Mr. Pearson war meinem Ansinnen geneigt und riet zur Geduld. Es sei eine diffizile Sache, einem Außenstehenden Zugang zu offiziellen Akten zu gewähren, und bestimmte Verfahrensregeln müßten peinlich genau beachtet werden. Marut war in London mit dem Gesetz in Konflikt gekommen. Mr. Pearson hatte die Papiere gefunden, und da sie sich nur auf diesen einen Fall bezogen, der schon so lange zurücklag, glaubte er, daß ich sie am Ende würde einsehen dürfen, aber es sei sinnlos, die Angelegenheit hastig vorantreiben zu wollen. Um ihnen die Entscheidung zu erleichtern, hatte ich dem Home Office ebenso wie den amerikanischen Behörden eine Freigabeerklärung von Señora Luján geliefert. Darin stand, daß sie die Witwe von Ret Marut sei, daß er tot war, und daß mir erlaubt sei, jegliche ihn betreffenden Dokumente einzusehen.

Am Freitag, dem 18. November, rief ich erneut bei Mr. Pearson an, um mich nach dem Stand der Dinge zu erkundigen. ,,Ach, Mr. Wyatt'', sagte er, ,,ich habe gerade einen Brief an Sie geschrieben. Sie müßten ihn am Montag bekommen. Sie werden leider hier im Ministerium keine Dreherlaubnis bekommen, aber ich freue mich, Ihnen mitteilen zu können, daß Sie die Akte über Ihren Mann Marut einsehen dürfen.''

Ich dankte ihm für seine Bemühungen.

,,Ja, ich bin froh, daß wir helfen konnten'', fuhr er fort. ,,Es ist ein sehr interessanter Fall. Ach, übrigens, ich habe mir die Akte nochmals angesehen, wußten Sie, daß da ein Foto von Ihrem Kerlchen drin ist? Ich denke, das wird Sie interessieren.''

Am gleichen Nachmittag ging ich ins Innenministerium.

17 Ein Fremder in London

Im neuen Gebäude des Home Office am Queen Anne's Gate galten strenge Sicherheitsbestimmungen. Ich mußte mich ausweisen und warten, bis man mich abholte und zu Mr. Pearson brachte. Er begrüßte mich und entschuldigte sich für die lange Zeit, die die Bearbeitung meines Ersuchens erfordert hatte — seit meinem Antrag waren fast zweieinhalb Monate vergangen. Es würde mich wohl interessieren, daß meine Anfrage von „höchster Stelle'' genehmigt werden mußte; damit wollte er wohl ausdrücken, daß man den damaligen Innenminister persönlich, Merlyn Rees, um Zustimmung hatte fragen müssen. Für Mr. Pearson schien dies ein Erfolgserlebnis zu sein, als ob damit ein kleiner behördeninterner Präzedenzfall geschaffen worden war, und ich war ihm für seine Bemühungen aufrichtig dankbar, ob meine Vermutung nun zutraf oder nicht. Die Akte wartete in der Bibliothek auf mich.

Als ich den Deckel aufschlug, fiel mein Blick sofort auf die Fotografie. Es war ein einziger Abzug mit zwei Porträtaufnahmen, die offensichtlich aus dem Verbrecheralbum stammten; eine Frontalaufnahme und eine vom rechten Profil, beschriftet mit dem Namen Ret Marut und dem Datum des 18. Dezember 1923. Der Mann auf diesem Polizeiporträt war mit Bestimmtheit Marut; auf den ersten Blick war ich sehr enttäuscht. Er hatte einen Schnurrbart und war voller im Gesicht als Traven/Torsvan/Croves in Mexiko. Aus meiner Aktentasche holte ich Abzüge der Fotos aus dem Hause der Señora Luján hervor. Ich legte sie auf dem Schreibtisch aus und verglich sie mit den Bildern aus dem Verbrecheralbum. Als alle Bilder vor mir lagen, traten die Ähnlichkeiten zwischen Marut und Traven allmählich hervor. Das charakteristische große linke Ohr war auf allen Fotos sichtbar. Marut hatte die gleiche lange markante Nase mit der leichten Schlagseite nach rechts und einem Nasenloch — dem linken —, das stärker als das andere angewinkelt war. Der Sitz der Augen und die Falten an der Nasenwurzel waren dieselben. Der Schnurrbart tarnte die bekannte lange Oberlippe.

Die Frontalansicht aus dem Polizeialbum war mir zunächst fremd vorgekommen, weil Marut darauf eine Grimasse schnitt, das Kinn vorschob und die Unterlippe einzog, eine bei Ganoven beliebte Art, die Polizei zu verwirren. Die so geschnittene Grimasse verdeckte die bekannte Linie seines Mundes. Er trug eine dunkle Weste und eine Jacke aus dem gleichen Material, eine glänzende, gemusterte Krawatte, einen Hemdkragen mit einer Sicherheitsnadel und eine sehr neu aussehende flache Tweedmütze — keine Fliege diesmal, aber selbst als flüchtiger Anarchist bewahrte er eine Andeutung jener Eleganz, die mir auf den Bildern aus Mexiko aufgefallen war. Es war tatsächlich derselbe Mann. Zum ersten Male wußte ich mit Sicherheit, daß dieser seltsame Schauspieler und anarchistische Journalist nach Mexiko gereist war und sich in B. Traven verwandelt hatte. Da waren all die literarischen Übereinstimmungen, die Mühsam und andere erkannt hatten, da war das Ergebnis von Recknagels Studien der beiden Männer, da waren alle Aussagen der Señora; dies aber war für mich der letzte Beweis in dieser Sache.

Ich untersuchte die Akte. Sie trug den Namen:

,,Ret oder Rex Marut alias Albert Otto Max Wienecke
alias Adolf Rudolf Feige
alias Barker
alias Arnolds''

Sie enthielt neben den Fotos zwei Exemplare von Maruts Strafregister, vom Direktor des Gefängnisses Brixton am 20. Dezember 1923 unterschrieben.

Gefängnis-Register Nr. 9876
geboren — 1882 (auf beiden Exemplaren des Formulars war dies anscheinend von 1872 geändert worden. Es war falsch niedergeschrieben worden, oder Marut hatte sich seiner üblichen Tricks bedient.)
USA
Gewerbe oder Beruf — Buchverkäufer
Größe ohne Schuhe — 5 Fuß 5 1/2 Zoll (ca. 1,66 Meter)
Gesichtsfarbe — frisch
Haar — grau
Augen — blau
Urteil — Ausweisung
Thames Polizeibericht 17.3.23/*Unterlassene Anmeldung.*

Das Formular trug eine Anmerkung, daß am 28. Dezember 1923 ein Ausweisungsbefehl ausgestellt worden war, jedoch keinerlei Vermerk über dessen Vollzug. Einige weitere Notizen waren 1948 hinzugefügt worden, als wahrscheinlich der Ausweisungsbefehl nach 25 Jahren routinemäßig überprüft worden war. Diese Anmerkungen lauteten auszugweise: „Ein deutscher Kommunist, der 1923 zur Ausweisung vorgeschlagen war . . . 1924 verließ er das Land als Heizer auf einem Schiff . . ." Der Ausweisungsbefehl war am 12. April 1949 widerrufen worden. Marut war also in London kein müßiger Tourist gewesen. Er war verhaftet und in das Brixton-Gefängnis im Süden Londons eingeliefert worden, eines der vier großen Londoner Gefängnisse, und er hatte die Hauptstadt im Heizraum eines Schiffes verlassen, als Sklave der Kessel, genau wie Gerard Gales, der Kohlenschlepper des *Totenschiffes*.

Die Alias-Namen, die die Londoner Polizei zusätzlich gesammelt hatte, waren mir allesamt neu, und ich wollte sie überprüfen. Schon jetzt hatten sie für mich ein kleines Rätsel gelöst. Señora Luján hatte gesagt, daß ihr Mann des Namens Croves überdrüssig geworden sei und ihn ändern wollte, wobei er einen Namen mit dem Anfangsbuchstaben D zu wählen gedachte, um die alphabetische Reihe A, B, C, D herzustellen. Sie hatte es nicht weiter erklären können, und auch ich sah damals keinen Grund, warum D folgen müßte. Wenn aber Arnolds und Barker die Vorgänger von Croves waren, dann war das Strickmuster klar. Zumindest bei seinen angelsächsischen Alias-Namen hatte er pedantisch mit A begonnen und war nach dem Alphabet vorgegangen.

Interessant fand ich, daß er sich selbst als Buchverkäufer bezeichnete, was wohl wörtlich wahr war. Sein Haar wurde als grau bezeichnet, und so sah es auf den Fotos auch aus, soweit es unter seiner Mütze zu sehen war. In seinen mexikanischen Papieren aus den darauffolgenden Jahren wird sein Haar als hellbraun oder rötlich bezeichnet. Zwei Erklärungen sind möglich; erstens, daß er sich das Haar gefärbt hatte, was durchaus zu seiner Eitelkeit gepaßt hätte; zweitens, daß er selbst in Mexiko die Personenbeschreibung geliefert hatte, während in London die Polizei ihre eigenen, weniger schmeichelhaften Beobachtungen niedergeschrieben hatte.

Aus der Akte des Home Office konnte ich Maruts Begegnung mit der Polizei und seinen Weg nach Brixton rekonstruieren. Er wurde um 13.05 Uhr am 30. November 1923 von einem Kriminalbeamten namens F. Bickers festgenommen. Am nächsten Tag wurde er im Polizeigericht in der Aylward Street in London dem Haftrichter vorgeführt, im Gefolge einer Reihe von Arbeitern und Seeleuten, denen allesamt Trunkenheit und Ruhestörung vorgeworfen wurde. Der Vorwurf gegen Marut (sein Name war zuerst als „Marnt" geschrieben und dann geändert worden) lautete, daß er „als Ausländer, das heißt amerikanischer Staatsbürger, es unterlassen hatte, sich beim Meldebeamten des Stadtbezirks anzumelden, in dem er Wohnung genommen hatte". Dies war ein Verstoß gegen Artikel 18 (1) (a) der Ausländerverordnung von 1920. Sein Beruf wurde im Gerichtsprotokoll als ,,Mechaniker", sein Alter mit 41 angegeben. Wie in der Akte des Home Office war keine Adresse angegeben. Er erklärte sich für schuldig und wurde bis zum 10. Dezember in die Haftanstalt eingewiesen; danach wurde er erneut eingewiesen, diesmal für eine Woche. Am 17. Dezember, bei seinem dritten und letzten Auftritt vor Gericht wurde er zur Ausweisung vorgeschlagen und in die Abschiebehaft nach Brixton geschickt.

The 17th day of December 1923

Name of Informant or Complainant.	Name of Defendant. Age, if known.	Age	Nature of Offence or of Matter of Complaint.	Date of Offence.	Time when Charged.	Time when Bailed.	Doctor's Fee, (if any).	Plea.
Remands. F. Bickers, C.I.D. C.O.	Ret Marut. (Mechanic)	41	Being an alien, viz: American citizen, did fail to register with the Registration Officer of the district in which he resided. (1 from 10 12/23)	30·11·23	1·5 pm.			

Die spärlichen Angaben im Protokoll ließen die Fragen offen, wo Marut in London gewohnt hatte, ob er alleine gewesen war, wie er verhaftet worden war, wie lange er in Brixton war, wieso er freigelassen wurde, und ob er zwangsweise auf das Schiff gebracht worden war. Ich ging zu New Scotland Yard, um nach Akten zu diesem Fall zu fragen, aber man sagte mir, daß Akten über Ausweisungsfälle nach ungefähr zehn Jahren vernichtet würden. Es gab auch keine Spur von dem Kriminalbeamten, der Marut festgenommen hatte. Er konnte ja nicht mehr im Dienst der Londoner Polizei stehen, und es gab auch keinen Pensionär dieses Namens, also war er mit ziemlicher Sicherheit tot. Ich erfuhr jedoch, daß die Buchstaben ,,C.O." nach Bickers' Namen im Gerichtsprotokoll bedeuteten, daß er dem Commissioner's Office, also Scotland Yard, angehörte, nicht dem zuständigen Revier in Ost-London. Ich fragte noch bei der Hafenpolizei nach, ob sie an der Festnahme beteiligt gewesen sei, aber auch dort wußte man nichts.

Im *Totenschiff* schrieb Traven eine seitenlange Anklage gegen die Polizei in Europa, gemeint war die Polizei Frankreichs und Hollands. Nun schien es, daß er einen Teil seiner Erfahrungen, die seinen Zorn schürten, in den Händen der britischen Polizei gemacht hatte:

„Wenn mir irgend etwas merkwürdig vorkommt an den Sitten und Gebräuchen in europäischen Ländern, dann bin ich immer auf dem Wege zu einer Polizeistation oder unter den Fittichen von Cops . . . Hier kann ich ruhig auf einer Kiste sitzen oder unschuldig im Bett liegen oder über eine Wiese spazierengehen oder in einem Eisenbahnzug fahren, immer lande ich auf einer Polizeistation. Kein Wunder, daß Europa vor die Hunde geht."

War Marut im Bett, als Bickers am frühen Nachmittag des letzten Tages im November anklopfte? Oder saß er an den Docks? Oder bummelte er über die belebten Piers und Kais des Hafens von London auf der Suche nach einem Schiff, das ihn über den Atlantik bringen würde? Mr. Pearson vom Home Office vermutete, daß Marut wahrscheinlich von irgendjemandem „verpfiffen" worden war, ganz gleich, wo man ihn aufgegriffen hatte. Damals erschienen alle Ausländer in höchstem Maße verdächtig, besonders wenn sie irgendetwas auch nur entfernt Ungewöhnliches taten. Ein Mann mit einem starken deutschen Akzent, der sich als Amerikaner ausgab und wahrscheinlich seine linken politischen Ansichten verkündete, mußte sehr bald Aufmerksamkeit auf sich gelenkt haben, und es gab sicher genügend Leute, die der Polizei bereitwillig einen entsprechenden Tip gaben. In jenen Tagen, nur sechs Jahre nach der russischen Revolution, gerieten die britischen Behörden angesichts von Etiketten wie „ausländischer Sozialist" schnell in Panik. Aus den Akten jener Zeit ging hervor, daß solche Begriffe großzügig als Vorwand für Razzien nach verdächtigen Ausländern dienten. Mr. Pearson versicherte mir, daß ich das ganze Material über Marut gesehen hatte. Es sei nicht ungewöhnlich, daß es nur so wenig gab, da aus jener Zeit viele Akten fehlten. Dies bedeutete aber nicht, wie ich vermutete, daß etwa vorhandenes, die Behörden belastendes Material sorgsam aussortiert worden war. Damals sei es niemandem in den Sinn gekommen, daß diese amtlichen Akten eines Tages der Öffentlichkeit zugänglich gemacht würden, so daß man sich wegen peinlicher Dinge in den Akten keine Sorgen zu machen brauchte. Den Beweis dafür sah Pearson darin, daß es in den Akten noch immer eine Masse kompromittierenden Materials über alle möglichen Themen gab. Wenn Dinge in den Akten fehlten, lag es daran, daß Vorgänge mündlich erledigt wurden oder überhaupt niemals ordentlich in die Akten eingebracht worden waren.

Weitere Ausgrabungen im Home Office brachten zutage, daß der Ausweisungsbefehl gegen Marut vom damaligen Innenminister W. C. Bridgeman persönlich unterschrieben und von seinem Privatsekretär H. R. Boyd gegengezeichnet worden war. Beide waren längst verstorben, Bridgeman 1935 und Boyd 1940, und ich konnte keinen noch Lebenden aufspüren, der mit dem Fall befaßt gewesen war. Der

Ausweisungsbefehl wurde jedoch nie vollzogen, was bedeutete, daß Marut das Land zur Zufriedenheit der Behörden aus eigenem Antrieb verlassen haben mußte. Die Akten im Gefängnis von Brixton durfte ich leider nicht einsehen, aber ich konnte herausbekommen, daß Marut darin als Litauer geführt wurde und vermerkt war, daß er „auf Anweisung des Gerichts" am 15. Februar 1924 entlassen worden war. Die Entlassungsorder war vom damals neuen Innenminister, Arthur Henderson, persönlich unterzeichnet worden, einer der führenden Gestalten der gerade neu gewählten Labour-Regierung. Jemand hatte entschieden, ihn nach ein paar Monaten im Gefängnis laufen zu lassen. Warum?

Wenn man den Widersprüchen in den verschiedenen Londoner Akten Rechnung trägt — Marut wurde einmal als Amerikaner, dann als Litauer bezeichnet; einmal als Buchverkäufer, dann als Mechaniker —, dann war es unwahrscheinlich, daß er auf Grund eines von oben gesteuerten Planes freigelassen wurde, weil er etwa unter besonderem Schutz gestanden hätte. Wenn irgendeine Verschwörung im Establishment zu seinen Gunsten ihren Lauf genommen hätte, hätten doch sicherlich die biographischen Angaben über ihn übereingestimmt. Nachforschungen ergaben, daß es 1924 nicht ungewöhnlich war, Leute, gegen die Ausweisungsbefehle vorlagen, aus dem Gefängnis freizulassen. Man sparte dadurch Geld. Die Gefangenen mußten draußen den Behörden ihren Aufenthaltsort melden und blieben unter genauer Beobachtung, bis sie das Land verließen. So mußte es auch mit Marut gewesen sein. Und ich wußte, wo er hinging, als er Brixton verließ. Ein amerikanischer Forscher, Professor Charles Humphrey von der Universität von Süd-Colorado, schrieb mir, daß er die Außenministeriumsakten in seinem Besitz hatte, nach denen ich gefragt hatte; aus ihnen ging hervor, daß Marut vom 15. Februar bis zum 18. April 1924 in der Commercial Road Nr. 649 gewohnt hatte; dann hatte er London als Heizer am Bord eines Schiffes mit dem Namen *Hegri* verlassen. Humphrey schrieb mir, daß dieses Schiff vor der Küste Afrikas gesunken war und fügte erregt hinzu: „Tun Sie mir einen Gefallen und fragen Sie im Schiffsregister von Lloyd's nach der *Hegri*; ich brauche das genaue Datum des Untergangs, falls dies wirklich Travens Totenschiff war, was in höchstem Maße wahrscheinlich erscheint." Ich ging zuerst in die Commercial Road.

Die Commercial Road war eine gute Adresse für jemanden, der ein Schiff suchte. Sie führt von Whitechapel über Stepney nach Limehouse quer durch den Osten Londons, das Herz des damals größten Hafens der Welt. Auch heute noch, da fast alle Schiffe weiter stromabwärts festmachen und dieser Distrikt fast ausgestorben ist, stehen hier am Ufer noch die Seemanns-Missionen wie Denkmäler einer Zeit, da

Matrosen jeder Hautfarbe und jeder Muttersprache hier ihre Heuer ausgaben, ihren Streit ausfochten und auf einem neuen Schiff anmusterten. Nummer 649 liegt dort, wo die Commercial Road dem Fluß am nächsten kommt, ungefähr 400 Meter nördlich des scharfen Knicks in der Themse, der die Grenze zwischen der Limehouse-Strecke und dem Londoner Becken bildet. In zehn Fußminuten erreicht man im Westen die Docks von London, in zehn Fußminuten nach Osten die India- und Millwall Docks, und dazwischen liegen an der Themse die Kais von Wapping und Limehouse.

Das Haus, in dem Marut an der Commercial Road 649 wohnte, steht nicht mehr. Es wurde irgendwann Anfang der fünfziger Jahre abgerissen, und jetzt steht dort eine dänische Seemannskirche. Nach den Nachbarhäusern zu urteilen muß die Nr. 649 Teil eines dreistöckigen Wohnblocks aus der ersten Häfte des 19. Jahrhunderts gewesen sein; aus den oberen Stockwerken konnte man über die Straße und über eine hohe Mauer hinweg auf den Regent's Canal-Kai und hinüber bis zu der Stelle sehen, wo der Grand Union Canal in die Themse mündet. Es gab einen Tabakladen, der von einer Ada Woodbridge geführt wurde, die wohl ihr Einkommen durch Zimmervermietungen aufbesserte. In der Gegend gab es damals viele solcher Seemannsquartiere. Vergeblich suchte ich jemanden zu finden, der sich an Ada Woodbrigde oder an Cyril Woodbridge erinnerte, der den Laden in den dreißiger Jahren hatte, und ich konnte der nackten Tatsache, daß Marut dort nach der Entlassung aus dem Gefängnis zwei Monate gewohnt hatte, nichts hinzufügen. Das Magistratsgericht, in dem sein Fall verhandelt wurde, war keine halbe Meile von dieser Adresse entfernt, so daß es durchaus wahrscheinlich war, daß Marut schon vor seiner Verhaftung in dieser Gegend gewohnt hatte, vielleicht sogar im selben Haus. Das Londoner East End war damals ein Sammelplatz für Anarchisten und Sozialisten. Es wäre nur natürlich gewesen, daß ein politischer Flüchtling auf der Suche nach Gesinnungsgenossen hierher kam. Wenn Marut Verbindungen zu radikalen Aktivisten in London geknüpft hatte, hatte es ihn früher oder später ins East End gezogen.

Mit meinen Marut-Recherchen in der Commercial Road kam ich nicht weiter, also wandte ich nun meine Aufmerksamkeit dem Schiff zu, auf dem er London verlassen hatte. Das Fahrzeug, das nach Humphreys Meinung die Vorlage für das *Totenschiff* lieferte. Im Buch gibt es zwei Totenschiffe. Das eine, das Schiff, auf das Gales und sein Kamerad, der Pole Stanislaw, schanghait werden und mit dem sie schließlich vor der Westküste Afrikas schiffbrüchig werden, ist ein britisches Fahrzeug, die *Empress of Madagascar*. Traven macht ein Spiel mit dieser Strenge der englischen Vorschriften und der folglich um so größeren Heuchelei um den Plan, das Schiff wegen der Versicherungssumme zu versenken. Er bringt auch ein paar Sticheleien und Beschwerden gegen Dinge vor, die ihn aus irgendeinem Grund schmerzen. Der Kapitän warnt Gales:

,,Wenn wir nach England kommen, habe ich Sie den Behörden zu übergeben; und Sie werden, je nachdem der Richter Ihnen geneigt sein sollte, zwei bis sechs Monate abmachen müssen und dann natürlich Deportation.''

Zwar gibt die *Empress* Traven Gelegenheit, etwas von seinem Groll gegen die Engländer und ihre Einwanderungsgesetze loszuwerden, aber es ist das andere Totenschiff, die *Yorikke*, das den Hauptteil des Buches ausfüllt und auf dem er den größten Teil der auf See spielenden Handlung ansiedelt, einschließlich seiner beinahe metaphysischen Schilderungen der Arbeit unter Deck. Die *Yorikke* ist von unbestimmter Nationalität. Am unbeschrifteten Heck weht nur eine verblichene und zerfetzte Fahne, so daß Traven und sein Held sich selbst und ihre eigene verblassende Nationalität mit diesem Vagabunden der Meere identifizieren können:

,,Achtern sollte der Seevorschrift gemäß ihr Heimatort zu lesen sein. Aber wo sie her war, das wollte sie niemand verraten, wahrscheinlich schämte sie sich auch ihres Wohnortes. Auch ihre Nationalität hielt sie streng geheim, offenbar war ihr Paß nicht ganz in Ordnung. Jedenfalls war die Nationalitätsflagge, die auf dem Flaggenstock am Stern auswehte, so bleich, daß sie für jede Farbe aufnahmefähig war.''

Die *Hegri* zu identifizieren war nicht schwierig. Ich suchte sie aus dem Schiffsregister bei Lloyd's heraus und stellte fest, daß ihr Name wahrscheinlich richtig *Hegre* geschrieben wurde. Das 1528 Tonnen große Schiff wurde 1892 von J. Blumer und Co. in Sunderland gebaut, und in ihren 32 Jahren auf See, bis Marut an Bord kam, war sie unter vier anderen Namen gefahren: Lars-Lea, Follo, Ciscar und Lissabon. 1924 gehörte die *Hegre* dem Bergener Lloyd im norwegischen Bergen. Nichts in dem Register deutete darauf hin, daß sie untergegangen war, noch war sie in der jährlichen Liste der Schiffskatastrophen aufgeführt.

Ich schaute mir Lloyd's Anzeiger jener Woche an, da die *Hegre* London mit Marut an Bord verlassen haben soll. Die Ausgabe vom Donnerstag, dem 17. April 1924, spiegelte die lebhafte Geschäftigkeit im Hafen und bei den Schiffahrtsunternehmen der City. Auf der Titelseite wurden Dampferpassagen in alle Teile der Welt angeboten. Wenn Marut genügend Geld gehabt hätte, hätte er mit der P. & O. Linie nach Kalkutta fahren können; mit der Bank Line nach Montevideo, Buenos Aires, Rosario und Bahia Blanca; mit der Ben Linie nach

Penang und Port Swettenham; mit der Bebby Linie nach Rangun; mit Alfred Colt & Co. nach Port Said und Schanghai, oder mit der Power Linie nach Marokko. In London, Newcastle, Hull und Liverpool wurden Dampfer zum Kauf angeboten. Kapitän J. E. Blay bot seine Dienste Schiffseignern und Kaufleuten an: „Führt Schiffe in jeden Teil der Welt . . . Trifft alle nötigen Vorbereitungen für die Reise."

Die *Mauretania* lag in Cherbourg zur Reparatur; auf den Frachtmärkten hatte sich das Geschäft wieder beruhigt; am Vortag war am Untergangsort der *Titanic* aus Anlaß des zwölften Jahrestages der Katastrophe an Bord eines amerikanischen Eisbrechers ein Gedenkgottesdienst abgehalten worden; und Lloyd's und die Londoner Börse hatten zum drittenmal ihr jährliches Fußballspiel ausgetragen, das 2 : 2 unentschieden endete; und da, in der langen Liste von Schiffsbewegungen rund um die Welt, war die *Hegre*, auf der Themse vor Gravesend, unterwegs zum Marokko-Kai.

Gerade wollte ich mich der nächsten Ausgabe zuwenden, um den Weg der *Hegre* weiter zu verfolgen, als der Name eines anderen Schiffes meine Aufmerksamkeit erregte, das ebenfalls am 16. April 1924 Gravesend auf dem Weg nach London stromaufwärts passiert hatte. Es war ein deutsches Schiff, die *Trave*, die zwischen London und Bremen verkehrte und diesmal am Regent's Canal Kai festmachen sollte, dem kleinen Kai gegenüber von Maruts Quartier. Wenn es dort festgemacht hatte, wäre es von einem Fenster im oberen Stockwerk der Commercial Road 649 zu sehen gewesen, und von dort konnte Marut es sehr wohl an seinem letzten Tag in London gesehen haben. Es war ein seltsamer Zufall, daß ein Schiff dieses Namens am Tage von Ret Maruts endgültiger Abreise aus Europa zugegen gewesen sein sollte. Mit jener Abreise verschwand der Name Ret Marut, und innerhalb eines Jahres wurde B. Traven geboren.

Wenn Marut die *Trave* nicht aus einem Fenster im oberen Stockwerk gesehen hatte, konnte er sie auf seinem Weg zum Liegeplatz der *Hegre* sehen, als er die Branch Road hinunterging, nach rechts in die Highway einbog und dabei zur Einfahrt vom Regent's Canal Kai zurückschaute. Der Marokko-Kai war kein geschlossenes Dock, sondern ein Liegeplatz am Flußufer gegenüber der Wapping Highstreet 82-84, einer schmalen Durchfahrtsstraße mit Kais und Lagerhäusern, die der Biegung der Themse folgte. Viele der Gebäude stehen jetzt leer oder sind schon abgerissen, wie die Nummern 82-84. 1924 gehörte der *Marocco and Eagle* Zollkai der Firma William H. Muller, einem vielbeschäftigten Schiffsmakler-, Stauerei-, Lagerhaus-, Speditions- und Leuchterunternehmen, das unter anderem einen täglichen Express- und Paketdienst zwischen London und Rotterdam betrieb. An einem warmen und sonnigen Frühlingstag machte die *Hegre* dort in Sichtweite der Tower-Bridge fest. Sie blieb nur ein paar Tage, und am Samstag, dem 19. April, wurde sie von ihrem Kapitän, Mr. Haagensen, wieder an Gravesend vorbei themseabwärts gesteuert; laut Lloyd's war sie via Brixham nach Teneriffa unterwegs. Am folgenden Tag machte die *Hegre* in jenem hübschen kleinen Hafen in Devonshire fest und fuhr sogleich in Richtung Lissabon weiter.

Die *Hegre* mag damals nicht mehr in der ersten Blüte ihrer Jugend gestanden haben, aber sie war auch nicht das originalgetreue Vorbild des *Totenschiffs*. Sie sank nicht vor der Küste Afrikas oder sonst irgendwo, und sie brachte Marut auch nicht nach Mexiko. Am 25. April fuhr sie von Lissabon nach Las Palmas, vier Tage später fuhr sie von dort nach Dieppe weiter, wo sie sicher am 13. Mai eintraf. Irgendwo mußte Ret Marut auf ein anderes Schiff umgestiegen sein. Wenn das *Totenschiff* wörtlich zu nehmen war, dann sollte dieses zweite Schiff bald untergehen. Viel wahrscheinlicher aber war es sein Anschluß nach Mexiko.

Noch gab es Lücken, aber das Bild nahm Gestalt an. Ich hatte Marut bis nach London verfolgt und wußte, daß er sich in Traven verwandelt hatte. Nun war es Zeit, die frühen Jahre des Ret Marut zu untersuchen — die ersten vierzig Jahre im Leben des B. Traven.

18 ‚M'

Erstmals wurde Ret Marut im Jahre 1907 aktenkundig, zu einem Zeitpunkt, da er seiner polizeilichen Anmeldung zufolge bereits 25 Jahre alt war. Rolf Recknagel, der mühsam jedes Stückchen Information über Marut zusammengesetzt hat, förderte über dieses erste Vierteljahrhundert nichts zutage.

1907 trat Marut als Schauspieler dem Staatstheater in Essen bei. 1908 arbeitete er in der thüringischen Stadt Suhl und im Jahr darauf in Crimmitschau in Sachsen, wo er der vier Jahre jüngeren Schauspielerin Elfriede Zielke begegnete. 1910 lebten sie beide nicht weit voneinander in Berlin, wo Marut studierte, und gemeinsam schlossen sie sich der Gruppe des Neuen Theaters von Berlin an, wo Marut in der Ortsgruppe des Bühnenvereins aktiv war. Er und Elfriede gaben Gastspiele in Ostpreußen und in Zirke und Pinne in der Provinz Posen, bevor sich Marut 1911 dem Danziger Theater anschloß. In Danzig war er Vorsitzender und Kassierer des Bühnenvereins, und dort brachte Elfriede am 20. März 1912 ihre gemeinsame Tochter zur Welt. Das Kind bekam den Namen Irene Zielke. Sie sollte ihren Vater kaum kennenlernen, dessen Beziehung zu ihrer Mutter bald nach ihrer Geburt abbrach.

Mitte der sechziger Jahre spürte ein Journalist Irene Zielke auf, die damals Lehrerin in Ostberlin war. Sie sagte, daß sie seit ihrem sechsten Lebensjahr nichts mehr von ihrem Vater gehört und keinerlei Erinnerung an ihn hätte. Ihre Mutter Elfriede hätte ihr berichtet, daß er Deutsch mit einem leichten Akzent und auch etwas Englisch gesprochen hätte; daß er an Bord eines Schiffes geboren worden sei und daß die amtlichen Eintragungen seiner Geburt 1906 in San Franzisko durch das Erdbeben und den Brand vernichtet worden seien. Elfriede hatte ihrer Tochter auch berichtet, daß Marut als Kind Mitglied einer Ballett-Truppe gewesen sei, die die ganze Welt bereist hatte. Seit seinem sechsten Lebensjahr hätte er eine Gouvernante gehabt, und seine Mutter, eine Irin, hätte sich umgebracht, als er erst zwölf Jahre alt war. In dieser Darstellung seiner Herkunft, die nur von Marut selbst stammen konnte, war sein Vater Engländer.

Deutliche Anklage an diese Schilderung tauchten in den Geschichten auf, die er für Señora Luján gesponnen hatte — das Ballett, die Geburt auf See, Andeutungen, daß er als Kind in England gelebt hatte —, und es stimmte mit den Angaben überein, die Marut der deutschen Polizei gemacht hatte. Auf der Meldekarte war er als Bürger Englands bezeichnet, bis dies nach dem Kriegsausbruch 1914 in ,,Amerika'' abgeändert worden war. Darin lag eine gewisse Logik, wenn sein Vater Engländer gewesen, er selbst jedoch in den Vereinigten Staaten geboren oder eingetragen worden war. Auf einer späteren polizeilichen Meldekarte wurde der Name seines Vaters mit William angegeben — ein durchaus englischer Vorname zu jenem seltsamen Nachnamen ohne erkennbare Nationalität. Auf dem gleichen Dokument war der Name seiner Mutter als Helene Ottarent angegeben, was doch deutlich irisch klang.

Musikanten .. .. { Ret Marut
Paul Günther
Joseph Brucker

Von Danzig ging Marut 1912 an das Düsseldorfer Theater, wo er drei Jahre blieb. Er kann als Schauspieler keine große Koryphäe gewesen sein, denn noch immer spielte er winzige Nebenrollen wie Kellner oder Leute aus dem Volke; diese mangelnde Anerkennung kann wohl gar nicht nach seinem Geschmack gewesen sein. Recknagel fand eine Beschreibung von ihm aus dieser Zeit. Sie nahm erstaunlich genau den schmächtigen Mann vorweg, der die Anstrengungen im mexikanischen Dschungel ausgehalten und mich von den Fotos der Señora Luján angestarrt hatte: ,,Sehr dünn, aber zäh. Sein Körper hatte die Zähigkeit eines Jockeys. Er hatte warme blaue Augen und blickte stets aufmerksam in die Welt. Seine spitze Nase war kräftig und markant. Die Nase eines Spürhundes.''

Maruts Bluthund-Physiognomie verhinderte, daß er Hauptrollen bekam, und seine Theaterkarriere neigte sich ihrem Ende zu. Als er 1915 nach München zog, hängte er die Schauspielerei an den Nagel und wurde Schriftsteller. Schon in den drei vorangegangenen Jahren hatte er Artikel und Kurzgeschichten geschrieben, und nun folgte der Roman *An das Fräulein von S . . .*, den er unter dem Namen Maurhut veröffentlichte. Er wurde von Mermet veröffentlicht — Irene Mermet, die vierundzwanzigjährige Schauspielerin, die zu ihm nach München gekommen war. Von jetzt bis zu seinem Lebensende, mit Ausnahme seiner ersten Jahre in Mexiko, benutzte Marut-Traven seine Freundinnen als Strohfrauen gegenüber der Welt. Sie dienten ihm zugleich als Schild gegen anderer Leute Neugier und als Brücke zu den Verhandlungen mit Fremden, die ein Autor führen muß, und bei denen Traven sich unwohl fühlte. Irene Mermet, Maria de la Luz Martinez, Esperanza Lopez Mateos und Rosa Elena Luján dienten alle aufopfernd in dieser Rolle.

Die erste Ausgabe des *Ziegelbrenners* erschien am 1. September 1917 in München. Beiläufig brüstete sich Marut gegenüber seinen Lesern: „Ich habe praktisch jedes Land dieser Welt kennengelernt und viele Jahre im nicht deutschen Ausland gelebt." Diese Bemerkung sollte ihn bei seinen Lesern als weisen und weitblickenden Gesellschaftskritiker einführen. Sein Verlangen, gehört zu werden, hatte etwas Ängstliches, das er mit seinem aggressiv-unabhängigen Ton nur zum Teil kaschieren konnte. Diesen Ton spiegelte auch der Untertitel der Zeitschrift: *Kritik an Zuständen und an widerwärtigen Zeitgenossen*. Gegenüber seinen Lesern gab er sich salopp:

„Das nächste Heft erscheint im Juli. Vielleicht. Vielleicht auch später. Kann sein, schon früher. Je nachdem es notwendig sein sollte, neue Ziegel zu brennen. Ein bestimmter Erscheinungstag wird weder diesmal noch überhaupt jemals vorher festgesetzt. Eingehalten würde er doch nicht. Das haben wir nicht nötig und betrachten dies als Vorteil, keineswegs als Nachteil."

Der Marut, der sich im *Ziegelbrenner* enthüllt, war ein Kraftmeier, ein Romantiker, kapriziös und mit einem Hang zu Übertreibungen, besessen; ein Mann, erfüllt von einem verzweifelten Idealismus. Seine Hauptangriffsziele waren der Krieg, die kapitalistischen Kriegshetzer, die ihn vom Zaun gebrochen hatten, und die Zeitungen. Gegen die Presse war er besonders giftig, und der *Ziegelbrenner* bezeichnete sich zuweilen als das Blatt für „politisch reife Menschen, die von der Tagespresse keine Hilfe erhalten". Er warnte seine Leser, daß sie um die großen Tageszeitungen einen Bogen machen sollten, wenn ihnen das Wohl Deutschlands und das Wohl der Menschheit am Herzen läge. Denn „man muß sich vor ihren Leitartikeln hüten wie vor einer Geschlechtskrankheit".

Marut sorgte sich nicht um Völker und Staaten, sondern um das Individuum. Immer wieder erinnerte die Zeitschrift in emotionaler Weise daran, was der Krieg für die beteiligten Menschen bedeutete. Die dritte Ausgabe vom März 1918 begann so:

Der Ziegelbrenner

2. Jahr | **16. März 1918** | **Heft 3**

Chaos

Männer fallen / Männer stehen / Männer sterben / Männer leben / Mütter jammern / Frauen trauern / Andere machen Handgranaten / Fluchen auf der Straßenbahn / Kinder-Weinen füllt das All.

Marut war stark beeinflußt von dem deutschen Philosophen Max Stirner, der in seinem 1845 veröffentlichten Hauptwerk *Der Einzige und sein Eigentum* seine eigentümlichen Vorstellungen eines individuellen Anarchismus proklamiert hatte. Stirner hielt die Entwürdigung des Individuums für die stärkste Triebkraft zur Veränderung. Er war gegen eine globale Ideologie mit Vorschriften für die ganze Menschheit und für alle Institutionen, er war gegen alles, was vom Einzelnen eine Loyalität verlangt, die mit seinen eigenen Wünschen und Trieben in Konflikt geraten könnte. Jeder Mensch solle nach seinen eigenen Fähigkeiten leben; Ehrlichkeit bestehe darin, Dinge zu tun, weil sie einen befriedigen, auch Dinge, die man für andere tut. Er machte den Egoismus zur sozialen Kraft: „Der, der einen anderen Menschen liebt, ist durch diese Liebe reicher als der, der niemanden liebt."

Kein Wunder, daß solche Glaubenssätze im Herzen Maruts willkommen waren. Er wollte sein Leben außerhalb der Gesellschaft leben, er setzte sich seine eigenen Regeln und schützte zu jeder Zeit die Integrität seines Ichs. *Der Ziegelbrenner* legte seine individualistischen Idealvorstellungen aus. „Und nur um meinetwillen erhebe ich meine Stimme. Um Meine Sache handelt es sich, nicht um die Eure . . . Und gegen die Gefahr, die meiner Eigenen Angelegenheit . . . droht, wehre ich mich." Er gehöre keiner Partei und keinerlei politischen Organisationen an. „Ich kann keiner Partei angehören, weil ich in jeder Partei-Zugehörigkeit eine Beschränkung meiner persönlichen Freiheit erblicke, weil die Verpflichtung auf ein Partei-Programm mir die Möglichkeit nimmt, mich zu dem zu entwickeln, was mir als das höchste und das edelste Ziel auf Erden gilt: Mensch sein zu dürfen! Nichts anderes will ich sein als Mensch, nichts als Mensch."

Bei einem so starken Glauben an die Kraft und die Bedeutung des Individuums war es eigenartig, daß Marut eine solche Scheu hatte, sich zu zeigen. Da gab es die seltsame Gewohnheit, vor Versammlungen im Dunklen zu sprechen, seinen Lesern zu sagen, daß er sich lieber von Hunden anpissen als sie Informationen über ihn erschnüffeln ließe, und die provozierend warnende Abwehr aller Besucher. Dem schriftlich geäußerten Willen zur Selbstbehauptung stand eine ebenso große körperliche Schüchternheit gegenüber.

In seiner Zeitschrift brillierte Marut mit einer breiten und genauen Bibelkenntnis. Er tat kund, daß er Theologie studiert, das Studium jedoch abgebrochen habe, ehe er die Nettigkeiten erlernen konnte, die es ihm ermöglichten, ,,von der Kanzel für den Sieg der deutschen Armee" zu beten. Ein Marut hatte natürlich sein Studium nicht deswegen abgebrochen, weil er durch die Klausuren gefallen war; er wurde zum Abbruch gezwungen, weil er ein zu sehr fordernder, zu radikaler Student gewesen war: ,,Ich wurde während einer Vorlesung wegen zweier ,ungehöriger' Bemerkungen ,entfernt', und mir wurde — auf lateinisch — ,streng' verboten, an den Veranstaltungen der theologischen Hochschule teilzunehmen."

Auf diesen Bericht hin kämmten Forscher die Akten der deutschen Universitäten nach einem Hinweis auf Maruts Theologie-Studium durch. Sie förderten den Namen Charles Trefny zutage, ein amerikanischer Theologie-Student, der sich im Herbst 1902 an der Universität Freiburg einschrieb und von den Behörden Anfang 1903 relegiert wurde. Laut Studentenregister war Trefny am 2. Juli 1880 in St. Louis, Mississippi, als Sohn von Karl Williams Trefny geboren worden. Zuvor hatte er das St. Xavier College in Cincinnati, Ohio, besucht. Das paßte ziemlich genau auf Marut. Die Nationalität stimmte, und es war ziemlich unwahrscheinlich, daß zwei amerikanische Theologie-Studenten ungefähr zur gleichen Zeit aus deutschen Universitäten hinausgeworfen wurden. Auch könnte ,,Trefny" eine frühe Version von ,,Traven" gewesen sein.

Nachforschungen in Cincinnati ergaben, daß es weder an der Xavier-Universität noch an der Xavier-Oberschule in den zehn Jahren vor 1903 einen Schüler oder Studenten namens Charles Trefny gegeben hatte. Es gab auch keinen Einwohner der Stadt mit dem Namen Trefny, Traven oder Torsvan. Das war nicht so schlimm. Es wäre nicht das erste Mal gewesen, daß Marut-Traven einen Lebenslauf für sich erfunden hätte, und Rolf Recknagel und andere waren überzeugt, daß Trefny Marut war.

Aber der Fall ist keineswegs eindeutig. Trefny studierte katholische Theologie, während Marut-Traven zwar bekanntermaßen Sympathien für die Lehren des Jesus Christus hatte, die Kirche als Institution aber keineswegs liebte. So schrieb er zum Beispiel im *Ziegelbrenner*:

,,Kristallklar ist die Lehre Christi, rein und unverfälscht steht sie in den vier Evangelien; aber schon die ersten Pfaffen, Paulus und Petrus, haben die reine Lehre mundgerecht gemacht und sie für die Zeitung zubereitet, damit sie das unwissende Volk auch richtig verstünde. Das unwissende Volk! Christus war Analphabet. Seinen Worten zum Segen. Er konnte keine Zeitung lesen und er konnte keine Zeitung schreiben.''

Als Torsvan im Cashew-Park mit Spota sprach, wollte er gleich Spotas Freund vom Katholizismus zum protestantischen Glauben bekehren.

Ein zweites Fragezeichen hinter Trefnys Namen betrifft den Grund seines Verweises von der Freiburger Universität. Es macht nichts, daß er nicht genau Ret Maruts Schilderung entsprach, das wäre zuviel verlangt. Es stört dagegen sehr wohl, daß der Anlaß eine Sache war, die in keiner Weise zu Marut-Travens eigentümlichem Verhalten paßte. Trefny wurde nämlich wegen ,,unsittlicher Betätigung'' verhaftet. Er hatte sich als Impfarzt ausgegeben und in dieser Rolle nichtsahnende Patientinnen eingehend untersucht. Es war die typische Sonntagszeitungsgeschichte vom verklemmten jungen Mann, der sich so an ausgezogene Damen heranmacht. Das war überhaupt nicht Maruts Stil. Er scheint keinerlei Schwierigkeiten gehabt zu haben, auf herkömmliche Weise Kontakt zu Frauen zu knüpfen.

Unter den letzten in München verlegten Ausgaben des *Ziegelbrenners* gab es eine mit dem Titel ,,Es dämmert der Tag'' (9. November 1918), eine weitere mit der Überschrift ,,Die Welt-Revolution beginnt'' (30. Januar 1919). Maruts Euphorie spiegelte die turbulenten Ereignisse der sechs Monate wider, während derer München im Zentrum des revolutionären Wirbelsturms stand und es schien, als ob die alte Ordnung für immer abgeschüttelt werden könnte. Maruts Anteil an der Entwicklung am Ende dieser Zeit — drei Wochen des reinsten, ganz und gar hoffnungslosen revolutionären Regimes — war die Ursache dafür, daß er vier Jahre später auf seiner Flucht in London Station machte.

In den letzten Monaten des Ersten Weltkrieges war die bayerische Hauptstadt München ein Zentrum des deutschen Widerstandes gegen den andauernden und kräftezehrenden Krieg. Bayern nahm im deutschen Reich eine Sonderstellung ein, besonders gegenüber Preußen.

Es war zu 70 % katholisch, Preußen dagegen überwiegend protestantisch, und in der bayerischen Bevölkerung gab es einen weit höheren Anteil selbständiger Gewerbetreibender und Landwirte. Während der Krieg die materiellen und geistigen Reserven des deutschen Volkes aufzehrte, grollten die Bayern am stärksten wegen der Entbehrungen, die vermeintlich die Preußen über sie gebracht hatten. Man sprach sogar von einem möglichen bayerischen Separatfrieden mit den Alliierten. In München bescherte die Friedenssehnsucht der USPD mit ihrer kompromißlosen Ablehnung des Krieges einen gewaltigen Aufschwung auf Kosten der vorsichtigen und konservativen Führung der Mehrheits-SPD, die anderswo die größte Partei war.

In dieser aufgewühlten Atmosphäre der Unzufriedenheit fand am warmen und sonnigen Nachmittag des 7. November 1918 auf der Theresienwiese zu Füßen der Bavaria eine gewaltige Friedensdemonstration statt. Eine riesige Menschenmenge hörte die Ansprachen von ungefähr zwanzig sozialistischen Rednern, von denen einer, Kurt Eisner, eine dramatische Wirkung erzielte. Eisner war ein 51 Jahre alter jüdischer Journalist, ehedem Redaktionsmitglied des *Vorwärts*. Er forderte die gegen ausdrücklichen Befehl erschienenen Soldaten auf, sich in der Stadt zu verteilen, ihre Kameraden zu überreden, mit ihnen die Kasernen zu besetzen und sich der Waffen und Munitionsvorräte zu bemächtigen. Das taten sie auch mit Unterstützung der Mehrheit der anwesenden Menschenmenge, und schon einen Tag später war Eisner Chef einer Regierung, die in der Stadt die Macht ausübte und Bayern zur Republik erklärte. König Ludwig III. von Bayern floh, und in Berlin wurde am 9. November Kaiser Wilhelm II. während eines Generalstreiks zur Abdankung gezwungen. Die deutsche Monarchie war am Ende.

Eisners Regime in München war genauso exzentrisch, idealistisch und chaotisch wie sein Führer. Eisner selbst war ein sympathischer Kauz mit grauem Bart, einem Kneifer auf der Nase und einem großen schwarzen Hut auf dem Kopf, aber die Unterstützung für sein Regime schwand, während das Chaos wuchs. Im Januar wurden Wahlen zum Bayerischen Landtag abgehalten, und Eisners unabhängige Sozialisten erzielten nur einen winzigen Stimmenanteil. Ohne Hoffnung und Wirkungsmöglichkeit hing er noch ein paar Wochen an seinem Sessel, ehe er sich zum Rücktritt entschloß. Die Rücktrittserklärung in der Tasche, wurde er auf dem Weg zum Landtag von dem jungen Rechtsextremisten Graf Anton von Arco-Valley erschossen.

Der Welle der Trauer um Eisner und seine Ideale folgte eine Zeit des noch größeren Chaos. Die Münchner Frauenkirche wurde feierlich zum Revolutionstempel erklärt; die Stadt ging bankrott; während einer extremen Kältewelle litten die Bürger unter dem Mangel an Lebensmitteln und Kohle. In den Bierkellern fanden fast ununterbrochen politische Versammlungen statt, und Schießereien auf den Straßen waren an der Tagesordnung. Ret Marut beobachtete als Außenstehender diese Ereignisse, während drei Gruppen um die politische Macht kämpften; die Mehrheitssozialisten, die aus München geflohen waren und in Bamberg eine bayerische Exilregierung gebildet hatten; eine kommunistische Gruppe unter Führung der drei Russen Towia Axelrod, Max Levien und Eugen Leviné; und eine Gruppe anarchistischer Intellektueller unter Gustav Landauer, Erich Mühsam, dem Dichter und Stückeschreiber, und einem weiteren Dichter, dem 25-jährigen Ernst Toller. Marut stand diesem letzten Kreis, den „Kaffeehaus-Anarchisten" nahe. Als sie riefen, gab er seine naturgegebene Unabhängigkeit auf, tat seinen Argwohn gegen jegliche Organisation beiseite und schloß sich ihnen an. Diese Konföderation der Arbeiter- und Soldaten-Räte erschien ihm die loseste und freieste Form der Organisation, die noch den Namen Regierung verdiente. Vielleicht das einzige Mal in seinem Leben tat sich dieser einsame Wolf mit anderen zusammen, um gemeinsam ein großes Ziel anzustreben.

In einem später gegen ihn ausgestellten Haftbefehl wurde Marut als einer der Rädelsführer der Räterepublik bezeichnet. Gesellschaftlich und geistig mag er zu ihnen gehört haben, aber mit der eigentlichen Lenkung der Ereignisse scheint er nichts zu tun gehabt zu haben. Er war Mitglied eines Ausschusses zur Verbreitung revolutionärer Propaganda unter den Soldaten, außerdem gehörte er der Kommission zur Errichtung eines Revolutionstribunals an (seinem eigenen Bericht zufolge wurde er dort sogar zum Vorsitzenden gewählt). Später bemühte er sich um die Klarstellung, daß dies keine ihm verliehenen Ämter, sondern vielmehr Aufgaben gewesen seien, mit denen man ihn betraut hatte. Es war nicht nach dem Geschmack des *Ziegelbrenners*, Macht über das Leben anderer auszuüben. Er lehnte eine Ernennung zum Direktor der Presse ab und wurde statt dessen einer der Zensoren der kapitalistischen Zeitungen und Urheber eines Plans zur Verstaatlichung der Zeitungsverlage. Er verhöhnte die Vorstellung, daß Deutschland jemals eine freie Presse gehabt hätte. Redakteure und Journalisten befanden sich in den Klauen der Zeitungsbesitzer, die die Linien ihrer Blätter diskutierten. Die Freiheit der Presse war nur die Freiheit der reichen Verleger.

Maruts kurzer Flirt mit der revolutionären Aktion lebte in seinem Geiste weiter, als er in Mexiko als B. Traven schrieb. Im Zyklus der Dschungel-Romane, einer Chronik des Kampfes der Indios im vorrevolutionären Mexiko und ihres Aufstandes gegen ihre Herren, betont Traven die Notwendigkeit schnellen und entscheidenden Handelns. Dachte er an das Versagen in München? In der *Rebellion der Gehenkten* lobt er die Indio-Rebellen:

„In dem Kriegsrat . . . ging es lebhaft zu. Doch offenbarte sich hier nicht jenes traurige Schicksal aller Revolutionen und deren Parlamente, in denen beraten und beraten, geredet und geredet wird und — wenn dann endlich ein Entschluß zustandegekommen ist — die Reden aufs neue beginnen, ausgedehnt und wiederholt werden, nämlich nun darüber, wie jener Entschluß durchgeführt und ausgeführt werden solle. Es sind immer die Revolutionsparlamente und deren Sitzungen, die eine Revolution veröden und sie endlich zu Fall bringen."

Vielleicht kritisierte Traven sich auch selbst. Er war weder Soldat, noch fielen ihm wichtige Entscheidungen zu. Die Rollen, die er in der Revolution übernommen hatte, als Zensor und Kommissionsmitglied, entsprachen nicht wirklich seinem Charakter; ihm lag mehr die Rolle des etwas abseits der Ereignisse stehenden Mahners, Kritikers und Schreibers. Er hätte nie das tun können, wofür er die Indianer bewunderte: eindeutig, direkt und rücksichtslos handeln, den Feind in seinem Blut erschlagen. In seinen Büchern läßt er sie das Abstechen von Offizieren, das Einschlagen von Schädeln, das Abschlachten von Millionen und das Fließen von ganzen Strömen von Blut fordern. Das Fiasko von München gab ihm die Überzeugung, daß all dies und noch mehr nötig sei, wenn die Armen und Unterdrückten der Welt ihre Ketten abwerfen sollten. Das waren nicht die Taten, die er vollbringen konnte, und sein Bestehen darauf enthält auch einen Vorwurf gegen sich selbst. Vielleicht fürchtete er, ein weiterer dieser Windbeutel zu sein, ohne den die Indios sehr gut auskommen konnten:

„Glücklicherweise waren sie nicht verdummt und verblödet worden von Artikelschreibern und Versammlungsredern . . . Keiner der Muchachos, mit Ausnahme des El Profesor, hatte je einen Artikel in einem revolutionären Blatt gelesen, je die Geschichte einer Revolution oder eines Aufstandes studiert, je einer Versammlung beigewohnt, je von einem Programm gehört."

Die Räterepublik dauerte nur sechs Tage, in denen München eine Regierung erlebte, die genauso versponnen, wohlmeinend und unfähig war wie viele andere in modernen Zeiten. Sie legte einen Plan für kostenloses Geld vor, ein Plädoyer für neue Kunstformen und ein Gesetz, nach dem keine Wohnung mehr als drei Räume haben sollte. Der Kommissar des Auswärtigen, Dr. Franz Lipp, entwarf eine wirklich bizarre Außenpolitik; als erstes fand er Grund, der Schweiz den Krieg zu erklären. Dann sickerte durch, daß Dr. Lipp wirklich verrückt war; als eine seiner ersten Amtshandlungen schickte er den Bolschewiken in Moskau ein Telegramm, in dem er sie davon unterrichtete, daß sein Vorgänger den Schlüssel zum Ministerklo mitgenommen hatte. Ehe man die Schweiz angreifen konnte, fast noch bevor man die Klotür aufbrach, war ein neues Regime unter den russischen Kommunisten Levien, Leviné und Axelrod an der Macht. Die neue Regierung stellte eine bayerische Rote Armee auf und gewährte ihr neben dem ansehnlichen Sold kostenlose Verpflegung und Schnaps. Die Soldaten wurden gebraucht. Am 20. April ließ die Regierung der Mehrheits-SPD in Bamberg die Revolutionäre angreifen, ihre Truppen wurden aber vierzig Kilometer nördlich von München von einer Abteilung der neuen Roten Armee unter dem Befehl von Ernst Toller geschlagen.

Die Bamberger Sozialisten riefen nun die Reichsregierung in Berlin zu Hilfe, und Ende April marschierten die Freikorps mit 30.000 Mann gegen Bayern. Die Freikorps waren Privat-Armeen, die von ehemaligen Offizieren der Reichswehr aufgestellt und befehligt und von der Reichsregierung bezahlt wurden. Ihre Schlagkraft war unterschiedlich. Das Heer, das von Norden auf München vorrückte, bestand teils aus jungen, undisziplinierten Rekruten, teils aus Mitgliedern der bewährten Eliteeinheiten. Die Freikorps belagerten die Stadt und marschierten am 1. Mai 1919 in München ein, ohne auf ernsthaften Widerstand durch die Rote Armee zu stoßen, die sich praktisch aufgelöst hatte. In der letzten Nacht der Revolutionsregierung in München ermordeten einige ihrer Soldaten zwanzig Geiseln und entstellten deren Leichen, ehe Toller dem schrecklichen Treiben Einhalt gebieten konnte. Als Vergeltung errichteten die Freikorps eine zehn Tage dauernde Herrschaft des Schreckens, deren Greueltaten die Ausschreitungen unter dem Revolutionsregime bei weitem in den Schatten stellten. Die Revolution hatte verhältnismäßig wenige Opfer gefordert, um an die Macht zu kommen und an der Macht zu bleiben. Die Freikorps hatten bei ihrem Einmarsch in München mindestens sechshundert Menschen getötet und in den folgenden Tagen bei der ,,Säuberung'' der Stadt eine etwa gleich große Anzahl hingerichtet oder ermordet.[1]

Die Führer der Räterepublik sollten die ersten Opfer des Rachefeldzuges sein, und Marut wurde zu ihnen gerechnet. Gustav Landauer, mit dem er im Propaganda-Ausschuß eng zusammengearbeitet hatte, wurde geschlagen, niedergeschossen und schließlich zu Tode getreten; Erich Mühsam, der Schriftsteller, der später als erster in den Werken von B. Traven die Stimme seines Freundes Marut erkennen sollte, wurde inhaftiert;[2] Leviné wurde standrechtlich erschossen; Toller wur-

[1] Diese Zahlen beruhen auf Schätzungen von R. M. Watt in seinem Buch ,,The Kings Depart'' (,,Abschied der Könige''), auf das ich mich bei meiner Schilderung der bayerischen Revolution im wesentlichen gestützt habe.

[2] Mühsam wurde zu fünfzehn Jahren Haft verurteilt, 1924 jedoch im Rahmen einer Amnestie für politische Gefangene freigelassen. 1933 wurde er von den Nazis verhaftet und am 10. Juli 1934 im Konzentrationslager Oranienburg grausam ermordet.

de zu fünf Jahren Zuchthaus verurteilt[3] Ret Marut konnte entkommen. In der nächsten Ausgabe des *Zigelbrenners*, die er im Dezember 1919 als steckbrieflich gesuchter Hochverräter im Untergrund herausbrachte, gab er eine dramatische Schilderung seiner Erlebnisse am 1. Mai. Darin wird von ‚M' in der dritten Person gesprochen, vielleicht um die Polizei zu verwirren, vielleicht, weil sie teilweise von Irene Mermet geschrieben wurde. Diese Darstellung übertreibt wahrscheinlich Maruts Wichtigkeit einerseits und seine Kaltblütigkeit im Angesicht der Gefahr andererseits, aber es ist das einzige Zeugnis seiner Flucht, auf das wir uns stützen können.

Als die feindlichen Truppen die Stadt besetzten, saß Marut im Maria-Theresia-Kaffeehaus in der Augustenstraße, wo er sich mit einigen Teilnehmern zu einer Zusammenkunft deutscher Revolutionäre und freiheitsliebender Schriftsteller verabredet hatte, die am gleichen Nachmittag stattfinden sollte. Während er im Kaffeehaus saß, eröffneten die Freikorpssoldaten aus Maschinengewehren das Feuer auf die auf der Straße versammelte Menge, wobei zwei Menschen getötet und fünf verletzt wurden.

Während weiter geschossen wurde, half Marut einen bewußtlosen Verwundeten hineinzutragen, wo eine Ärztin ihm erste Hilfe leistete. Marut verließ das Café, aber nach ein paar hundert Metern hielt neben ihm ein mit Waffen hochbeladener und mit etwa zehn Zivilisten mit konterrevolutionären Armbinden bemannter Lastwagen. Diese Büromenschen und Studenten erkannten Marut als „den gefährlichsten Agitator der Räterepublik, die Geißel des Bürgertums und den Zerstörer der Presse" und befahlen ihm, die Hände hochzuheben. Er wurde durchsucht. „Der Schriftleiter des Ziegelbrenners wurde nach Waffen durchsucht! Man kann natürlich auf nackten Ziegelsteinen auch nach Trüffeln suchen, wenn man nichts weiter zu tun hat."

Seine Häscher begannen, Marut vor der inzwischen versammelten Menschenmenge anzuklagen; er sei der Hauptverursacher des Blutvergießens in München und solle seine gerechte Strafe bekommen. Die Menge schien daran wenig interessiert, also wurde er nicht auf der Stelle erschossen, sondern mit vorgehaltenem Gewehr gezwungen, auf den Wagen zu steigen. Die Konterrevolutionäre fuhren mit ihm davon und riefen: „Jetzt haben wir aber einen, den Allergefährlichsten!" Er wurde zum Kriegsministerium in der Ludwigsstraße gebracht, das, wie Marut spottete, voller Zivilisten war („Bourgeoisie-Söhnchen, elegante Zuhälter . . ., Mittelstand"), die sich unter dem Schutz der Soldaten wichtig machten. Er wurde in ein Hinterzimmer geführt, wo ein Wächter ihm eine Pistole unter die Nase hielt. Marut erfuhr von

[3] Toller erlangte später Anerkennung als Dramatiker. Er nahm sich 1939 in New York das Leben.

seinen Fängern, daß ihm verschiedene Vergehen des Hochverrats zur Last gelegt wurden, die mit sofortiger Erschießung geahndet wurden. Er solle doch gestehen. Als er sich weigerte, wurden präparierte Zeugen hereingeführt, die gegen ihn aussagten. Sein Verlangen, Entlastungszeugen zu hören, blieb unbeachtet.

Seine Fänger führten ihn vom Ministerium durch die nunmehr mit königlich bayerischen Flaggen geschmückten Straßen zur nahen Residenz. Dort hielt ein einsamer Leutnant ein Kriegsgericht; lässig rauchte er eine Zigarette, während er darüber entschied, ob die ihm vorgeführten Gefangenen in die Freiheit entlassen werden oder sterben sollten. Jeder Fall wurde in ungefähr drei Minuten verhandelt, und wenn es irgendeinen Zweifel gab, wurde der Gefangene erschossen. In einem Vorzimmer wurde Marut zusammen mit vielen anderen Gefangenen, unter denen sich Jugendliche und junge Mädchen befanden, etwa eine Stunde lang festgehalten. Die Wartenden mußten zusehen, wie die hastig verhängten Todesurteile des jungen Leutnants vollstreckt wurden. Kurz bevor er an der Reihe war, nutzte Marut einen glücklichen Augenblick. Der Gefangene vor ihm begann zu schreien und mit den Soldaten zu kämpfen, die ihn in den Gerichtssaal führen sollten, und in dem entstandenen Tumult konnte Marut flüchten. Die Flucht gelang ihm dank zweier Soldaten, ,,denen einen Augenblick lang wohl ein Funken Menschlichkeit aufstieg als sie sahen, wie hier mit dem Kostbarsten was der Mensch besitzt, mit dem Leben, umgegangen wurde''.

Marut floh aus München und versteckte sich vor der Polizei, indem er im Wald lebte, in Scheunen und Heustadeln übernachtete. Er war wegen Hochverrats zur Fahndung ausgeschrieben.

4256. Marut Ret, geb. 25.2.1882 in San Francisco, letzte Wohnung: Clemensstraße 84 III: war Mitglied des Propagandaausschusses und der Kommission zur Bildung eines Revolutionstribunals.

Er wanderte durch Bayern und sprach in den Kleinstädten und auf den Dörfern zu kleinen Versammlungen, auf denen er seine Zuhörer von den Vorzügen der Räteherrschaft zu überzeugen versuchte, wie sie in der kurzen, trügerischen Morgenröte der Räterepublik existiert hatte. Es sei sinnlos, schrieb er, große Mengen von Menschen gleichzeitig bekehren zu wollen; solche Schnellbekehrungen führten nur zu oberflächlicher Überzeugung und zu Mißverständnissen. Nur auf dem Wege langer Einzelgespräche, bei denen er den Geist, das Herz und die Seele seiner Gesprächspartner mit der Wahrheit füllte, konnte er seine Überzeugung verbreiten, daß das Rätesystem der einzige Weg zur vollkommenen Regierung auf Erden sei. Währenddessen wurden in München die Anhänger der Räterepublik rücksichtslos ausgerottet. Ein Freikorps-Kommandant gab seinen Offizieren die Anweisung: „Es ist viel besser, ein paar Unschuldige zu töten, als einen Schuldigen entwischen zu lassen . . . Ihr wißt, wie Ihr's machen müßt . . . Einfach erschießen und dann melden, daß sie Euch angegriffen oder einen Fluchtversuch unternommen hätten." Als die Freikorps wieder abzogen, war München zum abscheulichen, gnadenlosen politischen Schlachtfeld geworden. Adolf Hitler kehrte zurück, der München bei Amtsantritt der Regierung Eisner im Herbst zuvor angewidert verlassen hatte. Er begann, für die Reichswehr als politischer Agent zu arbeiten, und schon sehr bald lernte er zwei Gesinnungsgenossen kennen: Ernst Röhm, den späteren Führer der SA, und Rudolf Hess.

Während sich in München die späteren Nazi-Führer kennenlernten, waren Ret Marut und seine Freundin Irene Mermet auf Reisen. Irene war ebenfalls verhaftet, jedoch schnell wieder freigelassen worden und dann mit Marut gemeinsam aus der Stadt geflüchtet. Ihre Spur ist schwer zu verfolgen. Wahrscheinlich gingen sie zunächst nach Wien, und mit Sicherheit lebten sie im Spätherbst 1919 auf einem Berliner Dachboden, wo sie einem anderen Flüchtling aus München Unterschlupf gewährten, Erich Wollenberg, einem der führenden Offiziere der bayerischen Roten Armee. Wollenberg erinnerte sich später, wie Marut nachts auf seiner Bettkante saß und seine idealistische Zukunftsvision einer besseren Welt entwarf. Tagsüber stellte Irene kleine Stoffpuppen her, die Marut auf den Straßen Berlins verkaufte. Dann zogen sie nach Köln weiter. Das linke Rheinufer war noch immer von den Franzosen besetzt, und viele politische Radikale brachten sich dort vor dem Zugriff der deutschen Behörden in Sicherheit, oder sie benutzten die Stadt als Etappe, um über die nahe Grenze nach Holland zu gelangen. Köln war auch Irenes Geburtsstadt. Sie und Marut hatten in München die Bekanntschaft des Kölner Malers Franz Wilhelm Seiwert gemacht, und nun nahmen sie in seiner Stadt mit ihm und der Künstlergruppe Verbindung auf, der er angehörte, der Kalltall-Gemeinschaft.

Das flüchtige Paar kehrte im Juni 1921 nach Berlin zurück und nahm Unterkunft bei einem anderen Genossen aus den *Ziegelbrenner*-Tagen, Goetz Öhly. Die beiden liehen sich Öhlys Reisepaß und verließen die Stadt, einen Tag bevor die Polizei seine Wohnung durchsuchte. Öhly bekam bald darauf einen Brief mit der Mitteilung, daß der Reisepaß verlorengegangen war. Marut und Irene kehrten nach Köln und zur Kalltall-Gemeinschaft zurück, und dort veröffentlichten sie am 21. Dezember 1921 die letzte Ausgabe des *Ziegelbrenners* mit Zeichnungen von Franz Seiwert. Die letzte Nachricht von den beiden war die dramatische Postkarte, die Marut Erich Mühsam Ende 1922 ins Gefängnis schickte: „In wenigen Stunden werde ich an Bord eines Schiffes gehen, das mich über den Atlantik bringt. Damit werde ich aufgehört haben zu existieren."

Er hatte nicht aufgehört zu existieren. Er war nicht einmal wie beabsichtigt aus Europa verschwunden. Statt dessen tauchte er 1923 in London auf: 41 Jahre alt, ohne Paß, ohne Heimat. Von Charles Humphrey in Amerika lag mir die Nachricht vor, daß Marut in der Zwischenzeit wohl den Atlantik überquert hatte — nach Kanada, wo man ihm die Einreise verweigert und ihn auf das nächste Schiff zurück nach Europa gesetzt hatte. Daher also seine unvorhergesehene Ankunft in London. Erst mit seiner endgültigen Abreise aus London im April 1924 war er wirklich aus Europa verschwunden, hatte die Identität Ret Marut endlich aufgehört zu existieren.

Da die *Hegre* nicht nach Mexiko fuhr, wissen wir nicht, ob sich Marut bis dahin für dieses Land als Ziel seiner Flucht entschieden hatte. Es ist aber wahrscheinlich. Mexiko war ein Land, in dem man verschwinden konnte, es war weit weg und wenig bekannt, und in den frühen zwanziger Jahren strahlte es für die linksradikalen Europäer, die den Zusammenbruch der deutschen Revolution erlebt hatten, einen fernen Hoffnungsschimmer aus. 1911 nämlich war der mexikanische Diktator Porfirio Diaz von einer hauptsächlich von den Bauern getragenen Revolutionsbewegung mit dem Schlachtruf „Land und Freiheit" gestürzt worden. Seither versuchte dort eine Reihe von Regierungen eine neue und gerechte Ordnung herzustellen. Die Revolution dauerte an. Ein Mann mit reinen Idealen und angeborenem Optimismus wie Marut konnte Mexiko als Land sehen, in dem uraltes Unrecht beseitigt wurde, wo es eine Chance gab, jenes Utopia zu bauen, das seiner Überzeugung nach der Mensch erschaffen konnte.

Marut mochte während seines Aufenthaltes im East End von London die jüngsten Ausgaben der anarchistischen Monatsschrift *Freedom* gesehen haben, die ihn an die Chancen in Mexiko erinnerten. Im August 1923 druckte die Zeitschrift einen amerikanischen Artikel über den Kampf in Mexiko ab:

„Die revolutionäre Welt, gewöhnlich durch die nimmer endenden Kämpfe auf den heimischen Schlachtfeldern erschöpft, hat kaum eine Vorstellung davon, welch wichtige Rolle Mexiko gezwungenermaßen spielt.

Das Leben ist wiederauferstanden, unbesiegbar."

Im Dezember berichtete *Freedom* erneut über das revolutionäre Mexiko; Marut konnte lesen, daß man dort Menschen brauchte, die das Leuchtfeuer der Revolution am Leben erhalten konnten. Dort würde er sein Werk fortsetzen können.

„Wir können uns vorstellen, daß das Bild, das die mexikanische

Szene bietet, den nachdenklichen Leser wohl kaum unbeeindruckt lassen kann. Daß der Geist der Revolte flammend erwacht ist, scheint uns unbestreitbar . . .''

In Mexiko also konnte Marut sicher sein und sich nützlich machen. Als Versteck enttäuschte es ihn nicht. Ein mexikanischer Hafen bot ihm als Tarnung Hunderte von Entwurzelten seinesgleichen. In den *Baumwollpflückern* schildert er die bedrückende Hafenatmosphäre: ,,. . . immer wieder hungernde Landsleute. Wenn es keine Ungarn sind, dann Österreicher oder Deutsche oder Polen oder Böhmen. Sie schwirren ja nur so herum.''

Für seinen genauen Weg von London nach Tampico, dem Golf-Hafen, von dem aus B. Traven zuerst schrieb, gibt es keine Belege. Wir wissen auch nicht, wann und wo er und Irene Mermet sich trennten. Bisher hatte ich angenommen, daß sie direkt in die Vereinigten Staaten gereist war. Wenn jedoch Marut vergeblich nach Kanada einzureisen versucht hatte, dann waren die beiden vielleicht gemeinsam dort angekommen, und nur sie ließ man bleiben. Er hatte Goetz Öhlys Reisepaß verloren, mit dem zu reisen er gehofft hatte, und ich wußte durch die Londoner Geschichte, daß er sich keinen anderen zugelegt hatte. Irene Mermet wurde nicht wegen Hochverrats gesucht und konnte so vermutlich ganz offen mit ihren deutschen Papieren reisen und auf legalem Wege nach Kanada oder in die USA gelangen. Wahrscheinlich gab es eine erzwungene Trennung. Die Geschichte, die sie erfinden mußten, um den Kanadiern Maruts fehlende Papiere zu erklären, muß ihre Wirkung verfehlt haben. Irene war unbescholten und entschloß sich, in Kanada zu bleiben; Marut schickten die Einwanderungsbehörden zurück über den Atlantik.

1924 war Irene Mermet mit Sicherheit in den Vereinigten Staaten. Ein Brief an Judy Stone aus Santa Fé in Neu-Mexiko liefert den Beweis:

,,Sehr geehrte Miss Stone,
beim Lesen Ihres Artikels ,Das Geheimnis des B. Traven' in der *Ramparts*-Ausgabe vom September 1967 fielen mir Ihre Bemerkungen über eine gewisse Irene Mermet auf. Vermutlich handelt es sich um dieselbe Irene Mermet, mit der meine Frau und ich in den frühen zwanziger Jahren im New Yorker Greenwich Village befreundet waren. Wie meine Frau sie kennenlernte, weiß ich nicht mehr. Aber eines Tages brachte sie Irene mit zu uns nach Hause, und sie blieb eine Zeitlang bei uns, bis sie eine Stelle als Hauslehrerin bei einer wohlhabenden Familie antreten konnte. Ich erinnere mich an ihren Bericht über eine Flucht aus Deutschland. Es scheint, daß sie und einer oder mehrere Begleiter mit einem kleinen Schiff von Deutschland nach England zu gelangen suchten. Sie gerieten aber in einen Sturm und wurden an

der holländischen Küste schiffbrüchig. Ich erinnere mich an ihren Ausspruch: ‚Ich werde nie vergessen, wie ich morgens am Strand aufwachte und eine Herde friedlich widerkäuender Kühe im Halbkreis um uns herumstand und uns beobachtete!' Vielleicht hat sie uns auch mehr über ihren Weg von Holland nach Amerika erzählt, aber meine Erinnerung daran verliert sich nach 45 Jahren im Nebel.

Damals schenkte sie uns zwei farbige kubistische Zeichnungen, ich erinnere mich zwar nicht an den Namen des Künstlers, aber sie sind mit ‚FWS 23' signiert. Ich habe drei Briefe, die sie uns schrieb, zwei an meine Frau, die damals unter dem Namen Dora Malet auf der Bühne stand (sie starb 1927), und einen an mich in Detroit, Michigan, wo ich eine Stelle angenommen hatte. Sie tragen die Daten des 30. Juli und des 18. Oktober 1924 (an Dora Malet) bzw. des 28. März 1925 (an mich selbst). Der erste Brief kam aus St. Jovite in Kanada, wohin die Familie in die Sommerfrische gefahren war, der zweite und dritte kamen aus Washington, D.C.

Die Stelle als Hauslehrerin sollte für Irene nur eine Übergangslösung sein, denn sie wollte in New York leben und zu uns in die Barrow Street 51 ziehen, wo wir ein ganzes Haus gemietet hatten. Durch die Umstände jedoch — sowohl auf ihrer wie auch auf unserer Seite — kam dies nie zustande. Dem Brief vom 30. Juli 1924 war eine interessante Mitteilung angefügt: ‚Mein Freund, von dem ich als einem weiteren möglichen Untermieter gesprochen hatte, wird davon *diesen Winter* keinen Gebrauch machen können, weil er auf den Südseeinseln an Malaria erkrankt ist.'

In ihrem Brief vom 28. März 1925 schrieb sie: ‚Ich war in letzter Zeit sehr beschäftigt und bin sehr erregt, da ich dabei bin, meine Zelte abzubrechen, um nach Mexiko, vielleicht auch nach Argentinien zu gehen. Ich habe die Zivilisation gründlich satt und will mich soweit wie möglich von ihr entfernen. Es tut mir leid, daß Ihr so weit weg seid. Es gibt nur eine sehr kleine Chance, Euch zu sehen, ehe ich in die Wildnis abreise.'
Mit freundlichen Grüßen",
George McCrossen

Es kann kaum einen Zweifel geben, daß dies dieselbe Irene Mermet war, und daß die Zeichnungen von F. W. Seiwert waren. Das Datum auf den Bildern bildet ein Problem, weil es darauf hinweist, daß Irene 1923 noch immer in Deutschland war. Wenn die berühmte Postkarte an Erich Mühsam wirklich Ende 1922 aus Rotterdam geschickt wurde, dann mußte Irene Deutschland alleine verlassen haben. Wenn sich aber Mühsam in seiner Erinnerung in der Jahreszahl geirrt hatte und die Karte tatsächlich 1923 geschickt worden war, dann läßt sich eine Geschichte konstruieren, in der die beiden zusammenbleiben. Recknagel hat kürzlich im Nachlaß in Mexiko-City einen Beleg dafür gefunden, daß Marut und Irene noch im Juli 1923 mit dem Zug von Trier nach Luxemburg fahren wollten. Man weiß nicht, ob die Reise stattfand, und beide können sehr wohl zu Beginn jenes Jahres bei Seiwert in Köln gewesen sein, ehe sie mit dem kleinen Schiff England zu erreichen suchten. (Es gibt keinen Grund zu der Annahme, daß Irene diesen Teil der Geschichte erfunden hatte.) Sie wurden also in Holland an Land gespült und gelangten nach Rotterdam, einem der größten Häfen in Europa, wo sie wohl ein Schiff zu finden hofften, das sie über den Atlantik brachte. Wenn sie von dort nach Kanada gefahren waren, wo man Marut die Einreise verweigerte, dann konnte er über den Atlantik zurückfahren und rechtzeitig zu seiner Verhaftung im November 1923 in London gewesen sein.

Der Freund von Irene Mermet, der auch ein Zimmer im Hause der McCrossens beziehen sollte, war mit Sicherheit Marut. Der Hinweis auf die Südseeinseln liest sich wie eine absichliche Verschleierung der Wahrheit. Irene hatte inzwischen erfahren, daß Marut nicht nach New York kommen konnte, weil er aus England ausgewiesen worden war und sich in ein Land abgesetzt hatte, wo man es mit den Papieren nicht so genau nahm wie in den Vereinigten Staaten. Es ist nicht ausgeschlossen, daß er ostwärts und einmal um die Welt fuhr, um dorthin zu gelangen, aber er war mit ziemlicher Sicherheit schon im Juli 1923 in Mexiko, und alle frühen Hinweise auf seine Anwesenheit stammen aus Tampico oder der näheren Umgebung im Bundesstaat Tamaulipas — wo ein Reisender über den Atlantik ankommen würde. Aus Tamaulipas hatte er seine langen Briefe an Preczang bei der *Büchergilde* geschrieben, in denen er so übertrieben seine Entbehrungen schilderte, Briefe, die mit der Quintessenz seiner neuen Erlebnisse getränkt waren.

Irenes Brief an McCrossen weist darauf hin, daß sie im Frühjahr 1925 hinunter nach Mexiko reiste, um Marut wiederzusehen, der sich inzwischen in B. Traven und Traven Torsvan verwandelt hatte. Sie hatte ihn mindestens 18 Monate nicht gesehen. Die Wiedervereinigung mag zunächst freudig gewesen sein, aber sie hielt den Belastungen durch einen neuen Kontinent, ein neues Leben und neue Identitäten nicht stand. Keine zwei Jahre danach trennte sich sich erneut von ihm, diesmal freiwillig und für immer. Es gibt einen Bericht, daß sie Anfang der dreißiger Jahre besuchsweise nach Deutschland zurückkehrte und einem Freund von ihrem Aufenthalt in Mexiko berichtete. Demnach brachte Torsvan sie in einer Hazienda unter, während er für Wochen und Monate im Dschungel verschwand, bis er mit Manuskripten zurückkam, die auf lauter kleinen Zetteln geschrieben waren und die Irene abtippen mußte. So ließ sich ein so selbstbewußtes und unabhängiges Mädchen wie Irene Mermet nicht behandeln. Schließlich nutzte sie den Zeitpunkt einer seiner längeren Abwesenheiten, um Mexiko zu verlassen und in die Vereinigten Staaten zurückzukehren. Über ihr späteres Leben ist wenig bekannt. Sie starb Mitte der fünfziger Jahre in den USA. Dreißig Jahre lang war sie der einzige Mensch außerhalb Mexikos, der etwas vom Geheimnis des B. Traven wußte.

19 Gab es einen zweiten Mann?

Ret Marut schrieb die Traven-Bücher. Schrieb er sie alleine und ohne Hilfe? Ich kann die immer wiederkehrende romantische Theorie vom zweiten Mann in Mexiko nicht widerlegen, der Marut begegnet sein und ihm den Stoff für die meisten Geschichten geliefert haben soll; ich sehe aber auch keinen Beweis für die Existenz eines solchen Mannes und keine Notwendigkeit, ihn zu erfinden. Niemand hat diesem geisterhaften ‚Erlebnisträger' einen Namen geben können. Woher er kam, was aus ihm geworden ist, darüber kann man genauso nur spekulieren wie über seine Existenz an sich.

Diese Theorie geht auf die Begegnung zwischen Luis Spota und dem Autor in Acapulco zurück. Zu den Märchen, mit denen Torsvan Spota von sich ablenken wollte, gehörte auch die Geschichte, daß die Traven-Bücher von mehreren Verfassern stammten, von denen er, Torsvan, nur einer sei. Viele Traven-Anhänger hielten sich an dieser Geschichte fest, weil sie eine Erklärung für ein sonst scheinbar unlösbares Problem lieferte. Traven hatte immer gesagt, daß er nur aus seinem eigenen, unmittelbaren Erleben heraus schreiben könne; er behauptete stets, Amerikaner zu sein; in seinen frühen Büchern, die eine starke autobiographische Würze haben, schrieb er immer von sich in der ersten Person als von einem Amerikaner. All das war unmöglich, wenn Ret Marut die Bücher alleine geschrieben hatte. Marut mochte vielleicht tatsächlich ein amerikanischer Staatsbürger sein, wie er behauptete, aber er hatte nicht den amerikanschen Background, den Gerard Gales im *Totenschiff* und in den *Baumwollpflückern* vorführte. Marut konnte auch nicht alle Bücher aus seinem eigenen Erleben geschrieben haben. Wenn aber Marut andere Geschichten verarbeitete, vielleicht sogar Rohmanuskripte, die ein sozialistischer Wanderarbeiter aus den Vereinigten Staaten lieferte, dann hätte er all dies zu Recht behaupten können, weil der Name B. Traven dann eine beiden gemeinsame Identität getarnt hätte.

Diese geistreiche Theorie liefert auch die Antwort auf eine weitere Frage: Konnte Ret Marut die Bücher in der kurzen Zeit geschrieben haben? Selbst wenn man annahm, daß Marut irgendwann 1923 in Tampico angekommen war, so wandten mehrere Skeptiker dagegen ein, daß niemand in der kurzen Zeit, die Marut zur Verfügung stand, genügend Erlebnisse in Mexiko verdaut und die Bücher produziert haben könnte. Nun, da bewiesen war, daß Marut jenes Land frühestens Mitte 1924 betreten haben konnte, wurde diese Theorie gestärkt. Die ersten Geschichten von B. Traven erreichten die Berliner Redaktion des *Vorwärts* im Frühjahr 1925, so daß sie innerhalb der ersten sechs bis acht Monate nach Maruts Ankunft in Mexiko geschrieben worden sein mußten. Im Laufe der folgenden fünf Jahre wurden sechs weitere Bücher veröffentlicht, und im *Land des Frühlings*, dem einzigen Sachbuch, wurde angedeutet, daß Traven sich schon viele Jahre vor Maruts vermuteter Ankunft mit der Materie befaßt hatte.

Die Erzählung in der Ich-Form und der deutliche Duft der Echtheit in den frühen Büchern gaben der Theorie Auftrieb, wonach Marut sie nur geschrieben haben konnte, wenn er dazu die Erlebnisse eines anderen auswertete. Dieser andere Mann müsse demzufolge der ‚wirkliche' Gerard Gales gewesen sein, dessen Abenteuer Marut in jenen frühen Werken aufzeichnete. Es war also nicht überraschend, daß die Bücher Marut leicht aus der Schreibmaschine flossen, denn die Geschichten waren ja von diesem anderen Amerikaner vorgelebt worden; Marut benutzte Material, welches ihm der ‚Erlebnisträger' lieferte.

Was diese Hypothese für viele Traven-Fans so attraktiv machte, ist die Tatsache, daß sie ihren Helden die Wahrheit sagen läßt. Wenn all seine Behauptungen, aus eigener Erfahrung zu schreiben, aus dem mittleren Westen der USA zu stammen, usw., sich auf eine doppelte Identität bezogen, dann konnten sie zumindest für eine Hälfte dieses Gespanns zutreffen, und die andere Hälfte konnte immer noch Ret Marut sein. Zugleich läßt sie alle Dementis, die Traven in den letzten zwanzig Jahren seines Lebens aussprach, als ehrenhaft motiviert erscheinen. Wenn der alte Mann Huston und Spota oder Judy Stone oder seinen eigenen Freunden sagte, daß er nicht der Autor B. Traven war, sprach er damit keine platte Lüge aus, sondern eine spitzfindige Wahrheit. Er wollte nicht zugeben, der Autor zu sein, weil er nur der Co-Autor war. Die Urheberschaft für sich allein zu beanspruchen hätte geheißen, den Beitrag jenes anonymen Amerikaners zu leugnen, der die wesentlichen Zutaten geliefert hatte. Soviel zur Hypothese vom ‚Erlebnisträger'. Einige Traven-Forscher haben sogar versucht, zwischen dem Charakter Maruts, wie er sich im *Ziegelbrenner* darstellt, und dem Charakter des geheimnisvollen Amerikaners zu differenzieren, der in den Erzählungen von Gerard Gales zutage tritt. Einige behaupten, es sei möglich, das Vorhandensein zweier verschiedener Autoren der Traven-Bücher aus den unterschiedlichen Weltanschauungen der Bücher abzuleiten: Die Maruts ist individualistisch und beruht auf den Gedanken von Max Stirner; die des Amerikaners dagegen mehr gemeinschaftlich und gewerkschaftlich. Diese beiden Strömungen fließen in den Traven-Büchern zusammen, wenn Ret Marut seine eigene Kenntnis und Überzeugung in die von einem schlichteren Sozialismus geprägten Geschichten des ungelehrten Amerikaners einfließen läßt.

Ich kann nicht die Spur eines Beweises entdecken, daß dieser ‚Erlebnisträger' jemals existierte. Alles, was über ihn geschrieben wurde, ist bloße Vermutung, die die Lücken in unserem Traven-Wissen stopfen oder des Autors Lügen und Täuschungsmanöver wegdiskutieren sollte. Diejenigen, die seine Schriften lieben und von ihnen inspiriert wurden, wollten sich nicht mit der Tatsache abfinden, daß ein edler Schriftsteller zugleich ein unverbesserlicher Lügner sein kann. In Travens Seele lagen zwei starke Wesenszüge miteinander im Dauerstreit. Seine Sehnsucht nach Anonymität konkurrierte mit seiner Entschlossenheit, sich Gehör zu verschaffen. Die unvermeidlich dabei entstehenden Widersprüche versuchte er mit Lügen zu überbrücken.

Das schwerwiegendste Problem, zu dessen Lösung die Erlebnisträger-Theorie herhalten soll, ist die Zeitfrage. Konnte Marut so schnell soviel über Mexiko geschrieben haben? Aber selbst hier ist die Erfindung eines zweiten Mannes keineswegs die überzeugendste Erklärung. Da ist es angebrachter, das Rasiermesserprinzip des mittelalterlichen Philosophen Occam anzuwenden, demzufolge es „eitel ist, etwas mit mehr zu tun, das mit weniger getan werden kann". Eine einfache Erklärung ist wahrscheinlicher als eine komplizierte. Im vorliegenden Fall ist es eitel, eine unbekannte, ungesehene und unaufspürbare Person einzuführen, die ihre Geschichten weitergab und dann zweckmäßigerweise verschwand, während die einfache Alternative lautet, daß Marut seine Bücher schnell schreiben konnte. Schließlich war er ein geübter Schreiber. In den vorangegangenen zehn Jahren hatte er neben seiner journalistischen Tätigkeit mehrere Kurzgeschichten und einen Roman veröffentlicht. Als er Mitte 1924 zum ersten Male den Boden der Neuen Welt betrat, waren sicherlich seine Antennen ausgefahren und seine Nervenenden für die Dramatik der für ihn ganz neuartigen Erlebnisse sensibilisiert. Er war allein in einem fremdartigen Land, lebte unter Umständen, von denen er zuvor höchstens gelesen oder geträumt haben konnte. Es ist kaum überraschend, daß er zu schreiben, schnell zu schreiben begann.

Das erste Buch der *Baumwollpflücker*, welches die an den *Vorwärts* geschickten Geschichten enthält, umfaßt in der englischen Ausgabe, die mir vorlag, weniger als achtzig Seiten. Diese und einiges mehr der frühen Geschichten konnte er leicht in seinen ersten sechs Monaten in Mexiko geschrieben haben. Der mexikanische Hintergrund ist überzeugend, aber er enthält nichts, das Marut nicht kurz nach seiner Ankunft geschrieben haben könnte. Die Hinweise auf die Politik und die I.W.W. sind von jener Art, daß sie einem engagierten Linken mit offenen Ohren einfach zugeflogen sein mußten, und sie verraten keineswegs, wie manche behaupten, eine lange und vertraute Bekanntschaft mit den Wobblies. Die zweite Hälfte der *Baumwollpflücker* berührt einen größeren Themenbereich. Er wurde später, nämlich 1925, nach Travens Briefwechsel mit Ernst Preczang von der *Büchergilde Gutenberg*, geschrieben. In der Zwischenzeit war er mehr gereist, hatte mehr gesehen und mehr gehört.

Der erste vollständige unter dem Namen B. Traven veröffentlichte Roman war *Das Totenschiff*, dessen Inhalt mit Mexiko überhaupt nichts zu tun hat. Der Verfasser mußte etwas vom Leben unter dem Deck eines Frachters gesehen haben, um den Kesselraum der *Yorrike* so einprägsam und so ausführlich beschreiben zu können. Möglicherweise machte er die erforderlichen Studien auf der Überfahrt nach Kanada oder auf dem Rückweg, oder vor der Küste Hollands und Deutschlands; vielleicht hatte er das Buch schon vor seiner Ankunft in Mexiko entworfen oder gar vollendet. In einem Brief an die *Büchergilde* erinnerte sich Traven, daß er, als er im Frühjahr 1925 erstmals erfuhr, daß seine Geschichten verlegt werden sollten, bereits „zahlreiche halbfertige Manuskripte in einer Kiste liegen hatte, die mir als Koffer diente. Manuskripte, die ich in Zeiten längerer Arbeitslosigkeit geschrieben hatte. . ." *Das Totenschiff*, oder ein Teil davon, könnte zu diesen Manuskripten gehört haben. Nach sechs Monaten in Mexiko befand sich Traven laut eigener Aussage „wahrscheinlich am tiefsten Punkt in meinen beruflichen und persönlichen Verhältnissen", er hatte eine niedrige Arbeit, war von Irene getrennt, einsam und nicht anerkannt. Gewiß schrieb Marut schnell in jenem ersten Jahr als Traven, sei es infolge des Auftriebs, den die Nachricht von der Veröffentlichung seiner Stimmung gab, sei es wegen der vorangegangenen Depressionen. Er gab das Manuskript der *Brücke im Dschungel* im August 1925 zur Post, *Das Totenschiff* schickte er im Monat darauf. Das war aber keine übermenschliche Schreibgeschwindigkeit.

Ein Großteil der Argumentation zugunsten eines zweiten beteiligten Verfassers beruft sich auf die angebliche Unmöglichkeit, daß Marut in der zur Verfügung stehenden Zeit so viele Abenteuer vielleicht geschrieben, keinesfalls aber erlebt haben konnte. Einige Leser haben nachgerechnet, wieviele Monate er an Bord eines Schiffes verbracht haben mußte, wieviele Monate die Abenteuer in den *Baumwollpflückern* in Anspruch genommen hätten, wieviele Wochen er gebraucht haben mochte, um die Erlebnisse der *Brücke im Dschungel* zu beobachten, und so weiter. Dann haben sie die Zeit hinzugerechnet, die er zur Verarbeitung der Erlebnisse brauchte, ehe er sie zu Papier bringen konnte. Die Summe wurde dann mit einem Faktor multipliziert, der aus Rückverweisen in den Schriften errechnet wurde. Die Endsumme wurde dann als Beweis präsentiert, daß Ret Marut unmöglich alle diese Dinge selbst getan haben konnte. Natürlich hatte er nicht. Er war ein Romanschriftsteller, und er erfand die Dinge.

Die Geschichten scheinen wirklich, und die Szenerie wirkt überzeugend, weil Ret Marut/B. Traven ein guter Schreiber war. Er konnte das Unbekannte bekannt erscheinen lassen. Menschen und Plätze, die er nur kurz gesehen hatte, konnte er zeichnen, als ob er sie seit Jahren gekannt hätte. Schriftsteller tun dies. Sie fangen uns mit ihrer Kunst. In *Henderson The Rain King* gab Saul Bellow eine plausible Schilderung von Afrika, einem Kontinent, den er zur Zeit des Schreibens noch nie besucht hatte; in *The Siege of Krishnapur* übermittelte uns J. G. Farrell den Geruch einer Schlacht des indischen Aufstandes, schilderte glaubhaft — wie es ein guter historischer Romanschriftsteller können muß — Ereignisse, die er niemals miterlebt haben konnte. Diejenigen, die Travens Behauptung für bare Münze nehmen, daß er nur über das schrieb, was er selbst gesehen hatte, erweisen ihm einen schlechten Dienst, indem sie ihm seine Kunstfertigkeit absprechen. Seine Bücher mögen autobiographisch sein, aber im allgemeinen, nicht in einem speziellen Sinne. Viele seiner Schilderungen von Menschen und Schauplätzen mögen aus dem Leben gegriffen worden sein, ohne Zweifel auch viele der Handlungen. Man braucht sich aber nicht verwirren zu lassen, weil er in der ersten Person über Dinge schrieb, die er in Wirklichkeit nicht getan haben konnte. Die Einführung von Gerard Gales als Erzähler diente dem Zweck, seinem aus einer Mischung von Selbsterlebtem, Erfundenem, Bekanntem und Aufgeschnapptem bestehenden Rohmaterial ein deutliches Profil und den Klang der Echtheit zu geben. Rechnet man dazu noch die offensichtliche Freude, mit der er sich als Mann darstellte, der sich in der Welt auskennt, als Meister in allem, das er anfaßte, dann ist es nicht verwunderlich, daß sich das Produkt anhört, als bestünde es aus Tatsachen. Marut konnte die Bücher innerhalb der Zeit geschrieben haben.

Auch um die unterschiedlichen Weltanschauungen in den Traven-Büchern zu erklären, braucht man keinen weiteren geheimnisvollen Mann zu erfinden. Die Kombination von Individualismus und Syndikalismus war im anarchistischen Schrifttum jener Zeit gang und gäbe.

Die russische und andere Revolutionen hatten die Anarchisten zur Erforschung von Wegen gezwungen, auf denen sie ihre individualistischen Überzeugungen in Taten umsetzen konnten. Traven versuchte, seine langgehegten anarchistischen Gedanken mit den Lehren der bayerischen Revolution in Einklang zu bringen und sie gleichzeitig auf die Verhältnisse in Mexiko anzuwenden. Das Ergebnis dieses Ansatzes wies natürlich unvermeidlich Schwachstellen auf.

Michael Baumann glaubte auch, daß ein Teil des Traven-Werkes zunächst in Englisch geschrieben und später vom Autor ins Deutsche übersetzt wurde. Er fand in Travens deutscher Prosa viele Beispiele englischer und amerikanischer Redewendungen. Er glaubt, daß der amerikanische „Erlebnisträger" die Quelle dessen gewesen sein könnte.

Ich bin nicht in der Lage, Travens Deutsch zu bewerten, aber für mich sind diese englischen Sprachbräuche kein Beweis für die Existenz des ‚anderen Mannes'. Baumann selbst räumt ein, daß Traven diese Ausdrücke in einer Art und Weise einsetzt, die nicht gegen die deutschen Sprachregeln verstößt, und es muß demnach seine bewußte Entscheidung gewesen sein, diese Amerikanismen im Text sichtbar zu belassen. Ich würde schlicht behaupten, daß Traven sie untermischte, um seiner Schreibe einen amerikanischen Klang zu geben. Wenn er wirklich die deutschen Texte nach amerikanischen Originalen schrieb, dann hätte er Bernard Smith keine englischen Manuskripte vorgelegt, die in Form und Struktur fühlbar deutsch waren. Und ein Wobbly hätte sicherlich ein paar überzeugendere amerikanische Flüche hervorgebracht als etwa „what for a thousand devils!" und „goldfish in shit!"

Alle anderen Schwierigkeiten verschwinden, sobald man zugesteht, daß Travens Behauptungen über sein Werk vielleicht nicht wahr waren. Er wollte Leute von seiner Spur ablenken, indem er so tat, als hätte er schon viele Jahre in Mexiko gelebt. Als Flüchtling vor dem Erschießungskommando wollte er seinen Aufenthaltsort vor den deutschen Behörden geheimhalten, und die Angst vor Racheakten lebte noch lange nach der Verkündung einer Amnestie für politische Gefangene in ihm fort. Nicht, daß er sich jemals seinen Verlegern und seinen Lesern offenbart hätte. Seine manische Geheimniskrämerei bestimmte sein Verhalten von seinem ersten Erscheinen als Ret Marut bis zu seinen letzten Tagen als Hal Croves. In seinen Briefen an Preczang erzählte er Lügen über sich selbst, weil er über seine Identität immer Lügen erzählte. Es ist ein eitles Unterfangen, diese Lügen in Wahrheiten verwandeln zu wollen, indem man einen Mann erfindet, der sie zu Wahrheiten werden ließ, und dann auf deren Schatten zeigt. Es gibt keinerlei Beweis für die Existenz einer solchen Person.

„Um uns an einem faulen Abend, während wir auf der Reede lagen, die Zeit zu vertreiben, erzählte mir Stanislaw seine Geschichte und ich ihm meine. Ich erzählte ihm nicht meine wahre Geschichte, sondern eben eine Geschichte. Ob er mir eine wahre Geschichte erzählte, weiß ich nicht. Wie kann ich das wissen? Ich weiß ja nicht einmal, ob das Gras grün ist, es kann ja nur in meinen Augen eine grüne Täuschung verursachen."

Das Totenschiff

20 Ein Sohn des Kaisers?

Nun war es an der Zeit, die spektakulärste Lösung des Traven-Rätsels zu untersuchen: Die These, daß er der uneheliche Sohn des Kaisers sei. Wenn das zutraf, würde es die strenge Geheimnishaltung sowie in starkem Maße sein Gefühl der Zurückweisung und seinen Hang zur Rebellion erklären. Der fragliche Kaiser ist in der britischen Mythologie *der* Kaiser schlechthin — Kaiser Bill, dritter Kaiser des Zweiten Reiches und Enkel von Queen Victoria. Er kam mit einem verkümmerten Arm zur Welt, wurde Soldat und ließ sich Europas berühmtesten Schnurrbart wachsen, auf den er über alle Maße stolz war. Man erinnert sich, daß er Bismarck rausschmiß und 1919 selbst rausgeschmissen wurde, nachdem er arrogant Deutschland in die lange Agonie des Ersten Weltkrieges geführt hatte.

Das Gerücht, daß Ret Marut ein uneheliches Kind von Wilhelm II. sei, soll bereits 1916 in München aufgekommen sein. Mehrere Umstände gaben ihm Nahrung. In der Kriegszeit war es Marut möglich, Papier für den Druck seines subversiven Journals zu beschaffen, und als ein Gegner des *Ziegelbrenners* sich deswegen bei den Behörden beschwerte, bekam er die Antwort, daß sie darüber genauso unglücklich seien wie der Beschwerdeführer, aber nicht die Macht hätten, die Herausgabe zu verhindern. Stand der *Ziegelbrenner* unter höherem Schutz? Eine Ausgabe seiner Zeitung fiel durch die Zensur, aber ansonsten gelang es ihm, in bemerkenswerter Freiheit einen Strom von antiautoritärem, antikriegerischem Material zu veröffentlichen. Nach dem Kriege stattete er „den Behörden, die gegenüber dem Herausgeber stets sehr freundlich und entgegenkommend waren", seinen Dank ab. Und noch einmal — warum?

Es gibt auch Hinweise darauf, daß Marut über einiges an Mitteln verfügte. Im *Ziegelbrenner* spricht er zweimal von seinem „Privatvermögen", das es ihm ermöglichte, die bei der Herausgabe der Zeitschrift zwischen Ausgaben und Einnahmen bestehende Lücke von „ungefähr 6.000 Mark" zu schließen. In einem Artikel in einer Salzburger Zeitung wurde Marut 1919 „nicht nur als Schriftsteller, sondern als Mann von Vermögen" bezeichnet, und man unterstellte ihm, ein Schönwetter-Revolutionär zu sein. War dieser Kleindarsteller durch ein königliches Geschenk zu Vermögen gekommen? Es gab noch andere Hinweise: Die scheinbare Leichtigkeit, mit der er bei der Meldebehörde seine Staatsbürgerschaft von „englisch" in „amerikanisch" umänderte, und die Tatsache, daß er auch nach dem Kriegseintritt der USA 1917 unbehelligt blieb.

All diese Teile eines Puzzles paßten 1966 plötzlich zusammen, als Traven die verschlüsselte Bemerkung fallen ließ, daß er ein Hohenzollern sei, und Señora Luján Judy Stone erzählte, daß ihr Mann der uneheliche Sohn von Wilhelm II. sei. Im Jahre darauf druckte der *Stern* einen langen Artikel über Traven, in dem behauptet wurde, daß die Señora dem Reporter dieser Zeitschrift die gleiche Geschichte erzählt hätte. Diesmal hatte sie behauptet, daß Travens Mutter eine norwegische Sängerin gewesen sei, deren Vorname Helen war. Der *Stern*-Reporter reiste daraufhin nach Norwegen, um nach einer Spur einer Schauspielerin dieses Namens im richtigen Alter zu fahnden, die zudem in den richtigen Kreisen verkehrte, um Mutter von Wilhelms Kind werden zu können. Er fand keine geeignete Kandidatin. Der *Stern* druckte jedoch ein Foto vom ältesten Sohn des Kaisers neben einem Bild des alten Traven und sprach dazu von einer „erstaunlichen Ähnlichkeit". Señora Luján reagierte auf diesen Artikel ebenso zweideutig wie auf viele andere Dinge. Sie bestritt, dem deutschen Reporter all das erzählt zu haben. Als aber Judy Stone sie zwei Jahre später besuchte, stellte sie im Arbeitszimmer ihres Mannes ein Foto vom Kaiser und ein Exemplar des Gotha'schen Hofkalenders auf.

Die Geschichte mit dem Kaiser mußte ich ernst nehmen. 1976 schrieb Rolf Recknagel im Katalog einer Münchner Ausstellung über die Räterepublik einen Artikel mit der Überschrift „Das letzte Geheimnis über Marut-Traven", in dem der Nestor der Traven-Forschung die Theorie einer königlichen Abstammung umriß. Er lieferte dazu eine mögliche biographische Skizze. „Gibt es irgendwelche Verbindungen zwischen Ret Marut-B. Traven und Prinz Wilhelm, dem späteren Kaiser Wilhelm II.? Vom 15. September bis zum 1. Dezember 1883 veröffentlichte die *Nouvelle Revue* in Paris eine *chronique scandaleuse* über das Leben am Hofe Wilhelm I. in Potsdam, geschrieben von einem Grafen Paul Vaseli (wahrscheinlich ein Pseudonym). Danach soll der damals 24-jährige Prinz zahlreiche Affären gehabt, seine Frau, Prinzessin Augusta Victoria von Schleswig-Holstein (geboren 1858) vernachlässigt haben und zu jener Zeit in den Bann einer gefährlichen Mätresse geraten sein. Diese Mätresse war wahrscheinlich Helene Mareth, eine Schauspielerin irischer Abstammung, die in Pennsylvania lebte und mit einer Theatergruppe durch Nordamerika gezogen war, ehe sie 1880 bei Hofe in Potsdam auftauchte. Ihr unehelicher Sohn soll Anfang 1882 geboren worden sein. Er wurde von einer Gouvernante betreut und verbrachte seine Kindheit im Schloß Cronthal (im Taunus), in Brandenburg und in Hannover. Wilhelms Vater, Kronprinz Friedrich, wußte von diesem Kind, das den Namen Alfred Wilhelm trug, durch seine Frau Victoria, die ehemalige Princess Royal von Großbritannien und Irland. Die Feindseligkeit zwischen dem Prinzen und seinen Eltern war beträchtlich gewachsen. Nach dem Tode Wilhelms I. am 9. März 1888 regierte Friedrich III. nur 99 Tage als Kaiser, und am 14. Juni 1888, als Friedrich im Neuen Schloß zu Potsdam im Sterben lag, wurde das Gebäude von Soldaten umstellt, jeder Eingang durch Posten bewacht ‚auf Grund ausdrücklicher Befehle seiner Kaiserlichen Hoheit Kronprinz Wilhelm'. Das Schloß wurde nach den Tagebüchern Friedrichs III. und nach den Briefen von seiner Frau Victoria durchsucht. Aber dieser Plan war vereitelt worden: Schon einige Wochen zuvor waren die Tagebücher und Briefe sicher im Königlichen Archiv in London deponiert worden . . . Die ehemalige Kaiserin Victoria wurde nach Cronthal geschickt.

Mittlerweile war Helene Mareth mit ihrem Sohn nach Nordamerika zurückgekehrt, und ihr Name tauchte als „Maret" und „Mareth" in den Programmen von deutschsprachigen Theatern verschiedener Städte (zum Beispiel Cincinnati, Ohio) auf. Ihr Sohn, Alfred B. Mareth, erhielt seine Ausbildung mit einem besonderen Schwergewicht auf dem Ballett . . ."

Laut Recknagel kehrte die Truppe einige Zeit nach der Jahrhundertwende wieder nach Deutschland zurück, wo Alfred B. sie verließ, um sein Studium aufzunehmen.

„Jetzt erst (1915) klärte ihn seine Mutter, die später in London und Wales lebte, über die Identität seines Vaters auf . . . Ret Marut erhielt eine beträchtliche finanzielle Abfindung, unter der Bedingung, daß er über seine Herkunft Stillschweigen bewahre."

Ich wollte diese Geschichte mit einem anderen Ansatz prüfen. Anstatt, wie man es von einem Traven-Fan erwarten würde, bei Marut anzufangen und nach Indizien zu suchen, die ihn mit der kaiserlichen Familie in Verbindung brachten, durchforschte ich das Leben des Kaisers, um zu prüfen, ob die über ihn bekannten Tatsachen Raum für ein solches Gerücht ließen. Ein neuer Rechercheur, David Turnbull, arbeitete nun mit mir an dem Projekt, und gemeinsam begannen wir, die Biographien des Kaisers zu lesen und Historiker anzusprechen, die sich in diesem Abschnitt der deutschen Geschichte auskannten. Norman Stone[1] vom Jesus College in Cambridge kam nach London und aß mit uns zu Mittag; wir fuhren nach Brighton, um John Rohl[2], den

Dozenten für Geschichte an der Universität Sussex zu besuchen; wir telefonierten mit Lamar Cecil[3] von der Universität von North Carolina.

Weder diese drei noch andere Historiker, mit denen wir sprachen, hatten je die Geschichte von Marut oder einer Mätresse namens Helene Mareth gehört. Alle standen diesem Märchen sehr skeptisch gegenüber. Sie hielten es nicht für besonders bedeutsam, daß Marut es schaffte, seine Zeitschrift am Laufen zu halten. Zu jener Zeit wurden viele solcher Publikationen mit bescheidensten Geldmitteln herausgegeben, er hätte also keines reichen Wohltäters bedurft. Da diese Zeitschriften im Abonnement vertrieben wurden, konnte man sie nicht hindern, zu sagen, was ihnen gefiel; die Zensur konnte wenig dagegen unternehmen. Der *Ziegelbrenner* brauchte demnach keinen mächtigen Beschützer, um die Behörden von ihm fernzuhalten.

Friedrich Wilhelm Viktor Albrecht von Hohenzollern war zu dem Zeitpunkt, da er Helene Mareth geschwängert haben soll, noch nicht der Kaiser. Sein Großvater, Wilhelm I., König von Preußen und Kaiser von Deutschland, war noch auf dem Thron; sein Vater Friedrich, der 50-jährige Kronprinz, wartete darauf, daß ihm die Macht zufiele, und Willy selbst machte eine schneidige Figur als Hauptmann der Garde und nahm von Bismarck Unterricht im Regieren. 1880, bald nach dem 21. Geburtstag, verlobte sich der junge Prinz Wilhelm insgeheim mit der Prinzessin Augusta Victoria von Schleswig-Holstein-Sonderburg-Augustenburg, die von ihrer Familie Dona genannt wurde. Sie war drei Monate älter als ihr Verlobter, und trotz ihres eindrucksvollen Familiennamens betrachtete man sie in Hofkreisen nicht als die allererste Wahl. Kaiserliche Einwände gegen die Verbindung bestärkten Wilhelm nur in seinem Entschluß. Er war noch ein unreifer junger Mann, aber offenbar Dona ergeben, und schließlich bekam er seinen Willen. Die Hochzeit fand mit allem Pomp und aller Pracht am 26. Februar 1881 in Berlin statt. Das junge Paar ließ sich in Potsdam nieder, der Sommerresidenz der Könige von Preußen. Wilhelm setzte seine Armee-Karriere fort.

Ret Maruts eingetragenes Geburtsdatum war der 25. Februar 1882; wenn also Recknagels Hypothese stimmte — und er schien dieses Datum zu akzeptieren —, dann mußte das Kind im Mai oder Juni 1881 gezeugt worden sein. Das war nur drei oder vier Monate nach der Hei-

[1] Verfasser von *The Eastern Front*, 1914-1917, Hodder and Stoughton, 1975.

[2] Verfasser von *Germany Without Bismarck: The Crisis of Government in the 2nd Reich*, 1890—1900, Batsford 1967, und Herausgeber der Briefe des Grafen Philipp Eulenburg.

[3] Verfasser von *The German Diplomatic Service, 1871-1914*, Princeton University Press 1976.

rat des jungen Prinzen, zu einer Zeit also, da dieser sicherlich sich bemühte, für einen legitimen Thronfolger zu sorgen. (Das erste Kind aus dieser Ehe wurde am 6. Mai 1882 geboren.) Alle Berichte stimmen darin überein, daß Dona von Anfang an ihrem Mann ergeben war, aber darüber, wie weit Wilhelm ihre Liebe treu erwiderte, gibt es unterschiedliche Meinungen. Sie war keine faszinierende oder schöne Frau. Sie hatte wenige Interessen, wußte nichts von Staatsgeschäften, und ihre Konversation beschränkte sich auf Geplauder über Kleider und Kinder. Prinzessin Daisy von Pless schilderte sie als ,,eine gute, ruhige, sanfte Kuh, die Kälber bekommt und langsam Gras frißt und widerkäut''. Sie langweilte Wilhelm, und nach der Geburt des ersten ihrer sieben Kinder machte sie kaum einen Versuch, ihre Figur wiederzugewinnen. Das soll aber nicht heißen, daß er schon 1881, so bald nach seiner Heirat, andere Damenbekanntschaften suchte. In seinem eigenen Buch *Mein frühes Leben* blickte Wilhelm mit Freude auf seine Zeit als junger Offizier in Potsdam zurück. Er erinnerte sich an die ausgefüllten Tage und die fröhlichen Abende bei Kartenspielen, Schach und Billard im Offizierskasino; am Ende dieser Abende gab es Bier und belegte Brote und ,,lebhaftes Gespräch, gesalzen mit harmlosem Witz und ehrlichen Scherzen'', ehe die jungen Männer sich früh ins Bett begaben. Gab es auch Abende, an denen Willy Zeit für weniger ziemliches Amüsement fand und sich in ein anderes als sein Ehebett begab?

Nicht selten war Wilhelm gegenüber Dona grob und rücksichtslos; er war dienstlich oft von zu Hause weg; er hatte eine Vorliebe für pornografische Bilder, und er schätzte die Gesellschaft von Frauen, die ihm zuhörten und Verständnis für seine Probleme hatten. Trotzdem sind seine Biographen überwiegend der Meinung, daß er kein Frauenheld war, daß also seine starken sexuellen Gelüste sehr wohl durch seine Frau befriedigt worden sein könnten. In seiner kundigen Biographie *The Kaiser and His Times* stellt Michael Balfour fest, daß das Fehlen eines handfesten Beweises für Wilhelms Untreue ,,gewiß erstaunlich ist angesichts der vielen Leute, die ihn gerne bei einem Fehltritt erwischt hätten''. Einige Historiker meinten uns gegenüber auch, daß Wilhelms außereheliche Aktivitäten genauso wahrscheinlich mit Mitgliedern seines eigenen Geschlechts wie mit Frauen stattfanden. Es gab starke Gerüchte, daß er sich zu Männern hingezogen fühlte. Er hatte wohl die Angewohnheit, junge Knaben in die Wangen zu kneifen und seinen Kameraden spielerisch auf den Hintern zu schlagen. 1886 begann seine enge Freundschaft mit dem Grafen Philipp von Eulenburg, einer glanzvollen Gestalt, einem Künstler und Diplomaten, der mit Sicherheit bisexuell war. Nichts ist bewiesen.

Unter den von uns befragten Leuten hatte John Rohl die genaueste

Kenntnis vom Privatleben Wilhelms II., dem er eine eigene Studie gewidmet hatte. Er zweifelte die Mareth-Geschichte an und wies darauf hin, daß es in Potsdam in den 80er Jahren noch kein Theater gab. Wohl konnte die geheimnisvolle Schauspielerin im nahen Berlin aufgetreten sein, aber es war völlig ausgeschlossen, daß sie einfach in der geschilderten Manier bei Hofe auftauchte. Rohl glaubte jedoch, daß Willy in den 80er Jahren Affären mit Frauen gehabt hatte. Es gab Beweise, daß Willy Anfang des Jahrzehnts ein Bordell in Wien besucht hatte, und daß eine Frau in Straßburg die Reichsregierung zu erpressen versuchte, indem sie eine Affäre mit ihm gehabt zu haben behauptete. Bismarck untersuchte diesen Vorwurf, befand ihn als zutreffend und schickte seinen Sohn nach Straßburg, um die Briefe von Wilhelm aufzukaufen. Eine weitere mögliche Mätresse war ein Mädchen namens Ella Rosche, deren Eltern behaupteten, daß sie mit Wilhelm geschlafen hatte; der junge Prinz hatte auch die Gewohnheit, geheimnisvolle und ganz unnötige Übernachtungen in einem bestimmten Gasthof auf der kurzen Reise von Berlin nach Potsdam einzulegen. Eine andere Geschichte sprach von einer Mätresse und einer unehelichen Tochter in Potsdam. Ein Historiker berichtete uns, daß interessanterweise die angeblichen Mätressen des Kaisers niemals deutsche Frauen waren — sie waren alle Amerikanerinnen, Engländerinnen oder Französinnen.

Helene Mareth als Amerikanerin irischer Abstammung paßte in das Muster dieser Gerüchte. Keine der angeführten Geschichten hatte einen direkten Bezug zu ihr oder Marut, sie zeigten jedoch, daß der junge Prinz Wilhelm wahrscheinlich Sex außerhalb seiner Ehe suchte und damit vielleicht schon sehr bald nach seiner Eheschließung begann. Ende Mai 1881 reisten Wilhelm und seine Frau nach Wien zur Hochzeit von Kronprinz Rudolf mit der Prinzessin Stefanie von Belgien. Die Verbindung mit Helene Mareth, wenn es eine solche gab, müßte bald nach seiner Rückkehr nach Potsdam stattgefunden haben, damit das Kind fast auf den Tag ein Jahr nach Wilhelms eigener Hochzeit zur Welt kommen konnte. Er wäre nicht der einzige europäische Prinz mit einem unehelichen Sohn in Amerika gewesen. Judith Listowel behauptet in ihrem Buch *A Hapsburg Tragedy*, daß Kronprinz Rudolf eine Affäre mit einer unehelichen Tochter Zar Alexanders II. hatte, aus der ein Kind stammte, das in den Vereinigten Staaten aufwuchs.

Recknagel sprach in seiner konstruierten Biographie der frühen Jahre des königlichen Abkömmlings Marut-Traven davon, daß das Kind im Schloß Cronthal im Taunus aufwuchs und von seiner Mutter nach Amerika mitgenommen wurde, als Wilhelm 1888 Kaiser wurde. Keiner der von uns angesprochenen Historiker hatte jemals von einem Schloß Cronthal gehört, und alle waren einhellig der Meinung, daß

Recknagel das Schloß Kronberg im Taunus unweit von Frankfurt meinen mußte. Dies war das Haus, das Wilhelms Mutter kurz nach dem Tod ihres Gatten kaufte. Wenn dies aber das Schloß war, in dem das Kind seine ersten Jahre verbracht haben soll (und ein anderes kommt kaum in Frage), dann gibt es zwei Haken. Erstens mußte es bedeuten, daß die königliche Familie eine gewisse Verantwortung für den kleinen Jungen übernahm, für ihn sorgte, ihm ein Zuhause und eine Erzieherin gab. Wäre das der Fall gewesen, hätte man ihm wahrscheinlich irgendeinen angemessenen Titel verliehen, und es wäre höchst unwahrscheinlich gewesen, daß man ihn im Alter von sechs Jahren mit seiner Mutter hätte nach Amerika verschwinden lassen, nachdem man ihn erst einmal an Bord geholt hatte. Zweitens kaufte seine angenommene Großmutter dieses Schloß erst nach der vermuteten Rückkehr Helene Mareths nach Amerika, und die Kaiserin-Witwe zog dort erst 1893 ein, zu einem Zeitpunkt, da der junge Marut dreizehn Jahre alt gewesen und in den USA mit seinen Ballett-Lektionen schon weit fortgeschritten wäre.

Mich faszinierte Recknagels Behauptung, daß Travens Geburt in den Tagebüchern Friedrichs III. erwähnt sei und daß darum Wilhelm das Schloß seiner Eltern abriegeln und durchsuchen ließ, noch ehe die Leiche seines Vaters kalt geworden war. Gewiß ging Wilhelm mit grober Hast vor, als sein Vater im Sterben lag. Er hinderte seine Mutter am Verlassen des Neuen Schlosses, er ließ alle einkommenden und ausgehenden Telegramme abfangen und lesen, und in der Paradeuniform der Husaren überwachte er persönlich die Durchsuchung der Räume seiner Eltern. Seine Mutter, die scheidende Kaiserin, schrieb später, daß er nach Beweisen für liberale Verschwörungen gegen die Verfassung gesucht hätte. Wilhelm war ein Traditionalist. Er war ein erbitterter Gegner der Reformen, die sein Vater befürwortet hatte, und er verdächtigte auch seine in England geborene Mutter, Informationen auf geheimem Wege nach Britannien geschleust zu haben. Unsere Historiker waren übereinstimmend der Meinung, daß Wilhelm nach irgendwelchen politisch bedeutsamen Papieren und nicht nach etwaigen skandalträchtigen persönlichen Dokumenten gesucht hat.

Die Kaiserin und ihr Mann hatten einige Dokumente vor ihrem Sohn zu verbergen versucht. Ein Jahr zuvor hatten sie anläßlich des Jubiläums von Königin Victoria England besucht, und Friedrich hatte drei Kisten mit Papieren mitgenommen, die er in Windsor deponierte. Am Morgen des 14. Juni 1888, keine Stunde bevor Wilhelm eintraf, um sie in ihrem eigenen Haus einzusperren, schmuggelte die Kaiserin einige weitere Papiere hinaus. Diese Papiere, unter denen sich Friedrichs Tagebuch der letzten zehn Jahre befand, wurden über die britische Botschaft an Königin Victoria in Balmoral weitergeleitet. Es gibt eine Eintragung im Tagebuch der Königin vom 17. Juni, daß sie „einige Papiere, die Fritz mir anvertrauen wollte", erhalten hatte. Recknagel meinte, daß in diesen Dokumenten die Geburt von Alfred William Mareth verzeichnet sei. Ich hielt es zunächst für unwahrscheinlich, daß Wilhelms Eltern etwas von einem unehelichen Sprößling gewußt hätten. Auch wenn Wilhelm mit ihnen auf freundschaftlichem Fuße gestanden hätte, hätte er dies wohl eher geheimhalten wollen. Tatsächlich jedoch war er persönlich mit ihnen überkreuz und politisch ihr Gegner. Es war unwahrscheinlich, daß er sich ihnen in einer solchen Angelegenheit anvertraut hätte.

Ich rief das Königliche Archiv in Windsor an und fragte, ob ich die Tagebücher Friedrich III. einsehen könnte, und man sagte mir, daß sie schon längst nach Deutschland zurückgegeben worden waren. Das Archiv enthielt jedoch Briefe, die die Kaiserin von ihrer Mutter Königin Victoria bekommen hatte. Sie waren für Recherchen nicht zugänglich, aber die Archivare überprüften ihr Inhaltsverzeichnis und versicherten mir, daß es darin keinen Hinweis auf irgendein uneheliches Kind von Kaiser Wilhelm II. gab.

Ich folgte dem Rat der Leute in Windsor und versuchte mein Glück bei einigen ausländischen Archiven. Das Preußische Geheime Staatsarchiv in Berlin konnte mir nur sagen, was ich bereits wußte, daß es in den veröffentlichten Teilen von Friedrichs Tagebüchern keinerlei Hinweis auf einen kleinen Alfred William gab. Das Innenministerium der DDR teilte mir mit, daß es in den Staatsarchiven von Merseburg und Potsdam keinen Hinweis auf die Geburt gäbe. Doktor Anton Ritthaller vom Hohenzollernarchiv in Hechingen konnte auch keinen Hinweis auf eine irische Schauspielerin finden, die am Hofe von Potsdam verkehrt hatte. Leicht indigniert erklärte er mir:

„Sie sollten wissen, daß Leute schon oft nach Spuren unehelicher Kinder von Kaiser Wilhelm II. gesucht haben, aber stets ohne Erfolg . . . Es ist kaum vorstellbar, daß ein Beweis für uneheliche Nachkommen nicht ans Licht gekommen wäre . . . Ich denke, daß eine Verbindung mit dieser Dame in der Zeit von 1881—83, noch dazu in Potsdam unter den Augen seiner jungen Frau und des ganzen Hofes doppelt schwer zu glauben wäre. Aber dies sind nur Annahmen."

Nach einer langen Wartezeit (er war krank gewesen) erhielt ich eine Antwort von Prinz Wolfgang von Hessen, dem Neffen des Kaisers, der noch immer im Schloß Friedrichshof, dem Alterssitz der Kaiserin bei Kronberg, wohnt. Er schrieb:

„Die Tagebücher von Kaiser Friedrich III. sind nicht mehr im Besitz meiner Familie. Sie sind auch nie in Windsor gewesen. Die Information, die Sie erhielten, muß auf einem Mißverständnis beruhen. Das Königliche Archiv in Windsor bewahrte dagegen eine Zeitlang nach dem 2. Weltkrieg die Briefe auf, die Königin Victoria in ihrem langen Leben an ihre Tochter, die Kaiserin Friedrich, schrieb. In der Zwischenzeit aber wurden diese Briefe zurückgegeben und befinden sich jetzt in unserem Archiv in Kronberg.

Die Tagebücher Kaiser Friedrichs gehörten zum Nachlaß der Kaiserin Friedrich, den diese an meine Mutter Margarethe von Hessen, Prinzessin von Preußen, weitervererbte. Auf die Bitte von Kaiser Wilhelm II. hin wurden die Tagebücher um das Jahr 1910 herum an das Königliche Hausarchiv in Berlin ausgeliehen. Das Königliche Hausarchiv befand sich damals im Schloß Monbijou im heutigen Ost-Berlin. Soviel ich weiß, wurde das Schloß im Krieg zum großen Teil zerstört. Ob die Tagebücher noch existieren, ist unklar. Vor einigen Jahren richteten wir diese Frage an die ostdeutsche Regierung. Wir erhielten jedoch keine Antwort. Ich persönlich glaube nicht, daß die Tagebücher irgendwelche wichtigen Tatsachen enthalten oder enthielten, die den heutigen historischen Forschern noch nicht bekannt sind.''

Immer wieder griffen wir ins Leere. Es gab keine Hinweise, die die Mareth-Geschichte untermauerten, und doch war sie fast unmöglich zu widerlegen, wie das meist mit solchen Gerüchten der Fall ist. Während Turnbull und ich die Kaiser-Spur verfolgten, hatten wir aber Gabriel Figueroas Behauptung nicht vergessen, daß er Travens wirklichen Namen kannte, der sowohl in Deutschland wie in England sehr bekannt sei. Wir fragten unsere Historiker, welche mächtigen Familien in beiden Ländern prominent gewesen waren, und ein Name wurde uns immer wieder genannt. Battenberg, die ursprüngliche und deutsche Version von Mountbatten. Also schrieb ich an Earl Mountbatten of Burma, erklärte das Kaisergerücht und fragte, ob die tatsächliche Familienverbindung von Marut-Traven die zu den Battenbergs gewesen sein könnte. Er glaubte nicht.*

,,Von dem, was ich über meine sehr ausgedehnte Familie weiß, halte ich es für im höchsten Grade unwahrscheinlich, daß Kaiser Wilhelm II. der Vater war.

Was die Battenbergs betrifft, so herrscht in der Familie schon lange die Überzeugung, daß der einzige, der ein uneheliches Kind hatte, mein Vater war, der sich wahnsinnig in die schöne Lilly Langtry verliebte und mit ihr unter der beschützenden Freundschaft von König Edward VII. eine Affäre hatte, der, wie die Welt inzwischen weiß, eine Tochter entsprang.

Das war ein echtes Kind der Liebe, und ich bin überzeugt, daß mein Vater nie eine andere Affäre hatte und keine weiteren unehelichen

* Earl Mountbatten kam am 27. 8. 1979 bei einem Bombenanschlag der Irisch-Republikanischen Armee (IRA) ums Leben.

Kinder zeugte. Anders ausgedrückt halte ich es persönlich für sehr unwahrscheinlich, daß dieser Mann der illegitime Sohn irgendeiner großen Familie war. Warum sollte er das gewesen sein?"

Mountbatten riet mir, seinem Freund Arnold McNaughton, dem Herausgeber des *Book of Kings,* zu schreiben, einem Mann, der seiner Ansicht nach besser über die königliche Familie Bescheid wußte als irgendjemand sonst. Das tat ich. McNaughton hatte noch nie von Mareth oder einer ähnlichen Person gehört. Auch wußte er nichts von unehelichen Kindern des Kaisers. Es sei schwierig, königliche Bastarde mit Sicherheit zu identifizieren, wenn sie nicht von ihrem Vater anerkannt wurden, wie die 354 vom außergewöhnlichen König August dem Starken von Sachsen gezeugten Nachkommen. McNaughton glaubt, daß Wilhelm seiner Frau treu geblieben war. Er konnte jedoch eine kleine Fußnote beisteuern; Graf Paul Vaseli, der Autor der Skandalchronik, auf die sich Recknagel unter anderem gestützt hatte, war in der Tat ein Pseudonym, hinter dem eine Frau steckte, die Prinzessin Katharina Radziwill. Ansonsten konnte mich McNaughton nur an einen anderen Forscher verweisen, Ian Kilburn. Kilburn hatte jahrelang uneheliche Abstammungslinien verfolgt, war jedoch nie auf die Mareth-Geschichte oder irgendetwas Ähnliches gestoßen. Er meinte, daß es unmöglich wäre, eine solche Geschichte zu erhärten, wenn das Kind nicht anerkannt worden war.

Mittlerweise war ich ziemlich sicher, daß die Mareth-Geschichte eine reine Spekulation war. Sie konnte vom Traven-Geheimnis her gerade noch als wenig wahrscheinliche Hypothese aufrecht erhalten werden, die jedoch in nichts zerfloß, wenn man sie von den über den Kaiser bekannten Tatsachen her aufrollte.

Wir unternahmen einen letzten, verzweifelten Versuch, irgendeine Spur von Helene Mareth zu finden. Unglücklicherweie wurden in Irland die Geburtsregister in den Jahren, in denen sie zur Welt gekommen sein konnte, noch nicht zentral geführt. In den zehn Jahren nach der Einführung eines zentralen Registers wurde aber in England niemand mit dem Namen Mareth geboren. Um sicher zu gehen, überprüften wir noch die Geburtsregister in England und Wales. In den fraglichen Jahren, die Helene anno 1882 im gebärfähigen Alter hätten sein lassen, wurde überhaupt niemand mit dem Namen Mareth geborren. Wir durchforschten Theaterarchive, um vielleicht einen Hinweis auf ihre Bühnenlaufbahn zu entdecken. Recknagel zufolge hatte sie als Schauspielerin mit einer Tourneetruppe die Vereinigten Staaten bereist, bevor sie in Deutschland auftauchte, und später sei sie mit ihrem Sohn dorthin zurückgekehrt und wieder aufgetreten. Und sie sollte auch in London und in Wales aufgetreten sein. Als Schauspielerin war sie genauso schwer zu fassen wie als Mätresse. Das Londoner Theaterarchiv von Mander & Mitcheson enthielt keinen Hinweis auf sie, auch nicht die Theatersammlung der öffentlichen Bibliothek von New York oder das umfassende Schauspieler-Register der *New York Times*. Recknagel zufolge war sie in den USA in deutschen Theatern aufgetreten, und er nannte ausdrücklich Cincinnati. Die Historische Gesellschaft von Cincinnati konnte jedoch keinerlei Spur ihrer Existenz nachweisen. Recknagel hatte berichtet, daß die schemenhafte Miss Mareth in Pennsylvania gelebt habe, aber auch die Historischen Gesellschaften von Pennsylvania und das Stadtarchiv von Philadelphia konnten keinen wie immer gearteten Hinweis auf sie finden.

Helene Mareth war nirgendwo zu finden. Wenn der Kaiser uneheliche Kinder gehabt hatte, dann war es ihm gelungen, sie so geschickt zu verbergen, daß keiner seiner Biographen dahinter kam. Die ehelichen oder andersartigen Umstände von Travens Geburt blieben genauso ungeklärt wie alles andere über seinen Ursprung. Traven hatte seinen Geburtsnamen ebenso weggeworfen wie der Held des *Totenschiffs:*

,,So gab ich meinen guten Namen auf und sagte mich von meinen Familienbanden los. Ich hatte keinen Namen mehr.''

Traven nahm neue Namen an und ließ sie wieder fallen, sobald sie ihm hinderlich wurden. Sie blieben wie eine Spur hinter ihm liegen; schwach, verwirrend und täuschend. Marut hatte mich zu Mareth und weiter zum Kaiser geführt. Die Nase des Spürhundes nahm keine Witterung mehr wahr. Aber die Spur war da, und sie war lesbar; Traven hätte niemals die *Freedom of Information Act* zugelassen.

21 Ein Geständnis

Die *Central Intelligence Agency* war die erste Behörde, die meinen Antrag unter der *Freedom of Information Act* beantwortete. Der Grund war schnell ersichtlich: Der Geheimdienst hatte mir fast nichts zu sagen. Ein gelangweilter Brief vom CIA-Koordinator für Information und Privatangelegenheiten teilte mir mit, daß „wir nur ein einziges Schriftstück gefunden haben, ein sechsundzwanzig Jahre altes Dokument, in dem ein Autor einen Übersetzer für Mr. Travens Werke suchte. Das fällt wohl kaum unter Ihre Anfrage nach Material für eine Biographie von Mr. Traven". Es klang ganz so, als ob der Mann viel lieber etwas für das Schicksal seines Landes Wichtigeres koordiniert hätte. Er fügte noch hinzu, daß in der Akte noch ein oder zwei andere Dokumente lagen, die jedoch vom FBI und vom State Department stammten, die ich direkt ansprechen müßte. Das hatte ich bereits getan.

Im Herbst 1977 schrieb ich dreimal an das FBI und bekam lediglich eine Bestätigung für den Eingang meines Schreibens, aber keine Dokumente. Das State Department war recht hilfreich, konnte mir jedoch nichts geben, bis Señora Luján ihnen grünes Licht erteilt hatte, und damit hatte sie sich, trotz meiner mehrfachen Erinnerungen, Zeit gelassen. Anfang 1978 reiste ich in einer anderen Sache im Auftrag der BBC in die USA und sprach dabei in Washington auch beim FBI vor.

Ich wurde nicht hinter die Sperre in der Eingangshalle vorgelassen, aber der mir zugeteilte Beamte kam herunter und gab mir einen Umschlag mit Material. Es tat ihm leid, daß es nicht mehr war, und er riet mir, mein Glück gegenüber beim National-Archiv zu versuchen. Das tat ich und hatte Glück. Der Assistent, dem ich mein Anliegen vortrug, brachte mich sofort zum Leiter der diplomatischen Abteilung, Dr. Milton Gustafsson, der die Marut-Dokumente bereits für eine frühere Anfrage herausgesucht hatte. Gustafsson befragte mich nach meinen Recherchen und versprach, bis zum nächsten Tag alles vorhandene Material herauszusuchen.

Nachdem ich meine anderen Termine erledigt hatte, kehrte ich ins Hotel zurück und untersuchte das Material, das mir der FBI-Beamte Grimsley übergeben hatte. Die Photokopien der Dokumente waren mühsam redigiert worden, um jegliche Hinweise auf Fälle, die nicht unter meinen Antrag fielen, zu tilgen. Auf manchen Blättern blieb nur eine einzige Zeile, die sich mit Traven befaßte; andere glichen einem Sprachprüfungsbogen, auf denen lauter Lücken klafften, weil sämtliche Eigennamen weggelassen worden waren. Die Papiere bezogen sich auf die fünfziger und sechziger Jahre und enthielten fast nur aufgewärmte Informationen aus zweiter Hand.

Das FBI interessierte sich für Traven, weil seine Bücher eine starke radikal-linke Botschaft vermittelten und in linken Kreisen beliebt waren. Vor allen Dingen ging aus den Dokumenten hervor, daß die FBI-Agenten offenbar ständig nach einer Beschäftigung suchten. Sie wollten als eifrige Berichterstatter aktenkundig werden. Mehrere Seiten befaßten sich mit einem fremdsprachigen Verlag in Chikago, dem 1951 „substantielle kommunistische Verbindungen" nachgesagt wurden. Zwei mildernde Umstände wurden angeführt: erstens, daß es „keine Agenturbeziehung in Transaktionen mit ausländischen Quellen gab", und (die Unbedenklichkeitsbescheinigung) „das Unternehmen ist vor allem profit-orientiert". Der FBI-Mann führte brav alle Bücher auf, die dieser Verlag auf ungarisch veröffentlichte, darunter Werke von Dickens, Tolstoi, Mann, Zola, Twain, Hugo — und Traven. 1955 entdeckte ein anderer unterbeschäftigter Agent die *Rebellion der Gehenkten* im Angebot einer linken Buchgemeinschaft in San Franzisko und schrieb darüber einen Bericht. Mitte der fünfziger Jahre gab es ein oder zwei Berichte aus Mexiko, in denen davon die Rede war, daß „Harold Groves" mit der Verfilmung eines Traven-Stoffes zu tun hatte.

Es war beruhigend zu sehen, wie leicht sich diese Agenten verwirren ließen. 1956 entfalteten sie einen wahren Bienenfleiß, als in einer Kleinanzeige in einer texanischen Tageszeitung von B. Traven die Rede war und dieser Anzeige eine auf russisch geschriebene Postkarte an die Redaktion folgte. Agenten huschten hin und her, Fingerabdrücke wurden genommen und man suchte nach Mitteilungen in Geheimtinte, ehe es selbst dem FBI klar wurde, daß dies alles ein harmloser Studentenulk war. „B. Traven" war nicht der Code, der eine russische Invasion auslösen sollte.

Schließlich gab es einen langen Bericht von der amerikanischen Botschaft in Mexiko über die Kontroverse um den Film nach dem „antiamerikanischen Roman *La Rosa Blanca* des berühmten und geheimnisvollen Bruno Traven". Die Botschaft sorgte sich, daß diese Geschichte über die rücksichtslosen Versuche einer amerikanischen Gesellschaft, in den Besitz mexikanischen Öls zu kommen, eine antiamerikanische Stimmung erzeugen würde. Der erste Botschafts-Sekretär, der diesen Bericht verfaßte, kam zu dem Schluß, daß B. Traven wahrscheinlich das Pseudonym einer Gruppe von Schreibern unter der Führung von Esperanza Lopez Mateos sei, der auch Drehbuchautoren aus Hollywood angehören. Diese Vorstellung schien ihm offenbar hauptsächlich deswegen interessant, weil dadurch Traven mit der Familie des Präsidenten in Verbindung gebracht wurde. Das war alles vom FBI.

Als ich ins US-Staatsarchiv zurückkehrte, begrüßte mich Dr. Gustafsson mit einem dicken Stoß fotokopierter State-Department-Akten und wünschte mir viel Glück. Schon auf den ersten Blick erkannte ich, daß sich dieses Material, im Gegensatz zu den Papieren des FBI, mit Travens Jahren als Ret Marut befaßte, wo es noch Rätsel zu lösen gab. Und im Gegensatz zum FBI-Material versprach es, mehr über Traven zu erklären als über die Dienste, die über ihn berichteten. Ich kehrte ins Hotel zurück und begann, die Papiere zu studieren. Den Kern dieser State-Department-Papiere bildete eine Korrespondenz mit der amerikanischen Botschaft in London von Anfang 1924, als Ret Marut nach seiner Einweisung durch das Thames-Polizeigericht im Gefängnis von Brixton saß. Marut hatte sich den britischen Behörden gegenüber als Amerikaner ausgegeben, und dadurch wurde die US-Botschaft im Januar 1924 auf seinen Fall aufmerksam. Einige Schriftstücke in der Akte stammten jedoch noch aus dem Jahre 1927, andere schon von 1915, als Ret Marut seine Existenz zum ersten Male einem amerikanischen Beamten anvertraut hatte, wie diese Beweise zeigten. Diese zwölf Jahre in Maruts Leben brachten ihm einige riskante Augenblicke. Mehrere Male mußte der Geheimnisapostel seinen Lebenslauf berichten. Das früheste Dokument in der Mappe war die Kopie eines Briefes vom 6. Juli 1915 von der Gesundheitsbehörde in San Franzisko an Ret Marut am Theater in Düsseldorf. Marut hatte um eine Abschrift seiner Geburtsurkunde ersucht.

Betr.: Gesuch um Geburtsurkunde
Ret Marut

Sehr geehrter Herr,
in Antwort auf Ihr Schreiben vom 3. Juni bezüglich der oben genannten Angelegenheit teile ich Ihnen mit, daß, infolge der Vernichtung aller Geburtsregister der Stadt vor dem 18. April 1906, ich nicht in der Lage bin, Ihrem Ersuchen nachzukommen. Kein Gesetz sieht bis heute die Wiederherstellung vernichteter Geburtsurkunden vor, und die unterzeichnende Behörde kann Ihnen nur die folgende Bestätigung ausstellen:

„Hiermit wird bestätigt, daß alle Geburtsregister der Stadt und des Kreises San Franzisko im Staate Kalifornien vor dem 18. April 1906 durch den Brand der Stadt am 18., 19. und 20. April 1906 vernichtet wurden; daher ist diese Behörde außerstande, eine beglaubigte Abschrift der Geburtsurkunde von Ret Marut auszustellen, der am 25. Tag des Februar 1882 in der Stadt San Franzisko geboren sein soll."

1915 hatte Marut sich vorgenommen, die USA zu besuchen (zum ersten Male?), und er war auf der Suche nach einem Identitätsnachweis. 1915 war es auch, daß auf seiner polizeilichen Meldekarte in Düsseldorf seine Staatsangehörigkeit von „England" in „Amerika" geändert wurde. Hinter dieser Änderung vermutete ich nicht länger eine Verschwörung. Er konnte sie sehr wohl durch die bloße Behauptung erreicht haben, daß fälschlicherweise ursprünglich das falsche Land eingetragen worden sei (was vielleicht zutraf). Schließlich war San Franzisko als sein Geburtsort angegeben.

Die Abschrift dieses Briefes von der Gesundheitsbehörde lag in der Akte, weil Marut den Brief am 8. März 1917 vorgelegt hatte, als er beim amerikanischen Vizekonsul in München vorsprach und einen amerikanischen Paß beantragte. Die ersten Dokumente waren ein Ergebnis dieser Begegnung. Marut mag gedacht haben: Jetzt oder nie. Die Vereinigten Staaten hatten einen Monat zuvor die diplomatischen Beziehungen zu Deutschland abgebrochen — das amerikanische Konsulatsbüro befand sich vorübergehend im spanischen Konsulat in München —, und der Krieg zwischen den beiden Ländern stand kurz bevor. (Er wurde am 6. April erklärt.) Marut erzählte dem amerikanischen Vizekonsul, daß er einmal eine richtige Geburtsurkunde und „andere Papiere" besessen hätte, diese jedoch bedauerlicherweise im Dezember 1910 durch einen Brand in Pillkallen in Ostpreußen, im entlegendsten Winkel Deutschlands, vernichtet worden waren. Er behauptete, zuvor schon zweimal einen amerikanischen Paß beantragt zu haben; zum ersten Male in Barmen im November 1914, als der Konsul ihn nicht nach einem Beweis für seine amerikanische Staatsangehörigkeit gefragt und ihm erklärt hatte, daß er keinen Paß brauchte, solange er nicht in die USA zurückkehren wollte; zum zweiten Male im Juli oder August 1916 (oder 1915) in Köln, worauf der amerikanische Konsul ihm abermals geraten hatte, „seine zwei Dollar zu sparen".

Diese beiden früheren Paßanträge klangen nach Maruts Versuch, eine Indizienkette zugunsten seiner amerikanischen Staatsbürgerschaft aufzubauen. Wenn er es früher versucht hatte, dann war es wahrscheinlich, daß man ihn um irgendeinen Beweis seiner Geburt in

Amerika gebeten und weggeschickt hat. Sein Brief nach San Franzisko war ein Fernschuß, der daneben gegangen war, und nun, auch 1917 noch ohne Beweis, probierte er es noch einmal, ehe der Krieg ihm die Chancen vielleicht für immer zunichte machte. Ob er nun über seine Gespräche in Barmen und Köln die Wahrheit gesagt hatte oder nicht, die Quelle der ersten Kapitel des *Totenschiffs* war nicht zu verkennen:

„Er sieht mich nun eine ganze Weile an, ziemlich dumm und sehr ausdruckslos. Die ganze Zeit hat er gelächelt und, wie sein Kollege in Rotterdam, mit einem Bleistift gespielt . . .

‚Also ich kann Ihnen keinen Paß geben.'

‚Warum nicht?'

‚Auf was denn? Auf Ihre bloßen Aussagen hin? Das kann ich nicht. Das darf ich nicht einmal. Ich muß Unterlagen vorweisen können. Ich muß doch Rechenschaft ablegen, auf Grund welcher Beweise ich den Paß ausgestellt habe. Wie können Sie denn beweisen, daß Sie Amerikaner sind, daß ich überhaupt verpflichtet bin, mich mit Ihnen hier zu befassen?' "

Somit füllte Marut am 8. März 1917 zum ersten Male einen Antrag für einen amerikanischen Paß aus. Er machte die üblichen Angaben über seine Geburt und erklärte, daß sein Vater, William Marut, ebenfalls in San Franzisko geboren und dort 1901 gestorben sei. Er selbst studierte Philosophie in München und wohnte in der Clemensstraße 84. Er war zuletzt 1904 aus den USA ausgereist und hatte dort keine Anschrift, beabsichtigte jedoch, innerhalb des Jahres dorthin zurückzukehren. Er wurde als 35 Jahre alt beschrieben: Größe 5 Fuß 7 Inches (ca. 1.70 m); Stirn, mittel; Augen, blau-grau; Nase, breit; Mund, mittel; Kinn, oval; Haar, braun; Gesichtsfarbe, hell; Gesicht, oval. In Ermangelung eines richigen Ausweises gab Marut auf einem Formular eine eidesstattliche Erklärung ab, „um längeren Auslandsaufenthalt zu erklären und eine angenommene Ausbürgerung zu verhindern". Der eidesstattlichen Erklärung zufolge hatte er zuletzt 1901 in den USA gelebt, auf dem Paßantrag hieß es dagegen 1904. Beide Dokumente wurden am gleichen Tag ausgefüllt. Die Diskrepanz geht vermutlich auf einen Tippfehler zurück. In der eidesstattlichen Erklärung hieß es, daß er in München im November 1915 angekommen sei (was zutraf), daß er neben Deutschland auch Frankreich und Spanien besucht hatte und nun innerhalb von drei Monaten auf Dauer in die Vereinigten Staaten zurückkehren wollte. Er reiste durch Europa, während er Philosophie und politische Ökonomie studierte. Er zahlte keine amerikanische Einkommensteuer, weil sein Einkommen weniger als 2000,— Dollar pro Jahr betrug.

Weil er keine Referenzen in den USA nachweisen konnte, fügte Marut ein Memorandum mit den Namen etlicher Leute in San Franzisko bei, die ihn kennen müßten. Er hatte offenbar ein schlechtes Adressengedächtnis und machte nur ungenaue Angaben.

1. Ret James Chambers (oder Champers, oder Chambears). Mein Vater sagte mir, daß ich von ihm den Vornamen habe. Er lebte in einer der Straßen links von der Market Street (wenn man vom Blue Mountain kommt), zwischen dem Rathaus und der Fähre und zwischen der Grenze zu Chinatown und der Market Street.
2. John Carpenter, er war ein Geschäftsfreund meines Vaters, er lebte in der dritten oder vierten Straße hinter dem Münzamt, wenn man vom Blue Mountain kommt.
3. Dick (Richard?) Jawcelf, Angestellter in einer Druckerei; er war ein Freund von mir und lebte bei seiner Mutter.
4. Mrs. Jawcelf (Vorname, glaube ich, Elinor); sie war Witwe. Wenn ich sie besuchen wollte, mußte ich die St. Patrick Street hinunter gehen, dahinter, von der Market Street kommend.

Ich bin überzeugt, daß ich in meiner Geburtsstadt viele Freunde von mir und Bekannte meiner Eltern treffen werde. Es ist aber sehr schwierig — fast ganz unmöglich —, mich nach dieser langen Zeit an alle Leute zu erinnern, die ich kannte, und an ihre genauen Adressen, besonders, da ich in der Zwischenzeit ungefähr hundert neue Namen und Anschriften in vielen anderen Ländern und Städten kennengelernt habe.

(gezeichnet) Ret Marut

Der Konsul hatte hinzugefügt: „Marut behauptet, daß seine Mutter schon in seiner frühen Kindheit starb und daß er sich nicht mehr erinnert, wo er in San Franzisko gewohnt hat."

Das nackte Gerüst des eigentlichen Antrags wäre vielleicht durchgegangen, aber dieses Memorandum hörte sich sehr schwach an. Ich war sicher, daß Ret Marut ein Pseudonym war und zog gar nicht erst in Betracht, daß „Ret" der Name eines Freundes der Familie war, an dessen Familiennamen er sich nicht erinnern konnte. Er kannte die Namen einiger Straßen in San Franzisko, aber hier war ein Mann von 35, der behauptete, sich nicht an die Adresse zu erinnern, an der er mit 20 gewohnt hatte. Ich testete mein eigenes Gedächtnis nach Menschen und Plätzen, die ich 15 Jahre nicht gesehen hatte. Ich kannte noch Adressen, an denen ich nur für ein paar Wochen oder Monate geblieben war, Marut jedoch konnte sich nicht an sein Zuhause erinnern. Mir waren Namen, Berufe und Anschriften von Leuten im Gedächtnis, von denen ich 25 Jahre lang nichts gehört hatte; Marut bot dagegen eine sehr magere Liste für eine Zeit an, die nur 15 Jahre zurücklag. Ich glaubte nicht, daß er aus San Franzisko stammte. Wenn er wirklich dort seine Kindheit verbracht hätte, hätte er sich an viel mehr erinnert.

Maruts Begegnung mit dem Konsul schlug sich deutlich im *Totenschiff* nieder, wo der Konsul ähnlich neugierig war:

,, ,Haben Sie eine feste Adresse drüben?'

,Nein. Ich wohne auf meinen Schiffen oder, wenn ich keine habe, wohne ich in Seemannsheimen und Herbergen.'

,Also keine feste Wohnung. Mitglied eines eingetragenen Klubs?'

,Wer, ich? Nein.'

,Eltern?'

,Nein. Gestorben.'

,Verwandte?'

,Dank dem Himmel, nein. Wenn ich welche hätte, würde ich sie abschwören.'

,Haben Sie gewählt?'

,Nein. Nie.'

,Stehen Sie also auch nicht in den Wählerregistern.'

,Sicher nicht. Ich würde auch nicht wählen, wenn ich an Land wäre.' . . .

,Beweisen Sie mir, daß Sie drüben geboren sind.'

,Wie soll ich denn das beweisen, wenn die Geburt nicht registriert worden ist?'

,Das ist sicher nicht meine Schuld.'

,Vielleicht bestreiten Sie gar, daß ich überhaupt geboren bin?'

,Richtig, das bestreite ich.' ''

Im wirklichen Leben war der Vizekonsul, der ihn interviewte, fast so skeptisch wie ich. Er berichtete nach Washington:

,,Meiner Ansicht nach bedürfen die in dem anliegenden Antrag und der eidesstattlichen Erklärung gemachten Angaben der Bestätigung aus San Franzisko, falls eine solche möglich ist . . .

Das Gedächtnis des Antragstellers scheint sehr lückenhaft zu sein; auf präzise Fragen antwortet er zögernd und nicht überzeugend. Diese Anzeichen und die Tatsache, daß er, in Anbetracht dessen, daß er bis zu seinem 22. Lebensjahr in den Vereinigten Staaten gelebt haben will, Englisch mit einem bemerkenswerten ausländischen Akzent spricht, lassen es mir fraglich erscheinen, daß ihm der Schutz der Regierung der Vereinigten Staaten zusteht.''

Der Antrag wurde über die spanische Botschaft in Berlin und die spanische Gesandtschaft in Den Haag weitergeleitet und erreichte Washington einige Tage vor der Kriegserklärung der Vereinigten Staaten an Deutschland. Die Antwort wurde Marut am letzten Tag des

Monats übermittelt. Er sei nicht als amerikanischer Bürger anerkannt und würde keinen Paß erhalten. Dies war nicht Maruts letzte Begegnung mit den Konsuln, einer Sorte, an der er sich noch rächen sollte.

„,. . . Ein amerikanischer Beamter hat immer zu lächeln, selbst wenn er ein Todesurteil verkündet. Das ist seine republikanische Pflicht. Was mich aber am meisten ärgerte, war, daß er während seiner Rede stets und ständig mit dem Bleistift spielte. Bald kritzelte er damit auf der Tischplatte herum, bald kratzte er sich damit im Haar . . . und bald tippte er mit dem Bleistift auf den Tisch, als ob er mit jedem Tippen ein Wort festnageln wollte. Ich hätte ihm am liebsten das Tintenfaß ins Gesicht geworfen."

Das Totenschiff

Vorerst leitete Marut aber seinen Zorn in eine andere Richtung. Vier Monate und einen Tag, nachdem man ihm die Ablehnung seines Antrags mitgeteilt hatte, veröffentlichte er die erste Ausgabe des *Ziegelbrenners.*

Wenn Marut kein Amerikaner war, stand es ihm frei, einen Reisepaß seines wirklichen Vaterlandes zu beantragen. Mit einem ordnungsgemäß ausgestellten Reisepaß hätte er Deutschland verlassen und in die USA einreisen können. Der Gedanke, deutsche Reisepapiere zu beantragen, muß ihm gekommen sein, ebenso, wie er Stanislaw kam, dem polnischen Matrosen auf dem Totenschiff:

„Alles stimmte in dem Paß. Es war ein gutes Papier. Stanislaw hatte nie in seinem ganzen Leben je ein so gutes Papier gehabt. Damit konnte er direkt nach New York fahren, so gut war das Papier."

Maruts Wunsch, seine Identität geheimzuhalten, war aber viel zu groß, um ein solches Risiko einzugehen; nachdem er sich erst einmal als Amerikaner ausgegeben hatte, beschloß er, dabei zu bleiben. Als sein Name das nächste Mal in den amerikanischen Akten auftauchte, hatte er nicht mehr viele Möglichkeiten. Nach den Ereignissen von 1919 wurde er in Deutschland steckbrieflich gesucht, und er hatte keine andere Wahl, als noch einmal den Schutz der Vereinigten Staaten zu beanspruchen.

Im Januar 1924, als Marut den ersten Monat im Gefängnis von Brixton einsaß, erhielt der amerikanische Konsul in London einen Brief von der Anwaltskanzlei McElroy and Reid in Washington, D.C., die den Auftrag hatte, die amerikanische Staatsangehörigkeit von Ret Marut zu bestätigen, und sich zuversichtlich zeigte, Menschen finden zu können, die seine Geburt in Amerika bezeugen würden. Der Konsul schrieb an das State Department und bat darum, eine provisorische Bestätigung auszustellen, damit Marut in die Vereinigten Staaten deportiert werden könnte, „obwohl sein ständiger Aufenthaltsort seit geraumer Zeit Deutschland gewesen ist". Es gab keinen Hinweis darauf, wer für Marut die Rechtsanwälte engagiert hatte. Ich tippte auf Irene Mermet. Sie wurde jedoch nirgends in der dicken State-Department-Akte erwähnt. Sie war nicht von der Londoner Polizei verhaftet worden. Sie schien keinerlei Protest gegen Maruts Verhaftung eingelegt und auch in keiner Weise zu seinen Gunsten interveniert zu haben. Ich kannte Irene als intelligente, energische und Marut gegenüber loyale Frau, und so war ich sicher, daß sie sich bemerkbar gemacht hätte, wenn sie zu jener Zeit in London gewesen wäre. Ich glaubte, daß sie schon in Amerika war und die Anwälte McElroy und Reid engagiert hatte, um ihren Geliebten aus den Fängen der britischen Gefängnisverwaltung zu reißen und ihn in das Land zu bringen, in das sie beide aufgebrochen waren.

Ehe der amerikanische Konsul in London aus Washington eine Antwort erhielt, nahm eine höhere Instanz im amerikanischen diplomatischen Dienst die Sache in die Hand. Diese neue Wendung wurde durch einen Brief aus London vom 22. Januar 1924 angezeigt; er war der Angelpunkt der ganzen Akte. Boylston A. Beal in der amerikanischen Botschaft schrieb an Norman Armour im Büro des Unterstaatssekretärs in Washington. Ich zitiere ihn in voller Länge.

„Lieber Norman:

Von einem unserer Freunde in der Special Branch wurde ich auf einen reichlich mysteriösen Fall aufmerksam gemacht. Der Kollege besuchte mich vor einigen Tagen wegen eines Mannes, der behauptet, Amerikaner zu sein, den Namen Ret Marut führt und eine deutsche polizeiliche Meldebestätigung besitzt, in der angegeben ist, daß er 1882 in San Franzisko geboren wurde. Dieser Mann fiel der hiesigen Polizei auf, weil er innige Beziehungen zu kommunistischen Kreisen hatte und nun wegen unterlassener Anmeldung einsitzt. Jetzt sagen sie mir, daß er gestanden hat, daß sein richtiger Name Herman Otto Albert Max Feige ist, und daß er in Schwiebus in Deutschland 1882 geboren wurde. Es wird angenommen, daß er 1918 in den Vereinigten Staaten war, aber es ist zweifelhaft, ob er jemals die amerikanische Staatsbürgerschaft erlangt hat. Er kam letzten Sommer in Britannien an, und man ließ ihn als durchreisenden Auswanderer auf dem Weg nach Kanada einreisen, aber von dort wurde er zurückgeschickt, weil seine Papiere nicht in Ordnung waren. Ich fragte inoffiziell bei der Botschaft in Berlin an, ob sie irgendwelche Informationen über ihn beschaffen könnten, und sie antworteten, daß sie sich sowohl bei der politischen Polizei als auch bei den örtlichen Behörden in Schwiebus erkundigt hätten, die anscheinend keine Informationen über ihn besäßen.

Es besteht hier der Verdacht, daß er während des Krieges in Amerika mit Spionage zu tun hatte, vielleicht auch mit Sabotageakten. Ich füge sein Foto bei. Ihnen wird wahrscheinlich die starke Ähnlichkeit mit einem sehr bekannten Deutschen auffallen. Er sieht nicht aus wie ein Mann, der behauptet, der Sohn eines Töpfers und einer Textilarbeiterin in Schwiebus zu sein. Man sagt mir, daß er sich in jener Stadt gut auskennt, was darauf hindeutet, daß er dort Verbindungen besitzt, und es ist seltsam, daß die Behörden in einer so kleinen Stadt nichts über ihn wissen.

Bitte geben Sie mir umgehend telegrafisch Nachricht, falls Sie etwas wirklich Wichtiges über diesen Mann vorliegen haben, da ich an dem Fall sehr interessiert bin und die hiesige Polizei vor einem völligen Rätsel steht.

Immer der Ihre''
B.A.B.

Auf dem beigefügten Foto sah Marut etwas jünger aus als auf den Polizeibildern in der Home-Office-Akte. Es mußte ein Bild sein, das er selbst zur Verfügung gestellt hatte. Er trug einen Cordsamtanzug mit Weste, eine breite Krawatte und blickte in stolzer, fast königlicher Haltung direkt in die Kamera. Tatsächlich, er sah nicht aus wie ein Mann niedriger Herkunft, aber wer war bloß der ,,sehr bekannte Deutsche''? Als ich das Bild erneut betrachtete, konnte ich eine Ähnlichkeit mit einigen Fotos von Kaiser Wilhelm II nicht leugnen. War das die Person, an die Beal dachte? Er unterstellte nur, daß Marut die Aura eines Hochgeborenen hatte, aber es war wirklich seltsam, daß er sich auf diese Weise ausdrückte.

Der Brief bestätigte auch, daß Marut in London mit linken Gruppierungen in Verbindungen gestanden hatte und deswegen der Polizei aufgefallen war. Es war interessant zu erfahren, daß Marut auf seinem Weg nach Kanada durch Britannien gereist war — vielleicht zusammen mit Irene Mermet, auch wenn sie wiederum nicht erwähnt war. Und hier gab es einen weiteren, bedeutsam klingenden Hinweis auf den Namen Feige. Zuerst war er mir im Home Office begegnet, in Verbindung mit den Vornamen Adolf Rudolf; hier nannte er sich nun Herman Otto Albert Max. Es schien sich um ein weiteres Alias zu handeln, da eine Person dieses Namens in seiner angeblichen Geburtsstadt nicht amtlich bekannt war. Ich fand auch keinen Hinweis darauf, daß Ret Marut in Schwiebus als Schauspieler aufgetreten war, doch es war gut möglich, daß er die Stadt besucht und später bei seinem Verhör durch die Polizei von seinen Erinnerungen Gebrauch gemacht hatte. Bemerkenswert war, daß hier Ret Marut zum ersten Male eingestand, daß sein Name und seine Herkunft aus San Franzisko falsch waren; der Gebrauch des Wortes ,,Geständnis'' deutete auf ein

	TITULAR	ESPOSA
TATURA:	1,68 MTS.	
LOR:	BLANCO.	
S:	AZULES.	
LO:	CANO.	
ÑAS PARTICULARES:	NINGUNA.	
AR DE NACIMIENTO:	CHICAGO ILL. E.U.A.	
CHA DE NACIMIENTO:	3 MAY. 1890.	
PACION:	FRUTICULTOR.	
ADO CIVIL:	SOLTERO.	

HIJOS MENORES

NOMBRE	EDAD	SEXO

T. Torsvan.
FIRMA DEL TITULAR

22 Der mexikanische Reisepaß, den Traven Torsvan im Jahre 1956 ausgestellt bekam. Laut diesem Dokument war er am 3. Mai 1890 in Chikago geboren.

23 Traven Torsvan, auch Hal Croves genannt, und seine Frau Rosa Elena Luján an einem mexikanischen Strand in den sechziger Jahren. Er war bis zu seinem Tode voller Lebenskraft.

24 und 25 Croves und seine Frau lebten in den zwölf Jahren zwischen ihrer Eheschließung 1957 und seinem Tode 1969 in Mexiko City. Oben: Croves mit seiner Frau und seiner Stieftochter beim Mittagessen in einem Gartenrestaurant. Unten: Croves und Rosa Elena bei einem vornehmen Dinner um 1960.

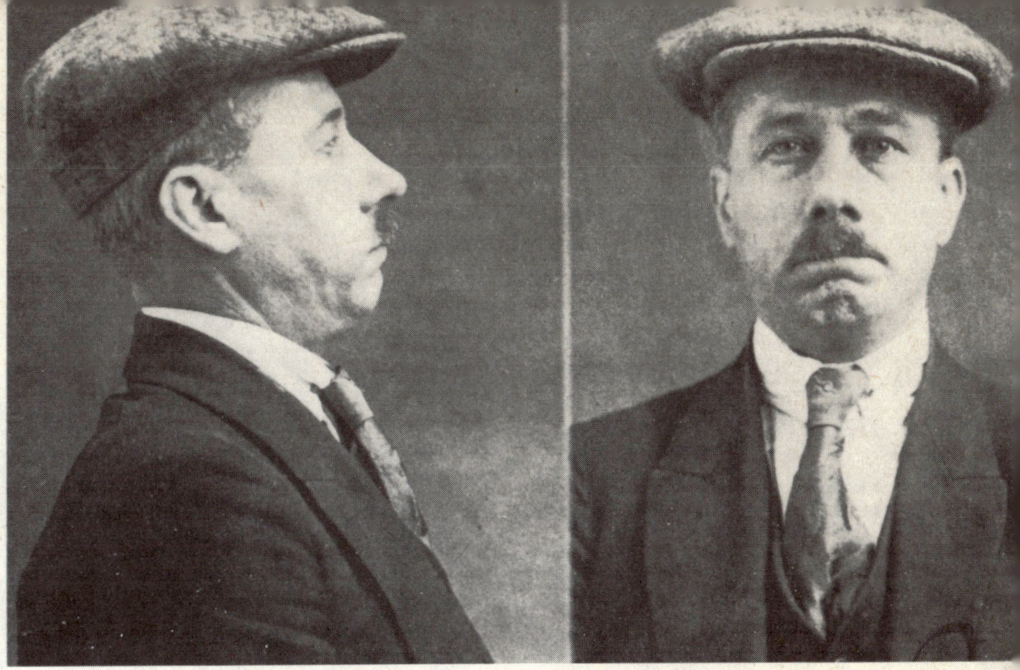

26 Die Erkennungsdienst-Fotos aus der Londoner Home Office-Akte. Als sie im Dezember 1923 aufgenommen wurden, war Ret Marut nach eigener Angabe 41 Jahre alt.

27 Das Tagebuch des Ost-Londoner Thames-Polizeigerichts vom 1. Dezember 1923 mit der Eintragung von Maruts erstem Erscheinen vor dem Haftrichter. Er war am Vortag festgenommen worden. Nach zweimaliger U-Haft-Verlängerung wurde er in die Abschiebehaft ins Brixton-Gefängnis überstellt.

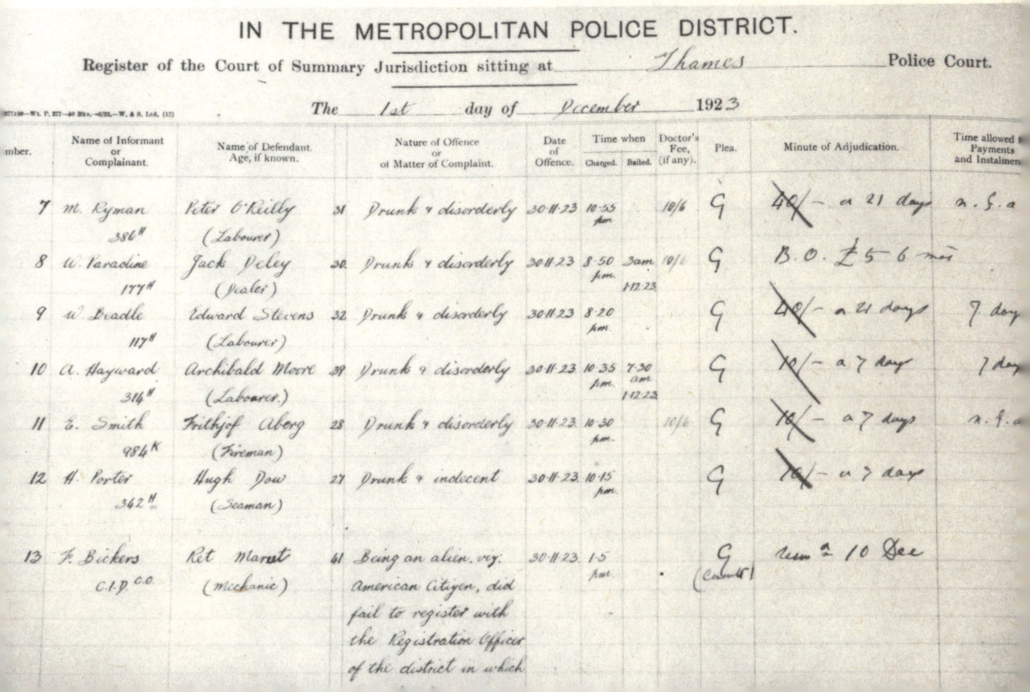

IN THE METROPOLITAN POLICE DISTRICT.

Register of the Court of Summary Jurisdiction sitting at Thames Police Court.

The 1st day of December 1923

mber.	Name of Informant or Complainant.	Name of Defendant. Age, if known.		Nature of Offence or of Matter of Complaint.	Date of Offence.	Time when Charged.	Time when Bailed.	Doctor's Fee, (if any).	Plea.	Minute of Adjudication.	Time allowed for Payments and Instalmen
7	M. Ryman 386H	Peter O'Reilly (Labourer)	31	Drunk & disorderly	30.11.23	10.55 pm		10/6	G	~~40/-~~ or 21 days	n. g. a
8	W. Paradine 177H	Jack Veley (Dealer)	30	Drunk & disorderly	30.11.23	8.50 pm	3am 1.12.23	10/6	G	B.O. £5 6 mos	
9	W. Beadle 117H	Edward Stevens (Labourer)	32	Drunk & disorderly	30.11.23	8.20 pm			G	~~40/-~~ or 21 days	7 days
10	A. Hayward 314H	Archibald Moore (Labourer)	39	Drunk & disorderly	30.11.23	10.35 pm	7.30 am 1.12.23		G	~~10/-~~ or 7 days	7 days
11	E. Smith 984K	Frithjof Aberg (Fireman)	28	Drunk & disorderly	30.11.23	10.30 pm		10/6	G	~~10/-~~ or 7 days	n. g. a
12	H. Porter 362H	Hugh Dow (Seaman)	27	Drunk & indecent	30.11.23	10.15 pm			G	~~10/-~~ or 7 days	
13	F. Bickers C.I.D. C.O.	Ret Marut (Mechanic)	41	Being an alien, viz. American Citizen, did fail to register with the Registration Officer of the district in which	30.11.23	1.5 pm			G (Cannot)	Remd 10 Dec	

28 Friedrich Wilhelm Viktor Albrecht von Hohenzollern, 1859—1941; Kaiser Wilhelm II. 1888—1918.

29 Foto von Ret Marut aus den Akten des US-State Department. „Sie werden wohl eine starke Ähnlichkeit mit einem sehr bekannten Deutschen feststellen."

30 und 31 Ein Foto von Marut, das wahrscheinlich noch in Deutschland aufgenommen wurde. Nach dem 1. Mai 1919 war er auf der Flucht im Untergrund, zusammen mit seiner Freundin, der Schauspielerin Irene Mermet (unten rechts), die mit ihm zusammen den *Ziegelbrenner* herausgegeben hatte.

längeres Verhör durch die Londoner Polizei hin. Marut hat nie gewußt, daß die englische Polizei ihr Wissen an die amerikanischen Behörden weitergab. Gegenüber der US-Botschaft tat er weiterhin so, als sei er ein Bursche aus San Franzisko, der nach Hause wollte.

Die Vermutung, daß Marut 1918 in den Vereinigten Staaten war, überraschte mich. Er besaß weder einen amerikanischen noch einen deutschen Paß, mit dem er hätte reisen können; im Jahre 1918 veröffentlichte er drei Ausgaben des *Ziegelbrenners* mit insgesamt etwa 110 Seiten, und alles, was sonst über ihn bekannt war, wies darauf hin, daß er das ganze Jahr in München verbracht hatte. Die ,,Spionage'' und ,,Sabotagetätigkeit'' paßten ebenfalls nicht zu ihm. Er war ein leidenschaftlicher Antimilitarist und hätte wohl kaum für die deutsche Kriegsführung hinter den feindlichen Linien gearbeitet. Außerdem war er stets ein Schreiber, ein Kritiker, ein Prediger und, vor allem, ein Individualist. Er hätte niemals im Auftrag einer organisierten linken Verschwörung spioniert oder gar Bomben gelegt. Anfang 1919 schrieb er in seiner Zeitschrift: ,,Ich kann keiner Partei angehören, weil ich in jeder Partei-Zugehörigkeit eine Beschränkung meiner persönlichen Freiheit erblicke.'' Und ich konnte mir auch nicht vorstellen, daß er sich gerade dann von München losriß, als sich dort eine Revolution ihrem Siedepunkt näherte. Ich glaubte nicht, daß er 1918 in den Vereinigten Staaten gewesen war oder hätte sein können.

Ein paar Tage nachdem Boylston Beal seinen Brief abgeschickt hatte, bekam er von der amerikanischen Botschaft in Berlin weitere Nachrichten über Marut, wo sich H. Dorsey Newson mit der deutschen politischen Polizei in Verbindung gesetzt hatte. Newsons Antwortschreiben zufolge wußte diese nichts darüber, daß Marut sich Feige nannte, und man sei ,,äußerst begierig, seinen Aufenthaltsort festzustellen''. Die deutschen Behörden wollten in Schwiebus nachforschen, ob dort jemand namens Marut oder Feige geboren war. Die deutsche Polizei kannte seine Identität aus San Franzisko und lieferte eine Personenbeschreibung von Marut, die sich mit der anderen zur Verfügung stehenden weitgehend deckte, wenn auch darin sein Haar als ,,dunkel'' statt ,,braun'' wie in seinem früheren Reisepaß angegeben war, oder als ,,grau'' wie in der Londoner Kriminalakte. Drei Einzelheiten aber ließen sich zu meiner Zufriedenheit mit späteren Episoden in seinem Leben verbinden: Der ,,schnelle Gang'', wie er von anderen in Mexiko beschrieben wurde; ,,große kahle Stelle'' wie auf den Fotos von Croves ersichtlich, und ,,schmale Hände'', von denen ich selbst einen Abguß in Señora Lujáns Haus in Mexiko-City gesehen hatte.

Die Geschichte in der Akte lief weiter. In Washington bearbeitete Norman Armour die Anfrage und fragte schriftlich beim Direktor des militärischen Geheimdienstes und beim Generalkommissar der Einwanderungsbehörde über Marut nach. Keine dieser Behörden konnte eine Spur von Marut oder Feige finden. Armour schrieb erneut und lieferte zusätzliche Informationen von den deutschen Behörden nach; doch auch das brachte nichts. Die Botschaft in London entdeckte mit Verspätung, daß Marut sich auch Albert Otto Wienecke nannte und reichte diese Information mit der kläglichen, doch verständlichen Entschuldigung weiter: ,,Es scheint schwierig, definitive Informationen über diesen Mann zu bekommen.''

Armour schrieb auch an den FBI-Direktor William J. Burns, der seinerseits ein Schreiben mit den Informationen aus London an alle seine Büros in den amerikanischen Städten schickte. In Chikago, Seattle, Washington, D.C. und New York blieben die Nachforschungen ohne Ergebnis. In San Franzisko fand man auch nach einer ausgedehnten Fahndung in linken Gruppierungen und der deutschen Gemeinde niemanden, der Marut kannte oder von ihm gehört hatte. In zwei Städten jedoch erbrachten die Nachfragen gewisse Resultate. Das Büro in Portland, Oregon, stieß auf den Fall eines Deutschen namens Herman Feig, der im August 1918 im Kreis Minidoka in Idaho wegen Spionage verhaftet worden war. Der Landarbeiter Feig wurde beschuldigt, seinen Kollegen bei der Heuernte als Abschluß eines Gespräches über den Krieg, als er mit einer Wagenladung Heu wegfuhr, zugerufen zu haben: ,,Der Kaiser wird die Welt regieren, und ich bin stolz darauf. Der Krieg ist noch nicht vorbei.'' Das waren kaum die Gefühle von Ret Marut oder B. Traven, und außerdem behauptete dieser Feig, schon 17 Jahre in den USA gelebt zu haben. Dieser Fall wurde bald beiseite gelegt. Ein Foto von Marut wurde eiligst nach Idaho geschickt, wo der örtliche Sheriff berichtete, daß der Mann Feig, mit dem sie es zu tun gehabt hatten, nicht der in London verhaftete Mann war. Der Sheriff fügte hinzu, daß der Mann auf dem Foto eher einem der Zeugen gegen Feig glich, einem Mann namens C.H. Coburn, der ,,durch und durch unamerikansich war und obendrein ein I.W.W''. Das hörte sich mehr nach Traven an. Angenommen, unser Mann war 1918 unter dem Namen C.H. Coburn in Amerika gewesen, wo er einen Deutschen namens Herman Feig traf, dessen Namen und Staatsangehörigkeit er zwecks zukünftigen Gebrauchs stahl? Es war leicht, jedes Stückchen Information mit Bedeutung zu befrachten und blind hinter jeder Spur herzuhecheln. Wie konnte Marut 1918 nach Idaho und zurück gekommen sein? Was in aller Welt wollte er dort? Wenn er Coburn war, warum gab es dann keinen Hinweis auf seinen starken deutschen Akzent, wie bei Feige? Es war eine verrückte Idee.

Der FBI-Bericht aus Los Angeles hatte mehr Gewicht, zumindest auf den ersten Blick. Agent Kosterlitzky berichtete, daß er das Foto

REPORT MADE AT:	DATE WHEN MADE:	PERIOD FOR WHICH MADE:	REPORT MADE BY:
LOS ANGELES, CAL.	2/27/34	2/27/34	E. KOSTERLITZKY /N

TITLE AND CHARACTER OF CASE:
HERMAN OTTO ALBERT MAX FEIGE, ----- ALLEGED COMMUNIST. 61 - 4952
alias RET MARUT.

FACTS DEVELOPED:
At Los Angeles, Cal.

Attention Mr. Hoover-No.2
Los Angeles File 135/3179

,,Feige alias Marut'' ihm ,,wohlbekannten Deutschen mit sozialistischen Neigungen'' vorgelegt hatte, und diese hätten ihn als einen Mann identifiziert, der in der zweiten Hälfte des Novembers 1918 in Los Angeles aufgetaucht war und an mehreren sozialistischen Versammlungen in der alten ,,Turner Hall'' in der Main Street teilgenommen hatte. Zwei Zeugen, einer von ihnen ein älterer Schauspieler, erinnerten sich an den Mann als einen selbsterklärten Marxisten, der sehr zurückhaltend war, keine Freunde unter den Sozialisten gewann und niemals in den Versammlungen das Wort ergriff. Beide Zeugen glaubten, daß er aus Mexiko nach Los Angeles gekommen war, und beide erinnerten sich offensichtlich daran, daß er genauso abrupt aus der Stadt verschwunden war, wie er angekommen war. Wenn all dies wahr war, bedeutete es einen Durchbruch in der Traven-Geschichte. Es würde bedeuten, daß er lange vor 1924 in Mexiko war, daß er sich in die Vereinigten Staaten einschlich und dann zurück nach Deutschland reisen konnte. Jemand meinte, daß vielleicht dieser Mann Feige in Los Angeles der ,,andere Mann'' sei, der schattenhafte ,,Erlebnisträger'', den Marut dann nachher in Mexiko kennenlernte. Wenn aber die beiden Zeugen das Foto korrekt identifiziert hatten, dann war Ret Marut 1918 irgendwie bis an die Westküste Amerikas gekommen.

FRANK MOSER and MR. GEORGE BORNER, the latter an elderly actor now employed by the Grand Studio, Hollywood, remember subject well and claim that he is a pronounced "Marxist". They readily identified the photograph. Both these gentlemen claim that subject arrived in Los Angeles from Mexico. They state that subject was very reserved and made no friends amongst the Socialists, nor did he attempt to address their meetings. Little is known of him outside of his claim of being a "Marxist" and he disappeared

DO NOT WRITE IN THESE SPACES MAR 17 19

FILE NO. 61-4952-RECORDED

BUREAU OF INVESTIGATION
MAR 5 - 1934
DEPARTMENT OF JUSTICE

DIVISION

ROUTED TO: HOOVER

FILE

REFERENCE:

COPIES OF THIS REPORT FURNISHED TO:
Washington-3 Extra-2 (For State Dept.) File-1

State - 3/11/34

Ich wollte nicht an diese Identifizierung glauben. Ich konnte sie nicht widerlegen, kann es auch jetzt nicht, aber ich glaubte, einen Agenten oder dessen Informanten zu vernehmen, die sich bewußt „nützlich" machen wollten. Es war die Art hilfreicher Information, die die Berichterstatter im günstigen Licht erscheinen läßt und weder bestritten noch überprüft werden kann. Der Mann, an den sich die Informanten erinnerten, hatte keine Freunde, keine Verbindungen, keinen Namen, auch keinerlei Spur hinterlassen, worauf sie sorgsam hinwiesen. So oder so wäre es sicher nicht das einzige Mal in der Geschichte des FBI gewesen, daß Agenten oder Informanten sich selbst und ihren Auftraggebern auf diese Weise „halfen". Ich konnte nicht glauben, daß Marut im November 1918 München verlassen hatte. Es war der Monat, in dem Eisner an die Macht kam, der Beginn der langersehnten Revolution. Marut brachte im gleichen Monat eine wichtige Ausgabe des *Ziegelbrenners* heraus, und im Jahre 1919 verlegte er zwei weitere Nummern mit einem Gesamtumfang von 120 Seiten. Wen immer die beiden Informanten bei den Versammlungen in Los Angeles ausgemacht hatten, wenn sie überhaupt jemanden ausgemacht hatten, dann war dieser Mann höchstwahrscheinlich nicht Ret Marut, der anderweitig beschäftigt war.

Das FBI, nun unter der Leitung des amtierenden Direktors J. E. Hoover, blies die Suche nach Informationen über Ret Marut ab, nachdem die Botschaft aus London gemeldet hatte, daß Marut Britannien „an Bord des norwegischen Dampfer Hegri" verlassen hatte. Während zwischen London, Berlin und Washington eine eifrige Korrespondenz im Gange war und FBI-Agenten amerikanische Städte nach seinen Spuren durchkämmten, konnte Marut, der von alledem nichts wußte, am schönen sonnigen Wintermorgen des 15. Februar als freier Mann aus dem Gefängnis von Brixton herausspazieren. Er wußte auch nicht, daß die Special Branch das Wenige, das sie über ihn hatte herausbekommen können, den Amerikanern übergeben hatte, und gut zwei Wochen später sprach er im Konsulatsbüro der amerikanischen Botschaft vor, um sich als geborener Amerikaner eintragen zu lassen — noch immer Ret Marut, geboren in San Franzisko.

Auf seinem neuen Antrag behauptete er nun, die Vereinigten Staaten zuletzt 1892 verlassen zu haben. Er war in Australien und Europa „als Seemann und Schauspielproduzent unterwegs gewesen, zuletzt Schauspiellehrer in Düsseldorf — bei zwei Kurzbesuchen als Seemann in der Heimat 1896 und 1901", bevor er am 19. August 1923 (aus Kanada) in London ankam. Er hatte auch die am Schluß des Antragsformulars gedruckte Loyalitätserklärung gegenüber der amerikanischen Verfassung unterschrieben. Da gab es eine Leerzeile, in die der Antragsteller eintragen sollte, wann er dauerhaft in die Vereinigten Staa-

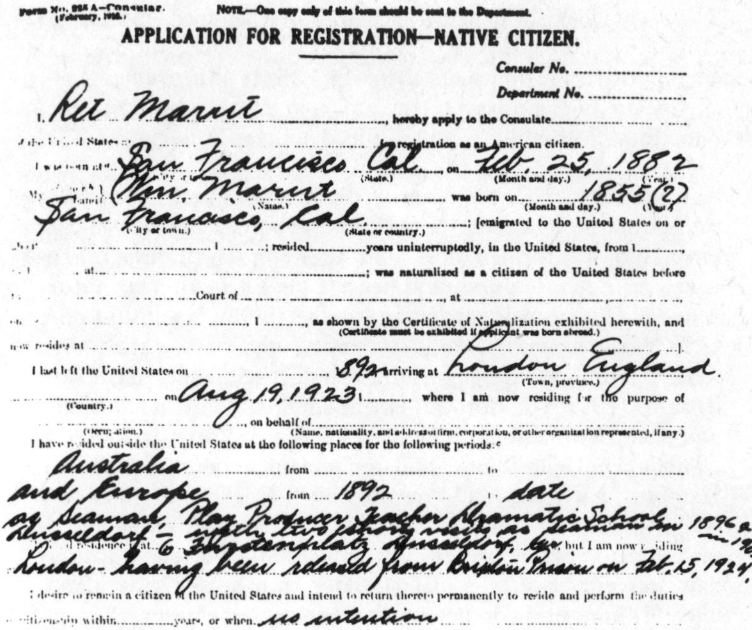
Form No. 225 A—Consular. (February, 1918.) NOTE.—One copy only of this form should be sent to the Department.

APPLICATION FOR REGISTRATION—NATIVE CITIZEN.

Consular No. ....

Department No. ....

I, Ret Marut ...., hereby apply to the Consulate .... of the United States at .... for registration as an American citizen.

I was born at San Francisco Cal. (State.), on Feb. 25, 1882 (Month and day.) (Year.)

My father Wm. Marut (Name.) was born on 1855 (?) (Month and day.) (Year.)

San Francisco, Cal. (City or town.) (State or country.); emigrated to the United States on or about .... ; resided .... years uninterruptedly, in the United States, from .... to .... at .... ; was naturalized as a citizen of the United States before the .... Court of .... at .... on ...., as shown by the Certificate of Naturalization exhibited herewith, and (Certificate must be exhibited if applicant was born abroad.) now resides at ....

I last left the United States on .... 1892 arriving at London England (Town, province.) .... (Country.) on Aug 19, 1923, where I am now residing for the purpose of .... (Occupation.), on behalf of .... (Name, nationality, and address of firm, corporation, or other organization represented, if any.)

I have resided outside the United States at the following places for the following periods:

Australia .... from .... to ....

and Europe .... from 1892 to date

as Seaman, Play Producer, Teacher Dramatic School Dusseldorf – with two short visits as Seaman in 1896 & in 1901

... residence ... at 6 ... platz Dusseldorf, ... but I am now residing London – having been released from Brixton Prison on Feb. 15, 1924.

I desire to remain a citizen of the United States and intend to return thereto permanently to reside and perform the duties of citizenship within .... years, or when no intention

ten zurückkehren und seine staatsbürgerlichen Pflichten erfüllen wolle. Ich bemerkte, daß Marut da die Worte ,,keine Absicht'' eingetragen hatte. Jemand in der Botschaft mußte ihn davon in Kenntnis gesetzt haben, daß man ihn diesen Antrag auf Anerkennung als Staatsbürger als reine Formalität ausfüllen ließ. Er würde nicht als Amerikaner anerkannt werden, und sie wollten nicht, daß er in die Vereinigten Staaten einreiste.

Ret Marut war nun 42 Jahre alt und staatenlos; in Britannien lag gegen ihn ein Ausweisungsbefehl vor, in Deutschland wurde er wegen Hochverrats gesucht und in Kanada und den Vereinigten Staaten war er eine unerwünschte Person. Im Laufe der Zeit würde er sich an die-

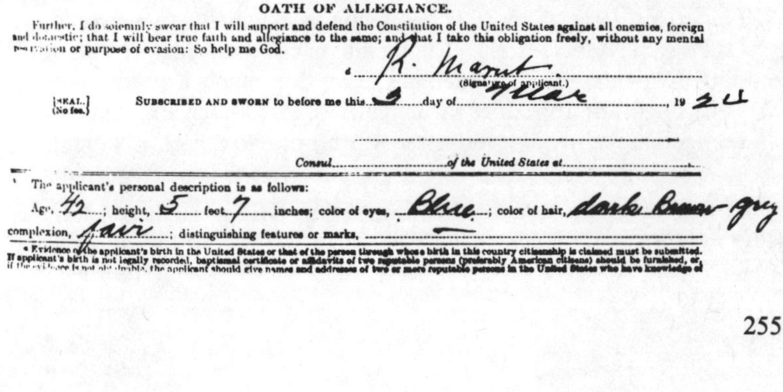
OATH OF ALLEGIANCE.

Further, I do solemnly swear that I will support and defend the Constitution of the United States against all enemies, foreign and domestic; that I will bear true faith and allegiance to the same; and that I take this obligation freely, without any mental reservation or purpose of evasion: So help me God.

R. Marut (Signature of applicant.)

[SEAL.] (No fee.) SUBSCRIBED AND SWORN to before me this 3 day of Mar ...., 19 24

....

Consul .... of the United States at ....

The applicant's personal description is as follows:

Age, 42; height, 5 feet 7 inches; color of eyes, Blue; color of hair, dark brown-grey

complexion, fair; distinguishing features or marks, —

* Evidence of the applicant's birth in the United States or that of the person through whose birth in this country citizenship is claimed must be submitted. If applicant's birth is not legally recorded, baptismal certificate or affidavits of two reputable persons (preferably American citizens) should be furnished, or, if the evidence is not obtainable, the applicant should give names and addresses of two or more reputable persons in the United States who have knowledge of

sen Nationen in seinen Büchern rächen. Zunächst aber, im März 1924, unternahm er einen letzten, verzweifelten Versuch, die amerikanischen Behörden zufriedenzustellen: Er lieferte ihnen einen Lebenslauf, den ein Botschaftsschreiber auf vier Seiten von Hand niederschrieb. Eine Fotokopie davon lag in der State-Department-Akte.

> Antragsteller ist der Sohn von William Marut und Helene Marut (Geborene Otorrent) und wurde geboren, sagt er, in San Franzisko, Kalifornien, in . . . im Alter von zehn Jahren brannte er von Zuhause durch und heuerte als Küchenjunge* auf einem Schiff nach Australien an (Sommer 1892). Nach fünf oder sechs Wochen musterte er in Sydney ab und reiste nach Indien weiter. Dann nach Singapur und von dort schließlich nach Rotterdam (1895). Von dort auf einem anderen Schiff nach Indien und nach 18 monatiger Reise Rückkehr nach Rotterdam (1897). Dann nach Deutschland und auf einem anderen Schiff von Hamburg nach Rio und von dort nach Frisko und Rückkehr nach Rio (1899). Von Rio nach N.Y. Dort Abmusterung auf einem anderen Schiff nach Rotterdam (1900). Wartete in Rotterdam auf ein anderes Schiff (1901). Dann nach Deutschland, blieb (?) kurz und von dort nach Wien, wo er ein Sprachenstudium begann. Später fand er in Wien eine Stellung als Schauspieler, und später wurde er ein richtiger Schauspieler unter dem Namen Lainger (1907). Dann nach Deutschland, Berlin, wo er eine Theateragentur eröffnete, dann nach Frankfurt [so], wo er Arbeit als Schauspieler und Übersetzer in ganz Deutschland fand. Dann nach Danzig [so!] als Schauspieler bis 1912. Von 1912 bis 1915 Schauspielproduzent in Düsseldorf. 1915 bis 1919 in München, Schauspielproduzent und Schauspieler und Sprachlehrer und Schauspiellehrer.
>
> (Randbemerkung) Stellte Aufnahmeantrag in die deutsche Armee, zog ihn jedoch nach Untergang der Lusitannia zurück.
>
> Im April 1919 Deutschl. nach Österreich wegen Revolution verlassen, nachdem Beruf Schauspieler und Sprachlehrer. Flucht bis 1922. Von 1922 bis heute in der Schweiz gewesen, Österreich (Übersetzer). Rückkehr nach Schweiz, Holland, nach Kopenhagen in Dänemark, von dort nach Kanada, Abfahrt ungefähr Juli, dort zurückgewiesen und nach England zurückgeschickt, wo er (verhaftet wurde) im Nov. 1923. Niemals

* Im englischen Text ist das Wort „chicken" (= Huhn) durchgestrichen und durch „kitchen" (= Küche) ersetzt. Marut diktierte diesen Lebenslauf, und sein deutscher Akzent kann sehr wohl die Ursache dieses Fehlers gewesen sein.

zuvor verhaftet außer in Düsseldorf 1914 unter Verdacht, wurde am selben Tag freigelassen. Vater und Mutter tot. Hat Verwandte in USA, weiß aber nicht wo.

Wurde auf Anweisung des Innenministers am 15. Feb. 1924 aus Brixton entlassen. Jetzt wohnhaft 649 Commercial Road, E. Besitzt einen Personalausweis Nr. 1061, in dem er als US-Bürger bezeichnet wird, ausgestellt vom Polizeipräsidenten in München am 18. Januar 1918.

Nie in einer Armee gedient, war im Gegenteil Pazifist.

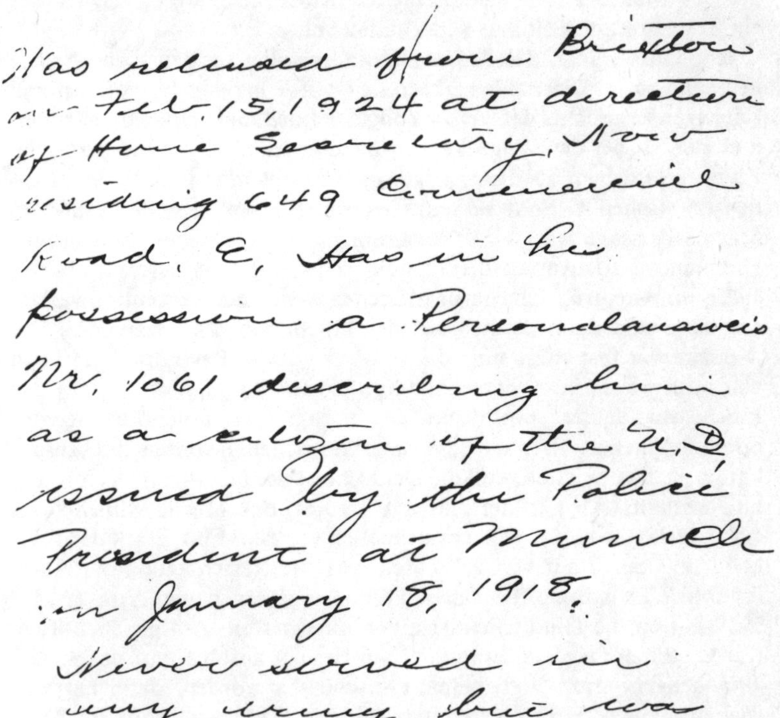

Was released from Brixton
on Feb. 15, 1924 at direction
of Home Secretary. Now
residing 649 Commercial
Road. E. Has in his
possession a Personalausweis
Nr. 1061 describing him
as a citizen of the U.S.
issued by the Police
President at Munich
on January 18, 1918.
Never served in
any army, but was
a Pacifist

Einiges davon war wahr: Das über Danzig und Düsseldorf und von der verweigerten Einreise nach Kanada. Manches war Lüge: Über seine Geburt und die Eltern, und darüber, was er in München gemacht hatte — das Schreiben und die Herausgabe des *Ziegelbrenners* wurde nicht erwähnt. Ich konnte nicht wissen, ob er die Wahrheit sprach, als er behauptete, neun Jahre lang Seemann gewesen zu sein. Die Behauptung, im Alter von zehn Jahren von Zuhause durchgebrannt zu sein, klang wie die Darstellung seines Lebens, die er dreißig Jahre später in den *B.T. Mitteilungen* gab. In der späteren Darstellung behauptete er, schon im Alter von sieben Jahren seinen eigenen Lebensunterhalt verdient zu haben, daß das Leben seine einzige Schule gewesen sei, und daß er im Alter von zehn Jahren auf See war. Vielleicht war beides wahr; vielleicht auch nichts. Es war interessant, daß er soviele Jahre lang die Erinnerung bewahrte, daß er seit seiner Kindheit allein auf der Welt und Herr seines eigenen Schicksals gewesen sei. Es war ein Ton, der noch einmal widerhallen sollte.

Ich glaubte nicht, daß Marut sich je freiwillig zur deutschen Armee gemeldet hatte. Dieses kleine Märchen wurde hereingebracht, um sein Entsetzen angesichts der Versenkung der Lusitannia zu demonstrieren und sich so bei den Amerikanern anzubiedern. Viele amerikanische Zivilisten starben, als dieser englische Passagierdampfer 1915 von einem deutschen U-Boot versenkt wurde. Ein verwirrender Punkt in Maruts Aussage war seine Erwähnung der bayerischen Revolution. Die Handschrift war an dieser Stelle schwierig zu entziffern, aber es sollte wohl heißen, daß Marut München wegen der Revolution verlassen hatte und dann danach auf der Flucht war. Das war alles. Die Aussage war fast zweideutig darin, ob er vor der Revolution geflohen war oder wegen ihrer Zerschlagung. Die Erwähnung, daß er auf der Flucht war, deutete darauf hin, daß er zugab, ein Flüchtling zu sein, oder, möglicherweise, daß die amerikanischen Beamten ihm gesagt hatten, daß sie wußten, daß die Deutschen ihn immer noch verfolgten, und weshalb. Aber in der Aussage hieß es, daß Marut München im April verlassen hatte. War er tatsächlich vor dem Einmarsch der Freikorps aus der Stadt verschwunden, vor der Zerschlagung der Räterepublik? Er konnte die Daten kaum vergessen haben. Am 1. Mai 1919 hatten die feindlichen Truppen angegriffen. Am gleichen Tage war er, seinem eigenen dramatischen Bericht zufolge, auf der Straße gefangengenommen und beinahe erschossen worden, dann hatte er fliehen können. Wieso behauptete er dann, München schon im April verlassen zu haben? Es gab keinen Grund, die Amerikaner anzulügen. Sie wußten anscheinend, daß er wegen Hochverrats gesucht wurde, und es wäre ihnen wohl gleichgültig, an welchem Tage er geflohen war. Man mußte die Möglichkeit in Betracht ziehen, daß er München schon am 30. April oder noch früher verlassen hatte; daß die berühmte und schneidige Beschreibung seiner Abenteuer am 1. Mai nicht wahr war. Es hätte durchaus zu Traven gepaßt, seine Geschichte erfunden zu haben, in der er sich der literarischen Wirkung wegen auf die Mitte der Bühne stellte. Er war Schriftsteller, kein Historiker. Wenn seine denkwürdige Schilderung des 1. Mai im Geiste, nicht aber in den Fakten wahr war, dann sei es so.

Maruts niedergeschriebener Lebenslauf öffnete keine neuen Türen zu ihm. Er verließ London, und das State Department schloß die Akte. Man machte sich nicht einmal die Mühe, seinem Antrag auf Anerkennung als Staatsbürger eine formelle Ablehnung beizufügen. Man hatte ihn anscheinend nicht ernst genommen. Zwei Jahre später folgte aber dazu ein interessanter Nachtrag. Boylston Beal, der noch immer subversive Elemente ausschnüffelte, schrieb wegen dreier Amerikaner in London nach Washington, nämlich wegen Anna Isabella Hunkins, Hazel Hunkins und Charles Thomas Hallinan. Hazel und Hallinan lebten an der gleichen Adresse, 11 Belsize Square. Hallinan war ein linker Jounalist und war vordem Sekretär der Amerikanischen Union Gegen den Militarismus gewesen. Eine der Verbindungen, die die Botschaftsagenten auf ihn aufmerksam werden ließen, war der Kontakt, den er im November 1923 zu einem „geheimnisvollen Deutschen namens Ret Marut oder Barker oder Arnolds" gehabt hatte.

Nach dem Bericht in der Akte hatte das New Yorker Büro der Labor Party Marut ein Empfehlungsschreiben an Hallinan zukommen lassen, der ihm vielleicht behilflich sein könnte, in die USA einzureisen. In diesem Brief wurde Hallinan als Mensch beschrieben, der „volle Sympathie für alles, was Ihnen wichtig ist", hätte, und der New Yorker Verbindungsmann schickte über Hallinan 34 Pfund an Marut. Einmal mehr glaubte ich, die Anwesenheit von Irene Mermet zu spüren, die in Amerika als Maruts Agentin tätig wurde und für ihn diese Arrangements traf. Hallinan hatte Marut etwas geholfen, ganz offensichtlich jedoch hatte er den amerikanischen Behörden erklärt, daß er nichts wisse, was dessen Anspruch auf die amerikanische Staatsbürgerschaft hätte unterstützen können.

Beals Brief aus dem Jahre 1926 berichtete auch, daß Marut in London von Sylvia Pankhurst beschützt worden war, der jüngeren Tochter der Frauenrechtlerin Mrs. Pankhurst, ihrerseits eine Führerin der Anti-Kriegs-Bewegung. Sie und Marut teilten eine starke antimilitaristische Überzeugung, und es kann gut sein, daß sie miteinander in Verbindung standen, schon ehe er in London ankam. Sylvia lebte zu jener Zeit im East End. Beal zufolge hatten sie und ihre Freundin Nora Smyth Marut beschützt, weil sie um sein Leben fürchteten, falls er nach Deutschland zurückgeschickt würde.

In den zweieinhalb Jahren seit seiner ersten Berührung mit dem Fall Marut hatte Beal über die Identität des Mannes nichts Neues erfahren. Alle Bemühungen der amerikanischen und deutschen Behörden, Maruts Herkunft nachzuzeichnen, waren fehlgeschlagen: Beal schloß seinen Brief im Dezember 1926 mit den Worten: ,,Zwar neigt man hier zu der Annahme, daß Marut mit einem gewissen Albert Max Feige, einem Deutschen, identisch ist, aber seine Identität ist niemals eindeutig festgestellt worden.''

Dann gab es nur noch ein paar weitere Papiere zum Fall Hallinan, die lediglich die Minderwertigkeit der Recherchen und die Oberflächlichkeit des Urteilsvermögens dieser Spionage-Bürokratie enthüllte, wo ein Bericht von einem ,,Special Agent'' des State Department an einen ,,Special Agent in Charge'' und weiter an den ,,Chief Special Agent'' gereicht wurde. In diesem Bericht tauchte als Alias für Marut der Name Hermann Otto Albert Max SDIGE auf. Das war ganz eindeutig ein Lesefehler einer handschriftlichen Eintragung des Namens FEIGE: Ein Fehler, der dadurch noch offensichtlicher wurde, daß in einer Liste der von Marut gebrauchten Namen kein Feige auftauchte. Derselbe Agent kam zu dem schlichten Schluß, daß ,,das gemeinsame Interesse zwischen ihm (Hallinan) und Marut einfach und ausschließlich der Kommunismus war''. Marut war stets darauf bedacht gewesen, jedwede Bindung an eine politische Partei zu vermeiden, und hatte bei verschiedenen Gelegenheiten die Kommunisten ausdrücklich ausgeschlossen; auch Hallinan war niemals ein Kommunist. Die Freundschaft zwischen beiden Männern beruhte auf der gemeinsamen Abscheu gegen den Krieg, besonders gegen den Ersten Weltkrieg.

,,Du solltest nur mal sehen, wie weit es Amerika auf diesem Gebiete schon gebracht hat, und wie es sich abrackert, es noch viel weiter zu bringen und das muffigste und verstaubteste preußisch-kaiserliche Beamtenhirnchen an Muffigkeit und Beschränktheit zu übertrumpfen . . . Das Traurige, das Beklagenswerte, aber echt Menschliche ist, daß diejenigen, die gestern noch selber die Verfolgten waren, heute die bestialischsten Verfolger sind. Und unter den bestialischsten Verfolgern befinden sich heute ganz besonders die Kommunisten. Die Nachdränger, die Weiterdränger werden immer verfolgt.''

Das Totenschiff

Die Geschichte der Dokumente ging zu Ende. Es gab keine weiteren Papiere über Ret Marut, dem es gelungen war, aus dem Blickfeld der Agenten und Spione zu verschwinden. In meinem Washingtoner Hotelzimmer schloß ich die Akte und blickte in mein Notizbuch. Ich wußte jetzt viel mehr über Marut: Seine Versuche, sich glaubhaft als Amerikaner auszugeben, die Geschichten seiner Kindheit, seine Kontakte und seine Verhöre. Und bei meiner Rückkehr nach England hatte ich eine Menge neuer Spuren zu verfolgen. Die Pankhursts, Hallinan, noch einmal die Londoner Polizei, die neuen Namen. Einer davon würde mich vielleicht hinter die Mauer der Täuschung führen, die

Marut um sein wahres Ich gezogen hatte. Auf seine Geheimniskrämerei verwendete er unendliche Energie. Man konnte jeden beliebigen Augenblick seiner Existenz betrachten und sehen, daß er stets das gleiche Spiel spielte: nicht einmal der Wunsch, Deutschland zu verlassen und in die USA zu gelangen, verlockte ihn dazu, die Schminke abzuwaschen.

Ich hatte meine Geschäfte in Washington erledigt und sollte nun nach Chicago und an die Westküste weiterreisen. Für ein paar Pfund extra konnte ich über Mexiko-City nach Hause fliegen und noch einmal Señora Luján einen Besuch abstatten.

22 So weit ich gehen konnte?

Bei meiner Ankunft in Mexiko-City brummte mein Kopf noch immer von den Entdeckungen in den amerikanischen Dokumenten. Diesmal suchte ich eine Inspiration durch die geisterhafte Begegnung der Vergangenheit und wohnte im Hotel ‚Reforma', wo der schüchterne Mr. Croves sich erstmals John Huston gezeigt hatte. Ich rief Señora Luján an, um unsere Verabredung zu bestätigen, und sie hieß mich wie einen alten Freund willkommen.

Ich wußte, daß sie seit meinem letzten Besuch ebenfalls Kopien der Dokumente aus Washington bekommen hatte, und die paar neuen Informationsschnipsel, die sie mir gab, deckten sich mit den Erkenntnissen aus diesen Akten, brachten aber nichts Neues. Die Señora war kurz zuvor in Deutschland gewesen, wo sie eine Reihe von Gemälden und Zeichnungen von Franz Seiwert einem Kölner Museum geschenkt hatte. Sie sprach begeistert von dieser Reise, auf der sie als die Witwe von B. Traven gefeiert worden war und man ihr für die Rückgabe der Bilder an ihr Ursprungsland gebührend gedankt hatte. Sie erzählte mir, daß es Irene Mermet gewesen war, die den Kontakt mit Seiwert aufrecht erhalten hatte, nachdem sie und Traven Köln verlassen hatten. Sie hatte Seiwerts Bilder nach Mexiko gebracht und sie in Travens Obhut gelassen, als sie in die USA zurückkehrte. Die Señora zeigte mir den Katalog einer Ausstellung von Seiwerts Werk, die eine Woche zuvor in Köln eröffnet worden war. Der Katalog enthielt viele Reproduktionen der von ihr gespendeten Bilder: Karikaturenhafte Zeichnungen von Fabriken und Arbeitern, Skizzen von einzelnen Figuren, Proträts (einige von Marut). Die Werke in ihrer Schenkung stammten aus der Zeit von 1918 bis 1923, und in meinem laienhaften Urteil schien ihr Stil zu verschiedenen Zeiten von Picasso, Klee und Münch beeinflußt zu sein.

Señora Luján erwähnte die amerikanischen Akten nur ein einziges Mal: Als ich sie danach fragte, ob einer der von ihrem Mann in London angegebenen Alias-Namen sein wirklicher Name gewesen sein könnte. Sie wollte davon nichts wissen. Recknagel hätte die Identität Wienecke untersucht und festgestellt, daß es niemanden dieses Namens gab. Sie versuchte den Eindruck zu vermitteln, daß Recknagel auch den Namen Feige und die Stadt Schwiebus ausgeschlossen hatte, aber als ich sie gezielt danach fragte, bemerkte ich mit Bestimmtheit eine winzige Störung ihrer ruhigen Gefaßtheit. Ich beobachtete aufmerksam ihr Gesicht, als ich die Namen aussprach. Sie blickte lässig weg (zu lässig?), als ich Feige erwähnte; ihr Gesicht blieb gefaßt (zu gefaßt?), als ich Schwiebus nachfolgen ließ. Es gab keine weitere Antwort, und der Augenblick war vorüber.

Schon vor meiner Ankunft hatte ich Señora Luján gebeten, mehr von den Papieren ihres Mannes sehen zu dürfen. Sie hatte eine buntgemischte und mit Sicherheit sorgsam zusammengestellte Auswahl in einer Mappe für mich bereitliegen. Die Papiere reichten von seiner Zeit in Deutschland bis zu den letzten Jahren seines Lebens; einen Großteil davon konnte ich damals (und auch heute) in keinen sinnvollen Zusammenhang bringen. Zu den interessanteren Papieren gehörte die Kopie eines in holperigem Spanisch abgefaßten Briefes von Señor Don B. Traven an den Zoll von Columbus, Tamaulipas, vom 12. Dezember 1924. Es handelte sich um einen Koffer mit Kleidern, die immer noch unter Zollverschluß waren. Obwohl diese Kopie nur für seine eigenen Akten bestimmt war, hatte er wie besessen seine Unterschrift und Namen der Länder ausradiert, in denen die Kleider hergestellt waren. Dennoch konnte ich gerade eben noch seine Schrift erkennen: Die Unterschrift war Traven; die Kleider waren in Deutschland, der Schweiz und Österreich hergestellt.

Die Señora erlaubte mir, einige von Travens Tagebüchern aus den ersten Jahren in Mexiko einzusehen. Sie waren in Englisch geschrieben, die Daten in der amerikanischen Manier mit dem Monat am Anfang. Eines davon glich dem Tagebuch, das ich bei meinem ersten Besuch gesehen hatte, ein Journal mit stichwortartigen Eintragungen über seine Reisen im Jahr 1924, etwa: „7,30 Uhr angekommen. Mr. S. in Ordnung. Der Rest der Familie dagegen weniger, zumindest indifferent. Netter Ort. Braucht harte Arbeit. Neger (nigro) in Hütte. Wohne bei drei Baumwollpflückern. Zwei Macks ein Nigro. Nacht schrecklich. Kein Schlaf zuviele Moskitos.“ In einem anderen Buch waren anscheinend die Daten verzeichnet, an denen er seine Geschichten nach Deutschland abgeschickt hatte.

In einem anderen fand ich eine Skizze zu einer Geschichte. Offenbar beschäftigte ihn sein Gerangel mit den Bürokraten, während er von Moskitos und anderen Plagen verfolgt im Dschungel saß: „Arnold (ein Name, den er schon früher verschiedentlich benutzt hatte) sein ganzes Leben mit Papieren, Reisepässen, Bescheinigungen, Wahlkarten, Steuerquittungen geplagt gewesen. Kommt in den Himmel. Die ersten Worte von Petrus: ,,Wo ist Dein Taufschein?'' ,,Hab ich verloren.'' ,,Geh zurück und hol ihn.'' Auf einer anderen Seite ermahnte er sich selbst:

Don't preach,
don't teach,
talk plain,
entertain.
(Nicht predigen, nicht belehren, einfach reden, unterhalten.)

In einem Stapel Papiere, auf denen in einer Schrift, die den alten Mann verriet, weitschweifige und unzusammenhängende Gedanken festgehalten waren, stieß ich auf eine seltsame Zeile: ,,Kopf verwirrt KOPF VERWIRRT PANKHURST SYLVIA.'' Es schien von Traven zu sein. Auf der Seite gab es dazu nicht einmal die Andeutung einer Erklärung. Vielleicht hatte der alte Mann sich angestrengt, um sich an Ereignisse und Weggenossen in der fernen Vergangenheit zu erinnern, war mit sich selbst unzufrieden gewesen und hatte das niedergeschrieben, woran er sich erinnerte. Ich fragte mich, ob Señora Luján mich ärgern wollte. Ich war sicher, daß sie mich nicht den Hinweis auf Sylvia Pankhurst hätte sehen lassen, wenn sie nicht gewußt hätte, daß ich dem Namen zuvor in den Dokumenten des State Department begegnet war. Ich durfte nur das sehen, was an der Peripherie des mir bereits Bekannten lag. Ich war sicher, daß die Señora selbst noch immer Dinge über ihren Mann entdeckte und langsam versuchte, seine ganze Geschichte aus den Büchern und Papieren zusammenzustückeln, die er hinterlassen hatte. Sie gab mir nur soviel von der Leine, wie sie zuvor selbst entwirrt hatte.

Da gab es noch ein ganz unerklärliches Stück. Es handelte sich um einen Ausschnitt aus der Londoner *Times* vom 19. Dezember 1928. Die Überschrift lautete: ,,PRINZ NIMMT KOCHKURS IN DER KÜCHE DER BERENGARIA.'' In dem Artikel wurde berichtet, wie ,,Prince George gestern in den Küchen dieses Cunard-Dampfers einen Kochkurs nahm . . . Seine Sorgen über die Krankheit seines Vaters wurden offenbar durch das gestern per Funk übermittelte wenig hoffnungsvolle Ärztebulletin aus dem Buckingham-Palast verschlimmert''. Ich fragte Señora Luján, wie ihr Mann an diesen Ausschnitt gekommen war und warum er ihn aufbewahrt hatte, aber sie hatte keine Ahnung. Vielleicht hatte sie es deswegen mit in ihre Auswahl von Papieren genommen, weil sie hoffte, daß ich als Engländer dafür eine Erklärung finden konnte. Ich konnte nicht.

Ich lud Señora Luján in ein Restaurant am nahegelegenen Paseo de la Reforma zum Mittagessen ein. Wir tranken viel. Mit List und Tücke und einer Menge Wein hoffte ich, schändlicherweise, eine Bresche in den Verteidigungsring der Señora zu schlagen. Sie sprach von ihren Kindern, und ich erzählte von den meinen; wir sprachen über Mexiko und über England; wir sprachen über Schriftsteller und, letztlich, gegen Ende der Mahlzeit, startete ich einen Frontalangriff gegen ihre Bollwerke. Ich sagte ihr, daß Robinson und ich sechs Monate zuvor nach unserer Abreise darüber gestritten hatten, wieviele der Geheimnisse im Leben ihres Mannes sie kannte. Einer von uns hatte geglaubt, daß sie alles wußte, aber es für sich zu behalten wünschte; der andere meinte, daß sie kaum mehr wußte als der Rest der Welt und bloß ihre Unwissenheit zu tarnen suchte. Wer von uns hatte recht? Zu meiner Überraschung wiederholte sie nicht die alte Behauptung, daß es kein Geheimnis gäbe, daß nur die Bücher wichtig seien, und so weiter; aber ihre Antwort war genauso rätselhaft. Sie brach einfach in Gelächter aus, und ihr Blick wanderte hektisch durch das ganze Lokal, nur um dem meinen auszuweichen.

Ich kehrte nach London zurück und begann, den Film zu schneiden. Robinson und ich hatten bereits für die Geschichte einen roten Faden gesponnen, und ich machte nun daraus einen Schnittplan, den ich in die fähigen Hände von Geoff Botterill legte, einem der erfahrensten Filmcutter bei der BBC. Ich bereitete einige weitere Aufnahmen in Brixton und im East End vor, um die Londoner Zeit zu illustrieren; wenn die amerikanischen Akten zu weiteren Entdeckungen führten, dann mußte ich diese eben nachdrehen.

Als das Schneiden begann, verfolgten Turnbull und ich die Spuren aus Washington und gingen unser ganzes Wissen noch einmal durch. Dafür hatten wir ein wenig mehr Zeit als vorgesehen, denn mein alter Freund, der B.T.-Fluch, trat überraschend ein letztes Mal auf, um mich an seine Existenz zu erinnern und sich selbst Neulingen vorzustellen. Da der Film jetzt im Schneideraum war, suchte er sich konsequent den Cutter als Opfer, und wenige Tage nach Beginn seiner Arbeit an unserem Film fiel Geoff Botterill von einer Leiter, brach sich den Knöchel und schnitt sich die Hand auf. Wir mußten den Schnitt unterbrechen; Turnbull und ich schritten tapfer weiter und wandten unsere Aufmerksamkeit der langen Liste von Namen zu, die Traven benutzt hatte.

Zu unserer eigenen Beruhigung hatten wir bereits in San Franzisko nachgeforscht, auf die winzige Hoffnung hin, daß vielleicht jemand eine Kiste mit Akten entdeckt hatte, die dem Brand von 1906 entgangen war. Das war nicht der Fall, und es gab auch im Register der verspätet angezeigten Geburten keine Spur von Ret Marut. In seinen Jahren in Mexiko hatte Traven die Namen Torsvan und Croves benutzt und stets Chikago als Geburtsort angegeben. In dieser Zeit gab es zwei Geburtsdaten, den 5. März 1890 und den 3. Mai 1890, wahrscheinlich als Folge einer Unklarheit darüber, ob beim Datum des 5.3.90 die erste Ziffer den Tag oder den Monat bezeichnet. In Amerika ist es üblich, den Monat zuerst zu schreiben. Wir überprüften die Geburtsregister von Chikago für beide Daten und auch noch für den 25. Februar 1882 (Maruts eingetragenes Geburtsdatum) und sogar noch für den 2. Juli 1880, das Geburtsdatum, das der Theologiestudent Charles Trefny angegeben hatte. Der Amtsschreiber von Cook County schickte uns Bestätigungen, daß unter diesen Daten kein Eintrag vorhanden war.

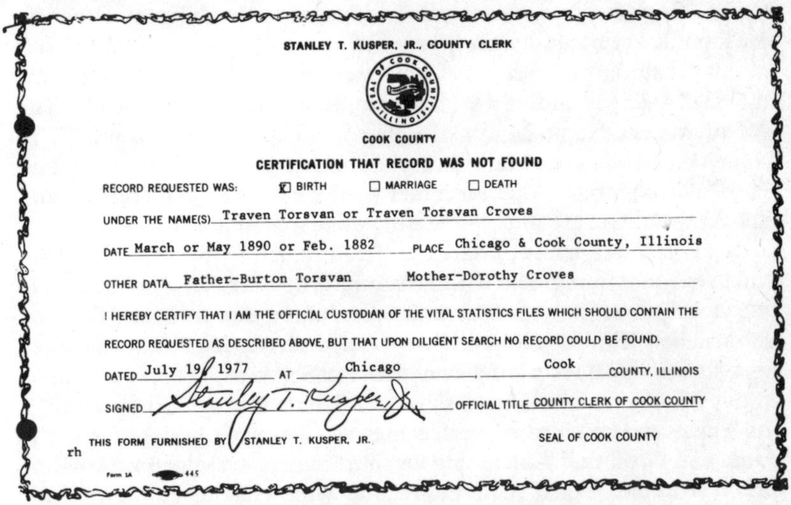

STANLEY T. KUSPER, JR., COUNTY CLERK

SEAL OF COOK COUNTY · ILLINOIS

COOK COUNTY

CERTIFICATION THAT RECORD WAS NOT FOUND

RECORD REQUESTED WAS: ☒ BIRTH ☐ MARRIAGE ☐ DEATH

UNDER THE NAME(S) Traven Torsvan or Traven Torsvan Croves

DATE March or May 1890 or Feb. 1882 PLACE Chicago & Cook County, Illinois

OTHER DATA Father-Burton Torsvan Mother-Dorothy Croves

I HEREBY CERTIFY THAT I AM THE OFFICIAL CUSTODIAN OF THE VITAL STATISTICS FILES WHICH SHOULD CONTAIN THE RECORD REQUESTED AS DESCRIBED ABOVE, BUT THAT UPON DILIGENT SEARCH NO RECORD COULD BE FOUND.

DATED July 19, 1977 AT Chicago, Cook COUNTY, ILLINOIS

SIGNED Stanley T. Kusper Jr. OFFICIAL TITLE COUNTY CLERK OF COOK COUNTY

rh THIS FORM FURNISHED BY STANLEY T. KUSPER, JR. SEAL OF COOK COUNTY

Form 1A [redacted] 445

Trefny hatte seinen Geburtsort als St. Louis angegeben, also versuchten wir auch dort unser Glück mit den Namen Trefny, Marut, Torsvan und Croves an allen angegebenen Geburtsdaten. Durch einen unheimlichen Zufall hieß die Frau, die uns antwortete, Mary Anne Luján. Obligatorische Eintragungen in Geburts- oder Sterberegister seien in jener Stadt erst 1910 eingeführt worden, und sie konnte in ihren Akten nichts unter den angegebenen Namen finden. Ret Marut hatte zunächst seine Staatsangehörigkeit als englisch angegeben, also ging Turnbull ins St. Catherine's House in London, um die ganzen Jahrgänge für 1880, 1882 und 1890 nach all diesen Namen durchzuforsten. Er entdeckte nur die Geburt einer Mary Croves im Jahre 1882, aber nicht einmal das wildeste Gerücht über Traven hatte je von einer Geschlechtsumwandlung gesponnen. Wir fügten nun unserer Liste die Namen Arnolds, Barker, Feige und Wienecke zu, und ich schickte Turnbull noch einmal auf die gleiche Runde, um an denselben Stellen und unter denselben Daten nachzusehen. Er dehnte seine Forschungen auf die Geburtsanzeigen in der *San Francisco Chronicle* aus, aber auch hier gab es keine Spur von unseren Namen. Alle von Traven gewählten Namen waren selten und klangen seltsam. Wir erinnerten uns an die alten Gerüchte seiner skandinavischen Abstammung und durchforschten also die Telefonbücher von Stockholm, Oslo und Helsinki. Nirgendwo gab es einen Croves, einen Marut, einen Traven oder Torsvan. Auch nicht in München oder Düsseldorf. In Chikago gab es zwei Traven und einen Marut, und wir schrieben sie beide an, bekamen aber keine Antwort. In San Franzisko selbst gab es einen Marut, Dr. Edward L. Marut, den wir ansprachen. Niemand aus seiner Familie konnte mit einer Marut-Geburt in der Stadt im Jahre 1882 zu tun gehabt haben, weil sein Großvater erst um das Jahr 1910 herum in die USA eingewandert war. Die Familie stammte aus dem südlichen Polen, wo der Name Marut offenbar nicht ungewöhnlich war. Wir fanden einen weiteren Marut in London, dessen Familie ebenfalls aus Süd-Polen stammte. Aber auch hier wieder gab es keinen Hinweis auf eine Verwandtschaft mit Ret Marut, dem späteren B.T.

Der Feige, den ich im Londoner Telefonbuch entdeckte, gab mehr Anlaß zur Hoffnung. Die Familie stammte aus der Nähe von Breslau, und dort wurden in den 80er und 90er Jahren des vorigen Jahrhunderts sieben Kinder geboren. Zwei oder drei wurden Rechtsanwälte, ein anderer war Bäcker, und einer geriet in Schwierigkeiten und wurde in die USA geschickt. Dieses schwarze Schaf, das von seiner Familie auf einen anderen Erdteil verfrachtet worden war, könnte vielleicht genügend Groll und Ablehnung verspürt haben, um einen travenähnlichen Komplex gegen seine Eltern und seine Heimat zu entwickeln. Wenn das der Fall war, hatte sich der Komplex aber nicht in die Traven-Bücher verwandelt. Durch weitere Recherchen fand ich mehr über diesen verlorenen Bruder heraus und konnte beweisen, daß diese Familie Feige keinen Traven hervorgebracht hatte.

Aber was war mit der Familie Feige in Schwiebus, aus der Traven zu stammen behauptete? Die deutsche Polizei hatte 1924 keine Spur von ihr gefunden, aber wenn wir uns schon Namen aus dem Telefonbuch heraussuchten, dann konnten wir auch dort eine offizielle Anfrage machen, wie wir es in San Franzisko getan hatten. Schwiebus blieb nach dem Ersten Weltkrieg und dem Versailler Vertrag deutsch, fiel aber nach dem Zweiten Weltkrieg an Polen. Es heißt jetzt Swiebodzin und liegt in der Provinz Zielona Gora. Durch die britische Botschaft in Warschau brachte Turnbull in Erfahrung, wo die Akten für

Schwiebus aufbewahrt würden, falls sie nach den Kämpfen des Zweiten Weltkrieges noch existierten, und er schrieb dorthin. Die Botschaft warnte ihn jedoch, daß er vielleicht für die Bearbeitung seiner Anfrage lange Zeit warten müßte und daß es auch nicht ungewöhnlich war, daß solche Briefe verloren gingen.

Die Tatsachen, daß wir im heutigen London auf einen Feige gestoßen waren und daß Marut seine Staatsbürgerschaft zuerst mit englisch angegeben hatte, ermutigten uns, alle britischen Geburtsregister für die 80er Jahre durchzukämmen. Turnbull trottete erschöpft zum St. Catherine's House und kam nach einem weiteren Tag des Suchens mit einem einzigen, jedoch interessanten Fang zurück: Es gab einen Feige, der in den 80er Jahren in England geboren war. Darüber hinaus waren seine Vornamen Alfred (wie in Alfred Mareth) und Otto (einer der Namen, den Traven der Polizei gestanden hatte); und er wurde in West Ham in London-Ost geboren, nur ein paar Meilen von der Commercial Road 649 entfernt. Wir besorgten uns eine Kopie seiner Geburtsurkunde. Der volle Name des Kindes lautete Alfred Otto William Feige, geboren am 21. September 1889 in der Rosher Road Nr. 29 in Stratford. Seine Eltern waren Ellen Feige, geborene Brooks, und Herman (einer der weiteren Namen, die Traven der Polizei gestanden hatte) Otto Williams Feige, ein Lagerarbeiter.

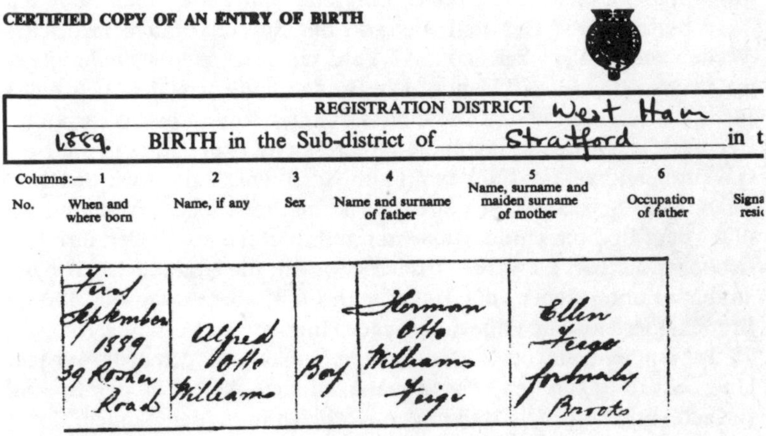

CERTIFIED COPY OF AN ENTRY OF BIRTH

REGISTRATION DISTRICT West Ham

1889. BIRTH in the Sub-district of Stratford in t

No.	When and where born	Name, if any	Sex	Name and surname of father	Name, surname and maiden surname of mother	Occupation of father	Signa resi
Columns:—	1	2	3	4	5	6	
	First September 1889 29 Rosher Road	Alfred Otto Williams	Boy	Herman Otto Williams Feige	Ellen Feige formerly Brooks		

Ich fuhr hinunter nach West Ham. Die Rosher Road existierte nicht mehr, aber ein Stadtplan in der örtlichen Bibliothek zeigte mir, daß sie Teil einer Arme-Leute-Gegend gewesen war, die zwischen der Stratford Highstreet und der Carpenter's Road und dem Abbey Creek

(Bach) lag. Die Feiges mußten Räume in der Rosher (manchmal auch Roscher geschrieben) Road 39 gemietet haben, da ihnen das Haus nicht gehört hatte. Vom Standesamt West Ham erhielt ich eine Kopie vom Trauschein der Feiges, aus dem hervorging, daß Herman Otto und Ellen am 15. März 1889 in der Kirche von West Ham geheiratet hatten, keine sechs Monate vor der Geburt ihres Kindes Alfred. Nichts Ungewöhnliches und nicht die Unehelichkeit, in der ich Travens Geburt vermutet hatte, aber es konnte doch Unannehmlichkeiten in der Familie gegeben haben, die sich auch auf den Jungen auswirkten. Diese Heiratsurkunde erzeugte eine Resonanz, die, wenn auch nur entfernt, in Ermangelung anderer Hinweise auf Travens Geburt bedeutungsvoll erschien. Herman Otto bezeichnete den Beruf seines Vaters als ,,Ingenieur''. War ,,Ingenieur Torsvan'' wirklich Feige gewesen, der in Mexiko den Beruf seines Großvaters angenommen und in London der Polizei den Namen seines Vaters angegeben hatte? Hier endlich lag der Anfang einer Erklärung der Identität Travens. Wäre nicht später eine andere Enthüllung erfolgt, hätte ich mich vielleicht mitreißen lassen.

In der Zwischenzeit wollte ich mehr darüber erfahren, was Traven 1923-24 in den Händen der Londoner Polizei widerfahren war, insbesondere die näheren Umstände seines ‚Geständnisses'. Beim Home Office gab es keine weiteren Papiere; von dem Beamten Bickers, der ihn festgenommen hatte, fehlte mir jede Spur, und auch Scotland Yard hatte nichts. Der Fall war von der Special Branch bearbeitet worden, einer 1883 bei Scotland Yard eingerichteten Abteilung zur politischen Inlandsaufklärung. Die Branch hatte sich stets besonders für die irische Frage und für die Aktivitäten ausländischer Anarchisten und Sozialisten in Britannien interessiert. 1924 gab es in der Special Branch ungefähr 120 Beamte; im April jenes Jahres wurden zwei Beamte der Special Branch auf einer kommunistischen Versammlung unter dem Podium entdeckt; sie mußten flüchten und ließen ihre Notizbücher zurück. Es wäre lehrreich gewesen, die Notizbücher der Beamten zu untersuchen, die Marut verhörten, aber Akten der Special Branch über einzelne Fälle unterliegen einer langen Verschlußfrist von 75 Jahren, ehe sie der Öffentlichkeit zugänglich gemacht werden. Über einen Bekannten, der Zugang zu den Akten in der Special Branch hat, erfuhr ich, daß in den Archiven unter den Namen Marut oder Feige nichts vorhanden war.

Mir kam der Gedanke, daß vielleicht die mit dem Fall befaßten amerikanischen Beamten sich daran erinnern könnten. Boylston Beal hatte damit am meisten zu tun gehabt, aber er war tot, und Norman Armour war der einzige Beteiligte, den ich aufspüren konnte; er war in Washington mit dem Fall befaßt gewesen. Ich schrieb an Armour in New York. Seine Frau antwortete für ihn, denn er war 90 Jahre alt und konnte nicht mehr selbst schreiben. Er war damals Assistent des Vize-Ministers gewesen, aber er hatte keine Erinnerung mehr an den Fall Marut.

Turnbull ging dem Hinweis auf Sylvia Pankhurst nach. Er sprach mit ihrem Sohn, Dr. Richard Pankhurst, der nicht von dem Fall Marut gehört hatte, es jedoch für durchaus denkbar hielt, daß seine Mutter unter den Umständen ausgeholfen hätte. Sie hatte Verbindungen zum Kontinent gehabt und möglicherweise Deutschland kurz besucht, als Marut noch dort war. Turnbull fand jemanden, der in Amsterdam die Pankhurst-Papiere durchging. Es gab nichts über unseren Mann.

Ich interessierte mich für Charles Hallinan, den linken amerikanischen Journalisten, der Marut in London geholfen hatte. Die amerikanischen Berichte erwähnten seinen Umgang mit Anna Isabella und Hazel Hunkins, wenn auch die Art des Umgangs nicht näher bezeichnet war. Wenn er noch am Leben war, dann wohnte Hallinan vielleicht noch in London, und auf gut Glück suchte ich ihn im Telefonbuch. Er stand nicht drin, aber als ich unter dem Buchstaben weiterblätterte, um Hunkins zu finden, hatte ich Glück: Hunkins-Hallinan, H. war verzeichnet — gleich um die Ecke von der Anschrift am Belsize Park, wo Hallinan 1926 gewohnt hatte. Ich rief an. Eine Frau mit einem leichten amerikanischen Akzent antwortete, und nachdem ich den Zweck meines Anrufs erklärt hatte, sagte sie mir, daß sie selbst Hazel Hunkins, die Witwe von Charles Hallinan sei. Wir verabredeten uns für einige Tage darauf zum Tee in ihrem Klub in Mayfair.

Mrs. Hunkins-Hallinan war eine lebhafte und attraktive Dame in den Siebzigern, die es sehr komisch fand, daß die Schnüffler vom State Department eine Akte über sie und ihren Mann angelegt hatten. Sie war eine kleingewachsene Frau, deren Haltung auf eine vogelartige Energie schließen ließ; ich war nicht überrascht, daß sie in Amerika eine bekannte Frauenrechtlerin gewesen und kürzlich in Washington für ihre Arbeit geehrt worden war. Sie erzählte mir, daß Charles Hallinan Redakteur bei der *Chicago Herald* gewesen war, ehe er Vorsitzender der Amerikanischen Union gegen den Militarismus geworden war. Später hatte er wieder als Journalist für die *New York Post* gearbeitet. Sie hatte nie von Ret Marut gehört, und als ich sie danach fragte, ob Marut in London bei Hallinan gewohnt haben könnte, erklärte sie dies für unmöglich. Sie hatte Hallinan 1920 in Amerika geheiratet und war mit ihm im gleichen Jahr nach London gekommen, so daß die Agenten der amerikanischen Special Branch keineswegs so schlau waren, als sie notierten, daß Hallinan „anscheinend im gleichen Wohnblock . . ." wie Hazel und ihre Mutter Anna Isabella wohnte. 1926, als die Agenten diese Feststellung machten, hatte sie drei Kinder, die alle in London in den sechs davorliegenden Jahren geboren waren. Mrs. Hunkins-Hallinan sagte, daß sie natürlich in diesen Jahren zu Hause beschäftigt war und es sicherlich gemerkt hätte, wenn Marut 1923 bei ihnen logiert hätte. Sie konnte sich an die Zeit deutlich erinnern, wobei sie die Daten vom Alter ihrer Kinder und vom Zeitpunkt ihres Umzugs an den Belsize Park im Herbst 1923 ausrechnete.

Ich zeigte ihr einige Bilder von Traven — die aus der Londoner Polizeiakte und einige andere Fotos, die ihn in seinen Dreißigern und Vierzigern zeigten. Sie erkannte ihn nicht, konnte sich auch nicht an seine anderen Namen erinnern, die ich ihr nannte. Mrs. Hunkins Hallinan konnte sich nicht daran erinnern, daß ihr Mann jemals die Namen Sylvia Pankhurst oder Nora Smyth erwähnt hatte, er hatte jedoch in den Vereinigten Staaten viele Kriegsdienstverweigerer gekannt und mochte wohl in London Verbindungen zu ähnlichen Kreisen gehabt haben. Sie erinnerte sich an die Namen von Boylston Beal und Ray Atherton, einem weiteren Beamten der US-Botschaft in London, aber sie wußte nichts darüber, was ihr Mann mit ihnen zu tun gehabt hatte. Nichts an der Aussage von Mrs. Hunkins-Hallinan widersprach dem Bericht, daß ihr Mann Ret Marut geholfen hatte, und ich war auch nicht geneigt, ihn anzuzweifeln, wohl aber enttäuscht, daß sie dies nicht aus ihrer Erinnerung bestätigen oder erhärten konnte.

Jedoch als ich ging, gab sie mir ein Stückchen Information, das wenig bedeutete und nichts bewies, mich aber eindeutig erregte. Ich wollte bestätigt haben, daß der Name ihres Mannes Charles Thomas Hallinan gewesen war, wie ich ihn geschrieben gesehen hatte. Ja, das sei er gewesen, aber natürlich hätten alle seine Freunde ihn ,,Hal'' genannt. Ich schmunzelte, dankte Mrs. Hunkins-Hallinan und verabschiedete mich.

Vielleicht war es fast zu schön um wahr zu sein. Aber warum sollte sich Traven nicht an den Namen eines Mannes erinnert haben, der ihm in London geholfen hatte, als er sich selbst 20 Jahre später umtaufen mußte? Er hatte den Namen Hal Croves gewählt, um sich beim amerikanischen Filmteam einzuführen. Der Name klang echt und war unverwechselbar, ein Name, mit dem er sich vielleicht insgeheim vor einem Amerikaner verneigte, der ihm nicht zuviele unangenehme Fragen gestellt hatte.

Der Cutter Geoff Botterill hatte seine Arbeit wieder aufgenommen und ,,Das Geheimnis des B. Traven'', wie ich den Film inzwischen betitelt hatte, näherte sich seiner Vollendung. Ich drehte mit Robinson die zusätzlichen Aufnahmen in London. Wir mußten nur noch eine abschließende Würdigung des großen Schriftstellers Traven anfügen, der seine Herkunft — die Quelle seiner Besessenheit — erfolgreich und endgültig zu tarnen verstanden hatte. Wir hatten alle Spuren verfolgt, schnüffelten nur noch in London herum, um vielleicht doch noch eine unbekannte Fährte aufzunehmen. Davon abgesehen hatte ich die Geschichte zu Ende recherchiert. Oder so schien es.

Gleichzeitig nämlich wurde irgendwo in Osteuropa ein Stück Papier, das das Gegenteil bewies, in einen Luftpostumschlag gesteckt.

23 Ein Brief aus Polen

„Stanislaw schrieb nach Posen, um seinen Geburtsschein zu bekommen. Er wartete eine Woche. Der Geburtsschein kam nicht. Er wartete zwei Wochen. Der Geburtsschein kam nicht. Nun schrieb Stanislaw einen Einschreibebrief. Stanislaw wartete drei Wochen. Der Geburtsschein kam nicht. Er wartete vier Wochen. Der Geburtsschein kam nicht."

Das Totenschiff

An einem Montagmorgen im Frühjahr 1978 bekam ich einen Telefonanruf, der den Höhepunkt unserer Suche ankündigte. Es war Turnbull. Ich hatte ihn eine Weile nicht gesehen, da ich den Film schon fast zu Ende geschnitten hatte, und er inzwischen in einer anderen Abteilung der BBC arbeitete. Er kam schnell zur Sache. „Vor ein paar Monaten hat mir doch die britische Botschaft gesagt, wohin ich nach Polen wegen Geburtsurkunden schreiben sollte?"

„Du hast doch nie eine Antwort bekommen, oder?"

„Heute morgen ist eine gekommen."

„Haben sie einen Brief geschrieben?"

„Nein, sie haben eine Geburtsurkunde geschickt. Für Feige."

Turnbull ist ein etwas phlegmatischer junger Mann, aber selbst über das Telefon spürte ich, wie bei dieser unerwarteten Wendung sein Herz höher schlug. Er wollte die Urkunde in der Mittagspause vorbeibringen.

Ich versuchte, mich auf meine Arbeit zu konzentrieren, aber der Morgen zog sich in die Länge, während ich auf Turnbull und seine Überraschung wartete. Es war das erste Mal, daß einer der von Traven benutzten Namen oder Geburtsorte in irgendeiner Weise erhärtet wurde. Kein selbsterwähltes oder zugeschriebenes Alias konnte eines jener so sehr verhaßten Dokumente vorweisen, nämlich eine Geburtsurkunde. Nur einmal, schien es, hatte er seine Spuren nicht verwischt.

Turnbull kam in mein Büro und sah sehr selbstzufrieden aus, als er aus einem Luftpostumschlag die Urkunde holte und sie mir überreichte.

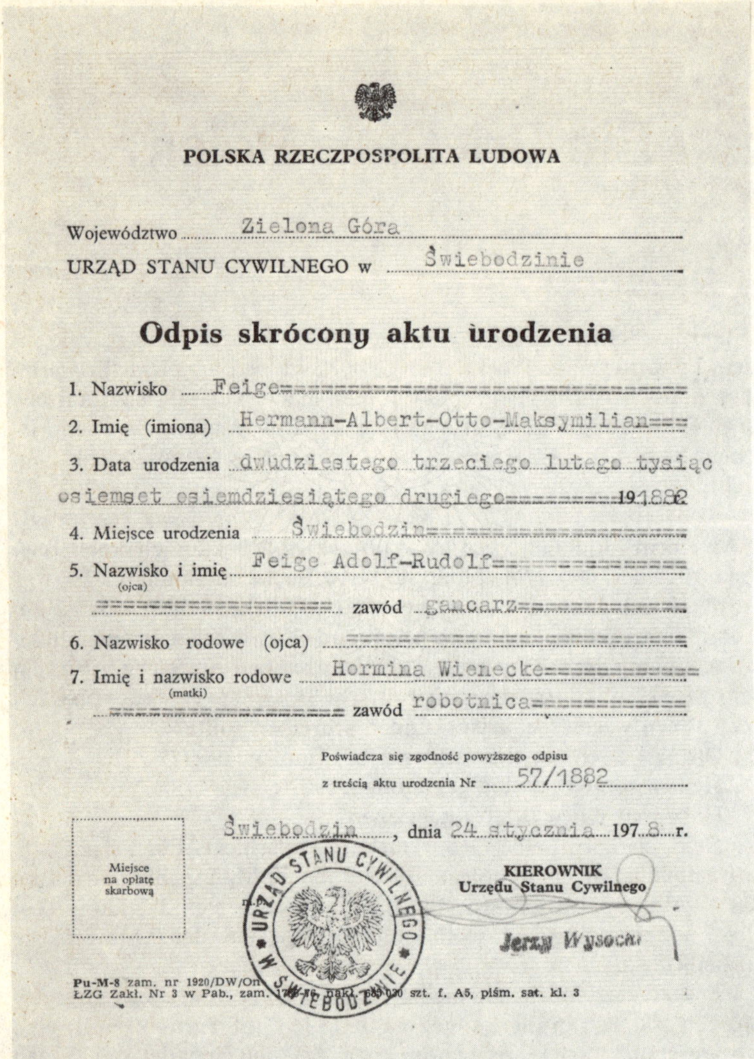
POLSKA RZECZPOSPOLITA LUDOWA

Województwo Zielona Góra

URZĄD STANU CYWILNEGO w Świebodzinie

Odpis skrócony aktu urodzenia

1. Nazwisko Feige

2. Imię (imiona) Hermann-Albert-Otto-Maksymilian

3. Data urodzenia dwudziestego trzeciego lutego tysiąc osiemset osiemdziesiątego drugiego 1882

4. Miejsce urodzenia Świebodzin

5. Nazwisko i imię (ojca) Feige Adolf-Rudolf zawód garncarz

6. Nazwisko rodowe (ojca)

7. Imię i nazwisko rodowe (matki) Hermina Wienecke zawód robotnica

Poświadcza się zgodność powyższego odpisu z treścią aktu urodzenia Nr 57/1882

Świebodzin, dnia 24 stycznia 1978 r.

Miejsce na opłatę skarbową

URZĄD STANU CYWILNEGO W ŚWIEBODZINIE

KIEROWNIK Urzędu Stanu Cywilnego

Jerzy Wysocki

Pu-M-8 zam. nr 1920/DW/O...
ŁZG Zakł. Nr 3 w Pab., zam. ... nakł. ... szt. f. A5, piśm. sat. kl. 3

Es war ein polnisches Formular, in das die Personendaten mit der Schreibmaschine eingetragen waren. Ich stieß einen Freudenschrei aus, denn diese Personendaten deckten sich fast haargenau mit denen, die Marut der Polizei in London angegeben hatte. Die Urkunde bestätigte, daß das Kind Feige in Swiebodzin (dem früheren Schwiebus) geboren war. Die Vornamen Hermann Albert Otto Max waren dem

Herman Otto Albert Max aus Maruts Londoner Geständnis deutlich ähnlich. Im Geständnis war nur das Geburtsjahr 1882 genannt; hier stand das exakte Datum, der 23. Februar 1882 — zwei Tage früher, als Marut stets angegeben hatte. Wie schön, daß der Name des Kindsvaters als Adolf Rudolf Feige und der seiner Mutter als Hormina Wienecke eingetragen war. Schön, weil ich wußte, daß Adolf Rudolf Feige und Albert Otto Max Wienecke zwei der Alias-Namen waren, die Marut in London benutzt hatte.

Eilig rief ich die Bibliothek der BBC an, wo es ein polnisch-englisches Wörterbuch gab. Ich wollte mir die beiden letzten Angaben übersetzen lassen: die Berufe der Eltern. Marut hatte der Polizei gesagt, daß seine Mutter eine Textilarbeiterin und sein Vater Töpfer gewesen sei; auf der Urkunde hieß es „robotnica" und „gancarz". „Robotnica" hatte zwei Bedeutungen, sagte die Dame in der Bibliothek: ungelernte Arbeiterin oder Fabrikarbeiterin. Und was war mit „gancarz"? Da gab es nur eine Bedeutung, antwortete sie. Es hieß Töpfer.

Einmal in seinem Leben hatte Traven einen Namen angegeben, den man verfolgen konnte: Es hatte wirklich einen Hermann Albert Otto Max Feige gegeben. Auf den ersten Blick schien es, als ob wir ihn endlich gepackt und seinen Geburtsort in einem entlegenen Winkel des damaligen Deutschland ausgemacht hatten. Aber war Feige unser Mann? Ein unangenehmer Gedanke kam mir. Ich erinnerte mich an den Roman *Der Schakal*, wo der Attentäter die Identität eines Toten übernimmt und sich Papiere auf diesen Namen besorgt. Der englische Abgeordnete John Stonehouse war auf ähnliche Weise an falsche Pässe gekommen, ehe er sein aufsehenerregendes Verschwinden inszenierte. Hatte Traven es genauso gemacht? Hatte er nach seiner Verhaftung in London schließlich einen Namen „gestanden", den er sich von einem alten Bekannten oder einem Kameraden oder von einem Jugendfreund geborgt hatte; von jemandem, von dem er wußte, daß er tot war oder zumindest unauffindbar? Laut Polizeiprotokoll hatte er die Stadt Schwiebus gekannt. War er nur zu Besuch da gewesen?

Zwei Dinge überzeugten mich, daß es keine geborgte Identität war und wir auf den wahren Geburtsnamen von Traven gestoßen waren. Erstens hatte er der Polizei in London die Berufe der Eltern Feige von vor vierzig Jahren angeben können. In der Urkunde stand „Fabrikarbeiterin", ein allgemeiner Begriff, der gewiß das genauere Wort „Textilarbeiterin" einschloß; der „Töpfer" war absolut richtig. Es war unwahrscheinlich, daß Traven sich nach mehr als vierzig Jahren an diese Berufe erinnert hätte, wenn es nicht seine eigenen Eltern gewesen wären. Zweitens, er hatte den Namen Wienecke als Alias benutzt. Es war genauso unwahrscheinlich, daß er den Mädchennamen der Mutter eines Freundes oder eines Bekannten von vor vierzig Jahren gewußt hätte. Ich dachte an meine eigenen Freunde und Bekannten. Aus meiner Kindheit gab es einen oder zwei, von denen ich die Berufe der Eltern wußte; wenn nicht die Berufe, die sie zur Zeit meiner Geburt ausübten, dann doch die, die sie zu der Zeit hatten, als ich sie kannte. In keinem Falle wußte ich auch den Mädchennamen der Mutter. Ich konnte mich überhaupt an keinen Mädchennamen einer Mutter eines Freundes erinnern, hatte wohl auch nie einen gekannt. Traven hatte den Mädchennamen der Mutter und den vollen Namen des Vaters gekannt, weil dies, mit Gewißheit, seine eigenen Eltern waren.

Es war seltsam, daß 50 Jahre zuvor die deutsche Polizei und die politische Polizei vergeblich nach einem Mann dieses Namens gefahndet hatten. Sie hatten gemeldet, daß es in Schwiebus keinen Feige gab. Und nun, nach 50 Jahren, einem Weltkrieg und einem Wechsel der Staatszugehörigkeit, kam aus der gleichen Stadt auf eine schlichte Anfrage eine direkte Antwort aus dem Geburtsregister. Schon dieser Umstand war mysteriös. Wir mußten nach Polen fahren. Mit ein wenig Glück könnten wir vielleicht mehr über Hermann Albert Otto Max Feige herausbekommen, vielleicht von dort aus seinen Weg verfolgen, bis er auf Ret Marut stößt oder mit ihm verschmilzt.

Es paßte zu Traven, daß er aus einer Stadt wie Schwiebus stammte, die wie er ihren Namen geändert und eine neue Staatszugehörigkeit erhalten hatte. Es gehört heute zu Polen, liegt etwas mehr als sechzig Kilometer von der Grenze der DDR entfernt. Bevor wir abreisten, bat ich die Kollegen vom polnischen Fernsehen um Hilfe. Zunächst machte ein Redakteur einige weitere Erkundungen in Schwiebus, dann stellten sie uns ein Aufnahmeteam vom Studio in Posen zur Verfügung. Robinson, meine Assistentin Jane Lush und ich flogen nach Warschau; dort erledigten wir mit dem polnischen Fernsehen die Formalitäten und holten eine polnische Freundin von Jane ab, die sich uns als Dolmetscherin zur Verfügung gestellt hatte. Dann flogen wir weiter nach Posen. Am Samstag abend, dem 8. April, nahmen wir einigermaßen erregt in unserem modernen Hotel Quartier. Wir waren nun nur noch einen kleinen Schritt von Travens Geburtsort entfernt.

Im Dunkeln hatten wir nicht viel von Posen gesehen, und obwohl wir keine Zeit zur Erkundung der Stadt hatten, war es doch mehr als nur ein Etappenziel. Es war die Heimatstadt von Stanislaw Koslowski, dem polnischen Matrosen, Gales' Freund und Leidensgenosse auf dem *Totenschiff*. Stanislaw war in Posen geboren, das damals zu Preußen gehörte, und war dort bis zu seinem 14. Lebensjahr zur Schule gegangen:

,,Indianer- und Seegeschichten verlockten ihn, er rannte von Hause fort, kam nach Stettin, verbarg sich dort auf einem dänischen Fischkutter und fuhr mit ihm nach Fünen . . . Bei den Fischersleuten auf Fünen mußte er schwer arbeiten, aber es gefiel ihm hundertmal besser als in den Straßen von Posen; und wenn er daran dachte, daß man ihn zu einem Schneider in die Lehre hatte geben wollen, so verging ihm alle Lust, seinen Eltern auch nur das kleinste Zeichen zu schicken, daß er am Leben sei. Die Furcht, Schneider werden zu müssen, war größer als die Liebe zu Vater und Mutter."

Gab es bei Stanislaw genausoviel Traven-Autobiographie wie bei Gales? Stammte Traven hier aus der Nähe von Posen, hatte er hier den Traum vom Abenteuer geträumt, der seinen Geist gefangennahm und ihn von der Ostdeutschen Ebene nach Berlin, Düsseldorf und München entführte?

Nach dem Abendessen rief ich Lidia Owzcarzak an, die für uns recherchiert hatte. Sie wartete mit guten Nachrichten für mich auf. Sie war in Swiebodzin gewesen und hatte festgestellt, daß die Akten im Rathaus nicht nur Feiges Geburt, sondern auch die Eheschließung seiner Eltern verzeichneten. Weil ich fürchtete, daß Hermann Feige schon als Säugling oder als Kind gestorben sein, und daß Traven mit dieser Kenntnis (wie der Held des *Schakals*) den Namen für ein Alias benutzt haben könnte, hatte ich Lidia gebeten, auch nach einer Sterbeurkunde des Jungen zu suchen. Zum Glück hatte sie keine Anzeichen dafür gefunden, daß der junge Feige nicht überlebt hatte.

Am nächsten Morgen kam Lydia zu uns ins Hotel. Sie war eine Frau Anfang vierzig und arbeitete beim Studio Posen des polnischen Fernsehens als Produzentin, wenn sie nicht gerade, wie jetzt, Feuerwehrdienste leistete. Sie sprach gut Englisch und arbeitete mit Engagement und Einfühlungsvermögen für uns, auch wenn sie sich ständig Sorgen machte, daß sie nicht gut genug übersetzte oder daß Termine platzen würden.

In zwei Taxis legten wir die 110 Kilometer nach Swiebodzin zurück. Wir ließen die Betonklötze der Neubausiedlungen am Stadtrand von Posen hinter uns und kamen hinauf aufs Land, auf die alte baumbestandene Reichsstraße, die nach Berlin führte. Die Landschaft zu beiden Seiten war bedrohlich weit, die offenen Felder flachgetrampelt von den Vormärschen und Rückzügen vieler Heere in vielen Kriegen. Gelegentlich fuhren wir an den Backsteingebäuden von Landgütern vorbei, wo die Bauern mit Pferden die Felder bearbeiteten. Wo es möglich war, folgte die Straße dem Rand des dichten schwarzen Waldes; dann und wann aber führte sie mitten hinein in dessen düstere Tiefen. Dies war die Heimat von Hexen, Holzfällern und Wölfen, das Herz des Kontinents.

Dieses Land — obwohl ein Teil der Wiege des alten Polens — hatte im Laufe der letzten 600 Jahre viele Herren gekannt. Die Könige von

Polen, die Markgrafen von Brandenburg, die Grafen von Schlesien und die Könige von Preußen hatten um die Macht in diesem Land gekämpft, verhandelt und geheiratet. Von der Mitte des 18. Jahrhunderts an war es Teil des Königreichs Preußen, später des deutschen Kaiserreichs. Das alte Verhältnis von Deutschen und Polen wurde unter Bismarck durch deutsche Besiedelung verändert, zugleich wurde die polnische Sprache unterdrückt und die Kultur dieser Gebiete zwangsweise germanisiert. Als Folge des Ersten Weltkrieges wurden die Stadt und der größte Teil der Provinz Posen Teil des neuen polnischen Staates. In den Grenzgebieten entschied die Bevölkerung durch Abstimmung darüber, ob sie zu Polen oder Deutschland gehören wollte. Infolgedessen befand sich Schwiebus dann nur 22 Kilometer von der neuen deutschen Ostgrenze entfernt.

Die zahlreichen neuen Grenzziehungen nach dem Versailler Vertrag („jenes Meisterwerk der überragenden Dummheit brillanter Staatsmannskunst") quälten Traven in besonderem Maße, weit über seine gewohnte Empfindlichkeit in allen Fragen der Nationalität hinaus. Besonders erboste ihn die obligatorische Forderung an die Bewohner bestimmter Gebiete, für das eine oder andere Land zu optieren. Nicht weniger als drei Seeleute auf der *Yorikke* leiden darunter, daß sie in umstrittenen Gebieten geboren wurden. Paul, im Elsaß geboren, wird von den Franzosen und den Deutschen hin und her geschoben, weil er zu lange von zu Hause weggewesen war, als er seine Vorliebe für eines der beiden Länder hätte erklären müssen. Kurt, aus Memel an der Ostsee, hatte ebensowenig nach den Bestimmungen des Versailler Vertrages ein Land adoptiert. Somit ist Kurt „weder Deutscher, noch ein Bürger dieses winzigen Wurms einer neuen Nation, die nicht weiß und nie wissen wird, was sie mit sich anfangen soll" (Litauen). Und dann ist da, für uns im Lichte unserer neuesten Erkenntnisse, Stanislaw, in Posen geboren und verfolgt, weil auch er es unterlassen hatte, gemäß den Bestimmungen des Vertrages seine Nationalität zu erklären.

Nach dem Ende des Zweiten Weltkrieges schließlich wurde Schwiebus polnisch und heißt jetzt Swiebodzin. Es ist ein hübsches Städtchen mit ungefähr 25.000 Einwohnern, von denen viele aus den 1945 zwangsweise an Rußland abgetretenen ostpolnischen Gebieten hierher kamen. Als wir in die Stadt fuhren, waren wir erregt und bange zugleich. Wenn unsere Recherchen falsch waren, würden wir dies bald feststellen. Wir parkten in einer breiten Allee und gingen durch einige Gassen einer Fußgängerzone zum hübschen, sauber gepflasterten Marktplatz. Es war ein schöner Sonntagmorgen, und wir waren alleine, als wir ihn auf unserem Weg zum Rathaus überquerten, einem Gründerzeitgebäude aus grauem Stein. Lidia hatte erreicht, daß das

Standesamt, das sich im Rathaus befand, eigens für uns geöffnet wurde. Der Bürgermeister, ein junger fröhlicher Mann, äußerst höflich und hilfsbereit, erwartete uns. Er stellte seinen Standesbeamten vor und einen älteren Bürger, den er hatte kommen lassen, um die schnörkelige altdeutsche Handschrift zu lesen, in der die alten Akten geführt worden waren. Ich stellte uns durch unsere Dolmetscherin vor, und nach einigen Nettigkeiten wandten wir unsere Aufmerksamkeit einem großen, schwarz eingebundenen Buch zu, das auf dem Tisch lag. Auf dem Etikett auf dem Umschlag stand deutlich „1882. Geburts-Register." Selbst ich kannte mittlerweile die Bedeutung dieses Wortes.

Haupt-Register.

A. 1882.

Geburts-Register

im

Standes-Amt Schwiebus.

Kreis Züllichau.

Der aufgeregte Standesbeamte schlug feierlich das Buch auf, als ob dies größte Sorgfalt und äußerstes Geschick erforderte, und zeigte auf die Eintragungen mit der Nummer 57.

Wegen der fremdartigen Handschrift konnten wir nur einzelne Wörter entziffern, also wurde der ältere Bürger gerufen, um die Eintragung vorzulesen. Er übersetzte es vorsichtig ins Polnische, das dann niedergeschrieben und weiter ins Englische übersetzt wurde, ein langwieriges Verfahren, das unsere Geduld strapazierte, der Genauigkeit jedoch förderlich war. Es gab Überraschungen.

Die Eintragung Nr. 57 war auf die Anzeige einer Hebamme namens Johanna Korhale, geborene Deutschmann, am 28. Februar 1882 erfolgt. Sie hatte am 23. Februar Hormina Wienecke, einer ledigen Fabrikarbeiterin evangelischen Glaubens im Hause ihres Vaters, des Textilarbeiters Karl Wilhelm Albert Wienecke, geholfen, ein Kind zur Welt zu bringen. Das Kind war um 10 Uhr morgens geboren worden und erhielt den Namen Hermann Albert Otto Max.

Nr. 57.

Schwiebus am 28. Februar 18 82.

Vor dem unterzeichneten Standesbeamten erschien heute, der

Persönlichkeit nach ______________________________

______________________________ bekannt,

die Hebamme Frau Kothale

Johanne geb. Deutschmann,

wohnhaft zu Schwiebus,

______________ Religion, und zeigte an, daß von der

unverehelichten Fabrikarbeiterin

Hermine Wienecke,

evangelischer Religion,

wohnhaft zu Schwiebus bei ihrem Vater, dem

Tuchmachergesellen Carl Wilh. Albert Wienecke,

Hermann Albert Otto Max

erhalten habe. ______________________________

Das war nicht alles. An den Rand hatte der damalige Standesbeamte am 30. Mai 1882 eine Zusatznotiz angebracht:

„Heute wurde im Beisein des unterzeichnenden Standesbeamten zwischem Töpfer Adolf Rudolf Feige, wohnhaft in Finsterwalde, und der Antragstellerin Hormina Wienecke, eine Vereinbarung geschlossen. Der Erstgenannte hat die Vaterschaft des nebenstehend eingetragenen Kindes anerkannt. Der obenstehende Antrag erlaubt ihnen die Eheschließung."

Wenn dies Traven war, dann war er tatsächlich unehelich geboren, und er war schon drei Monate alt, als sein Vater zurückkehrte, um ihn anzuerkennen und seine Mutter zu heiraten.

Der Standesbeamte eilte hinaus und kehrte mit dem Heiratsbuch von 1882 zurück, das er beim Eintrag Nr. 25 aufschlug. Adolf Rudolf und Hormina waren hier im Rathaus am gleichen Tag getraut worden, an dem der Zusatz im Geburtsregister eingetragen worden war. Adolf Rudolf stammte aus Finsterwalde, war dort am 23. Mai 1860 geboren, Sohn von Gottlob Feige, einem Weber, und dessen Frau Johanna Wilhelmina, gab. Reu.

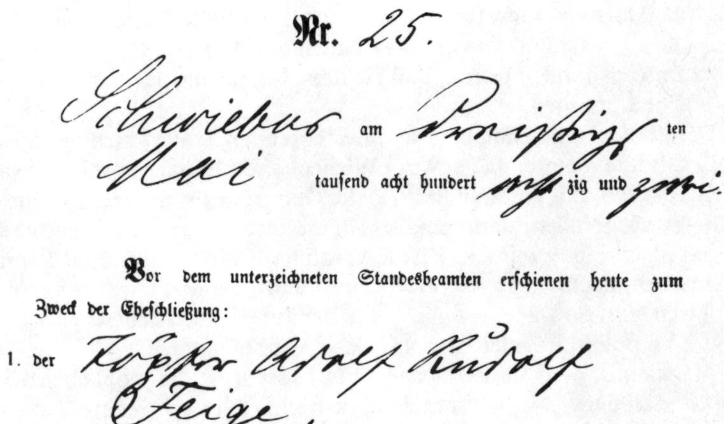

Nr. 25.

Schwiebus am dreißigsten Mai tausend acht hundert achtzig und zwei.

Vor dem unterzeichneten Standesbeamten erschienen heute zum Zweck der Eheschließung:

1. der Töpfer Adolf Rudolf Feige,

Herminas voller Name lautete Frederika Dorothea Hormina Wienecke. Sie war ein Jahr älter als ihr Mann, geboren am 1. Juni 1859 in Schwiebus. Der Name ihres Vaters war hier im Heiratsbuch anders eingetragen als im Geburtsregister. Hier war er Wilhelm August Kurt Wienecke, und seine Frau, die Großmutter des drei Monate alten Hermann, war Frederyke Bogumila, geborene Bullarz.

Die verschiedenen Namen des Großvaters Wienecke waren verwirrend; aber der erste war nicht von der Familie, sondern von der Hebamme angegeben worden, die wohl die Vornamen durcheinander gebracht haben konnte. Ansonsten waren dies die Eltern und Großeltern des Kindes, das B. Traven gewesen sein wollte. Ich schaute noch einmal den Geburtseintrag von Hermann Albert Otto Max Feige an, den einzigen von Travens vielen Namen, für den eine wirkliche Person existiert hatte. Ich könnte mir Möglichkeiten denken, wie Traven diese Person getroffen oder auch nur von ihr gehört haben und dann ihren Namen benutzt haben könnte. Aber wieso Feige? Und wieso hätte er sich an soviel erinnert, nach so langer Zeit? War es da nicht wahrscheinlicher, daß er wirklich der Knabe Feige war, geboren von einer ledigen Mutter niederen Standes in einer abgelegenen Ecke des halbpolnischen Preußens?

Finsterwalde, woher der Vater des Kindes kam, liegt 130 Kilometer südwestlich von Schwiebus in der heutigen DDR. Vermutlich kam Adolf Rudolf nach Schwiebus, um als Töpfer zu arbeiten; er schlief mit der Tochter des Textilarbeiters im Heu und verschwand für einige Monate aus der Stadt, ehe er zurückkehrte und sie wieder zur ehrbaren Frau machte. Es schien wahrscheinlich, daß er nicht in Schwiebus war, als Hormina schwanger wurde, sonst hätte die Heirat eher stattgefunden. Was immer die genauen Umstände gewesen sein mögen, sie waren ungewöhnlich genug, daß sie dem Jungen als peinlicher Makel erscheinen konnten.

Der Name Feige kann dem heranwachsenden Traven nicht gefallen haben. Lidia meinte, daß sowohl Wienecke wie Bullarz polnische Namen gewesen sein konnten. Als sie die Geburtsregister durchforschte, war ihr aufgefallen, daß damals viele polnische Namen in deutscher Weise geschrieben wurden. Kleine Veränderungen in Horminas Familiennamen machten sie zu ,,Wienecka'' und ,,Bularz'', was bestimmt polnisch war. So war es möglich, daß der Junge einen deutschen Vater und eine polnische oder halbpolnische Mutter hatte.

Als wir mit dem Bürgermeister und Lidia über die möglichen Ursprünge all dieser Namen sprachen, bemerkte ich zwei weitere Verweise auf dem zweiten Blatt der Heiratseintragungen. Einer nannte die Zahl 200 und das Jahr 1895, und ich fragte den Standesbeamten nach dessen Bedeutung. Er machte eine abwehrende Handbewegung und sagte, dies sei nur eine Notiz, die für uns keine Bedeutung hätte; ich aber bat ihn, das Geburtenbuch von 1895 zu holen. Widerstrebend und mit viel Achselzucken, womit er mir wohl bedeuten wollte, daß dies eine reine Zeitverschwendung sei, verließ er den Raum und kam einige Minuten später schmollend mit einem anderen Registerbuch zurück. Er legte es auf den Tisch und blätterte es durch, bis er zu der

32 Robinson und der Autor, der im Rathaus von Schwiebus das Geburtenbuch des Jahres 1882 in Händen hält.

33 und 34 Margarethe Henze und Ernst Feige 1978 an ihrem Wohnort Wallensen in Niedersachsen, als sie auf den Fotos ihren Bruder Otto identifizierten.

35 Hermann Albert Otto Maximilian Feige als Kleinkind, ca. 1884.

36 Ottto Feiges Konfirmationsfoto aus Schwiebus, ca. 1896. Ganz der junge angehende Pastor.

37 Otto Feige in Magdeburg, ca. 1902.

38 Ret Marut

39 Die Silberhochzeit der Eltern Feige 1907. Otto hatte das Elternhaus bereits verlassen; darum wurde sein Kopf aus einem Abzug des Bildes Nr. 37 ausgeschnitten und auf den Körper eines Stellvertreters geklebt (hinten links auf dem Foto). Neben ihm Erna (1892—1911), dann Gertrud (1888—1951), Willi (1884—1950) und Max (1890—1970). Vorne von links nach rechts: Ernst (1895—1982), Hermine (1859—1936), Adolf (1860—1934) und Margarethe (1893—1981).

40 Traven Torsvan

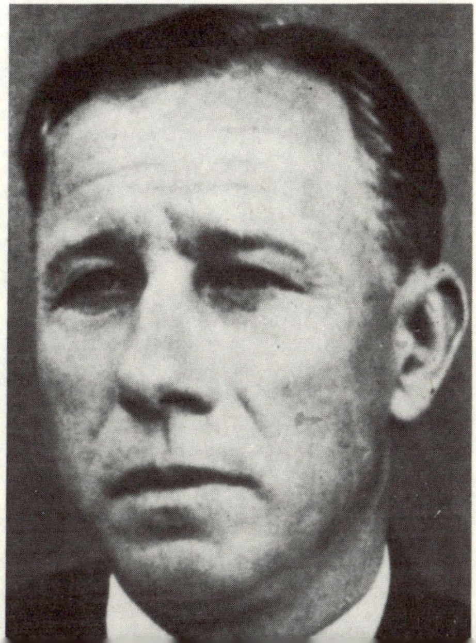

41 Hal Croves

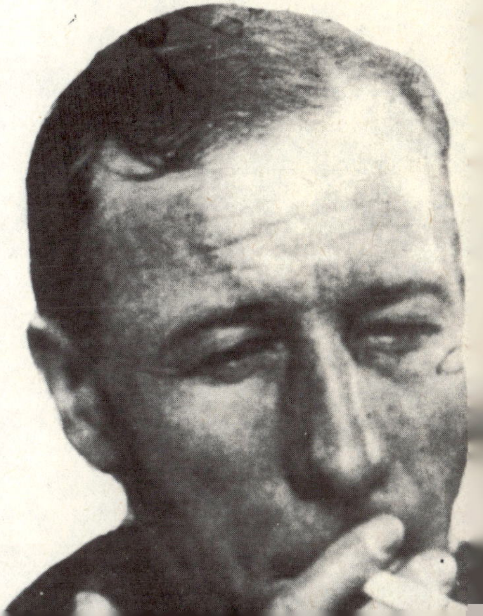

42 Hormina (Hermine) Wienecke, Textilarbeiterin, und Adolf Rudolf Feige, Ziegelbrenner

43 Torsvan-Croves kurz vor seinem Tode

44 Das Foto aus *Time Magazine* vom April 1977 mit der Bildunterschrift ,,Traven im Sarg 1969''.

Eintragung mit der Nummer 200 kam, die, wie er triumphierend zeigte, nichts mit den Feiges oder den Wieneckes zu tun hatte. Um Zustimmung heischend, blickte er den Bürgermeister und die anderen an. Ich untersuchte selbst das Buch. Er hatte recht mit der Eintragung, aber er hatte das Register von 1885 gebracht, nicht das von 1895. Ich schickte ihn nochmal weg, und er kam mit einem anderen schwarzen Buch wieder, auf dessen Deckel deutlich 1895 stand. Diesmal reichten die Eintragungen gar nicht bis 200, die Seite war leer, aber mit einem Blick konnte ich feststellen, daß dies nicht das Geburtenbuch, sondern das Heiratsbuch vom Jahr 1895 war. Endlich brachte der mittlerweile genervte Standesbeamte das richtige Buch, und wir wurden belohnt.

Am 5. August 1895, dreizehn Jahre nach ihrer Heirat, war Adolf Rudolf und Hormina ein weiterer Sohn geboren worden, Johannes Walter Ernst Feige. Die Geburt wurde diesmal von Adolf persönlich angezeigt, dessen Beruf nunmehr als Aufseher, seine Anschrift als Bratzer Straße 13 angegeben waren. Am Fuße dieser Seite gab es einen weiteren Hinweis, dem wir anderswo nachgehen mußten. Er wies 45 Jahre in die Zukunft auf den 13. Juni 1940, als dieser Johannes Walter Ernst geheiratet hatte, zum zweiten Male, in Hamburg. Es gab keine Hinweise auf die erste Ehe oder etwaige Kinder, aber es gab die Chance, daß dieser Feige lebende Nachkommen hatte, die uns mehr über die Familie sagen konnten. Vielleicht wußten sie sogar, was aus dem älteren Bruder ihres Vaters geworden war, so daß sie bestätigen oder eindeutig widerlegen konnten, daß er Traven war.

Die Register im Rathaus hatten alles preisgegeben: eine Geburt, eine Heirat und eine weitere Geburt. Und wir hatten die Adresse, an der die Familie im Jahr 1895 lebte. Die Bratzer Straße gab es nicht mehr, und Lidia hatte einen alten Mann ausfindig gemacht, der die Geschichte der Stadt kannte und wissen könnte, wo sie gewesen war. Beim Kaffee im Ratskeller plauderten Robinson und ich mit dem Bürgermeister über Swiebodzin. Er rühmte stolz die Vorzüge des hübschen Städtchens und schilderte, wie die aus dem Osten zugeströmten Polen glücklich integriert worden waren. Die Bewohner arbeiteten vornehmlich in der Leichtindustrie und in der Landwirtschaft. Hormina Wienecke war als Fabrikarbeiterin bezeichnet worden, und Robinson fragte, in was für einer Fabrik sie 1882 gearbeitet haben könnte. Darüber hatte der Bürgermeister keine Zweifel. Im 18. und 19. Jahrhundert war Schwiebus für seine Tuche berühmt gewesen, die nach Westeuropa und in die Vereinigten Staaten exportiert wurden. Es hatte in der Stadt viele Webereien gegeben, und Hormina könnte in einer davon gearbeitet haben. Sie war also eine Textilarbeiterin gewesen, wie Traven bei der Londoner Polizei angegeben hatte. In den Urkunden war sie nur eine Fabrikarbeiterin; Traven hatte Hormina Wienecke näher gekannt.

Wir dankten dem Bürgermeister, dem Standesbeamten und dem älteren Herrn für ihre Hilfe und gingen zum Auto zurück. Der Bürgermeister hatte nicht gewußt, ob es 1882 Töpfereien in der Stadt gegeben hatte, doch Lidia glaubte, daß der alte Mann, den wir als nächstes besuchen wollten, uns vielleicht helfen könnte. Er wohnte in einem kleinen Haus am Stadtrand; wir zwängten uns alle in sein Wohnzimmer, und er legte auf dem Tisch einen alten Stadtplan aus. Er zeigte auf die Bratzer Straße; es war die breite Allee, durch die wir in die Stadt gekommen waren; sie hieß jetzt Poznanskie (Posener) Straße. Er bestätigte die Angaben des Bürgermeisters und zeigte uns auf dem Plan die zahlreichen eingetragenen Tuchfabriken. Wo konnte 1882 ein Töpfer Arbeit gefunden haben? Hatte es damals eine Töpferei gegeben? Jawohl, sagte der alte Mann. Sie war Teil einer Ziegelei gewesen, wo man neben Ziegelsteinen auch Dachpfannen und Tongeschirr hergestellt hatte. Auf dem Plan zeigte er uns das als Ziegelei ausgewiesene Gelände direkt an der Eisenbahnhauptstrecke Berlin-Warschau. Robinson unterbrach ihn und ließ durch den Dolmetscher eine Frage stellen: ,,Würde man einen Mann, der in einer solchen Fabrik Ziegel herstellt, einen Ziegelbrenner nennen?'' Der alte Mann nickte und bestätigte. ,,Ja, das würde man.''

Das Gelände der ehemaligen Ziegelei war nicht weit entfernt. Wir fuhren hin. Es diente jetzt einem Kleinbauern als Hof und wurde von einem wütenden Kettenhund bewacht. Das baufällige Bauernhaus mochte einst zu den Ziegelwerken gehört haben; man sagte uns, daß es auf dem Gelände auch Wohnungen für die Arbeiter gegeben habe. Das Gelände wurde durch den Bahndamm begrenzt, der hier in einem leichten Bogen verlief. Ostwärts führten die Gleise nach Posen und weiter nach Warschau; westwärts wiesen sie ins nur 120 km entfernte Berlin, weit verlockender für einen Jungen, der von Abenteuer- und Bühnenträumen gefangen war. Ich ging über das Gelände, konnte aber kaum noch Spuren der ehemaligen Ziegelei entdecken; der Boden war aber voller zerbrochener Ziegel. Ich hob ein paar Stückchen auf und steckte sie in die Tasche. Vielleicht waren sie einst von dem Ziegelbrenner gebrannt worden, der B. Travens Vater war.

Ehe wir Schwiebus verließen, besuchten wir noch das Haus, wo Hermann Albert Otto Maxens Vater Hausmeister gewesen war, als der Junge 13 Jahre alt war. Es war ein großes, rosa gestrichenes klassizistisches Gebäude mit Säulen und Giebeln in herrschaftlicher Lage am Stadtrand. Es gehörte nun der Stadt, die es als Verwaltungsgebäude nutzte; am späten Sonntag nachmittag lag es verlassen da. Wir gingen um den Bau herum. Auf der Rückseite gab es einen Hof und Nebengebäude, auch Reihenhäuser, in denen ein Hausmeister gewohnt haben mochte. Jetzt waren sie unbewohnt, und es gab in Swiebodzin keine Feiges mehr.

Als wir die Stadt verließen, warf die Abendsonne von den Alleebäumen lange Schatten auf die Felder. Wir hatten noch einen Termin. Lidia hatte recherchiert, daß der letzte bekannte Feige vor einigen Jahren aus Swiebodzin weggezogen war und nun in einer kleinen Stadt nur wenig abseits unseres Rückwegs nach Posen lebte. Vielleicht wußte er etwas von der Familie Feige, die wir suchten; vielleicht war er sogar ein Angehöriger. Also fuhren wir um sechs Uhr am Sonntag abend vor einem schlichten Beton-Wohnblock vor und schickten unsere Dolmetscherin voraus. Sie hatte nun die komische Aufgabe, dem ahnungslosen Menschen beizubringen, daß drunten ein paar Engländer warteten, die nach Verwandten eines Mannes suchten, der in Mexiko gestorben war. Wir übrigen warteten unten auf der Straße und kicherten, als wir uns seine Situation vorzustellen versuchten: Daß plötzlich am Sonntagabend ein paar Ausländer klingeln und nach den Verwandten eines geheimnisvollen Mannes suchen. Die Dolmetscherin kam zurück: Der Mann Feige war zu Hause und würde uns empfangen.

Wir folgten ihr nach oben in eine winzige Wohnung, wo ein Mann um die 50 in Pyjamahose und Strickjacke verständlicherweise etwas verwirrt guckte. Wir sagten guten Tag, und dann bat ich unsere Dolmetscherin, dem Mann zu erklären, was wir über die Feiges aus Swiebodzin wußten. Während sie sprach, bezogen Robinson und ich eine Stellung, von der aus wir ihn besser betrachten und so diskret wie möglich mit einem Foto von Traven im ähnlichen Alter vergleichen konnten. Dieser Feige war kräftiger gebaut, sein Kopf war eckiger, aber er war ebenfalls ziemlich klein und hatte eine große Nase von ähnlicher Form wie jene, die wir inzwischen so gut kannten. Robinson und ich standen beiseite, stießen uns an und flüsterten, bis die Dolmetscherin unsere Spekulationen und unser lächerliches Benehmen beendete. Sie sagte uns, daß dieser Feige erst nach dem Zweiten Weltkrieg hierhergekommen sei und zu der Familie von Hermann Albert Otto Max keine Beziehung haben konnte. Wir überließen den überraschten Mann wieder seinem sonntäglichen Nachmittagsschlaf.

Auf der Rückfahrt nach Posen diskutierten Robinson und ich über die Beweislage im Fall Feige. Traven hatte in London seinen wirklichen Namen als Feige und seinen Geburtsort als Schwiebus angegeben; es stellte sich heraus, daß er die Stadt kannte und daß dort ein Feige geboren war. Als Marut gab er den 25. Februar 1882 als sein Geburtsdatum an; Feige war am 23. Februar 1882 geboren. Marut benutzte den Namen Wieneke als Alias; Wienecke war der Geburtsname seiner Mutter. Er gebrauchte den Namen Adolf Rudolf Feige als Alias; das war der Name seines Vaters. Traven konnte den Beruf seiner Mutter korrekt als Textilarbeiterin angeben, obwohl in den Akten nur der allgemeinere Begriff Fabrikarbeiterin stand. Er kannte den Beruf seines Vaters von vor vierzig Jahren: Töpfer. Traven nannte seine revolutionäre Zeitschrift *Der Ziegelbrenner*; der Ziegelbrenner, der sein Vater war, brannte sehr wahrscheinlich seine Ziegel und Töpfe in der Ziegelei von Schwiebus.

Der Fall war noch nicht abgeschlossen, aber wir hatten starke Beweise. Traven scheint den Namen Feige nur ein einziges Mal preisgegeben zu haben, nämlich vor der Londoner Polizei 1923. Aber als Marut nannte er seine Zeitschrift *Der Ziegelbrenner*, sechs Jahre, bevor er je die Identität Feige zugab, und bereits 1907 — 15 Jahre früher also — gab er ein Geburtsdatum an, das von dem Feiges nur 2 Tage entfernt war. Dies konnten noch Zufälle sein. Er könnte sich aber auch die Einzelheiten der Identität Feige — die Namen, die Berufe, die Ortskenntnis von Schwiebus — mindestens 15 Jahre lang gemerkt haben, ehe er von ihnen Gebrauch machte. Oder Traven war Feige. Als ich durch das Wagenfenster hinaus in die Dämmerung blickte, war ich nicht überrascht, daß er vor der bedrückenden Leere dieser Landschaft geflohen war. Hier und da wurden sie durch eine Erhebung oder wechselnde Bepflanzung gemildert, aber das flache Land schien sich bis in die Unendlichkeit zu erstrecken; nirgends konnte man sich verstecken. Traven hätte sich in einer solchen Kleinstadt nicht wohlgefühlt, wo er stets im Augenschein der Nachbarn war; sein Geist würde sich vom stillen Konservatismus zu befreien gesucht haben, der diese bedrückende Weite beherrschte. Der Wagen raste weiter, und wir begannen uns zu fragen, aus welcher Veranlassung Traven der Polizei einen Namen und eine Biographie gegeben hatte, die man nachprüfen konnte. Wenn es nicht sein richtiger Name war, dann riskierte er die Entdeckung seiner Lüge. Wenn es aber sein wahrer Name war, dann hatte er eine lebenslange Gewohnheit gebrochen.

Der amerikanische Brief, in dem der Name Herman Otto Albert Max Feige auftauchte, sprach davon, daß Traven seinen Namen ,,gestanden'' hätte, damit war unterstellt, daß er das nicht freiwillig getan hatte. Es gab keinen Hinweis darauf, daß er von der Polizei mißhandelt worden war, doch es hörte sich an, als ob diese Enthüllung sein letzter Ausweg war. Er mochte ,,verpfiffen'' worden sein. Vielleicht hatte er einem Mitgefangenen in Brixton seinen Namen genannt, und dieser hatte ihn der Polizei verraten, die Traven damit konfrontierte und die ganze Geschichte aus ihm herausholte. Bestimmt aber gab es für ihn keinen Grund, seinen Namen so beiläufig zu erwähnen.

Vor allen Dingen wollte Traven nicht nach Deutschland ausgewiesen werden, wo ein Gerichtsverfahren und möglicherweise die Hinrichtung auf ihn wartet. Bei oberflächlicher Betrachtung war es demnach unerklärlich, daß er gesagt hatte, daß er aus Deutschland stammte; ich glaubte aber, daß darin der Schlüssel lag. Vielleicht hatte man ihn überredet, sein lebenslanges, zwanghaftes Verbergen seiner Identität einmal aufzugeben und die Wahrheit zu sagen, weil das seine einzige Möglichkeit war, der endgültigen Katastrophe, der Hinrichtung zu entgehen. Ich glaube, daß es die Wahrheit war, die er der Polizei in London gesagt hatte, denn er hatte absolut keinen Grund, ihnen ein weiteres deutsches Alias zu liefern, was ihm vielleicht die Ausweisung nach Deutschland eingebracht hätte. Es konnte einen Grund gegeben haben, die Wahrheit zu sagen.

Meiner Meinung nach (hier kann ich nur spekulieren) gab es einen Kuhhandel. Traven saß im Gefängnis, ihm drohte die Ausweisung, er hatte Angst. Er wollte mit einem amerikanischen Paß zu Irene Mermet in die USA reisen, aber er wurde nicht als Amerikaner anerkannt. Er brauchte Hilfe. Vielleicht hatte die Londoner Polizei angeboten, ihn nicht nach Deutschland auszuweisen, wenn er dafür die Wahrheit sagte, wer der Revolutionär Ret Marut wirklich war. Vielleicht hatte man versprochen, ihm nach Möglichkeit mit einem Paß zu helfen oder ihn einfach aus dem Gefängnis freizulassen und nicht länger zu behelligen. Da man ihn ohnehin für einen Deutschen hielt und wahrscheinlich drohte, ihn nach Deutschland zurückzuschicken, wenn er nicht mitmachte, hatte er nichts zu verlieren. Die Wahrheit war seine letzte Chance. Es klappte zum Teil: Er wurde nicht nach Deutschland ausgewiesen, und man ließ ihn aus dem Gefängnis frei.

Wenn es einen Kuhhandel gab, dann hatte die britische Polizei nicht ganz mitgespielt. Indem sie sein „Geständnis' an die amerikanische Botschaft weitergab, sorgte sie dafür, daß er nicht nach Amerika konnte. Dennoch konnte Traven Britannien sicher verlassen, und wahrscheinlich glaubte er bis an sein Lebensende, daß die Wahrheit über ihn in einer vergilbten Akte bei Scotland Yard und sonst nirgendwo verzeichnet war.

24 Otto

Der letzte Schritt bei der Herstellung eines Films ist die Tonmischung, bei der alle verschiedenen Tonquellen — Kommentar, Originalton der Interviews, Musik und Geräusche — miteinander verbunden werden. Ich hatte unseren Mischungstermin schon einmal verschoben, und nun, nachdem wir das Material aus Polen geschnitten hatten, bat ich Geoff Botterill, sich abermals ein bißchen zu gedulden. Wir hatten ein weiteres Eisen ins Feuer getan.

> telex
> an produktionsleiter ndr hamburg
> ich bitte sie, fuer uns einige recherchen in hamburg durchzufuehren. wir suchen einen mann namens johannes walter ernst feige (oder seine verwandten). er wurde am 5. august 1895 in schwiebus, dem heutigen swiebodzin in polen, geboren. wir wissen, dass johannes feige in hamburg 4 am 13. juni 1940 zum zweiten mal heiratete und dass der eintrag im heiratsbuch die nummer 456 hat. wir würden ihn sehr gern interviewen, wenn er noch am leben ist, ansonsten seine kinder oder seine verwandten, oder ueber ihn und seine familie in erfahrung bringen, was irgend möglich ist. dies ist fuer einen dokumentarfilm der bbc. die recherchen sollten bis ende naechster woche, 28. april, erledigt sein.
> gruesse
> jane lush bbc london

Aus zwei Gründen hatte ich Jane gebeten, den Grund unserer Recherchen nicht zu erklären: Ich wollte der erste sein, der ins Zentrum des Labyrinths findet; und wenn wir irgendwelche Feiges ausfindig machten, dann sollten sie nicht wissen, wieso wir uns für sie interessierten, bis ich meine Fragen gestellt hatte — damit sie unvoreingenommen antworten konnten. Sonst bestand die Gefahr, daß sie Verbindungen zwischen ihrer Familie und einem großen Schriftsteller entdeckten, um mir und sich selbst zu gefallen. Ich war zuversichtlich, daß wir recht hatten, aber wenn wir unrecht hatten, wollte ich es wissen.

Ein paar Tage später bekam ich eine Nachricht von einer NDR-Redakteurin, daß sie Feiges Heiratsurkunde gefunden hatte; 1957 hatte er noch in Hamburg gewohnt, danach aber gab es keine Spur mehr von ihm, auch nicht von irgendwelchen Kindern. Dann kam ein zweites Telex. Sie konnte noch immer keine Kinder finden, aber sie hatte den 83 jährigen Johannes Walter Ernst Feige persönlich ausfindig gemacht. Er war noch am Leben und wohnte im Dorf Wallensen in Niedersachsen. Wir hatten tatsächlich die Telefonnummer von Travens Bruder. Ich ließ einen deutschen Sprecher kommen, und am gleichen Abend um sechs Uhr drängten wir uns in meinem Büro und meldeten ein Gespräch nach Wallensen an. Wir wollten den einzigen Menschen sprechen, der bestätigen oder widerlegen konnte, daß wir B. Traven gefunden hatten.

Als die Verbindung hergestellt war, erklärte der deutsche Sprecher ruhig, wer wir waren, daß wir für einen Dokumentarfilm recherchierten, und daß er die Fragen und Antworten jeweils übersetzen müßte. Wir begannen mit den Fragen, und es entstand jeweils eine Pause, während die Antworten übersetzt wurden.

War Herr Feige auch bestimmt in Schwiebus geboren? Er bestätigte es. Hatte Herr Feige einen Bruder? Ja, er war tot. War es ein älterer Bruder? Ja. Wann war dieser Bruder gestorben? Vor etwa zehn Jahren. Ich war erstaunt. Seit Travens Tod waren etwas mehr als neun Jahre vergangen, und ich konnte mir nicht vorstellen, daß Herr Feige davon wußte, wenn nicht Traven über die Jahre hinweg mit seiner Familie Verbindung gehalten hatte. Ich bat den Sprecher, zu fragen, wo dieser Bruder gestorben war und wo er begraben war. Die Antwort war niederschmetternd. Sein älterer Bruder war dort in Wallensen gestorben und auch begraben worden. Ich betrachtete enttäuscht das Gesicht des Übersetzers, das mir verriet, daß Herr Feige Salz in unsere Wunden rieb. Dieser Bruder hatte am Ersten Weltkrieg teilgenommen und war in Gefangenschaft geraten. Danach war er nach Wallensen zurückgekehrt und hatte als Maschinist gearbeitet. Also konnte er unmöglich in München den *Ziegelbrenner* herausgegeben haben; konnte er unmöglich in Mexiko gewesen sein. Der Übersetzer wandte sich zu mir und sagte, es hätte keinen Sinn, dieser Bruder sei offensichtlich nicht der Mann, den wir suchten; ich müßte mich irren.

Ich bat ihn, noch einen Augenblick am Telefon zu bleiben. Die Antwort bedeutete, daß ich irgendwie das so überzeugend scheinende Beweisgebäude falsch gedeutet hatte. Irgendwo hatten wir eine alternative Erklärung nicht entdeckt, hatten wir einen Hinweis übersehen, waren wir zu schnell vorgegangen. Das bedeutete, daß die Namen und die Berufe nur außergewöhnliche Zufälle waren. Der Ziegelbrenner als Beruf des Vaters war nicht der Nagel, der die ganze Geschichte an eine Zeit und einen Ort heftete, sondern nur ein weiteres fehlerhaftes Glied in einer irreführenden Indizienkette. Verdammt und zum Teufel! Der Übersetzer sagte mir, daß der alte Mann am anderen Ende der Leitung auflegen wollte, falls wir keine weiteren Fragen hätten. Er bekam nicht viele Telefonanrufe und wollte nicht weiter gestört werden, da seine Frau sehr krank war.

Ich konnte einfach nicht aufgeben und zusehen, wie der Hörer aufgelegt wurde. Der Übersetzer sollte Herrn Feige noch weitere Fragen stellen. Hatte es vielleicht doch noch einen weiteren Bruder gegeben? Ja, es hatte. Eine neue Hoffnung. War das ein sehr viel älterer Bruder gewesen, dreizehn Jahre älter, ein Bruder, der mit vollem Namen Hermann Albert Otto Max geheißen hatte? Ach ja, sagte Herr Feige, sein Bruder Otto, den er ganz vergessen hatte. Dann kam ein erregender Augenblick. Ehe wir sagen konnten, was wir von jenem Bruder wußten, teilte uns Herr Feige drei Dinge über Otto mit, die uns die letzten Zweifel nahmen, daß wir die wahre Identität von B. Traven gefunden hatten. Otto sei vor dem Ersten Weltkrieg von zu Hause weggegangen und nie mehr gesehen worden. Er sei einfach verschwunden. Herr Feige erinnerte sich, daß Otto ein sehr cleverer Bursche gewesen war. Und dann erinnerte er sich, daß die Familie noch ein einziges Mal von ihm gehört hatte; sie wußten, daß er nach dem Ersten Weltkrieg in England gewesen war und dort von den Behörden rausgeschmissen wurde. Ein cleverer Junge, der seine Familie verlassen hatte und nach dem Ersten Weltkrieg aus England ausgewiesen worden war. Das Leben des Otto Feige hielt das Leben von Marut-Traven in einer unlösbaren Umarmung.

Wir dankten Herrn Feige und versprachen, uns bald wieder bei ihm zu melden — worauf er anscheinend gar nicht scharf war. Dennoch mußten wir ihn besuchen. Er konnte uns über die Familie erzählen, berichten, was er sonst noch von Otto wußte, und vielleicht hatte er auch Fotos. Wenn es überhaupt eine Möglichkeit gab, daß wir uns irrten, dann war er der Mann, der es beweisen konnte. Einen Augenblick lang war ich versucht, das Risiko zu scheuen, auf unseren unerschütterlichen Beweisen zu bestehen und sie nicht beim eigenen Bruder des Mannes der Nagelprobe zu unterziehen. Sollten wir uns etwa doch geirrt haben, würde sich Herr Feige an Otto als groß oder dick oder schwarzgelockt oder braunäugig erinnern? Oder würde er uns von einer Begegnung mit Otto an einem Ort berichten, wo Traven niemals gewesen sein konnte? Er war der einzige Mensch auf der Welt, der unsere Lösung zerstören konnte. Ich aber war sicher, daß wir recht hatten, und ich wäre vor Neugier wahnsinnig geworden, wenn ich die Gelegenheit, den Bruder von B. Traven kennenzulernen, hätte sausen lassen.

Um unseren Besuch vorzubereiten, riefen wir Feige ein paar Tage später erneut an, doch diesmal wehrte uns der alte Mann ab und wollte nur in Ruhe gelassen werden. Es war geradeso wie Traven, der Bernard Smith, Klein oder Spota vertreiben wollte. Ernst Feige sagte, daß wir ihn nicht besuchen könnten, weil er übers Wochenende wegfahren wollte und nicht wüßte, wann er wieder zurück sein würde. (Traven zu Smith: ,,In der letzten Augustwoche werde ich nach Kalifornien, Dakota und Wisconsin abreisen, wo ich einige Leute besuchen muß, um zu sehen, wie es ihnen geht.'') Ernst Feige sagte, daß es sinnlos sei, nach Deutschland zu kommen, selbst wenn er zu Hause wäre, da er den Leuten unten gesagt hätte, daß sie uns unter keinen Umständen hereinlassen sollten. (Traven an Klein: ,,Wenn Sie bei San Diego die Grenze überschreiten, sind Sie noch immer 200 Meilen von der Hütte entfernt, in der ich lebe.'') Und am Schluß des Gespräches bat Herr Feige um Gnade, seine Freunde hätten ihm gesagt, daß er ein anderer Mann geworden sei, seit er all diese seltsamen Telefonanrufe bekomme. Wir sollten ihn nicht länger belästigen. (Traven an Spota: ,,Sie sind ein Hurensohn . . . Wenn Sie Ihre Geschichte veröffentlichen, werden Sie meinen Tod auf dem Gewissen haben.'')

Die ähnliche Haltung der beiden Brüder gegenüber neugierigen Fremden stellte mich vor ein Problem. Es war sinnlos, bei Ernst Feige anzuklopfen, nur um sich rausschmeißen zu lassen. Ich mußte mit ihm sprechen, und ich mußte erreichen, daß er sich vor der Kamera interviewen ließ. Das Beste wäre, über einen Bekannten an ihn heranzukommen, der ihn überzeugen könnte, daß wir zwar neugierig, aber doch relativ harmlos waren. In der Begleitung meines Deutsch sprechenden Kollegen Peter Foges flog ich nach Hannover. Das Leben spielt einem seltsame Streiche. Am späten Abend nach unserer Ankunft lief in Hannover *Der Schatz der Sierra Madre* im Fernsehen.

Am nächsten Tag fuhren wir die 60 Kilometer nach Wallensen. Es war ein nebliger und regnerischer Morgen, und als wir auf die Straße von Hildesheim nach Hameln einbogen, quollen Nebelschwaden aus den dunklen Wäldern. An den Dorfstraßen standen schmalgiebelige Fachwerkhäuser, und die Luft an diesem düsteren Morgen hing voller Märchen und Sagen. Die Zwillingsdörfer Wallensen und Thüste liegen hübsch in einem breiten Tal zwischen bewaldeten Hügeln. Zusammen haben sie etwa 2000 Einwohner, wobei Wallensen das ein wenig größere Dorf ist.

Wir fuhren die stille Hauptstraße entlang und hielten vor einem Laden, um nach dem Pfarrhaus zu fragen. Ich sah inzwischen unsere beste Chance darin, uns an den Dorfpfarrer zu wenden, ihn ins Vertrauen zu ziehen und ihn zu bitten, bei Ernst Feige ein gutes Wort für uns einzulegen. Der Plan war erfolgreich, weil wir mit unserem Pastor Glück hatten: Pastor Heinz Behrends, ein schmaler, schnauzbärtiger junger Mann. In seinem Arbeitszimmer im modernen Pfarrhaus hörte er aufmerksam zu, während ich ihm unsere Geschichte und unser Anliegen erzählte und unsere Schwierigkeiten mit Ernst Feige schilderte. Er kannte Feige recht gut. Der alte Mann sei wirklich ein trauriger Fall; er ginge nur noch sehr selten aus, weil er bei seiner Frau zu Hause bleiben müsse, die an einer schweren Arteriosklerose litt. Dies hatte ohne Zweifel seine aggressive Haltung uns gegenüber noch verstärkt. Der Pastor warnte uns, daß es viel mehr als die mitgebrachten Pralinen erfordern würde, um Feige umzustimmen. Der Pastor war bereit, zu vermitteln. Am Tag darauf hatte er eine Hochzeit, und er hielt es für das Beste, einmal im Laufe der folgenden Woche bei Feige vorbeizuschauen. Ich war ungeduldig und wollte gleich losziehen, aber wir mußten uns nach dem Pastor richten, und die Interessen seiner Gemeinde gingen natürlich vor. Er war ein gewissenhafter Mann, und ich spürte, daß er erst einmal verdauen wollte, was wir ihm erzählt hatten, um sich dann klarzuwerden, wie weit er Ernst Feige belasten könnte. Wir verblieben so, daß ich ihn am Ende der folgenden Woche anrufen würde.

Das taten wir, und die Antwort lautete, daß Feige uns empfangen würde. Der Pastor überraschte mich auch mit einem Geschenk, mit dem ich niemals gerechnet hatte: Ernst hatte eine Schwester in Wallensen, eine Witwe namens Margarethe Henze, die uns ebenfalls empfangen würde. Am Morgen des 25. Mai flogen wir erneut nach Hannover.

Diesmal war es ein warmer Frühlingstag, die Sonne schien aus dunstigem Himmel, als wir uns Wallensen näherten; die roten Ziegeldächer hoben sich wie ein Büschel Mohnblumen vom jungen Grün der Felder ab. Wir holten den Pastor ab, und er dirigierte uns zur Wohnung von Herrn Feige, die im Ortsteil Thüste lag. Wir hatten Herzklopfen. Auf einer Bank vor dem Haus saß eine alte Frau still und schweigend in der Sonne und beobachtete uns regungslos — später erfuhren wir, daß es Frau Feige war.* Oben wartete Ernst auf uns, ein kleiner, schmaler Mann; er trug eine graue Jacke und eine graue Hose, eine rehbraune Strickjacke und ein frisches weißes Hemd mit Krawatte. Ein weißes Taschentuch spitzte aus seiner Brusttasche, und seine korrekte und aufrechte Haltung verriet den ehemaligen Kellner.

Unser Interview sollte in der Wohnung von Frau Henze stattfinden, und Feige fuhr mit in unserem Wagen, wo ich ihn eingehender be-

* Frau Feige ist Ende 1978 gestorben.

trachten konnte. Zuerst fand ich, daß er, von Größe und Gestalt abgesehen, seinem Bruder nicht ähnlich sah; nach und nach aber entdeckte ich die Gemeinsamkeiten. Wenn er sich auf seinem Stuhl zurücklehnte und durch die Brille guckte, hatte er eine deutliche Ähnlichkeit mit dem alten Traven. Der Haaransatz und das dünne graue, über die Ohren zurückgekämmte Haar erinnerten an die Fotos aus Mexiko, und die Stimme hatte das gleiche, selbstbewußte Tremolo, das ich auf dem Tonband gehört hatte. Im Laufe unserer Begegnung sprach er viel weniger als seine Schwester und saß geduldig da, die Hände in den Schoß gelegt.

Bei Frau Henze gingen wir durch einen dunklen Flur in ein helles Zimmer mit zwei Fenstern. Es waren viele Familienfotos aufgestellt, und der freundliche Eindruck wurde noch durch einen Strauß duftender Lilien in der Mitte des Tisches unterstrichen. In der Ecke tickte ein großer Regulator ruhig vor sich hin. Frau Henze, die viel jünger aussah als ihre 86 Jahre, war ebenfalls klein, aber kräftiger gebaut als ihr Bruder. Sie hatte ein ländlich-gesundes Gesicht mit einem kindlichen Leuchten, und ihre Augen waren erstaunlich blau. In den zwei Stunden, die wir mit ihr zusammen waren, sprach sie angeregt, lachte sehr viel, und einmal kamen ihr fast die Tränen, auch wenn sie nicht traurig war.

Wir hatten weder Margarethe Henze noch Ernst Feige vor oder während unseres Gespräches über Marut-Traven-Torsvan-Croves erzählt. Sie hatten keine Ahnung, was wir wollten. Tatsächlich befolgte ich Pastor Behrends' Rat und erzählte ihnen erst nachher die Einzelheiten aus dem Leben ihres Bruders und die Namen, die er benutzt hatte. Wenn wir uns geirrt hatten, dann konnte die Geschichte unterwegs an einem Detail aus Otto Feiges Leben, das sich nicht mit unserem Wissen über Traven deckte, ein dutzendmal Schiffbruch erleiden. Aber wir hatten uns nicht geirrt. Was wir von den alten Leuten hörten, gab unserer Zeichnung Farbe und Tiefe, ohne jedoch etwas wegzuradieren. Das Leben des B. Traven ergab sich selbstverständlich aus der Jugend von Otto Feige.

Und dann gab es die Fotos. Fotografische Beweise sind niemals Schlußbeweise, nur Hinweise oder Untermauerungen, und in diesem Fall kamen sie erst, nachdem die Identität bewiesen war. Aber es war aufregend. Es hätte gut sein können, daß Traven sich im Laufe der Jahre zur Unkenntlichkeit verändert hatte, daß die Bilder, die ich von ihm aus seinem späteren Leben kannte, nur noch eine geringe oder gar keine Ähnlichkeit mit dem jungen Otto Feige aus Schwiebus hatten. Viele Menschen ändern sich sehr stark zwischen der Jugend und dem mittleren Alter, und es hätte unserer Identifizierung keinen Abbruch getan, wenn es mit Otto so gewesen wäre. Als aber Frau Henze das

Konfirmationsfoto ihres ältesten Bruders Otto auf die Spitzendecke legte, da blickte uns der junge Traven an. Der herausfordernde Blick des B. Traven war schon im Gesicht des jungen Otto Feige vorhanden. Ein Junge von 14 Jahren, gefaßt und makellos angezogen, stand stolz neben einem rustikalen Stuhl, den Homburg in der Hand. Der Mund war flach, die Oberlippe lang, das linke Nasenloch stand schräger als das rechte. Die Züge, die alle Bilder von Traven kennzeichneten, bestimmten auch dieses glatte junge Gesicht. Es gab auch ein Gruppenfoto von der ganzen Familie, die Eltern und insgesamt sieben Kinder. Der Vater, ein kleingesichtiger Mann mit schmalen Augen und hängendem Schnurrbart, saß aufrecht neben einem Tisch. Die Mutter, Hormina, eine kräftig gebaute Frau mit schweren sinnlichen Gesichtszügen, saß steif auf der anderen Seite. Links hinten stand eine seltsame Gestalt. Es war ein namenloser Körper, dem ein ungeschickt ausgeschnittenes Profilfoto von Otto als Kopf aufgeklebt war. Das Gruppenbild war bei der Silberhochzeit von Adolf und Hormina im Mai 1907 aufgenommen worden, und Ottos Gesicht war nachträglich hinzugefügt worden, weil er sein Zuhause bereits verlassen hatte, um niemals wiederzukehren. Natürlich. 1907 war auch das erste aktenkundige Auftreten des seltsamen jungen Schauspielers Ret Marut.

Nun brauchten wir uns nur noch die letzte Bestätigung zu holen. Wir hatten weder Frau Henze noch Herrn Feige vor dem Drehen unsere Traven-Fotos gezeigt. Nun schaute ich erwartungsvoll zu, wie Robinson vor der Kamera die Mappe mit den Fotos — Familienbilder aus Mexiko, Paßfotos aus den Torsvan-Dokumenten und die Marut-Fotos aus dem Londoner Verbrecher-Album — hervorholte und die Bilder eines nach dem anderen den alten Leuten reichte. Sie erwarteten nun, Bilder von ihrem Bruder zu sehen, und sie waren von der Ähnlichkeit nicht überrascht. Es gab Kommentare zum mexikanischen Hintergrund und zur Kleidung. Dann blickte Margarethe Henze auf die Frontalansicht aus der Polizeiakte und rief aus: „Was für ein böses Gesicht er da macht. Das Kinn ist wie bei meiner Mutter.“ Sie machte eine kleine Pause, ließ ihren Blick über die auf dem Tisch ausgebreiteten Fotos schweifen, lächelte und nickte: „Ja, das ist er.“

25 „Nicht unser Sohn"

Aus den Aussagen von Travens Bruder und Schwester sowie den späteren Berichten drei seiner Nichten konnte ich die Geschichte der Familie Feige und Ottos Kindheit einigermaßen zusammenstückeln. Wir wußten ja, daß er das älteste Kind war und drei Monate vor der Eheschließung seiner Eltern zur Welt kam. Den Berichten der Familie zufolge leistete Ottos Vater Adolf zu jener Zeit seinen Militärdienst und bekam keinen Urlaub, um rechtzeitig vor der Geburt des Kindes die Frau zu heiraten, die er geschwängert hatte. Diese Erklärung mag vom Wohlwollen gegenüber beiden Eltern getragen sein, sie wird aber auch durch die Daten unterstützt. Im damaligen Deutschen Reich wurden Männer an ihrem 20. Geburtstag für zwei Jahre zur Armee eingezogen; wenn also Adolf an seinem 20. Geburtstag zu den Fahnen gerufen worden war, dann wurde er am 22. Geburtstag wieder aus der Armee entlassen, und das war der 23. Mai 1882. Genau eine Woche später heiratete er Hormina. Ich konnte nichts darüber erfahren, ob Adolf, der bei der Zeugung Ottos bereits etwa ein Jahr in der Armee diente, seine zukünftige Frau schon vor der Einberufung gekannt hatte oder ob er als junger Soldat das erste Mal nach Schwiebus kam und sich in sie verliebte.

Die besonderen Umstände seiner Geburt waren nicht der einzige ungewöhnliche Aspekt in Travens frühesten Jahren. Sein lebenslanger Komplex wegen der Zufälligkeit seiner Zeugung und seine Verärgerung darüber, daß man sich seine Eltern nicht aussuchen kann, kann sich sehr wohl auch auf seine Erziehung gegründet haben. Er lebte nämlich die ersten Jahre nicht bei seinen Eltern, sondern bei den Eltern seiner Mutter. Er kam im Haus der Wieneckes am westlichen Stadtrand von Schwiebus zur Welt und blieb dort auch nach der Rückkehr Adolfs und der Eheschließung seiner Eltern. Das lag wahrscheinlich daran, daß seine Eltern arm waren, aber diese scheinbare Zurückweisung mag sich trotz erklärender Worte in die Seele des Kindes eingegraben haben. In der Familie ist überliefert, daß die Wieneckes ihren Enkel sehr lieb hatten, ihn hätschelten und verwöhnten, so daß er sie als seine eigentlichen Eltern betrachtete. Ottos früheste Kindheitserinnerungen mußten aus dieser Zeit gestammt haben, da die Großeltern ihrem aufgeweckten einzigen Enkel all ihre Liebe gaben. Ich konnte nicht eindeutig feststellen, wie lange er bei den Wieneckes blieb. Frau Henze konnte sich an all das nicht direkt erinnern, da sie selbst damals noch nicht auf der Welt war; einmal sagte sie mir, Otto sei drei Jahre, ein andermal, er sei sechs gewesen, als sein Dasein als Nesthäkchen der Großeltern endete. Ich neige zu der Annahme, daß er sechs Jahre alt war. Das verleiht Ret Maruts Angaben gegenüber Elfriede Zielke eine metaphorische Wahrheit, daß er nämlich vom Alter von sechs Jahren an von einer Gourvernante erzogen worden war.

In Wahrheit war es keine Gouvernante, sondern vielmehr die eigenen Eltern, die Otto durch Trennung von den Großeltern Herzweh bereiteten. Als Großvater Wienecke krank wurde, holte Hormina ihr Kind zu sich nach Hause, trotz der Proteste des Alten, der sagte, es würde ihm das Herz brechen, wenn man ihm den Jungen wegnähme. Darauf soll Hormina versprochen haben, Otto zurückzubringen, sobald ihr Vater gesund wurde; doch der alte Mann siechte dahin und starb bald darauf. Otto war durch den Umzug genauso entsetzt wie seine Großeltern, und die unglückliche Heimkehr zeichnete ihn fürs Leben. Margarethe und Ernst erinnerten sich übereinstimmend, daß Otto stets als etwas Besonderes galt, als Person, die abseits von der übrigen Familie stand. Dazu trug sicher bei, daß er als Knabe besonders intelligent war, doch sein Bruder und seine Schwester führten Ottos eigenwilliges und störrisches Verhalten darauf zurück, daß er sich gegen die erzwungene Rückkehr zu den Eltern auflehnte. Der junge Traven hatte sich schon innerlich von seiner Umgebung gelöst und lebte bereits mit einem ureigenen Bewußtsein seiner Identität, anstatt die zu akzeptieren, die ihm der blinde Zufall der Geburt zugewiesen hatte. „Er fühlte sich bei uns nie zu Hause", sagte Margarethe.

Die Art und Weise, wie sie und Ernst Otto schilderten, traf mit beinahe unheimlicher Sicherheit auf den heranwachsenden Traven zu. Ohne jede Kenntnis des Mannes, den wir studiert und gejagt hatten, zeichneten sie ihren Bruder als eigenwilligen Einzelgänger, der sehr stark auf seine Kleidung achtete und sein Eigentum behütete. Er zog sich fast immer von den anderen zurück, las sehr viel; in Ernsts Worten war er „ein eigenartiger, seltsamer Junge, der ganz in seiner eigenen Welt lebte, einer Welt, in der es für andere keinen Platz gab". Als Luis Spota Maria de la Luz Martinez nach ihrem Lebensgefährten Señor Traven-Torsvan gefragt hatte, hatte sie geantwortet: „Er ist ein sehr seltsamer Mann, nicht sehr gesellig. Er hat nicht viele Freunde und spricht nicht mit jedem." Herr Feige schilderte seinen Bruder Otto um das Jahr 1900; Señora Martinez sprach von demselben Mann 45 Jahre später.

Stanislaw aus dem *Totenschiff* hatte sich selbst ganz einfach zum Waisen erklärt und diese Geschichte noch mit der Erklärung ausgeschmückt, „daß er von den Leuten, bei denen er in Pflege war, so schlecht behandelt und verprügelt wurde, daß er ins Meer gesprungen sei, um sich zu töten". Traven machte sich selbst zum Waisen, indem er dem amerikanischen Konsul in London erzählte, daß er im Alter von zehn Jahren zu Hause durchgebrannt sei, um zur See zu fahren; in den *B.T. Mitteilungen* behauptete er, daß er schon mit sieben Jahren für sich selbst gesorgt hatte. Von Margarethe erfuhr ich, daß er schon als junger Otto Feige diese romantische Phantasievorstellung entwickelt hatte. Nach dem Tode des Großvaters zog die Großmutter Wienecke zu der Familie und verwöhnte weiterhin ihren Liebling Otto, wodurch die anderen Kinder eifersüchtig wurden. Otto war etwa 15 Jahre alt, als die alte Dame starb, und er war sehr betroffen. Für ihn waren seine beiden wirklichen Eltern nun tot, und er erklärte sich zum Waisenkind.

Es gelang mir, die Geburtsdaten und Geburtsorte von Ottos Brüdern und Schwestern zu recherchieren. Die Orte markieren den Weg von Adolf und Hormina Feige während der ersten 14 Jahre ihrer Ehe. Als das zweite Kind, Willi, Ende 1884 geboren wurde, lebten sie in Adolfs Heimatstadt Finsterwalde. Irgendwann im Laufe der folgenden vier Jahre zogen sie nach Grünberg (dem jetzigen Zielona Gora), einer Kreisstadt 40 km südlich von Schwiebus, wobei sie wahrscheinlich Otto mitnahmen. Die nächsten drei Kinder kamen in Grünberg zur Welt: Gertrud im Mai 1888, Max im Juni 1890 und Erna im Juli 1892. Dann, als Otto zehn oder elf war, kehrte die Familie nach Schwiebus zurück, wo Hormina im Dezember 1893 Margarethe zur Welt brachte, und Ernst fast zwei Jahre später. Margarethe konnte sich deutlich erinnern, wo die Familie in Schwiebus gelebt hatte, und als ich ihr einen Plan der Stadt vorlegte, zeigte sie ohne zu zögern auf die Straße. Das Haus lag nördlich des Marktplatzes, gegenüber dem katholischen Krankenhaus. Es gehörte einem Schuhmacher namens Sinnert, der entweder nebenan oder im selben Haus wohnte, und, wie sich Frau Henze erinnerte, den jüngeren Feige-Kindern gerne Geschichten erzählte.

Mittlerweise war Otto zum Musterschüler avanciert. Er wollte die Oberschule besuchen und dann Theologie studieren, denn er wollte Pastor werden. Die Stadt Schwiebus bot diesem hervorragenden Schüler ein Stipendium an, vorausgesetzt, daß seine Eltern für Kost und Logis aufkämen. Das war eine große Chance für einen Jungen aus bescheidenen Verhältnissen, und eine schmeichelhafte Anerkennung seiner Intelligenz und seines Fleißes. Seine Selbsteinschätzung als Ausnahmemensch wäre durch diese Auserwählung durch den

Stadtrat bestätigt worden. Aber dem jungen Traven wollte man diese Auszeichnung nicht gönnen. Die Chance zur Behauptung seiner Individualität wurde weggezogen, ehe er sie greifen konnte. Seine Eltern hatten sechs weitere Kinder und kamen zu dem Schluß, daß sie nicht weiter für den Unterhalt dieses einen aufkommen könnten, und sie bestanden darauf, daß er eine Lehre mache, während der sein Meister ihn nähren und kleiden müßte. Das Handwerk, das sie für ihn aussuchten, paßte auf beinahe komische Art zu Traven: er sollte bei der Firma Meier eine Schlosserlehre machen. „Als er mit der Volksschule fast fertig war, wollten seine Eltern Stanislaw für vier Jahre bei einem Schneidermeister in die Lehre geben . . . Er lief von zu Hause weg."

Otto lief nicht weg. Er diente seine Zeit als Schlosser ab, wobei er vielleicht seinen Ärger über diese neueste und schwerwiegendste Zurückweisung durch seine leiblichen Eltern für sich behielt. Von nun an hatten sie jedes Recht verloren, ihn als ihren Sohn zu beanspruchen. Stanislaw haßte seine Eltern dafür, daß sie einen ehrlichen Schneider aus einem Jungen machen wollten, der zur See fahren wollte; Traven haßte sicherlich die seinen, weil sie aus einem gelehrten Theologen einen Schlosser machten. Wie wir gesehen haben, behielt er seine Bibelkenntnisse und sein schlichtes, direktes Christentum, das in vielen seiner Werke sowohl als Marut als auch als Traven zum Vorschein kam. Hier liegt vielleicht auch die Erklärung zu jenem Hinweis im *Ziegelbrenner* auf ein zwangsweise abgebrochenes Theologiestudium. Entgegen seiner Andeutung war er nicht wegen provozierender Fragen von der theologischen Hochschule relegiert worden (er war auch nicht Charles Trefny, den man rausgeschmissen hatte, weil er sich als Arzt ausgab); die traurige und beschämende Wahrheit bestand darin, daß er niemals eine theologische Hochschule betreten hatte, weil seine Eltern sich sein Studium nicht leisten konnten oder wollten.

Adolf Feige war zwar gelernter Töpfer, aber er arbeitete in Schwiebus auch als Hausmeister und ließ sich als Vorarbeiter ausbilden. 1898 zog er mit seiner Familie erneut um, diesmal nur wenige Kilometer von Schwiebus ins winzige Dorf Stäpel, wo es eine Braunkohle-Brikett-Fabrik gab. Zwei Jahre später zog ein Arbeitskollege aus dieser Fabrik 400 km westwärts nach Wallensen in Niedersachsen und berichtete, daß er dort bei der Brikett-Fabrik Humboldt eine gute Stellung bekommen hatte. Wallensen liegt einsam und abseits der Hauptstraßen in einer Hügellandschaft; die Firma Humboldt hatte jedoch weithin einen Ruf als angenehmer und sozialer Arbeitgeber. Es gab eine Betriebsrente und eine Betriebskrankenkasse, preiswerte Werkswohnungen und kostenlosen Brennstoff für die Arbeiter; einem 40jährigen Vorarbeiter und ehemaligen Töpfer, der sich abrackerte, um seinen bescheidenen Lebensunterhalt zu verdienen, müssen diese

Sozialleistungen durchaus verlockend erschienen sein. Adolf folgte dem Rat seines Kollegen und zog im Sommer 1900 ebenfalls nach Westen; seine Familie folgte bald nach und unterbrach die Reise durch eine Übernachtung bei Verwandten in Berlin. Ihre erste Wohnung in Wallensen lag in den oberen Stockwerken und unter dem steilen Dach des schönen Fachwerkhauses am Obertor Nr. 24, einem Bau aus dem Jahre 1738 im Zentrum des Dorfes.

Otto und Willi, der ebenfalls bei Meier in die Lehre geschickt worden war, blieben in Schwiebus zurück. Otto beendete seine Lehre und arbeitete eine Weile in der Stadt, bis er zur Armee kam. Man kann sich schwer vorstellen, daß der spätere Erzfeind des Militärs und Geißel der Kriegshetzer sich freiwillig meldete, also wurde er wahrscheinlich an seinem 20. Geburtstag im Februar 1902 eingezogen, so daß er wohl bis 1904 diente. Er diente beim 7. Jägerbataillon, einer Infanterie-Einheit. Die 600 Mann des 7., meist Wehrpflichtige, wurden auch die Bückeburger Jäger genannt, nach ihrem Stammquartier in Bückeburg, einer tristen, langgestreckten Klinkerkaserne, die heute noch steht. Bückeburg liegt ungefähr 50 km nordwestlich von Wallensen, und man darf annehmen, daß Otto gegen seinen Willen von Schwiebus dorthin eingezogen wurde, wo er bei seiner Familie gemeldet war. Margarethe erinnerte sich, daß sie stolz auf ihren älteren Bruder war, wenn er auf Urlaub in Wallensen mit seiner grünen Uniform eine schneidige Figur machte und offenbar die Herzen der Dorfschönen höher schlagen ließ. Der stets eitle Otto achtete sehr genau auf seine Uniform und schimpfte mit dem jungen Ernst, wenn er sie anfaßte. Margarethe durfte für ihn immerhin schon die Knöpfe putzen. Leider wurden am Ende des Zweiten Weltkrieges viele deutsche Militärakten vernichtet, und ich konnte keinerlei Material darüber finden, wie sich der Rekrut Otto Feige während seines zweijährigen Wehrdienstes aufgeführt hatte. Nach seiner Entlassung hatte man ihn sicherlich als Reserve geführt, und er wäre im Ersten Weltkrieg gewiß zum Reservebataillon, den 20. Jägern, eingezogen worden, wenn er in der Gegend geblieben wäre und nicht seinen Namen geändert hätte. Bis dahin aber hatte er sich schon weit entfernt, hatte seine Vergangenheit verbrannt und war als Ret Marut aus der Asche auferstanden. Während seine früheren Kameraden noch im September 1917 im 20. Jägerbataillon an der Westfront dienten, war er in München und drohte in der ersten Ausgabe des *Ziegelbrenners* dem Krieg mit der Faust.

Nach seiner Entlassung aus der Armee im Jahre 1904 kam Otto zurück, um bei der Familie in Wallensen zu leben; er zog mit all seinen Sachen in die gute Stube der Familie. Dort arbeitete und schlief er. Die Politik von Marut und Traven nahm langsam Gestalt an. Otto war als überzeugter Sozialist aus der Armee gekommen und plante im

Dorf eine Kampagne. Er hatte in seinem Zimmer Plakate und Flugblätter, und die Familie hörte, wie er in seinem Zimmer seine Reden probte. Diese Vorbereitungen zu seinem politischen Debut führten dazu, daß er von zu Hause wegging. Seine Mutter, der es schon genug mißfiel, daß Otto in ihrer guten Stube kampierte, sorgte sich, daß ihr ältester Sohn in dem kleinen Dorf zum politischen Agitator werden könnte. Die Leute ringsum lebten ruhig in bescheidenen Umständen. Es waren Kleinbauern und Arbeiter in der Landwirtschaft oder bei Humboldt, und beide Eltern fürchteten, daß durch Ottos Umtriebe den Feiges in der Gemeinde Schwierigkeiten entstehen würden. Es gab Streit zu Hause, und Otto verließ das Haus, um niemals wiederzukehren. Seine Eltern hatten ihn unehelich in die Welt gesetzt, ihn nicht selbst genährt, alsdann unglücklich den Armen seiner Großeltern entrissen, ihm die Möglichkeit zum Studium genommen, und nun mißbilligten sie seine politische Betätigung. Er hatte sich mit dieser Art von Behandlung nie abfinden können. Von nun an würde er weiteren Verletzungen aus dem Wege gehen, indem er ein anderer wurde. Er konnte auf Eltern verzichten oder selbst welche erfinden. Er würde der sein, der er sein wollte.

Nach seinem Verschwinden sprach man in der Familie nicht viel über Otto, aber sein Ruf hielt sich über Jahrzehnte hinweg; als ich seine drei Nichten kennenlernte, wußten sie alle von Otto, dem Sozialisten und Gegner des Kaisers, der so viel Unruhe in der Familie Feige erzeugt hatte. Die Angst, daß ein Linksradikaler in der Familie Ärger am Arbeitsplatz verursachen könnte, hielt sich noch lange Jahre nach Ottos Abgang. Die Nichten waren Willis Tochter Gertrude Constabel,* die noch immer in Wallensen lebte, und zwei Töchter von Ottos Schwester Gertrud, Erna Hamann und Gertraud Fromme, die beide in Hannover wohnten. Die drei hatten eine starke Familienähnlichkeit, und Frau Constabel und Frau Hamann glichen auffallend den Fotos vom alten Traven in Mexiko.

Man erinnerte sich an Ottos Mutter als eine gebildete Frau, die für des Lesens und Schreibens unkundige Dorfbewohner als Schreiberin wirkte. Wie bei vielen anderen Namen in dieser Familie gab es über die Rechtschreibung ihres Vornamens und ihres Geburtsnamens einige Verwirrung. In ihren späteren Jahren nannte man sie Hermine statt Hormina, und einige meinten, ihr Mädchenname sei Bullack, nicht Bullarz gewesen. Wie immer die Schreibweise, die bloße Erwähnung ihres Namens ließ Travens drei Nichten lauthals lachen, denn Hormina war in der Familie zur Anekdote geworden. Sie muß eine richtige Betriebsnudel gewesen sein. Sie reiste umher, um ihre Verwandten in

* Frau Constabel starb 1979

Finsterwalde, ihren Bruder in Berlin zu besuchen, etliche Male auch zurück nach Schwiebus und, in der näheren Umgebung, nach Hameln und Hannover. Eine Zeitlang war sie aktives Mitglied im Königin-Luise-Verein (einem Frauenverein), so daß sie viele Besuche machen, mit der Frau des Pastors Kaffee trinken konnte, usw. Eine Leidenschaft hatte sie auch mit ihrem ältesten Sohn gemeinsam, denn sie studierte mit den Kindern aus dem Dorf Stücke ein und reiste mit ihnen zu Aufführungen in die Nachbardörfer. Sie strickte, häkelte und genoß es, sich schön anzuziehen, tat aber sonst anscheinend sehr wenig. Sie saß da und sagte: ,,Wir müssen dies tun" oder ,,Wir müssen das tun", und das hieß stets, daß ihr Mann aufstehen und das jeweilige tun sollte. Die Worte ,,Wir müssen . . ." lebten als geflügeltes Wort in der Familie fort. Eine Erinnerung an die Großmutter Hormina, die ihre ganze Zeit mit Nähen und Aus-dem-Fenster-Gucken verbrachte.

Travens Vater Adolf war offenbar eine Art Heiliger. Er war Vorarbeiter bei Humboldt und kam nach Hause, um die ganze Wäsche, Bügeln, Kochen und Putzen zu erledigen. Er schrubbte sogar die Treppe, wurde mir gesagt. Wenn er Frühschicht hatte und um 2 Uhr nachmittags nach Hause kam, nutzte er die Extrastunden, um im Garten zu arbeiten. Und wenn er am Tag ein paar freie Minuten hatte, dann machte er aus Stoffresten und alten Autoreifen Schuhe für die Kinder. Er war ein umgänglicher Mann, weniger streng als seine Frau, und er liebte Kinder. Die Schilderungen seiner Enkelkinder ließen keinen Zweifel daran, daß er unter dem Pantoffel stand, und eine Geschichte zeigte deutlich, welchen Platz er im Hause einnahm. An warmen Tagen saß Adolf gern in einem Korbstuhl vor der Haustür und las. In jenen Tagen kamen häufig Bettler vorbei, und Adolfs Töchter gaben ihnen öfter eine Schale Suppe. Eines Tages erblickte Adolf einen nahenden Bettler und ging hinein, da er nicht dasitzen und zusehen wollte, wie der Bettler eine Schale Suppe aß. Der Bettler jedoch, der auf etwas Geld gehofft hatte, rümpfte über die Suppe die Nase und schüttete sie in den zusammengeklappten Schirm, der immer neben der Haustür stand. Ein oder zwei Tage später trat Adolf aus der Tür, um zwischen den verschiedenen Hausarbeiten einen kurzen Spaziergang zu machen; da es regnete, spannte er den Schirm auf, und die kalte Linsensuppe ergoß sich über sein Haupt.

Auf den Fotos glich Traven mehr seiner Mutter als seinem Vater, und er teilte mit ihr die Wanderlust und die Fähigkeit, die Umwelt zur Anpassung zu bewegen. Sie saß bewegungslos da, während das Haus um sie herum von emsiger Betriebsamkeit erfüllt war. Er blieb außer Sichtweite, während die anderen gehorsam seinen schriftlichen Anweisungen folgten. Sie erwähnte beiläufig Aufgaben, nach denen sich andere drängten; er schrieb mißgelaunt die Bedingungen nieder, an die sich andere freiwillig hielten. Sie lebte mit einem Mann, der alle langweiligen Arbeiten im Haus erledigte; er lebte mit oder versteckte sich hinter einer Reihe von Frauen, die für ihn den praktischen Teil seiner geschäftlichen Angelegenheiten erledigten.

Auf den ersten Blick war Traven seinem Vater im Charakter sehr unähnlich; der eine ein bescheidener Töpfer, der zu Hause unter dem Pantoffel stand; der andere ein herrischer Weltbürger. Aber beide schätzten elegante Kleidung, beide waren energisch und fleißig, und beide im hohen Alter schwerhörig. Adolf war unfähig, sich selbst zu behaupten, und in vieler Hinsicht war das auch Traven, wenigstens in eigener Person. All seine Befehle und Anweisungen, all sein Dogmatismus und seine Unnachgiebigkeit wurden auf Papier übermittelt. An der Schreibmaschine war er ein Löwe: kompromißlos in seinen Briefen, großartig in seinem journalistischen Werk, explosiv in seinen Romanen, blutdürstig in seinen Rufen nach Rache. Persönlich war er oft wie ein Mäuschen, das schmollte, wenn es seinen Willen nicht bekam. Die Wirkung seiner politischen Reden in Wallensen blieb auf die gute Stube beschränkt, denn selbst als Mann Mitte Zwanzig beugte er sich dem Befehl seiner Eltern. In München ließ er im Saal das Licht ausschalten, wenn er sprach, nicht um seine Identität zu verbergen, sondern um sein Gesicht zu wahren. Sein Anarchismus ließ ihn Ämter scheuen und die Revolution, als sie kam, hauptsächlich als Außenstehender bejubeln, anstatt sich zu erklären oder aktiv mitzumachen. Vielleicht wäre er gern ein Mann der Tat gewesen, vielleicht hielt er sich innerlich für einen solchen. Aber nur auf dem Papier brüllte er wirklich lauthals.

Von seinen Brüdern und Schwestern stand ihm nur der fast drei Jahre jüngere Willi in irgendeiner Weise nahe. Sie waren sich altersmäßig am nächsten, sie waren die klügsten Kinder der Familie und arbeiteten gemeinsam als Schlosser in Schwiebus. Nachdem Otto weggegangen war, arbeitete Willi in untergeordneter Stellung bei Humboldt, bis er während des Ersten Weltkrieges in untergeordneter Funktion in der Armee diente. Ich stellte bei beiden Brüdern einen Hang zur Aufschneiderei fest. Auf einigen Fotos aus dem ersten Weltkrieg ist Willi in Pose auf dem Rücksitz eines von einem Chauffeur gelenkten Wagens und am Steuerknüppel eines Flugzeugs zu sehen. Nach dem Krieg erfand Willi ein System zur Sortierung von Sand und Kies und machte sich gemeinsam mit einem Kriegskameraden selbständig. Willi war Otto, was das Temperament betraf, nicht unähnlich. Er war kein Geschäftsmann — in der Firma steuerte er den Spürsinn und den Erfindergeist bei —, und oft lag er träumend auf einer nahen Anhöhe, von wo er notfalls durch das Hissen einer besonderen Flagge in die Fabrik gerufen wurde. Er hatte wenig Kontakt mit seinen Brüdern und

Schwestern, obwohl sie im gleichen Dorf lebten. Er spielte Klavier und las gern, besonders Jack London. Seine zweite Frau sagte mir, daß Willi geglaubt hatte, daß Otto gestorben war, weil er sonst irgendwann wieder mit ihm Verbindung aufgenommen hätte. Otto sei der einzige aus der Familie gewesen, den ihr Mann gemocht hätte. Sie waren einander ähnlich, weil beide „Außenseiter" waren.

Willi lebte nahe bei, doch getrennt von seiner Familie; die übrigen, mit der Ausnahme von Ernst, scharten sich um die Eltern. Gertrud heiratete einen Schneider namens Hage und wohnte fast den ganzen Rest ihres Lebens in Wallensen. Das nächste Kind, Max, wurde ebenfalls bei Meier in Schwiebus in die Lehre geschickt und arbeitete später ebenfalls bei Humboldt in Wallensen, wo er zwei Häuser von seinen Eltern entfernt wohnte. Erna, 10 Jahre jünger als Otto, litt an einer Gehirnkrankheit und starb mit 19 Jahren . Margarethe blieb in Wallensen und heiratete Henze, einen Wartungs- und Lagerverwalter bei Humboldt. Der jüngste, Ernst, riß sich los und arbeitete vor dem Ersten Weltkrieg als Kellner in London, nach dem Krieg in Irland, später ließ er sich in Hamburg als Taxifahrer nieder. Am Ende aber zog es auch ihn zurück nach Wallensen.

Weder die Eltern noch die Geschwister sahen Otto jemals wieder, nachdem er von zu Hause weggegangen war. Sein Verschwinden überraschte die Familie nicht, denn er war ein so ungewöhnlicher und eigenwilliger junger Mann, daß es ihnen klar geworden war, daß er nicht als Schlosser auf dem Dorf bleiben würde. Wahrscheinlich ging er 1904 oder 1905, und etwa ein Jahr später schickte er ein Mädchen zum Wohnen zu seinen Eltern nach Wallensen. Sie hieß Elsa (Ernst glaubte sich zu erinnern, daß sie mit Familiennamen Muste hieß) und kam aus Dresden, wo ihre Eltern eine Mühle besaßen. Sie liebte Otto, aber ihr Vater war gegen eine Heirat, und so hatte Otto vorgeschlagen, daß sie dem Ärger zu Hause entfliehen und bei seiner Familie in Wallensen wohnen sollte. Otto aber tauchte nicht auf, und nach ungefähr vier Wochen reiste Elsa weinend wieder ab — wahrscheinlich, weil die Beziehung zu Otto zu Ende war, wie Frau Henze annahm. Mir kam der Gedanke, daß Elsa, die Schauspielerin war, in Wirklichkeit vielleicht Elfriede Zielke unter anderem Namen gewesen sein könnte, aber Frau Henze erkannte ein Foto von Elfriede nicht, und es ist eher wahrscheinlich, daß dieses Mädchen ganz jemand anderes war. Elsa ließ bei den Feiges einen Koffer zurück, sei es versehentlich, oder um einen Grund zur Rückkehr zu haben, aber sie kam ihn niemals wieder abholen.

Nach Elsas Besuch hörte man nichts mehr von Otto. Wie Stanislaw „verlor er allen und jeglichen Wunsch, ein Lebenszeichen von sich nach Hause zu schicken". Erst nach mehr als 15 Jahren, nach dem Ersten Weltkrieg, hörten die Feiges zum letztenmal von Otto. Er schrieb aus London und teilte mit, daß er Ärger mit den britischen Behörden habe, die ihn hinausschmeißen wollten. Er mußte diesen Brief bald nach seinem Geständnis bei der Londoner Polizei geschrieben haben, um seine Familie für alle Fälle darauf vorzubereiten, falls man sich nach ihm erkundigen würde. Es gab wohl keinen anderen Grund für ihn, sein langes und bewußtes Schweigen zu brechen. Vielleicht wollte er seine Familie an seine Existenz erinnern, damit sie seine Identität bestätigten. Wenn das sein Ziel war, dann war es wahrscheinlich überflüssig als Mittel zum Zweck, seine Rückkehr nach Deutschland zu verhindern. Jedenfalls erreichte der Brief nicht seinen Zweck.

Spät an einem Sonntagnachmittag kehrte Margarethe ins Elternhaus am Rande von Wallensen zurück und hörte Schluchzen. Sie fand ihre Mutter weinend in der Waschküche. Unter Tränen erzählte Hormina ihrer Tochter, was vorgefallen war. Die Polizei hatte nach Otto gefragt. Die Mutter kannte Ottos radikale Ansichten und wußte, daß er in England festgehalten wurde; sie hatte eine verzweifelte Angst davor, Unglück über die Familie zu bringen. Also sagte sie der Polizei, daß der gesuchte Mann nichts mit ihnen zu tun hätte; sie hätten keinen Sohn namens Otto. Die Polizei zog ab und Hormina setzte sich hin und weinte bitterlich. Das war das letzte Mal, daß man in Wallensen von Otto Feige hörte, bis wir mehr als fünfzig Jahre später mit den Nachrichten von B. Traven ankamen.

Traven hat es natürlich nie erfahren; aber es war eine seltsame Wendung des Schicksals, daß er, der seine Eltern, seinen Namen und sein Vaterland verleugnet hatte, seinerseits von der eigenen Mutter verleugnet wurde. Hormina weinte über ihren Verrat und den Verlust ihres Sohnes. Und Traven mag von der Trauer, die sein Verschwinden ausgelöst hatte, vielleicht doch nicht ganz unberührt geblieben sein.

„Ein Regal mit kleinen Fächern war voller Briefe für Kunden. Bündel von Briefen, viele davon von einer Mutter, einer Frau oder einem Schatz, stapelten sich, bedeckt von dickem Staub. Die Männer, an die sie adressiert waren, waren vielleicht tot, oder sie arbeiteten tief im Dschungel bei der Erschließung neuer Ölfelder, oder auf einem Trampschiff im chinesischen Meer, oder sie halfen den Bolschewiken beim Aufbau eines Arbeiterreiches, und sie hatten alle keine Zeit mehr, darüber nachzudenken, daß sich die Briefschreiber daheim vielleicht wegen eines verlorenen Schafes die Augen ausweinten."

Der Schatz der Sierra Madre

Jetzt wußte ich auch, wieso wir Hermann Albert Otto Max Feige hatten aufspüren können, nachdem die amerikanischen Behörden und die deutsche Polizei ihn fünfzig Jahre zuvor nicht hatten finden können. Das eine Mal nämlich, daß Traven in seinem Leben die Wahrheit über sich selbst gesagt hatte, hatte seine Mutter gelogen und seine Existenz geleugnet.

26 Ein Besuch von der Señora

Nach unserer Rückkehr aus Deutschland schnitt ich gleich das neu gedrehte Material, schob die Tonmischung nicht länger auf und machte den Film fertig zur Sendung im Herbst. Auf dem Rückflug von Hannover hatte Robinson vorgeschlagen, den Titel von ,,Die Suche nach Traven'' in ,,B. Traven: Ein gelöstes Rätsel'' zu ändern. Ich hatte zugestimmt. Es mochte selbstzufrieden klingen, aber wir waren auch mit uns zufrieden. In jedem Stadium unserer Arbeit hatten wir die gesicherte Beweislage gegenüber unserer bisherigen Spekulation verbessern können.

Wir konnten einander allenfalls noch mit dem Gedanken provozieren, daß vielleicht über der Geburt ein Schatten liegen könnte. Er wurde als Hermann Otto Max Wienecke geboren, und erst drei Monate später tauchte Adolf Feige auf, um ihn anzuerkennen. Also war Hormina zweifelsfrei seine Mutter, wir können aber nicht absolut sicher sein, daß Adolf auch sein Vater war. Er konnte vielleicht auch als ihr Retter aufgetreten sein, nachdem sie mit einem anderen einen Fehltritt begangen hatte — schließlich hatte er einen gütigen und aufopfernden Charakter. Wenn wir unseren Gedanken auf diesen Gleisen freien Lauf lassen, könnten wir uns auch daran erinnern, daß der junge Prinz Wilhelm im schlesischen Görlitz auf die Auerhahnjagd zu gehen pflegte. Von dort besuchte er 1879 in Primkenau die Familie Schleswig-Holstein-Augustenberg und verliebte sich in Dona, seine spätere Frau. Görlitz war 120 Kilometer von Schwiebus entfernt, Primkenau nur 80. Wenn Willi eine Vorliebe für rundliche Mädchen vom Lande hatte, dann war das nicht zu weit. Aber dieser Gedanke muß eine Provokation bleiben.

Traven gelang es aber, uns alle, einschließlich der Polizei, über seine Abreise aus London hinters Licht zu führen. Er reiste nicht mit der *Hegre*. Der amerikanische Forscher Richard Mezo besorgte sich vom norwegischen Seeleute-Direktorat die Londoner Heuerrolle für den

April 1924. Ret Marut aus Kalifornien war als „Kullemper", Kohlenschlepper, auf der *Hegre* am 17. April eingetragen, aber sein Name war durchgestrichen. Die Polizei wußte, daß er auf diesem Schiff angeheuert hatte, vielleicht hatte er es sogar selbst gemeldet, und die Special Branch unterrichtete das Home Office, und das Home Office unterrichtete die amerikanische Botschaft, und die amerikanische Botschaft unterrichtete das State Department, und das State Department unterrichtete das FBI, daß Marut London an Bord der *Hegre* verlassen würde. Und alle waren getäuscht.

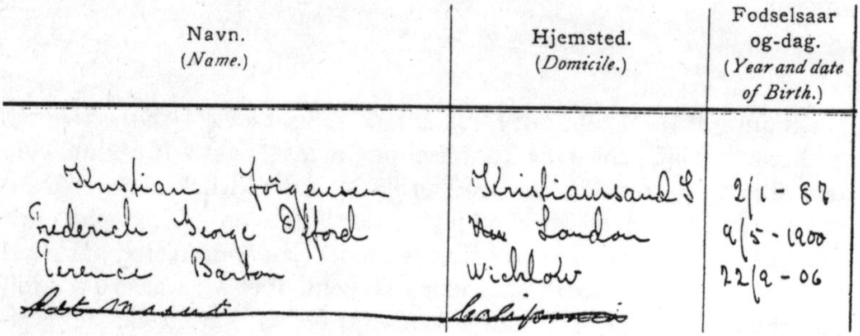

Navn. (*Name.*)	Hjemsted. (*Domicile.*)	Fodselsaar og-dag. (*Year and date of Birth.*)
Kristian Jörgensen	Kristiansand S	2/1 - 87
Frederich George Offord	London	9/5 - 1900
Terence Barton	Wicklow	22/2 - 06
~~Ret Marut~~	~~California~~	

Marut-Traven erschien nicht zur Abfahrt der *Hegre* am Marokko-Kai, und sie fuhr ohne ihn. Er hatte andere Vorkehrungen getroffen, um England zu verlassen. Ich habe Passagier- und Mannschaftslisten der Schiffe durchforscht, die London und andere britische Häfen in jener Zeit in Richtung Mexiko verließen, aber bisher keine Spur von ihm entdeckt. Es konnte gut sein, daß er nach Rotterdam zurückgekehrt und von dort nach Tampico gefahren war, sei es direkt oder mit einem weiteren Zwischenaufenthalt.

Es bleibt die Frage: Warum versteckte sich Traven? Darauf gibt es keine einfache Antwort. Es gibt keine einfache mathematische Lösung des von den sich überlagernden Schichten von Widersprüchen und der schieren Wunderlichkeit der menschlichen Persönlichkeit gestellten Rätsels, und Travens Persönlichkeit war eine der wunderlichsten. Das Geheimnis läßt sich nicht durch Erklärungen auflösen. Aber wir können ein Leben durchforschen, seine Fundamente freilegen und so Hinweise ausgraben, die uns bei der Deutung dessen helfen können, was wir nicht völlig zu verstehen vermögen. Traven haderte mit seiner eigenen Geschichte, doch er konnte sie nicht einfach ablegen und schleppte wie jeder andere das Gepäck seiner Herkunft mit sich herum. Sein Charakter und seine Weltanschauung waren von dieser Last geprägt.

Wie konnte er — ein unerwünschtes Kind, seinen geliebten Großeltern entrissen, gehindert, seiner Bestimmung zu folgen — Geburt und Abstammung eines Menschen eine Bedeutung zugestehen? Er war in dieser Hinsicht hintergangen worden, man hatte ihm nicht einmal die gewöhnliche Legitimität zukommen lassen. Zufälligem Erbgut und zufälligen Etiketten einen Wert beizumessen hätte geheißen, sich selbst der Mangelhaftigkeit zu bezichtigen, zu akzeptieren, daß er anderen gegenüber im Nachteil war. Für Traven war ein Wertsystem, das ihn ins zweite Glied verwies, ein falsches Wertsystem. Statt dessen leugnete er die Wichtigkeit und sogar die Bedeutung solcher Etiketten, und schließlich riß er sich die ihm einmal gegebenen einfach ab und wählte sich nach eigenem Gutdünken neue aus. Fast schien er zu glauben, daß der Gebrauch von Namen ein listiges, von der Welt eigens zu dem Zweck ersonnenes System war, ihn zu fangen und die Demütigungen seiner Kindheit aufzudecken, eine Prüfung, bei der er als einziger durchfallen würde. Akten und Behördenformulare waren die Prüfungsbogen, mit denen man ihn seiner Würde berauben wollte. Martin Trinidad, der rebellische Lehrer in der *Rebellion der Gehenkten*, wußte, wie man Traven gegen die übrige Welt wieder *al pari* stellte.

„ ‚Und darum sage ich euch, hier werden jetzt alle Papiere zusammengesucht und dann verbrannt . . . Heiratsdokumente, Sterberegister, Geburtsbücher, Verkaufsregister, Steuerbücher, überhaupt alles, was Papier ist mit Stempeln und Schreiberei. Wenn das alles einmal verbrannt ist, dann weiß niemand mehr, wer er ist, wie er heißt, wer sein Vater war und was seinem Vater gehörte . . . Wozu braucht ihr denn Geburtsregister' "?

Traven gefiel sich in seiner Schläue, mit der er Fragen auswich, Beamte austrickste und Verwirrung in die Akten brachte; aber indem er seine wahre Identität aufgab, vergrößerte er seine diesbezüglichen Schwierigkeiten und hielt die in der Kindheit geschlagenen Wunden ewig offen. Die Welt fragte weiterhin nach Namen, notierte und benutzte sie, und er konterte mit einem Gewirr von Lügen, Täuschungsmanövern und Komplikationen. Seine Scharmützel mit den Behörden entfachten seinen Zorn und schärften seine Zunge. Das *Totenschiff* ist voller Spott und Ablehnung gegen die uniformierten Klassen: „Könige und Präsidenten beherrschen nicht wirklich die Welt; der Messingknopf ist der wirkliche Herrscher." Aber mit der blinden Unvernunft des Besessenen haßte er Beamte, weil sie ihm nicht glaubten und auf Beweisen dessen bestanden, was er ihnen erzählte, wenn er ihnen die ganze Zeit Lügen auftischte. Er war wütend, weil sie ihn durchschauten. Nicht immer, natürlich, doch als er Europa verlassen und Amerika zu erreichen suchte, zu einem kritischen Zeitpunkt in seinem

Leben, da machten sie ihn aus, als er mit eingezogenem Kopf durch die Menge huschen wollte.

Schon in frühen Jahren lernte Traven, sich von seiner Umgebung zu lösen und das innere Leben zu entwickeln, das ihn als Schriftsteller nähren sollte. Der Egoismus war schon sichtbar. Er fühlte sich von seiner Familie und von den Umständen verraten und wuchs als Einzelgänger auf, lebte abseits und in sich selbst. Die individualistische Philosophie Max Stirners hätte eigens für ihn entwickelt sein können, und er stürzte sich darauf. Sie gab ihm die Rechtfertigung, die Welt an seinen eigenen Bedürfnissen zu messen und ermöglichte es ihm, dies mit der Sehnsucht, seinen Mitmenschen zu helfen, zu vereinigen. Die stirnersche Philosophie des *Ziegelbrenners* wuchs ganz selbstverständlich aus der Seele des jungen Otto Feige:

„Die edelste, reinste und wahrhafteste Menschenliebe ist die Liebe zu sich selbst. Ich will frei sein! Ich will froh sein können! Ich will mich aller Schönheiten dieser Welt erfreuen! Ich will glücklich sein! Aber meine Freiheit ist nur dann gesichert, wenn alle anderen Menschen um mich frei sind. Ich kann nur dann froh sein, wenn alle anderen Menschen meiner Umgebung froh sind . . . Und darum handelt es sich um Mein Eigenes Wohlbefinden, nur um Mein Eigenes Selbst, wenn ich mich auflehne gegen jede Gefahr, die meiner Freiheit und meiner Glückseligkeit droht."

Sein Wunsch, andere zu lieben und ihnen zu dienen, und sein Bedürfnis, sich zu schützen, äußerten sich in seinen Schriften in einem naiven, aus seiner einfachen Hoffnung geborenen Idealismus und einer spottenden Ironie, geboren aus seiner Enttäuschung darüber, daß des Menschen schwaches Streben so wenig erreichte und so leicht korrumpiert wurde. In seiner Suche nach Einfachheit und Reinheit identifizierte er sich mit den Indios in Mexiko. Wie er lebten sie abseits der Niedertracht der herrschenden Zivilisation, und ebenso wie er trugen sie die Hoffnungen der Menschheit in sich.

In der Kindheit zog sich Traven an den Rand des Lebens zurück, um es dann für den Rest seiner Jahre von dort aus zu beobachten. Aus dem verschlossenen Kind wurde der anonyme Schriftsteller, der sich stets am Rande der Menge aufhielt, um nicht verletzt zu werden und seinen klaren Blick und womöglich auch die Illusionen über sich selbst zu bewahren. Draußen im hellen Sonnenlicht war er nicht der Mächtige wie hinter seinem Schreibtisch, von wo er die Welt beschreiben und ihr seine Botschaft verkünden konnte, ohne ihr entgegentreten zu müssen. John Huston fand den Schlüssel zu einem Aspekt Travens, als er sagte, er sei ein stolzer Mann gewesen, der eine Maske brauchte, um die Gesellschaft zu besuchen — daher die Persona des Hal Croves. Der Schriftsteller Traven hielt sich für einen außergewöhnlichen Menschen, und er war es; die physische Person Traven dagegen war, wie sie selbst wußte, ein ganz gewöhnlicher Mensch, der der Welt nicht imponieren konnte, wie man es von einem Mann mit der Stimme des B. Traven erwartete. Seine Eitelkeit bäumte sich deswegen auf, und er entwickelte eine Strategie zu seinem Schutz: Mit der Außenwelt verhandelte er nur über seine weiblichen Agenten und wagte sich selbst nur in der Gestalt des Übersetzers Hal Croves an die Öffentlichkeit. Als John Huston den *Schatz der Sierra Madre* drehte, war er mit Evelyn Keyes verheiratet, die in ihrer Autobiographie die Begegnungen mit Croves schilderte. Ihre Darstellung bestätigt Hustons Meinung, daß Croves eine wenig eindrucksvolle Gestalt war.

Einmal fuhren sie und Huston mit Croves zum Hochseeangeln hinaus. Nach mehreren Stunden an der Rute wollte Huston sich eine Pause gönnen und die Beine strecken, und er fragte Croves, der nicht hatte angeln wollen, ob er kurz die Angel halten würde. Croves übernahm sie unter Protest. Kurz darauf biß ein riesiger Marlin an, und Croves ließ hilflos die Rute los, die samt Fisch im Kielwasser des Bootes verschwand. Huston beherrschte mühsam seinen Ärger, während Croves sich immer wieder demütig entschuldigte. Bei den Dreharbeiten dann machte sich Croves, der sich selbst offenbar sehr ernst nahm, erneut ziemlich lächerlich. Er verliebte sich in die hochgewachsene Frau eines mexikanischen Filmtechnikers und begann deswegen, hochhackige Schuhe zu tragen, um ein paar Zentimeter größer zu sein. Evelyn Keyes zufolge machte sich Huston über den winzigen Hal Croves auf grausame Weise lustig, indem er ihn vor der versammelten Mannschaft zum Schein um seinen Rat fragte, mit ihm unwahrscheinliche filmische Probleme darlegte und so tat, als ob er seinen Antworten aufmerksam zuhörte. Croves dagegen erzählte später seiner Frau, wie einflußreich er bei den Dreharbeiten gewesen war, und wahrscheinlich glaubte er dies auch.

Es ist nicht überraschend, daß er sich bei den mexikanischen Indios wohlfühlte, denn sie kennen kein Konkurrenzdenken, und bei ihnen wurde er nicht herausgefordert. Ihre Einstellung zum Leben und seine weiße Haut befreiten ihn vom Zwang, sich zu behaupten. Wie ein Kind, das besser mit Erwachsenen als mit seinesgleichen zurechtkommt, oder wie ein Erwachsener, der sich nur in der Gesellschaft von Kindern wohlfühlt, bewegte sich Traven auf seinen langen Expeditionen zufrieden unter den Indios, wo er er selbst sein konnte. Die adoptierte Familie seiner letzten Jahre brachte ihm ähnliche Sicherheit. Er wurde geliebt, seine Wünsche wurden befolgt, es wurden keine Fragen gestellt; er brachte seine eigenen Regeln, Pflichten und seine Moral mit, und seine Individualität blieb unangetastet. Wie er in seinem Gedicht *Khundar* geschrieben hatte: ,,Wo ich mit meinen beiden Füßen stehe, da ist mein Land und mein Königreich." Er seinerseits liebte seine Stieftöchter wie seine eigenen und hatte endlich Frieden in einer Familie gefunden. Im davorliegenden dreiviertel Jahrhundert hatte er seine Eltern, seine Brüder und Schwestern und sein Kind verlassen. Und dennoch hatte er nicht alle Erinnerungen daran, was ein Sohn für seine Mutter empfinden sollte, über Bord werfen können, wie die Widmung der *Brücke im Dschungel* zeigt:

„Den Müttern
jeden Landes, jeden Volkes,
jeder Rasse, jeder Farbe,
jeden Glaubens, jeden Tieres,
jeder Kreatur, die lebt."

Das mußte auch Hormina einschließen.

„ ‚Aber, zum Teufel noch mal, wer seid ihr denn eigentlich?' Professor neigte sich nahe dem Ohr des Lehrers und flüsterte ihm ein Wort zu. Laut sagte er, und mit einem offenen Lachen: ‚Sage es nicht weiter, auch wenn Du gefragt werden solltest. Wir sagen es nur bei bestimmten, sehr bestimmten und sehr begrenzten Gelegenheiten. Seitdem wir nun auch noch wissen, amtlich wissen, daß der Diktator gefallen ist, hat sich, was wir waren, geändert zu dem, was wir jetzt sind.' "

Ein General kommt aus dem Dschungel

Seit unseren Entdeckungen in Deutschland hatte ich mich gefragt, wieviel Señora Luján vom wirklichen Namen und der Familie ihres Mannes wußte. Sie wußte nichts davon, daß sein Bruder und seine Schwester lebten, aber hatte der alte Traven sich jemals nahe an ihr Ohr gebeugt und die Wahrheit geflüstert? Ich sollte bald Gelegenheit haben, das herauszufinden, denn die Señora gab mir Nachricht, daß sie nach ihrem Besuch auf der Frankfurter Buchmesse im Herbst 1978 nach England kommen wollte.

Anfang Oktober erreichte mich der Anruf eines Schotten, der sich aufführte, als sei Señora Luján sein Besitz; er teilte mir mit, daß sie mit Bestimmtheit Ende des Monats nach Europa käme. Ich bat ihn, dafür zu sorgen, daß sie sich nach ihrer Ankunft mit mir in Verbindung setzte. Als ich Ende Oktober noch nichts von ihr gehört hatte, nahm ich an, daß die Señora England von ihrem europäischen Reiseplan gestrichen hatte.

Mittlerweile hatten wir den Sendetermin für unseren Film festgelegt, er sollte am gleichen Abend wie John Hustons Film *Der Schatz der Sierra Madre* laufen. Das sollte aber erst Ende Dezember sein, so daß der Film noch nicht gelaufen sein würde, wenn die Señora wie geplant im Herbst nach England kam. Das stellte mich vor ein Problem.

Was wir über Traven herausgefunden hatten, war bloß eine Fußnote in der Literaturgeschichte, aber es war eine Fußnote, die niemand anderer vor uns entdeckt hatte. Ich hatte Angst, daß die Señora so tun könnte, als hätte sie dies alles schon gewußt, und es vielleicht gar öffentlich bekanntgeben und dadurch uns um unseren bescheidenen Knüller bringen könnte, falls ich ihr vor der Sendung die ganze Geschichte erzählte und den Film vorführte. Ich hatte keine Absicht, die Señora zu verletzen oder bloßzustellen, geschweige denn sie auf irgendeine Weise zu verraten. Es gab nichts in dem Film, das sie verletzen oder ihre rechtmäßige Autorität in Frage stellen könnte; wir waren zu dem Schluß gekommen, daß ihr Mann der alleinige Autor der B. Traven-Bücher war. Ich beschloß, ihr vorab kein Skript zu schicken, aber dafür zu sorgen, daß sie am Tage der Sendung eines bekam, damit sie alle meine Entdeckungen kannte, bevor sie an die Öffentlichkeit gingen. Wenn sie nach London kam, würde ich sie treffen und ihr alles das erklären.

Der Schotte rief mich am 13. November erneut an, um mir mitzuteilen, daß Señora Luján am folgenden Tag in London ankommen würde, und er verlangte, daß ich ihr den Film vorführe. Ich hatte von dem Mann noch nie gehört und sagte ihm, die Señora sollte mich anrufen, da ich mit ihr reden wollte. Ich sagte ihm, daß der Film noch immer im Labor war. (In der Tat wurde gerade eine neue Tonspur daraufkopiert, aber es wäre sehr wohl möglich gewesen, ihn vorzuführen.) Der Schotte, der eine herrische und unangenehme Art hatte, begann sich aufzuplustern, und unser Gespräch endete mit unfreundlichen Worten. Am nächsten Tag rief mich der Cutter Geoff Botterill an, um mir zu sagen, daß das Kopierwerk, wo die Filme der BBC verarbeitet werden, einen Anruf von einem Schotten bekommen hatte, der sich als Mitarbeiter einer Produktionsfirma ausgab und verlangte, den Traven-Film vorgeführt zu bekommen. Auch Geoff Botterill war von demselben Mann angerufen worden.

Nachdem wir einander mehrmals verpaßt hatten, telefonierten die Señora und ich uns endlich zusammen und verabredeten ein Treffen, bei dem ich ihr erklären würde, warum ich ihr den Film noch nicht zeigen wollte. Es war mir unangenehm, mich auf diese Weise davor zu drücken, aber ich sagte mir, daß sie einerseits uns in Mexiko auch nicht ihr ganzes Wissen preisgegeben hatte, so daß ich einige Berechtigung hatte, ihr meine Entdeckungen noch eine Weile vorzuenthalten. Es war mir weniger unangenehm; als sie zehn Minuten später nochmals anrief, um mir zu sagen, daß ihr schottischer Freund ein guter Bekannter des Generaldirektors des BBC-Fernsehens war. Würde sie nun vielleicht den Film sehen können? Ich sagte nein.

Die Señora kam am gleichen Abend ins Television Center. Sie trug einen neuen hellen Regenmantel und sah so elegant aus wie eh und je, und sie begrüßte mich mit einem Küßchen auf beide Wangen. Als wir zu mir nach Hause fuhren, erzählte sie mir von ihrem Sightseeing in London, davon, daß sie im britischen Museum nur bis zum Manuskriptsaal gelangte, wo sie fasziniert die Handschriften der großen Männer und Frauen der Literatur betrachtet hatte. Sie sagte, sie sei mit einem Drehbuchautor aus Hollywood in London, der einen Film über das Leben ihres Mannes vorbereitete. Sie waren am Brixton-Gefängnis gewesen, um zu sehen, wo er gesessen hatte, doch man hatte sie nicht hineingelassen. Ihr Mann hätte ihr erzählt, daß er es im Gefängnis gut ausgehalten hätte, solange er Papier und Bleistift zum Schreiben hatte. Sie schenkte mir ein breites Lächeln, als ob sie sagen wollte: ,,Siehst Du, was ich alles über das Leben meines Mannes weiß.''

Fünf Minuten später waren wir bei mir zu Hause. Meine Frau und meine Töchter waren gespannt, ,,B. Travens Frau'' kennenzulernen, und sie war auch sehr charmant und entgegenkommend. Ich holte die Fotos, die ich für die Señora mit nach Hause gebracht hatte. Es waren einige Bilder dabei, die wir von ihr in Mexiko gemacht hatten, eine Kopie der Gerichtsakte, in der die Verhaftung ihres Mannes festgehalten war, und eine von Lloyds' Schiffahrtsregister, in dem die Abfahrt der *Hegre* notiert war, wobei ich allerdings erklärte, daß Marut anscheinend doch nicht auf diesem Schiff gereist war. Ihr plötzliches Interesse an Brixton und Lloyds, von denen bei unserem ersten Besuch in Mexiko nie die Rede gewesen war, deuteten darauf hin, daß ihre Kenntnis dieser Episoden nicht von ihrem Mann, sondern ebenso wie die unsere aus den amerikanischen Dokumenten stammte.

Zwar enthielten die Fotos, die ich ihr zeigte, keine neuen Informationen, aber jeder andere Mensch hätte merklicher reagiert als die Señora. Sie hatte die Fähigkeit, jede neue Tatsache oder jede Frage mit unbewegter Miene zur Kenntnis zu nehmen, eine äußerst wirkungsvolle Art, ihr eigenes Wissen zu bewahren und die Lücken darin zu tarnen. Ich grübelte. Ich hatte noch die Fotos aus dem Verbrecheralbum, Frontal- und Profilporträts, die sie vorher nicht gesehen haben konnte, und diese reichte ich ihr nun. Sie reagierte mit einer entzückenden kleinen Wendung. Sie betrachtete die Fotos, lachte kurz und sagte: ,,Ach, wissen Sie, ich glaube, daß ich diese Mütze noch irgendwo zu Hause habe.'' Ob sie die Mütze wirklich hatte, war ziemlich nebensächlich; wichtig war allein die Tatsache, daß ich ihr keinerlei Überraschung bieten konnte. Sie war die Herrscherin über alle Dinge im Hause Traven. Die Mühe, die sie sich gab, um alles, was mit ihrem Mann zu tun hatte, zu umfassen, ließ mich zweifeln, daß sie wirklich so viel wußte, wie sie vorgab. Ihre ständigen Kehrtwendungen, um auch die kleinste Reliquie sicherzustellen, ließen ihre Geschichten für mich nicht glaubwürdiger, sondern eher unglaubwürdiger erscheinen.

Die Señora fragte mich, warum sie den Film nicht sehen durfte, und nach dessen Inhalt. Ich sagte ihr, daß ich den Inhalt nicht vor der Sendung preisgeben wollte und hoffte, daß der Film bei der Sendung Eindruck machte. Ich versicherte ihr, daß ihr Mann als der alleinige Autor bestätigt und ihr Status als die Witwe von B. Traven in keiner Weise in Frage gestellt würde. Ein anderer Forscher hatte in einem Buchmanuskript ungalante Andeutungen über die Señora gemacht; er suchte für sein Buch einen Verleger, und sie wollte die Herausgabe verhindern. Ich hatte mit dem Mann telefoniert, war aber nie persönlich mit ihm zusammengetroffen, und ich konnte die Señora beruhigen, daß weder er noch seine Behauptungen in unserem Film vorkamen.

Dann sprachen wir über Travens Bücher und sein Leben im allgemeinen, und die Señora würzte in einer beiläufigen, fast abwesenden Art das Gespräch mit einigen spitzen Bemerkungen. „Der Geburtsort meines Mannes, da bin ich sicher, ist in den Vereinigten Staaten. Ja, ich bin sicher, daß er Amerikaner war." Und ein wenig später: „Natürlich haßte er alle Papiere und Formulare, und er hatte nie eine Geburtsurkunde. Er hatte nie einen Paß, bis er in Mexiko einen bekam — weil man ihm dort den Ausweis auf sein Ehrenwort hin gab, wissen Sie." Und dann, noch beiläufiger: „Wissen Sie, all diese Dinge, die er der Polizei in London erzählte, all diese Namen Arnold und Barker und Feige und so weiter, Baumann hat sie alle nachrecherchiert, und sie sind nicht wahr, wissen Sie. Er hat sie einfach erfunden. Er mußte der Polizei diese Dinge erzählen. Und, wissen Sie, wie er da behauptete, daß er in Schip . . . Schwiebus, war es nicht das, geboren wurde? Irgendsowas. Nun, es wurde nachgeprüft, und er hatte es erfunden. Sie sehen also, er wurde nicht in Deutschland geboren. Er mußte über diese Dinge lügen."

Was für ein Spiel war das? Ganz bewußt mißachtete ich diesen Köder, ließ ihn wie unbemerkt durch unser Gespräch treiben, ohne ihn zu berühren. Wollte sie mich prüfen, weil sie unsicher war? Wollte sie mich ablenken, falls Schwiebus und Feige die Wahrheit waren? Schließlich stand in ihrer Heiratsurkunde, daß sie einen Mann namens Traven-Torsvan geheiratet hatte, und das Testament, das sie zur Alleinerbin machte, wurde von einem Mann namens Traven-Torsvan-Croves hinterlassen. Vielleicht hatte sie unnötigerweise Angst, daß ihre Position gefährdet war. Ich habe sie über meine Entdeckungen nicht belogen, aber an jenem Abend war ich alles andere als offen. Auch sie war zu mir zuvor und damals nicht offen, und ich glaube, daß wir beide wußten, daß wir einander auf die Probe stellten. Dennoch war die Atmosphäre an jenem Abend nicht gespannt oder gar feindselig. Die Señora verabschiedete sich herzlich von meinen Töchtern, und meine Frau und ich führten sie zum Abendessen aus.

Beim Essen erzählte sie meiner Frau, daß sie und Traven ursprünglich Anfang der fünfziger Jahre in London hatten heiraten wollen, sie jedoch damals unsicher gewesen war, da sie noch nicht lange zusammen waren, und sie wußte, daß er nicht wirklich an die Ehe und an Kinder glaubte. Sie wollte sicher sein, daß sie ihren beiden Töchtern aus erster Ehe kein Unrecht antat. Sie lachte, als sie erzählte, wie Traven ihr gesagt hatte, daß er ihr niemals einen weiteren Heiratsantrag machen würde, wenn sie ihn jetzt nicht heiratete, und wenn sie danach doch noch heiraten wollte, dann mußte sie ihn auf Knien darum bitten. Damit wir auch ja nicht glaubten, daß sie sich so erniedrigt hatte, vertraute uns die Señora an, daß dies nicht notwendig gewesen sei.

Das letzte Jahrzehnt seines Lebens war sicher eine glückliche Zeit. Er lebte entspannt im Schoße einer liebenden Familie, getrennt von der Welt wie nie zuvor, seit er im zarten Kindesalter das Haus seiner Großeltern verlassen hatte. Die Señora hatte ihm an seinem Lebensabend diese Häuslichkeit und Ruhe geboten, und nun war sie die Bannerträgerin seines Werkes. Wenn sie Dinge zurückhielt und verbarg und aus mir und meinesgleichen Informationen herauszukitzeln versuchte, dann geschah den Traven-Jägern damit Recht. Keiner von ihnen würde jemals ihrem Mann gleichkommen, und sie mußte um jeden Preis den großen Mann und seine großen Bücher beschützen.

Wir setzten die Señora an ihrem Hotel ab, verabschiedeten uns mit Küßchen und versprachen, uns in London oder in Mexiko bald wiederzusehen. Aber der Besuch war noch nicht ganz vorbei. Am nächsten Tag war der Schotte wieder eifrig, rief den Generaldirektor, rief mein Büro an, drohte mit der Presse, wenn die Señora den Film nicht sehen konnte. Ich vermutete, daß er wütend war, weil er der Señora etwas versprochen hatte, das er nicht halten konnte, und nun versuchte er sein Gesicht zu wahren. Ich rief den Schotten an und erklärte, daß ich meinen Frieden mit der Señora gemacht hatte und daß ich mit ihr, nicht mit ihm verhandelte. Er tobte: Er würde „aus meinen Eingeweiden Strumpfhalter machen"; er hätte mit einigen Anwälten gesprochen und könnte die ganze Sache platzen lassen. Ich wußte nicht, mit wem ich es zu tun hatte, (ich weiß es immer noch nicht); falls ich ihm jemals begegnete, würde er mich „ungespitzt in den Boden hauen". Im Laufe seiner Tirade ließ er aber noch durchblicken, daß Señora Luján ihn gebeten hatte, die Sache auf sich beruhen zu lassen, ansonsten . . . Meine Traven-Geschichte endete damit, daß jemand mich bedrohte, weil ich ein Geheimnis bewahrte!

Einen Monat später sorgte ich dafür, daß am Morgen des 19. Dezember, dem Tag der Sendung unseres Films, durch einen Boten der britischen Botschaft in Mexiko City ein komplettes Skript des Filmes bei Señora Luján abgegeben wurde. Am Morgen des 19. Dezember schickte ich Skripte an alle weiteren Beteiligten. Der Film wurde gesendet, und die Erde drehte sich weiter, aber die BBC kam zum Stehen. Der nachlassende Fluch hatte den richtigen Zeitpunkt verpaßt, und am Tag nach der Sendung begann ein Streik wegen Gehaltsforderungen. Ich wartete auf eine Antwort von der Señora. In den Wochen nach Weihnachten schickten die meisten der übrigen Empfänger ihre Kommentare zum Skript, aber aus der Rio Mississippi kam keine Nachricht. Ich hatte erwartet, daß die Señora bald weitere Einzelheiten über unsere Entdeckungen zu erfahren begehren und nach den Adressen des Bruders und der Schwester ihres Mannes fragen würde. Diesmal würde ihre Neugier sicher so groß sein, daß sie einmal selbst nach Traven fragte, anstatt von ihm zu erzählen. Ich hatte mich geirrt. Das Schweigen dauerte an, und ich fragte bei der britischen Botschaft nach, ob das Skript auch pünktlich zugestellt worden war. Es war. Ende März erhielt ich dann eine Postkarte mit einem Bild von Indianern aus Chiapas, abgeschickt aus Mexiko City. Der Text lautete einfach:

„Lieber Will,
vielen Dank für das Skript. Habe Chiapas genossen. Viele Grüße an Sie und Ihre drei schönen Mädchen."

Rosa Elena

Señora Luján hatte ihrerseits beschlossen, einige Geheimnisse für sich zu behalten.

Die Familie von B. Traven

Johann Gottlob Feige verh. Joanna (Christiane) Wilhelmina
geb. 18.12.1819 geb. 21.9.1822
Kosendau Finsterwalde

Anna
1844—7

Johann
geb. & gest. 1846

Friedrich
geb. & gest. 1848

Karoline
1849—53

Gustav
1852—89

Christiane
1854—?

Marie
1858—1932

Adolf Rudolf
geb. 23.5.1860 Finster
gest. 16.12.1934 Walle

Hermann Albert *Otto* Max-Elfriede Zielke
geb. 23.2.1882 Schwiebus
gest. 26.3.1969 Mexiko-City

Irene Zielke
geb. 20.3.1912 Danzig
verh. Rosa Elena Luján

Adolf Friedrich *Willi* verh. Johanna Stichweh
geb. 5.12.1884 Finsterwalde geb. 18.7.1889 Thüste
gest. 26.5.1950 Hildesheim gest. 5.5.1937 Hannover*

Marianne Schlacht
(Brabant in 2. Ehe)
geb. 5.4.1919 Cottbus

Gertrude (Constabel)
geb. 28.5.1903 Thüste
gest. 15.8.1979 Coppenbrügge*

Willi
1914—1942 (gefallen)

Katherina Hermina
Gertrud Ella
geb. 18.5.1888 Grünberg
gest. 1.6.1951 Hannover

Erna
1911—

Wolfgang
1920—

Gertrau
1922—

Wilhelm August *Carl* Wienecke verh. *Friedericke* Gottliebe Bullack
geb. 1832 geb. 25.12.1825

hard
5—79

Ferdinand Johannes Paul
geb. 9.12.1865 Finsterwalde
gest. 23.11.1926 Hameln*

verh. — Friedericke Dorothea *Hermine*
30.5.1882 geb. 1.6.1859 Schwiebus
gest. 2.8.1936 Wallensen*

Marieluise
geb. 1895
gest. ?

ich Hage
.4.4.1882 Wallensen
9.10.1962 Hannover*

Editta Frieda *Erna*
geb. 19.7.1892 Grünberg
gest. 15.2.1911 Wallensen*

Johannes Walter *Ernst* verh. Ida Zien
geb. 5.8.1895 Schwiebus geb. 1.10.1896 Kassel
gest. 1.1.1982 Hameln* gest. 22.12.1978 Thüste*

Gerhard 1928—1941

Martha Klara Amalie *Margarethe* verh. Willi Henze
geb. 14.12.1893 Schwiebus geb. 29.11.1897 Gerzen
gest. 6.3.1981 Gronau gest. 28.3.1974 Wallensen

er
—

Rolf
geb. 2.3.1923 Wallensen

Oskar Gustav *Max* verh. Lina Röhrig
geb. 11.6.1890 Grünberg geb. 5.7.1891 Wallensen
gest. 15.4.1970 Hameln gest. 27.10.1973 Wallensen*

Walter 1921—1943 (gefallen)

* begraben in Thüste o. Wallensen

TRAVEN IN EUROPA
DANZIG 1911
MOHRUNGEN 1911
Elbe
HOLLAND
BERLIN 1910, 1921
HANOVER
PINNE
POZNAŃ
WARSCHAU
ROTTERDAM 1923
BÜCKEBERG 1902
POTSDAM
MAGDEBURG 1904
SCHWIEBUS 1882 1893
WALLENSEN 1904
GRÜNBERG 1888
ESSEN 1907
DÜSSELDORF 1912
FINSTERWALDE
POLEN
KÖLN 1920
OHRDRUF 1908
GÖRLITZ
CRIMMITSCHAU 1909
SUHL 1908
Oder
KRONBERG
PRAG
Rhein
DEUTSCHLAND
ÖSTERREICH-UNGARN
Donau
MÜNCHEN 1915
WIEN 1919
LEGENDE
von Traven besuchte Städte
Grenzen vor 1918
TRAVEN IN MEXIKO
LOS ANGELES
VEREINIGTE STAATEN VON AMERIKA
CIUDAD JUÁREZ
Westliche Sierra Madre
SAN ANTONIO
Östliche Sierra Madre
TAMPICO
PUERTO VALLARTA
SAN JOSÉ PURUA
MEXIKO CITY
VERACRUZ
Südliche Sierra Madre
ACAPULCO
CHIAPAS
OCOCINGO
SAN CRISTÓBAL DE LAS CASAS

Anhang eins

B. Traven zugeschriebene Identitäten

Jack London
Ambrose Bierce
Ein amerikanischer Millionär
Ein schwarzer amerikanischer Flüchtling
Frans Blom
Professor Frank Tannenbaum
Ein Leprakranker
Präsident Adolfo Lopez Mateos
Esperanza Lopez Mateos
August Bibelje
Jacob Torice
Präsident Elias Calles
Cheflektor eines deutschen Verlagshauses
Käpt'n Bilbo
Arthur Breisky
Eine Schriftstellergruppe in Honduras
Eine Gruppe linker Drehbuchautoren in Hollywood

Anhang zwei

Einige Daten im Leben von B. Traven

1882	23. Feb.	geb. in Schwiebus als Otto Wienecke
	6. Mai	Kronprinz Wilhelm (dem späteren Kaiser Wilhelm II.) wird ein Sohn, Wilhelm, geboren
	20. Mai	Otto erhält durch Heirat seiner Eltern den Familiennamen Feige
ca. 1882—88		lebt bei seinen Großeltern in Schwiebus
ca. 1888—90		mit den Eltern in Grünberg, Schwiebus und Stäpel
ca. 1896		Konfirmation
ca. 1896/97		Schlosserlehre in Schwiebus
ca. 1900		bleibt in Schwiebus, als Eltern nach Wallensen ziehen
ca. 1902		in Magdeburg. Läßt sich fotografieren
1902—04		Militärdienst beim 7. Jägerbataillon in Bückeburg
1904		lebt bei der Familie in Wallensen
1907	Mai	Silberhochzeit der Eltern; Otto ist schon von Zuhause verschwunden
1907		erstes Auftauchen von Marut: als Schauspieler in Essen
1908		Marut meldet sich in Ohrdruf polizeilich an
1909		als Schauspieler in Crimmitschau
1910		in Berlin
1911		Tourneen in Pommern, Ost- und Westpreußen, Posen und Schlesien. Ankunft in Danzig
1912		am Theater in Danzig. Geburt der Tochter Irene Zielke im März
		ans Düsseldorfer Theater. Laut polizeilicher Meldebescheinigung ist Marut englischer Staatsbürger (wird später, ca. 1915, in „Amerika" geändert)
		Maruts erste veröffentlichte Geschichte
1914		Marut beantragt zum erstenmal einen amerikanischen Paß — in Barmen, wie er später behauptet

1914	April	erstes bekanntes Marut-Porträt von F. W. Seiwert
1915		lernt Irene Mermet kennen
		beantragt in San Franzisko Abschrift seiner Geburtsurkunde
		zieht nach München
1916		*An das Fräulein von S . . .* von Richard Maurhut erscheint in München
1917	Feb.	USA brechen diplomatische Beziehungen zu Deutschland ab
	März	Marut beantragt in München US-Reisepaß
	April	USA und Deutschland im Krieg gegeneinander
		Maruts Paßantrag wird abgelehnt
	Sept.	erste Ausgabe des *Ziegelbrenners* erscheint
1918	Nov.	Regierung Eisner in München
		der Kaiser dankt ab
1919	Feb.	Ermordung Eisners
	April	Räterepublik in München. Marut als Pressezensor und Mitglied der Kommission zur Errichtung eines Revolutionstribunals
	Mai	Freikorps besetzen München. Ende der Räterepublik. Marut wird verhaftet und kann fliehen (?). Flucht nach Wien
	Juni	Irene Mermet verhaftet und freigelassen.
		Irene und Marut in Berlin?
1920	Jan.	*Der Ziegelbrenner* erscheint in Wien
	April	*Der Ziegelbrenner* erscheint in Nippes bei Köln
1921	Juni	Marut in Berlin
	Dez.	letzte Ausgabe des *Ziegelbrenners* mit Zeichnungen von F.W. Seiwert
1922	(?)	in der Schweiz und Holland
1923		verläßt Deutschland
	Juni	Ankunft und Einreiseverweigerung in Kanada
	August	Ankunft in Britannien
	Nov.	Verhaftung in London
	Dez.	Überstellung ins Gefängnis Brixton
1923	(?)	Irene Mermet engagiert für Marut einen Anwalt und schickt ihm Geld über Charles Hallinan
1924	Feb.	Marut freigelassen. Wohnt an der Commercial Road
		Schreibt an Eltern in Deutschland
1924	März	beantragt in London Anerkennung als US-Staatsbürger
	April	verläßt London an Bord eines Schiffes
		Marut verschwindet für immer

	Juni/Juli	Ankunft in Tampico
1925	Juni	Berliner *Vorwärts* beginnt Serie *Die Baumwollpflücker*
		B. Traven schreibt von den Postfächern 972 und 1208 in Tampico, Tamaulipas, Mexiko
		Irene Mermet nach Mexiko
1926		*Das Totenschiff* erscheint bei der Büchergilde Gutenberg
		Mit Irene Mermet in Tampico
		Traven Torsvan als Expeditionsteilnehmer in Chiapas
		Irene kehrt in die USA zurück
1927	April	Erich Mühsams Aufruf an den Ziegelbrenner
		Torsvan nimmt am Sommerkurs der Nationaluniversität in Mexiko teil
		Der Schatz der Sierra Madre erscheint in Deutschland
1928		in Chiapas; Grenzübertritt nach Guatemala
		Land des Frühlings erscheint in Deutschland
		in Mexiko-City im Hotel Panuco und mit Maria de la Luz Martinez in der Isabel la Catolica Nr. 17; Postfach 1480
1929		Expedition nach Yucatán
		Die Brücke im Dschungel und *Die Weiße Rose* erscheinen
		Besuch in den USA?
1930		Expedition nach Chiapas
		Kauf des Cashew-Parks in Acapulco
		Adresse: Postfach 49 in Acapulco und Postfach 378 in Mexiko City
1931		*Der Karren* und *Regierung* erscheinen
1933		*Der Marsch ins Reich der Caoba* erscheint
1934		Erste englischsprachige Ausgabe eines Traven-Buches: *Das Totenschiff* in London und New York
1935		Korrespondenz mit Herbert Klein
1936		*Trozas* und *Die Rebellion der Gehenkten* erscheinen
		Bernard Smith besucht Mexiko
1939	August	Esperanza Lopez Mateos schreibt an Alfred Knopf
1940		*Ein General kommt aus dem Dschungel* erscheint
1942		Identitätskarte für Traven Torsvan in Acapulco
		Esperanza Lopez Mateos wird B. Travens Agentin

1943		Mina Klein schreibt ans Postfach 2520, um *Das Totenschiff* zu kaufen
1945		neues Postfach: Nr. 18 in Mexiko City
1946		Korrespondenz John Hustons mit B. Traven
1947		John Huston begegnet Hal Croves in Mexiko City. Erstes Auftreten von Croves bei den Dreharbeiten zum *Schatz der Sierra Mdre*
1948		Croves schreibt aus San Antonio und Mexiko City
	Juli	Spota jagt Torsvan in Acapulco
	August	Spotas Artikel in *Mañana*; Croves quartiert sich bei Gabriel Figueroa ein
1949		Torsvan verläßt den Cashew-Park
1951		Erstes Erscheinen der *B.T. Mitteilungen*
		Esperanza Lopez Mateos stirbt
		Croves begegnet James Wong Howe und Sanora Babb Howe
1952		Erste Erwähnung von R.E.Luján im Zusammenhang mit Travens Werken
1954		Croves bei den Dreharbeiten zur *Rebellion der Gehenkten* in Chiapas
		Knopf erhält Anweisung, künftige Korrespondenz an R.E. Luján, Postfach 2701 in Mexiko City zu richten
1956		Irene Mermet stirbt in den USA
1957		Torsvan/Croves heiratet in San Antonio (Texas) Rosa Elena Luján
1958		Croves wohnt in der Calle Durango 353 in Mexiko City
1959		Torsvan, auch genannt Croves, besucht Deutschland anläßlich der Premiere des Films *Das Totenschiff*
1960		*Aslan Norval* erscheint
1963		Stern-Reporter Gerd Heidemann interviewt Señora Luján
1964		Croves zieht an die Rio Mississippi 61 in Mexiko City
1966		Judy Stone interviewt Hal Croves
1968		Paul und Lupita Kohner besuchen Croves an der Rio Mississippi 61
1969	26. März	Torsvan/Croves stirbt

Anhang drei

Einige der von Traven gebrauchten Namen

Arnolds
Barker
Hal Croves
Traven Torsvan
Traves Torsvan
Traven Torsvan Torsvan
Traven Torsvan Croves
B. T. Torsvan
Ret Marut
Rex Marut
Robert Marut
Fred Maruth
Fred Mareth
Red Marut
Richard Maurhut
Albert Otto Max Wienecke
Adolf Rudolf Feige
Kraus
Martinez
Fred Gaudet
Lainger
Goetz Öhly
Anton Räderscheidt
Robert Bek-Gran
Arthur Terlelm
Wilhelm Schneider
Heinrich Otto Becker

Anhang vier

Einige tatsächlich oder angeblich ausgeübte Berufe

Schriftsteller
Schauspieler
Bühnenregisseur
Mechaniker
Ingenieur
Buchverkäufer
Fotograf
Theateragent
Schauspiellehrer
Seemann
Schiffskoch
Forscher
Übersetzer
Sprachlehrer
Farmer
Obstfarmer
Hauslehrer
Bäcker
Kaufmann
Soldat
Schlosser

Einige Staatsangehörigkeiten

Englisch
Schwedisch
Amerikanisch
Norwegisch
Litauisch
Deutsch
Mexikanisch

Anhang fünf

Einige Personenbeschreibungen

(Manchmal lieferte er wohl seine eigenen Beschreibungen, wobei er teils vorsätzlich, teils fahrlässig zur Verwirrung beitrug.)

1. Paßantrag 1917 — Marut
Alter: 35
Größe: 5 Fuß 7 Zoll (ca. 1,70 m)
Augen: blau-grau
Haar: braun
Gesichtsfarbe: hell
Kinn: oval
Gesicht: oval
Nase: breit
Stirn: mittel

2. Home Office-Kriminalakte, 1923 — Marut
Alter: 41
Größe: 5 Fuß 5 1/2 Zoll ohne Schuhe (ca. 1,66 m)
Augen: blau
Haar: grau
Gesichtsfarbe: frisch
Besondere Kennzeichen: keine

3. Von den deutschen Behörden der US-Botschaft in Berlin 1924 gelieferte Personenbeschreibung — Marut
Größe: 1,65 m — 1,68 m
Dunkles Haar mit großer kahler Stelle
Schlank
Glattrasiert
Gute Zähne
Schlanke Hände, gepflegte Fingernägel

Schneller Gang
Gutangezogen

4. Antrag auf US-Paß in London 1924 — Marut
Alter: 42
Größe: 5 Fuß 7 Zoll (ca. 1,70 m)
Haar: dunkelbraun / grau
Gesichtsfarbe: hell

5. Mexikanischer Jagdschein von 1929 — Traven
Größe: 1,70 m
Hautfarbe: weiß
Augen: blau
Haar: hellbraun
Stirn: normal
Mund: normal
Bart: glattrasiert
Kinn: rund
Besondere Kennzeichen: keine

6. Einwanderungskarte Mexiko 1930 — Traven
Größe: 1,68 m
Hautfarbe: weiß
Augen: blau
Haar: hell/rötlich (rubesco)
Kinn: normal, kein Bart
Augenbrauen: wie Haar
Schnurrbart: glattrasiert
Nase: gerade
Besondere Kennzeichen: keine

7. Mexikanische Staatsbürgerschaftsurkunde 1951 — Torsvan
Größe: 1,68 m
Hautfarbe: weiß
Augen: blau
Haar: grau (gris)
Bart: —
Besondere Kennzeichen: keine
Geboren: Chikago, 3. Mai 1890
Farmer

8. Mexikanischer Reisepaß 1956 — Torsvan
Größe: 1,68 m

Hautfarbe: weiß
Augen: blau
Haar: grau (cano)
Besondere Kennzeichen: keine

Auswahlbibliographie

Die Werke von B. Traven

Erstausgaben

Romane

Das Totenschiff. Berlin: Büchergilde Gutenberg 1926

Der Wobbly. Berlin und Leipzig: Buchmeister 1926

desgl. erweiterte Ausgabe als:

Die Baumwollpflücker. Berlin und Leipzig: Buchmeister 1929

Der Schatz der Sierra Madre. Berlin: Büchergilde Gutenberg 1927

Die Brücke im Dschungel. Berlin: Büchergilde Gutenberg 1927

Die weiße Rose. Berlin: Büchergilde Gutenberg 1929

Der Karren. Berlin: Büchergilde Gutenberg 1931

Regierung. Berlin: Büchergilde Gutenberg 1931

Der Marsch ins Reich der Caoba. Zürich, Wien, Prag: Büchergilde Gutenberg 1933

Die Troza. Zürich, Wien, Prag: Büchergilde Gutenberg 1936

Die Rebellion der Gehenkten. Zürich, Wien, Prag: Büchergilde Gutenberg 1936

Ein General kommt aus dem Dschungel. Amsterdam: Albert de Lange 1940

Aslan Norval. Wien, München, Basel: Kurt Desch 1960

Sachbuch

Land des Frühlings. Berlin: Büchergilde Gutenberg 1928

Kurzgeschichten

Der Busch. Berlin: Büchergilde Gutenberg 1928. Die Sammlung wurde bei einer späteren Auflage 1930 erweitert.

Sekundärliteratur

BAUMANN, MICHAEL: *B. Traven: An Introduction*. Albuquerque, New Mexico: University of New Mexico 1976. Das Werk enthält auch eine umfassendere Bibliographie des Werkes von B. Traven sowie der Sekundärliteratur.

BECK, JOHANNES (Hg.) *Das B.-Traven-Buch*. Reinbek: Rowohlt 1976

CHANKIN, DONALD O.: *Anonymity and Death. The Fiction of B. Traven*. Philadelphia: Pennsylvania State University Press 1975

HAGEMANN, F. R.: *A Checklist of the Works of B. Traven and the Critical Estimates and Bibliographical Essays on Him, Together With a Brief Biography,* in: Papers of the Bibliographical Society of America (53) 1959

HEIDEMANN, GERD: *Postlagernd Tampico. Die abenteuerliche Suche nach B. Traven*. München 1977

KÜPFER, PETER: *Aufklären und Erzählen: das literarische Frühwerk Travens*. Zürich: Diss. Phil. I Univ. 1981

LÜBBE, PETER: *Das Revolutionserlebnis im Werk von B. Traven*. Rostock: Phil. Diss. 1965

RECKNAGEL, ROLF: *B. Traven. Beiträge zur Biografie*. 2. Aufl. Leipzig: Reclam 1971. (Der Band der 2. Auflage enthält eine ausführliche Bibliographie und Filmographie.)

ders.: (Hg.) *B. Traven — Ret Marut, Das Frühwerk*. Berlin: Guhl 1977. (Bei Guhl ist auch eine vollständige Faksimile-Ausgabe von *Der Ziegelbrenner* erschienen.)

STONE, JUDY: *The Mystery of B. Traven*. Los Altos, California: William Kaufmann 1977

Zeitschriften- und Zeitungsbeiträge über Traven:

BERMAN, PAUL: *B. Traven, I presume*. **Michigan Quarterly Review**, Ann Arbor, Winter 1978

HEIDEMANN, GERD: *Wer ist der Mann, der Traven heißt?* **Stern**, Hamburg, 7. Mai 1967

JANNACH, HUBERT: *B. Traven — An American or German Author?* **German Quarterly** No. 36, 1963

JOHNSON, WILLIAM W.: *Who is Bruno Traven?* **Life**, New York, 10. März 1947

ders.: *A Novelist Dies in Obscurity* **Los Angeles Times Calendar**, Los Angeles, 13. April 1969

KLEIN, MINA C. und KLEIN, ARTHUR: Einleitung zu und Übersetzung von Ret Maruts „In the Freest State in the World'' in *The Kidnapped Saint and Other Stories*. New York und Westport: Lawrence Hill 1975

LUJAN, ROSA ELENA, *Remembering Traven*. Ebda.

MILLER, CHARLES H.: *B. Traven, American Author.* **Texas Quarterly** (6) 1963

ders.: *Introduction to ,,The Night Visitor and Other Stories by B. Traven.* New York: Hill and Wang 1963

RASKIN, JONAH: *In Search of Traven* in **The Radical Reader,** hg. von Stephen Knight und Michael Wilding. Sydney: Wild and Woolly 1977

SCHMID, MAX: *Der Geheimnisvolle B. Traven* im **Tages-Anzeiger,** Zürich, November 1963 — Januar 1964

SMITH, BERNARD: *B(ashful). Traven* in **New York Times Book Review** New York, 22. November 1970

SPOTA, LUIS: *Mañana descubre la identitad de B. Traven* in **Mañana**, Mexiko City, 7. August 1948

SUAREZ, LUIS: *y Presenta al mundo a B. Traven.* **Siempre,** Mexiko City, 7. Mai 1969

WOODCOCK, GEORGE: *On the Track of B. Traven,* **The Times Literary Supplement**, London, 27. August 1976

Weitere nützliche Werke:

Über F. W. Seifert:

BOHNEN, ULI: *Franz W. Seifert: Leben und Werk.* Köln: Kölnischer Kunstverein 1978

Über die Verfilmung vom *Schatz der Sierra Madre*:

KEYES, EVELYN: *Scarlett O'Hara's Younger Sister.* London: W. H. Allen 1978

KOHNER, FREDERICK: *The Magician of Sunset Boulevard.* Palos Verdes, California: Morgan Press 1977

PRATLEY, GERALD: *The Cinema of John Huston.* London: Tantivy Press 1977

Über Deutschland und den Kaiser:

BALFOUR, MICHAEL: *Der Kaiser Wilhelm II. und seine Zeit* (deutsch von The Kaiser and his Times). Berlin: Propyläen 1967

BENNET, DAPHNE: *Vicky, Princess Royal of England and German Princess.* London: Harvill Press 1971

CRAIG, GORDON A.: *Germany 1866—1945.* Oxford: Oxford University Press 1978

GRUNBERGER, RICHARD: *Red Rising in Bavaria.* London: Arthur Barker 1973

LISTOWEL, JUDITH: *A Hapsburg Tragedy*. London: Ascent Books 1978
MITCHELL, ALLAN: *Revolution in Bayern 1918/1919* (deutsch von *Revolution in Bavaria*). München: C. H. Beck 1967
WATT, RICHARD M.: *Der Kaiser geht* (deutsch von *The Kings Depart*). Frankfurt a.M.: G. B. Fischer 1971
WHITTLE, TYLER: *The Last Kaiser*. London: Heinemann 1977
WILHELM II. (deutscher Kaiser) *Aus meinem Leben 1859—1888* 2. Aufl. Berlin und Leipzig: Koehler 1927

Über die britische politische Polizei:
BUNYAN, TONY: *The Political Police in Britain*. London: Julian Friedman 1976

Über die präkolumbianische Kultur Mesoamerikas:
CORDAN, WOLFGANG: *Geheimnis im Urwald. Entdeckungsfahrten auf den Spuren der Mayas*. Düsseldorf und Köln: Diederichs 1959

Personen- und Sachregister